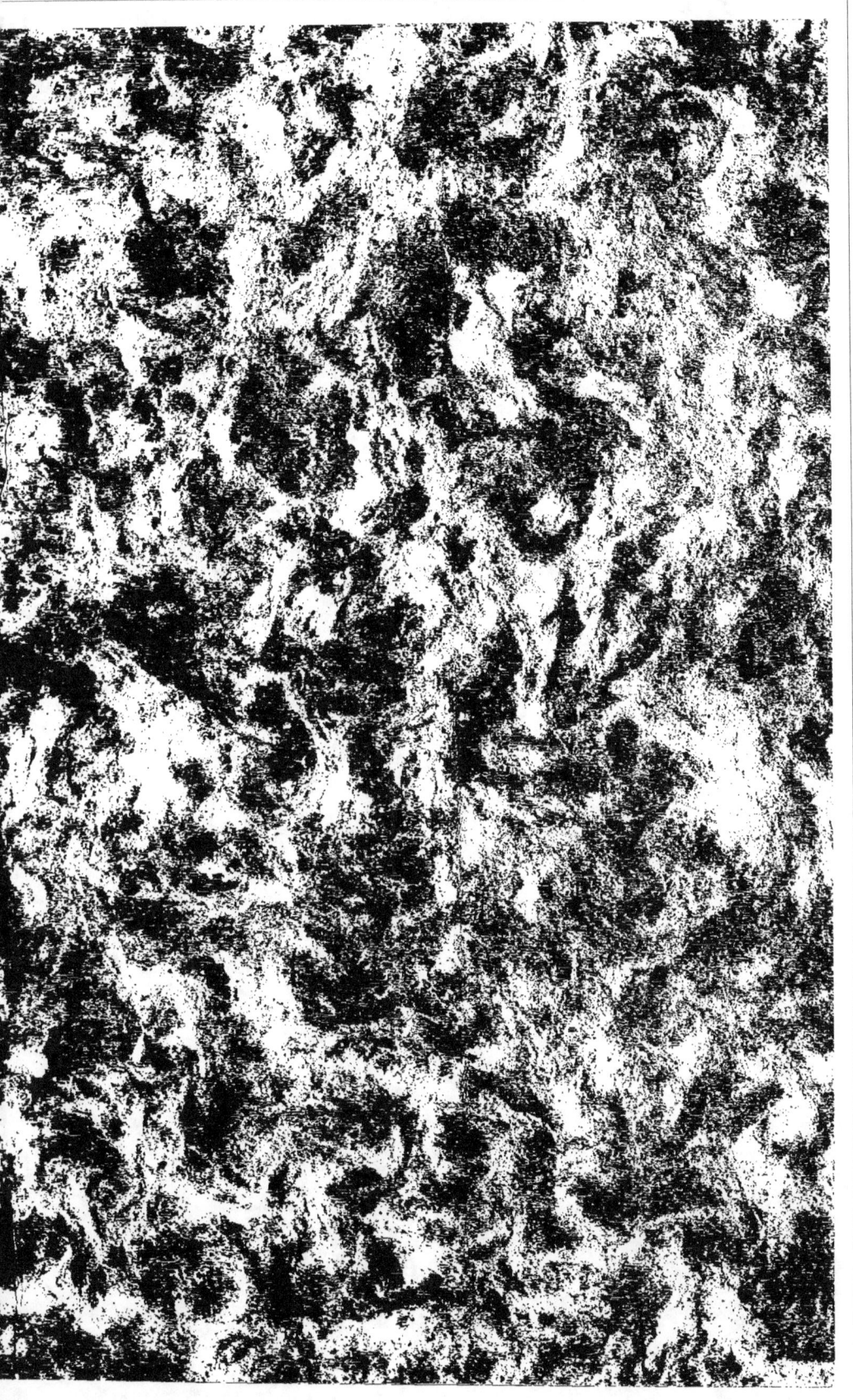

PUBLIÉ SOUS LA DIRECTION
DE LA
SECTION HISTORIQUE DE L'ÉTAT-MAJOR DE L'ARMÉE

LA CAMPAGNE DE 1794

A

L'ARMÉE DU NORD

IIe Partie : OPÉRATIONS

TOME PREMIER

Le Plan de Campagne. — Le Cateau. — Landrecies.

« Il nous faut une guerre des plus offensives, des plus vigoureuses..... »
(Carnot à Pichegru, 21 ventôse an II (11 mars 1794).

PAR

H. COUTANCEAU
COLONEL
Commandant le 3e Régiment du Génie.

C. DE LA JONQUIÈRE
Chef d'escadron d'artillerie
à la Section historique de l'État-Major de l'Armée.

PARIS
LIBRAIRIE MILITAIRE R. CHAPELOT et Cie
IMPRIMEURS-ÉDITEURS
30, Rue et Passage Dauphine 30
—
1907
Tous droits réservés.

LA
CAMPAGNE DE 1794
À
L'ARMÉE DU NORD

PARIS. — IMPRIMERIE R. CHAPELOT ET C⁰, RUE CHRISTINE, 2.

PUBLIÉ SOUS LA DIRECTION
DE LA
SECTION HISTORIQUE DE L'ÉTAT-MAJOR DE L'ARMÉE

LA CAMPAGNE DE 1794

A L'ARMÉE DU NORD

IIᵉ Partie : OPÉRATIONS

TOME PREMIER

Le Plan de Campagne. — Le Cateau. — Landrecies.

> « Il nous faut une guerre des plus offensives,
> des plus vigoureuses..... »
> (CARNOT à PICHEGRU, 21 ventôse an II (11 mars 1794).

PAR

H. COUTANCEAU
COLONEL
Commandant le 3ᵉ Régiment du Génie.

C. DE LA JONQUIÈRE
Chef d'escadron d'artillerie
à la Section historique de l'État-Major de l'Armée.

PARIS
LIBRAIRIE MILITAIRE R. CHAPELOT ET Cᵉ
IMPRIMEURS-ÉDITEURS
30, Rue et Passage Dauphine, 30

1907

Tous droits réservés.

PRÉFACE

L'ouvrage qui paraît aujourd'hui est le tome I de la IIe partie (Opérations) de la Campagne de 1794 à l'armée du Nord. Il comprend l'exposé du Plan de campagne, la relation de l'Échec du Cateau et du Siège de Landrecies.

Lorsque j'ai quitté la Section historique de l'État-Major de l'Armée, la *Revue d'Histoire* avait déjà publié le Plan et l'Échec du Cateau ; M. le commandant de La Jonquière (1), qui a pris la suite de mes études tout en continuant les siennes, a recueilli le manuscrit du Siège de Landrecies. Grâce à sa profonde érudition historique, il a pu aisément le reviser, le compléter par certaines notes et par des croquis, enfin le publier dans la *Revue d'Histoire*. Je lui en adresse ici mes bien vifs remerciments ; et, me conformant à la décision du général chef d'État-Major général de l'Armée, en date du 10 janvier 1905, je m'empresse de constater cette collaboration par l'inscription de son nom et du mien sur la couverture de l'ouvrage.

Je remercie également M. le capitaine Fabry qui a bien voulu me rapporter de Vienne les notes qui m'ont permis de compléter la relation du Siège de Landrecies du côté autrichien.

---

(1) Cette préface était déjà écrite lorsque la mort a causé à la Section historique une perte considérable en lui enlevant brusquement cet officier supérieur d'une érudition historique exceptionnelle. Qu'il soit permis à son ancien chef et collaborateur de lui rendre un suprême et solennel hommage.

*

Je pourrais borner là cette préface; mais je crois devoir, comme je l'ai déjà fait pour la partie organique, chercher à résumer ici les enseignements stratégiques et tactiques qui découlent de la lecture de cet ouvrage.

A la fin de l'année 1793, les Autrichiens occupaient Condé, Valenciennes, le Quesnoy, la forêt de Mormal. S'enfonçant ainsi comme un coin dans l'Entre Sambre et Escaut; relié par les Pays-Bas à l'Angleterre maîtresse de la mer, par le pays de Liége et le Rhin à la Prusse; touchant presque la vallée de l'Oise qui ouvre sur Paris la voie d'invasion la plus courte, le prince de Saxe-Cobourg, utilisant cette excellente base d'opérations, voulut marcher droit sur la capitale et y fomenter la Contre-Révolution.

Pour que ce plan pût réussir, il fallait avoir sur l'ennemi une supériorité numérique incontestée ou manœuvrer contre lui en lignes intérieures.

Cobourg vit nettement la nécessité de la première condition; et afin de la réaliser, il fit tous ses efforts pour s'assurer du concours de la Prusse. Il en avait besoin pour neutraliser l'armée française de la Moselle. « La « défense de Dinant à Maubeuge par Florennes et Beau- « mont, écrivait-il, sera si faible que l'ennemi la « renversera à tout instant (1). » Mais toutes ses démarches se heurtèrent au refus obstiné de la Prusse motivé par l'insuffisance des subsides britanniques; à cette résistance s'ajoutait le secret désir qu'avait l'empereur d'Autriche de ne pas dégarnir l'intérieur de l'Empire afin d'intervenir en Orient où la Russie lui avait offert la Serbie et l'Herzégovine (2) en échange de sa bienveillante neutralité dans les affaires de Pologne et de Turquie; afin, aussi, de rester à portée du Rhin pour mettre au plus tôt la main sur l'Alsace qu'il convoitait dès 1793, et

---

(1) Voir page 62.
(2) Voir page 60.

qu'il n'abandonna en 1814 que par crainte de se voir enlever la Galicie (1). Ce long marchandage compromit toute la campagne et permit à Jourdan de se porter d'Arlon par Neufchâteau et Dinant à la rencontre de l'armée combinée de Desjardin et de Charbonnié en chassant devant lui le faible détachement de Beaulieu.

Mais si Cobourg avait su deviner l'insuffisance de ses forces, il ne sut pas y remédier par la manœuvre en lignes intérieures où excellait Napoléon. De 1796 à 1815, c'est toujours le même jeu qui consiste à se jeter entre les deux masses alliées, à fixer l'une par une avant-garde stratégique, s'il y a lieu, et à écraser l'autre avec son maximum de forces. En suivant ce principe, Cobourg aurait dû, au lieu de marcher sur Landrecies, profiter de sa situation entre Sambre et Escaut, qui le plaçait entre les armées du Nord et des Ardennes, pour écraser celle-ci tout d'abord.

Négligeant, comme le conseille Jomini (2), la région maritime; laissant un simple détachement, soit les 25,000 hommes de Clerfayt, entre la Sambre et l'Escaut, appuyés sur Valenciennes, le Quesnoy et la forêt de Mormal; il portait toute sa masse anglo-autrichienne entre Sambre et Meuse contre l'aile droite des Français; après s'en être débarrassé, il n'avait plus qu'à marcher sur Paris, et par cette manœuvre forçait l'aile gauche de Pichegru à rétrograder pour venir s'opposer à cette marche. Au lieu de cette manœuvre rapide, Cobourg perd treize jours au siège de Landrecies et donne ainsi le temps aux deux ailes françaises de se renforcer et de le presser sur sa ligne de communication. Il cherche alors à combattre l'une à Tourcoing, l'autre à Fleurus, mais dans chacune de ces rencontres il ne sait pas avoir la supériorité numérique. Il commet en un mot la même faute stratégique

---

(1) A. Chuquet. *L'Alsace en 1814,* pages 354-356.
(2) Voir page 99.

que les Russes en 1877-1878 : Landrecies est pour lui ce que furent plus tard les Balkans pour eux ; l'aile gauche de Pichegru et l'armée combinée de Jourdan et de Charbonnié jouèrent pour lui le même rôle que celles d'Osman-Pacha sur le Vid, de Méhemet-Ali sur la Jantra et le Lom.

Du côté des Français, la conception fut aussi défectueuse : le plan inspiré par le Mémoire de Laffitte Clavé consistait tout d'abord à reconstituer la frontière de Vauban, formée par le canal de Nieuport à Ypres, dont le débouché dans la Lys était maîtrisé par la place de Menin. Pour y arriver, l'armée française devait marcher sur Ypres et faire de l'enlèvement de cette place, alors plus ou moins démantelée par suite de l'abolition du traité des Barrières, l'objet d'une bataille qui devait décider du sort de la campagne. Pour faciliter ce choc décisif, les armées des Ardennes et de la Moselle devaient respectivement marcher sur Charleroi et sur Liége. Ce plan méconnaissait, encore plus que le précédent, l'impossibilité de se mouvoir en grandes masses, dans ce pays coupé de cours d'eau, que le maréchal de Saxe et plus tard Rochambeau regardaient au contraire comme propre aux petites opérations de chicane, et dont l'archiduc Charles, dans sa critique de la campagne de 1794, blâmait le choix comme celui d'une base d'opérations « aussi fausse que l'année d'avant (1) ». Ce plan mal compris par Pichegru le conduisit à opérer le 26 avril par deux ailes absolument séparées et indépendantes l'une de l'autre, bien qu'il n'eût pas la supériorité numérique ; cette manœuvre critiquable, qui enfournait sa gauche dans l'impasse Lys-Escaut, faillit la faire couper de ses communications lorsque les Alliés imaginèrent leur « plan de destruction » ; tandis que la droite, luttant à

---

(1) Voir page 106.

peine à égalité de forces à Fleurus, n'obtint la victoire que grâce à la pusillanimité du défenseur de Charleroi.

Que fallait-il donc faire? L'archiduc Charles l'indique lui-même et en fait du reste remonter l'honneur à « l'artiste par excellence » : Napoléon (1).

Il fallait, comme eût dû le faire Cobourg, et pour les raisons indiquées par Jomini, négliger la région maritime impropre aux manœuvres des masses ; masquer la trouée entre Sambre et Escaut par les divisions de Goguet, de Balland et de Fromentin qui formaient 45,000 hommes (2) ; et, avec le reste grossi des armées des Ardennes et de la Moselle, franchir la Sambre en aval du musoir constitué par la place de Maubeuge et déboucher en masse sur la ligne de communication de l'ennemi.

Les deux armées se heurtaient ainsi dans un choc gigantesque, réglant d'un seul coup les destinées des deux adversaires. Mais cette stratégie de haute envergure planait encore au-dessus des conceptions des professionnels autrichiens ou des ingénieurs militaires qui inspiraient le Comité du Salut public ; et il était réservé au génie de Napoléon de trouver d'un seul coup cette solution dont il expose ainsi les résultats décisifs en 1815 :
« ...Ayant passé la Sambre sur trois ponts... celui de
« Marchiennes... celui de Charleroi... celui du Châtelet...
« l'armée française bivouaque dans la nuit... dans un
« carré de 4 lieues de côté... elle se trouvait déjà placée
« entre l'armée prusso-saxonne et l'anglo-hollandaise.
« Les deux armées étaient surprises, leurs communica-
« tions déjà fort gênées... Il ne leur restait... que le
« parti de céder le terrain et de se réunir sur Bruxelles
« et au delà (3). »

---

(1) Voir page 113.
(2) Page 384.
(3) *Commentaires* de Napoléon 1er. Tome 4, page 136.

Nous n'insisterons pas sur le combat du Cateau qui fut à la campagne de 1794 ce que fut celui de Sarrebruck à celle de 1870. Dans l'une, Pichegru que presse le Comité du Salut public et qui ne sait que faire, pense à raccourcir sa ligne de communication en reprenant Le Cateau ; dans l'autre, le commandement français aux abois veut cependant faire quelque chose et s'attaque à un nœud de voies ferrées.

Dans le siège de Landrecies on peut tout d'abord appeler l'attention sur les Instructions tactiques de Mack ; on doit encore signaler l'art avec lequel fut effectué, dans les journées des 17 et 18 avril, l'investissement de la place et le soin avec lequel fut assurée la protection de cette opération. Tandis que le corps de siège, ayant une excellente ligne de communication par le Quesnoy, Valenciennes et l'Escaut, pouvait tirer de sa base tous les approvisionnements nécessaires, et utilisait les hauteurs dominantes de la forêt de Mormal pour bombarder Landrecies, le corps d'observation sur la rive droite de la Sambre resserrait la place sur la ligne la Folie, Favril, l'Alouette, Basse-Maroilles. Cette ligne avancée avait pour position de repli, à l'Est, les hauteurs de Prisches ; au Sud, celles de Barzy avec détachement au Nouvion éclairant vers Leschelle, la Capelle et Fontenelle ; à l'Ouest, Catillon. Enfin, face à la division Chapuis, qui stationnait sous les murs de Cambrai, se trouvait au Cateau le corps du duc d'York. La ligne d'investissement était donc couverte à une dizaine de kilomètres vers l'Ouest et le Sud-Est. Comme on a souvent expliqué le faible rayon des avant-postes français en 1870 par la faible portée des armes, il est bon de montrer par cet exemple que les tacticiens du xviiie siècle savaient s'éclairer au loin malgré l'infériorité de leurs armes de jet. On en trouverait un autre dans les avant-postes que plaça Brunswick en 1792, lorsqu'il occupait Verdun, et qui s'étendaient jusqu'à Sivry-la-Perche et Esnes (1).

Il semble encore intéressant de signaler dans le siège de Landrecies la manœuvre tentée le 23 avril par les troupes de Cambrai et de Bouchain contre celles du général de Wurmb, qui vers Denain maintenaient la liaison entre l'armée principale de Cobourg et le corps d'observation de Clerfayt. Cette tentative vaut qu'on s'y arrête car elle rappelle aussitôt les souvenirs de la campagne de 1712. On sait comment, après s'être avancé au secours de Landrecies avec sa gauche au Cateau, sa droite à Mazinghien, Villars, sous l'influence de Lefebvre d'Orval, exécuta, dans la nuit du 23 au 24 juillet, une marche rétrograde qui le porta le matin du 24 à Denain sur les communications mal gardées du prince Eugène. Pourquoi les divisions Chapuis, Goguet, Balland, voire même la division Souham, n'essayaient-elles pas de répéter la même manœuvre sur les faibles détachements de Clerfayt et de Wurmb ? En cas de succès les résultats eussent été aussi considérables qu'en 1712 ; en cas d'échec, la retraite était assurée sur Douai, Bouchain et Cambrai.

Enfin nous ne pouvons quitter le siège de Landrecies sans appeler l'attention sur la quantité considérable des attaques que tentèrent les divisions françaises pour faire lever le siège ou tout au moins pour harceler l'ennemi. La place est investie le 17 et le 18. Dès le 21 Balland reprend l'offensive ; elle est renouvelée le 23 sur le général de Wurmb et se continue le 24 ; le 26 a lieu l'attaque générale, répétée le 29, qui provoque le désastre de Troisvilles mais qui en même temps consacre le débouché de Pichegru sur l'aile droite de Cobourg, et la concentration des armées des Ardennes et du Nord sur son aile gauche. Ce n'était en somme qu'une pointe faite sur Coutray et sur Beaumont, mais c'était le signal de l'offensive

---

(1) Voir Chuquet. *La Première invasion prussienne*, chapitre VII.

stratégique française, « de cette grande et mémorable
« expédition, où l'on vit les armes de la République
« naissante agir en même temps sur tous les points de
« la vaste étendue de pays comprise entre les bords de
« la Meuse et ceux de l'Océan (1) ».

Qui avait produit ce résultat? Était-ce la supériorité du plan français? Nous en avons démontré les défectuosités. Si les fautes des Alliés y avaient contribué, elles ne peuvent expliquer par elles seules ni l'audace de cette marche enveloppante par les deux ailes avec un effectif insuffisant, ni les victoires décisives de Tourcoing et de Fleurus. Pourquoi l'admirable concept napoléonien de 1815 échouait-il, tandis que celui plutôt médiocre de Pichegru réussissait? A ce résultat répond le tout-puissant facteur des forces morales qui, suivant l'expression de Clausevitz, « sont les esprits vitaux et « pénètrent tout l'élément de la guerre ». En 1815, c'est une armée qui part en campagne pour vider un différend dynastique; en 1794, c'est « moins une opération mili-
« taire que l'irruption subite d'un peuple nombreux qui
« s'élance à la fois de tous les points de sa frontière (2) ».
En 1815, le génie du plus grand des capitaines, toujours aussi vivace, aux conceptions toujours aussi foudroyantes, vient se briser contre l'irrésolution intéressée de ses lieutenants (3), « leur caractère détrempé par les événements de 1814 (3) », leurs dissensions, la trahison de quelques-uns; le courage, la bonne volonté, l'enthousiasme du soldat, plein du sentiment de sa supériorité sur tous ceux de l'Europe (4) sont annihilés par la méfiance qu'il témoigne aux autres chefs que l'Empe-

---

(1) Voir page 410.
(2) *Ibid.*
(3) Les chefs sont hésitants, apathiques, sans zèle, sans initiative, sans entrain (*1815*, par M. Henry Houssaye, tome II, page 469).
(4) *Commentaires* de Napoléon. Tome V, page 198.

reur ; enfin la discipline a subi de profondes atteintes pendant vingt années de guerre de conquêtes. En 1794, au contraire tout concourt au succès : un gouvernement d'une fermeté inébranlable, voulant « une guerre des plus offensives, des plus vigoureuses (1) » ; des généraux qui, loin d'avoir été comblés d'apanages et de richesses, avaient cette qualité nécessaire à la grandeur de toute armée, la pauvreté (2) et la simplicité, n'excluant ni la majesté du commandement, ni la solennité des cérémonies militaires destinées à exalter le moral du soldat ; qui loin de craindre pour leurs intérêts particuliers ne songeaient qu'à verser leur sang pour l'indépendance nationale et l'intégrité du territoire, et inscrivaient sur leurs ordres cette fière devise : la Victoire ou la Mort (3) ; qui, loin de contrarier leurs opérations réciproques savaient, même en l'absence de leur chef, dégager de leur conseil les résolutions les plus viriles ; des troupes enfin qui, soumises à une discipline inexorable, combattaient, non plus pour un homme si grand fût-il, mais pour l'idée même qui inspirait tous les actes de leur gouvernement, de leurs généraux, et qui se résumait dans la conquête de la Liberté par le triomphe de la République une et indivisible.

Août 1906.

H. C.

---

(1) Carnot à Pichegru ; 21 ventôse (11 mars).

(2) Nos officiers, grâces en soient rendues au ciel, n'ont, pour la plupart, pas un sou vaillant (Baron Colmar von der Goltz, *La Nation armée*, page 47).

Les privations, la pauvreté, la misère sont l'école du bon soldat (Napoléon. *Commentaires*. Tome I, page 140).

(3) Il est essentiel que le généralissime, comme la troupe, ait la ferme volonté de vaincre (Baron Colmar von der Goltz, *La Nation armée*, page 139).

ERRATUM

				Au lieu de :	*Lire :*
Page	3	ligne	30	C'est là	C'est *de* là
—	194	—	20	Composition	*Conspiration*
—	197	—	5	des divisionnaires	*ses* divisionnaires
—	228	—	14	Comte Gontrœuil de Wurtemberg	Comte Gontrœuil, de Wurtemberg
—	485	—	2	Florentin	*Fromentin*

LA CAMPAGNE DE 1794

A

L'ARMÉE DU NORD

(17 Pluviôse-8 Messidor -- An II)

IIe PARTIE. — Opérations.

I. — LE PLAN DE CAMPAGNE.

Le plan français. — Le plan des alliés. — La genèse des plans.
Discussion et conclusion.

Le plan français. — « Les événements de la guerre, dit Barère, nous occupèrent fortement pendant tout l'hiver (1793-1794). Tout était perdu si, au printemps, la Convention n'avait pas sur pied des forces immenses, et s'il n'y avait pas sur la frontière des succès... (1). »

Pour les obtenir et pour réaliser ce colossal effort, Carnot présenta le 11 pluviôse, six jours avant la nomination de Pichegru, un « Système des opérations militaires de la campagne prochaine », qui est digne d'attirer tout spécialement l'attention par la netteté avec

---

(1) *Mémoires* de Barère, tome I, page 128.

laquelle il préconise avant tout l'offensive stratégique et même tactique, utilisant sur ce dernier point les conseils donnés en janvier 1793 par Grimoard. Il confirme non seulement l'idée antérieurement admise de combiner étroitement les mouvements des armées de la Moselle et du Rhin, et de subordonner l'armée des Ardennes à celle du Nord ; mais il fait encore l'application des mêmes principes au groupe de ces dernières et à celle de la Moselle. Il montre le rôle prépondérant que peut jouer cette armée, en position centrale à Arlon, entre le Palatinat et le pays de Liége, position d'où elle peut arrêter tout mouvement des forces ennemies se portant du Rhin moyen sur la Meuse, ou, mieux encore, fixer l'adversaire par une simple avant-garde et se porter avec son gros au secours des armées du Nord et des Ardennes. C'est l'amorce de la manœuvre de Fleurus, de celle que résumera Carnot dans sa lettre du 4 prairial à Jourdan : « Avant tout il faut battre l'ennemi en rase campagne, le poursuivre, l'exterminer. Les villes, alors, tomberont bien vite d'elles-mêmes. L'armée du Nord et celle des Ardennes ont besoin de toi pour frapper des coups décisifs. Hâte-toi d'avancer. » Ces paroles montrent, comme le document qui va suivre que, devançant les théories, dont il est de bon ton aujourd'hui d'accorder la paternité à Clausewitz, Carnot, s'il poursuit parfois un objectif géographique, sait, dédaignant ainsi les villes, prendre un parti offensif, discerner l'objectif principal, le centre de gravité des forces (1) de l'adversaire et y frapper à coups redoublés jusqu'à ce que succombe tout le système dont elles font partie. Il recherche en un mot la bataille, « centre d'importance de toute la guerre. De même qu'en se réunissant au foyer d'un miroir concave les

---

(1) Une fois de plus, cet exemple montre que sans adopter, comme nous l'avons fait après 1870, la terminologie allemande, nos ancêtres avaient tous les principes qui ont fait en 1870 le succès des Allemands.

rayons du soleil y développent son image parfaite dans une intensité de chaleur extrême, de même toutes les ramifications du plan de campagne tendent incessamment à la bataille générale, et tous les efforts de la guerre se concentrent en elle sans exception (1). »

La lecture du document qui va suivre montre, encore une fois de plus, que les enseignements de l'histoire au point de vue stratégique sont presque indépendants du temps. Que l'on se reporte à la guerre de 1870, et l'on trouvera dans le mémoire défensif du général Frossard une vague allusion à la manœuvre en lignes intérieures que Carnot signalait entre la Moselle et le Rhin en 1793, entre la Moselle et la Meuse en 1794 ; on verra encore que le 7ᵉ corps n'aurait jamais dû se laisser immobiliser sur le haut Rhin car, ainsi que l'indique Carnot, « la barrière du Rhin invite à une sorte de repos sur toute son étendue ».

Toutes les armées de la République, écrit Carnot, devront agir offensivement mais non pas partout avec la même étendue de moyens. Les coups décisifs doivent être portés sur deux ou trois points seulement ; autrement il faudrait disséminer les forces à peu près uniformément sur toutes les frontières, et la campagne se terminerait sur chacune d'elles par quelques avantages qui ne suffiraient pas pour mettre les ennemis hors d'état de recommencer l'année prochaine, tandis que les ressources de la République se trouveraient totalement épuisées.

Le point sur lequel tout le monde a senti que nous devions porter les grands coups est le Nord, parce que c'est là où l'ennemi, déjà maître d'une portion de notre territoire, dirigera lui-même le majeure partie de ses forces. C'est là qu'il est le plus en mesure de menacer Paris et de lui enlever ses subsistances. C'est là enfin, qu'il est le plus facilement attaquable puisque c'est un pays ouvert, éloigné de la métropole,

---

(1) *Théorie de la grande guerre.* Traduction du lieutenant-colonel de Vatry, tome I, page 166.

où l'ennemi n'a point de places fortes, où nos armées peuvent vivre à ses dépens et où il existe des germes d'insurrection que des succès peuvent développer.

L'armée du Nord est donc celle qui doit principalement fixer notre attention. Celle des Ardennes est censée en faire partie, et leurs mouvements doivent être combinés, c'est-à-dire que dans les moments d'exécution, on doit, comme on l'a déjà fait, remettre le commandement général à un seul.

Il en est de même de l'armée de la Moselle et de celle du Rhin entre elles; c'est par leur réunion et la concordance de leurs mouvements qu'elles ont fait lever le siège de Landau et qu'elles rendent cette partie de la frontière presque inexpugnable; mais leurs opérations doivent avoir des relations plus étendues. Elles doivent s'accorder avec celles des armées du Nord et des Ardennes. En observant l'ennemi, elles le tiennent en échec et l'empêchent de porter toutes ses forces dans le Nord. De plus, l'armée de la Moselle peut toujours prendre une position très inquiétante pour lui, parce qu'étant placée entre le pays de Liége et le Palatinat, elle peut tomber sur celui de ces deux pays qui se trouverait dégarni. Mais, pour cela, il faut que cette armée soit toujours campée et prête à partir; voilà pourquoi il est essentiel de donner l'ordre au général en chef de s'établir avec 20,000 hommes à Arlon d'où l'on menacera les pays de Trèves et de Luxembourg d'une part, et de l'autre le pays de Liége et le Brabant.

La barrière du Rhin, qui vient ensuite, invite à une sorte de repos sur toute son étendue depuis Germersheim jusqu'à Bâle, parce que le désavantage de l'agresseur dans une semblable position est si grand que, pour agir offensivement, avec succès, nous serions obligés d'y porter des forces immenses auxquelles l'ennemi résisterait avec des corps de troupes peu considérables qu'il ferait déboucher à l'improviste des Montagnes noires. Les Vosges nous procureraient les mêmes avantages si l'ennemi tentait de passer le Rhin; il affaiblirait ses autres armées sans nous forcer nous-mêmes à amener de très grandes forces sur le point d'attaque.

. . . .

Au système qui vient d'être exposé, il faut joindre quelques règles générales qui ont été prises pour base dans tous les arrêtés du Comité de Salut public sur les opérations militaires.

Ces règles générales sont d'agir toujours en masse et offensivement, d'entretenir une discipline sévère et non minutieuse dans les armées, de tenir toujours les troupes en haleine sans les excéder, de ne laisser dans les places que ce qui est absolument indispensable pour leur garde, de faire de fréquentes mutations dans les garnisons et les résidences des états-majors et commandants temporaires, pour rompre les trames qui ne manquent pas de se nouer par un trop long séjour dans le même lieu et d'où procèdent ces trahisons qui livrent les défenseurs à l'ennemi ; d'apporter la plus grande vigilance à la garde des postes, d'obliger les officiers généraux à les visiter eux-mêmes très fréquemment, d'engager en toute occasion le combat à la baïonnette et de poursuivre constamment l'ennemi jusqu'à sa destruction complète.

Il est évident que nous ne pouvons terminer la guerre dans cette campagne sans de grandes batailles car, quand par des opérations partielles nous serions venus à bout de détruire moitié de l'armée ennemie, il lui resterait encore les moyens de nous attaquer de nouveau l'année prochaine et de prolonger ainsi l'état violent où nous sommes. Il faut donc une campagne des plus offensives, des plus vigoureuses, et c'est ce qui a été recommandé à tous les généraux et surtout à celui de l'armée du Nord qui doit porter les coups les plus décisifs.

Le soir même du jour où Carnot exposait ainsi ses vues sur l'importance capitale de la frontière du Nord, sur l'attitude nettement offensive de cette armée et sur le concours que devaient lui prêter celles des Ardennes et de la Moselle, le Comité de Salut public était saisi de vues analogues dont on trouve l'analyse dans une correspondance secrète rédigée sous forme de bulletins (1).

---

(1) Ces bulletins parvenaient (de Paris) à lord Grenville par Gênes et par l'intermédiaire de Francis Drake, qui résidait dans cette ville. Ils remontent au 2 septembre 1793 et donnent des comptes rendus détaillés

« Le 30 janvier au soir dit cette correspondance (1), le Ministre de la guerre lut au Comité de Salut public un très long mémoire sur la position militaire de la République et sur la campagne prochaine. Il a été impossible d'avoir un extrait de ce long ouvrage jusqu'ici. On devait le relire le lendemain pour y délibérer, mais peut-être un extrait sera envoyé sous peu. Le Ministre déclara que ce mémoire n'était pas de lui ; qu'il était d'un officier de l'état-major de l'armée rempli de génie et de talents, appelé Dumas, de Montpellier (2), qui,

---

des séances du Comité des Neuf ou Comité de Salut public. Drake assure à lord Grenville que la rédaction n'en est due à personne autre qu'au secrétaire de ce Comité (Ramon) qui cachait ses réels principes sous le manteau du jacobinisme le plus extravagant.

Drake écrivait encore le 9 novembre 1793 à lord Grenville : « Lord Mulgrave vous expliquera la voie par laquelle m'arrivent ces communications. Je demande humblement la permission de faire observer à Votre Seigneurie que si le papier ci-inclus tombait en d'autres mains que celles des ministres de Sa Majesté, il en résulterait une découverte qui serait des plus fatale à son auteur. » (*Historical Manuscripts Commission. Fourteenth Report. Appendice. Part V. The Manuscripts of J. B. Fortescue Esq. preserved at Dropmore*, vol. II.)

(1) *Bulletin* n° 8 du 31 janvier 1794 (p. 514).

(2) Ce Dumas, de Montpellier, n'est autre que Mathieu Dumas, né à Montpellier le 23 décembre 1753. Le qualificatif « d'ami de Lafayette » s'applique encore à lui, car le 10 octobre 1789 il fut nommé aide-maréchal général des logis, avec rang de colonel, pour être employé aux ordres du marquis de Lafayette, qu'il avait du reste connu en Amérique où il avait servi comme aide de camp de Rochambeau. En outre Mathieu Dumas était un ami de Berthier, autre *fayettiste*, qu'il recommandait le 9 septembre 1791 pour « diriger avec succès » la partie topographique du Dépôt de la guerre.

Mathieu Dumas avait bien été membre de l'Assemblée législative, comme le dit l'espion, secrétaire du Comité de Salut public.

Enfin, il était très suspect à la suite du 10 août 1792. D'après ses états de services, qui ne concordent pas avec ses *Souvenirs*, il aurait obtenu de Servan, le 14 septembre 1792, un congé illimité pour raison de santé, et aurait voulu reprendre son poste de directeur du Dépôt de la

ayant été l'ami de Lafayette et membre de la seconde Assemblée, se croyait suspect et voulait, par quelque grand service, mériter l'indulgence et la confiance de la République. »

Les 1ᵉʳ, 4, 7 février, le même correspondant secret adressait (1) un « extrait, tel qu'il a été possible de le retenir à une seconde lecture, du mémoire lu par Bouchotte le 30 et relu le 31 janvier ».

Dumas y exposait tout d'abord l'état des troupes en 1789, 1792 et 1793 ; il faisait observer que si l'on n'y trouvait pas encore « cette discipline et cette tactique des anciennes troupes de ligne », il s'y manifestait « plus d'espérance de succès qu'il n'en avait jamais existé depuis 1792 », que les deux tiers avaient fort bon esprit (2) et que la peur des châtiments conduisait le reste : « il ne s'agissait que de leur inspirer une peur plus forte de la guillotine que du canon ».

---

guerre en exécution de la loi du 8 mars 1793 ; mais ce poste ayant été supprimé le 1ᵉʳ janvier 1793, le Ministre lui permettait, le 3 avril, de rester en congé. Le 7, il était l'objet d'un décret de la Convention prescrivant de le « garder à vue ». Mais si l'on en croit l'espion Ramon (*Bulletin* nº 10 des 1ᵉʳ, 4 et 7 février 1794), le ministre Bouchotte fut « le 1ᵉʳ février autorisé à accorder une sauvegarde à Dumas et au chevalier de Rivière qu'il nommait comme un des plus habiles officiers du génie. Il lui a mandé de se rendre à Paris ».

En sa qualité d'ancien « directeur du Dépôt des plans et cartes du Département de la guerre », Mathieu Dumas était bien qualifié pour adresser au Comité de Salut public le plan dont il s'agit.

(1) *Bulletin* nº 10 des 1ᵉʳ, 4 et 7 février 1794.

(2) Si le représentant du peuple Bollet partageait l'avis de tous sur la nécessité d'une offensive, il émettait sur l'esprit des troupes, à la fin de mars, une opinion contradictoire à celle de Dumas, de Montpellier, mais arrivant à la même conclusion sur l'urgence d'une attaque. (*Bulletin* nº 19, 27 mars, 2 avril 1794, p. 557) :

« ..... Une lettre de Bollet, représentant du peuple à Douai, écrite le 30 mars, apprend au Comité de Salut public que, si ce Comité n'ordonne pas à tous les généraux d'attaquer de tous les côtés et d'ouvrir

Venant ensuite au plan de campagne, il expliquait que le but des ennemis était « la destruction de Paris et la dispersion de la Convention nationale ». Paris pris, chaque département s'insurgerait. Pour éviter ce désastre, il fallait proscrire toute guerre d'attente, toute défensive ; « il fallait secouer cette armée comme on a secoué le peuple pour amener une révolution ; il fallait conduire les troupes de manière qu'elles soient toujours attaquantes... ». L'armée la plus formidable devait être celle du Nord ; elle ne devait comprendre que « les sans-culottes propriétaires des nouvelles propriétés données ou vendues par la République » c'est-à-dire la classe inféodée à la République par les conquêtes matérielles qu'elle en avait retirées, et prête ainsi à la défendre opiniâtrement. « Qu'on regarde cette armée, disait-il, comme le cœur de l'État ; que par sa nature elle soit disciplinable, et par son intérêt unie au sort de la Convention. » Elle devait être le palladium de Paris et trouverait des places pour l'appuyer dans ses opérations.

A l'armée du Rhin, il fallait envoyer « tout ce qui a une fortune à espérer dans les victoires et le pillage parce que ces armées-là, toujours en activité, toujours offensives doivent opérer la plus puissante diversion, avancer dans l'empire, le dévaster, toujours le menacer et par conséquent le forcer à une défensive ruineu ».

« Le danger le plus grand, disait encore Dumas, est celui d'une descente des Anglais en Bretagne ou en Normandie, parce qu'alors la République, c'est-à-dire Paris, courrait deux dangers imminents, et que,

---

la campagne avant les coalisés, il prévoit les plus grands malheurs pour cette campagne; que le soldat est, en général, mécontent et factieux, qu'il n'y a de ressource contre l'esprit général qui se manifeste dans les troupes, que de les tenir dans la plus grande activité..... »

quand la flotte de Brest ne produirait d'autre effet que d'empêcher le débarquement, elle pourrait se flatter d'avoir sauvé l'État. »

La lecture de ce « mémoire rempli de détails, de calculs, dura trois heures..... » ; après quoi le plan de Dumas fut adopté (1).

Il contenait, comme on le voit, plus d'une analogie avec le système de Carnot : les deux documents préconisent en effet l'offensive, regardent la frontière du Nord comme la principale et celle du Rhin comme propre à de simples démonstrations.

Enfin si le plan de Mathieu Dumas, appelait l'attention sur les graves dangers que pouvait faire courir à la République une descente des Anglais sur les côtes de Bretagne ou de Normandie, le « système de Carnot » du 30 janvier 1794 (2) et l'arrêté du 31 du même mois (3) prévoyaient même une expédition en Angleterre, sans doute pour prévenir ce péril en prenant

---

(1) *Bulletin* n° 10 des 1er, 4 et 7 février 1794. « Le Ministre a mandé à Dumas..... que son plan était adopté ; qu'on voulait les détails d'exécution, et qu'il se concertât avec le Comité. »

(2) Capitaine Desbrière, *Projets et tentatives de débarquement en Angleterre*, tome I, page 36.

« *Système général des opérations militaires de la campagne prochaine*, par Carnot. (Les) armées (de l'Ouest, des côtes de Brest et de celles de Cherbourg ont trois objets à remplir : ..... 3° opérer la descente *projetée* sur les côtes d'Angleterre..... Cette descente, lors même qu'elle ne pourrait pas s'exécuter cette année....., empêche les Anglais de porter des secours dans les Pays-Bas. Il est donc essentiel de pousser les préparatifs avec toute la vigueur possible et de se tenir en mesure de profiter de la première occasion pour l'exécuter. »

(3) Aulard, tome X, page 568.

(*Bulletin* n° 19 du 27 mars-2 avril 1794, p. 556.) Jean-Bon Saint-André, commissaire du Comité de Salut public près la flotte de Brest, écrit le 27 mars que tout est prêt pour la grande expédition ; que, dans la disposition des esprits, il faut absolument tenter une descente sur les îles de Jersey et de Guernesey avant de songer l'offensive. Toutefois s'il faut en croire l'espion déjà cité, le Comité de Salut public ne croyait pas à cette expédition :

« Ce qui se passe à Paris sur la descente en Angleterre est singulier. Le Ministre de la marine l'a déclarée impossible et la déclare encore telle par écrit le 4 au Comité. Le Comité la croit impossible, mais il est forcé par le peuple, à qui on en a persuadé la possibilité, de s'en occuper; et, peut-être le sera-t-il de la tenter... (1) »

Est-ce pour utiliser la diversion opérée par cette descente, est-ce pour élargir sa base éventuelle d'opérations contre l'Angleterre que le Comité de Salut public songea à une expédition de Pichegru dans la Flandre maritime et à la prise d'Ypres, puis de Nieuport et d'Ostende?

L'attaque d'Ypres n'était-elle au contraire que le début de la « trouée » « sur la ligne de Courtray à Nieuport » prévue par le plan de Dumas, de Montpellier? C'était là en effet, l'un des buts poursuivis, ainsi que l'expliquera le 21 ventôse, Carnot : d'après lui, la prise d'Ypres devait empêcher l'ennemi de « se soutenir dans les villes de Menin et Courtray », et les inondations tendues entre Ypres et Nieuport permettraient en outre de couvrir Dunkerque et Cassel et de réduire d'autant la ligne défensive primitive de l'armée française.

à descendre en Angleterre. Il demande le titre de Représentant du peuple français en Angleterre, revêtu extraordinairement de tous les pouvoirs du Comité de Salut public; ce qui lui a été accordé le 31 mars et envoyé par courrier extraordinaire avec une instruction très courte du Comité portant l'ordre exprès, si une descente quelconque s'effectue, de ne point prendre possession du pays, quand même il y trouverait toute facilité et avantage; de se contenter de détruire et incendier un ou plusieurs points quelconques et de se rapprocher aussitôt des côtes de France; que tout retard inutile dans son expédition lui serait imputé à tort par le Comité de Salut public..... »

(1) *Bulletin* n° 9 (1, 4 et 7 février).

L'arrêté qui prescrivait cette opération, fut daté du 29 pluviôse (17 février).

Il ordonnait de faire « le plus tôt possible dans les Flandres maritimes une expédition ayant pour objet la prise d'Ypres ». Le général en chef, n'oubliant pas que le Comité de Salut public « attachait la plus haute importance au succès de cette expédition, et qu'il est nécessaire, pour l'opinion, que le Français ne soit « jamais battu », devait « dissimuler l'objet de ses préparatifs, faire différentes fausses attaques et agir avec des forces très supérieures au strict nécessaire ». « Pour empêcher les secours que l'ennemi pourrait tirer de Menin », continuait l'arrêté, « le général en chef fera attaquer cette dernière ville et s'y maintiendra avec la plus grande vigueur. Il placera aussi un corps de cavalerie de 5,000 à 6,000 hommes au moins, s'il est possible, aux environs de Lannoy en avant de Lille, tant pour inquiéter Tournay et l'empêcher d'envoyer des secours à Menin que pour contenir les forces que l'ennemi pourrait avoir au camp de Cysoing, et intercepter enfin les communications de la rive gauche de l'Escaut à la rive droite de la Lys. Immédiatement après la prise d'Ypres, le général fera marcher sur Nieuport et fera former les inondations entre ces deux villes. S'il apprend que la terreur soit dans Ostende et que l'ennemi ait abandonné cette dernière ville, il marchera sur-le-champ pour s'en emparer (1) ». C'était donc toute la ligne d'eau, de la

---

(1) Aulard, tome XI, page 214. On peut voir par cet arrêté que le Comité de Salut public n'avait pas tenu compte du plan qui lui était parvenu le 15 pluviôse et dont voici l'analyse :

Extrait de la correspondance militaire (Arch. de la guerre), 16 pluviôse

16 pluviôse (4 février).

« Le chef du 2ᵉ bataillon des Ardennes communique un plan

Lys à la mer, que le Comité de Salut public voulait reconquérir afin d'appuyer la gauche de son attaque et d'en diminuer le front par l'utilisation d'un obstacle infranchissable.

« Les mauvais chemins et le défaut des chevaux (1) » empêcheront Pichegru d'exécuter immédiatement l'arrêté du 17 février. Du reste, dix jours après (2) que paraissait cet arrêté, le général en chef entreprenait sur la frontière une tournée d'inspection qui ne se termina que le 17 mars. Cette reconnaissance de terrain était-elle bien utile à un général d'armée chargé surtout de prendre des décisions stratégiques ? Bien que ce voyage ait pu servir à Pichegru à inspecter le haut personnel de ses états-majors (3), il semble qu'il ait eu surtout pour but de gagner du temps en attendant une solution détaillée que n'indiquait pas suffisamment le « système » du 11 pluviôse. Et ce qui paraît confirmer cette hypothèse, ce sont les conseils que donna à Pichegru, *sur sa demande*, le général Colaud, commandant alors les divisions de Maubeuge et appelé à le remplacer pendant son absence momentanée : le 27 pluviôse, il écrivait

---

d'attaque qu'il croit propre à économiser le sang des braves sans-culottes et dont le succès lui paraît immanquable pour repousser les satellites des despotes amoncelés du côté du Nord. Il conseille de diriger 50,000 hommes sur Menin et Tournay, autant sur Mons, avec une armée qui se porterait en avant à Réunion-sur-Oise. »

(1) Lettre de Pichegru du 2 germinal.

(2) Voir lettre de Colaud à Laurent, 9 ventôse. Lettre de Colaud l'adjudant général Haquin du 9 ventôse.

(3) *Pichegru à Bouchotte.*

7 ventôse (27 février).

« ..... Ma tournée a été différée par l'attente de Saint-Just et Lebas. Richard et Choudieu viennent d'arriver ; nous allons la faire ensemble. Je te ferai passer mes notes sur les différents états-majors..... »

au général en chef, qu'après avoir pourvu l'armée de tout ce qui lui manquait encore, il lui faudrait faire deux attaques, l'une avec l'armée des Ardennes, sur Liége par Namur et Huy, l'autre sur « Courtrai, Gand et Anvers...., la division de Cassel marchant sur Ostende, Bruges et Nieuport..... » « Ce serait, suivant moi, ajoutait Colaud, une folie d'attaquer la forêt de Mormal et de s'amuser à faire des sièges qui emploieraient beaucoup de temps et nous coûteraient beaucoup de républicains (1) ».

A cette lettre de Colaud s'en joignait une de Bouchotte, datée du 1er germinal ; faisant allusion au voyage-frontière de Pichegru, il ajoutait : « Tu auras vu la place de

---

(1) Dans l'ouvrage intitulé : *Le général Dumonceau* (*), on lit : « Dumonceau et l'adjudant général Reynier comprirent qu'une diversion en Flandre paralyserait la marche de l'ennemi au cœur de la France ; ils proposèrent donc à Pichegru de jeter sur Courtrai l'armée de Lille..... Le général Dumonceau affirme, dans un mémoire qu'il a écrit sur ses campagnes et qu'il ne destinait pas à la publicité, que l'idée d'envahir la Flandre avait été conçue par lui et par l'adjudant général Reynier ; qu'ils avaient arrêté d'un commun accord un plan d'attaque et que ce plan, approuvé par le général en chef, avait été exécuté au mois de mai. » ..... « Je n'oublierai jamais, aurait écrit Pichegru à Dumonceau, *combien vous avez contribué avantageusement aux succès de la glorieuse campagne de 1794* (*) ..... »

On vient de voir par la correspondance échangée entre Pichegru et Colaud que ce dernier général est le véritable auteur de ce plan. Mais, ce qu'il est exact de dire, et ce que nous démontrerons plus loin en parlant de la marche du 7 floréal (et non du mois de mai) sur Menin et Courtrai, c'est que l'exécution de cette marche a été préparée par Reynier, car le projet d'ordre qui existe aux Archives de la guerre, paraît écrit de sa main. Dans quelle proportion Dumonceau y a-t-il collaboré ? C'est ce que nous ne pourrions savoir que si le mémoire de Dumonceau, dont il est parlé plus haut, avait été publié ou était arrivé jusqu'à nous.

(*) Bruxelles, imprimerie d'Em. Devroye et Ce, rue de Louvain, 1850, p. 13, 14 et 15.

Douay qui forme un commandement important à cause de l'arsenal qui alimente la frontière, et aussi, dans la circonstance, de nos prochaines attaques sur le flanc de l'ennemi. »

Dans ces deux documents se manifestait non plus l'idée fondamentale du Comité de Salut public de prendre tout d'abord Ypres, et de reconstituer ainsi la frontière de Vauban, mais bien de prononcer contre les masses ennemies, stationnées dans les Flandres, une double attaque par les ailes, l'une par Liége, l'autre par Courtrai. C'est cette idée qui, en dépit de l'instruction du 21 ventôse (1), dominera d'autant plus dans l'esprit de Pichegru qu'elle lui aura été suggérée, sur sa demande, par Colaud, ignorant alors l'arrêté du 29 pluviôse.

Des plans de Colaud et de Bouchotte, on peut encore rapprocher celui de Rey, secrétaire du Représentant du peuple près l'armée du Nord (2).

Dans ses « Observations sur l'emploi de cette armée depuis Arras jusqu'à Dune-Libre », il en évaluait l'effectif total à 150,000 hommes. Il en faudrait 40,000 pour garder les villes et assurer la communication entre elles ; des 110,000 autres, il en dirigeait 70,000 vers Courtray, pour « forcer le duc d'York et le général Clerfayt à se retirer vers Tournay, « crainte d'être coupés ». De ces 70,000, 40,000 prendraient la même position que le maréchal de Saxe en 1744, près de Courtray ; les 30,000 autres devaient se porter par une marche forcée sur Gand, « où les sans-culottes devaient préparer d'avance les chariots et objets nécessaires pour transporter les troupes, munitions et vivres vers Anvers et les places frontières de la Flandre hollandaise ». Comme elles étaient dépourvues de troupes, la Flandre hollandaise

---

(1) Voir plus loin cette instruction.
(2) 2 ventôse (20 février 1794).

tomberait facilement au pouvoir des Français. Alors « 10,000 hommes envoyés à Dune-Libre se déborderaient dans l'île Walcheren. Pendant cette opération, 22,000 hommes assiégeraient Ypres et 8,000 Nieuport ».

On retrouve donc dans ce projet, comme dans celui de Colaud et dans la lettre de Bouchotte, l'idée de marcher sur le flanc de l'ennemi par Courtray. Il prévoyait, comme celui de Colaud, la mise en jeu de l'armée des Ardennes, qui pouvait être appelée éventuellement à couper de l'Allemagne le prince de Cobourg marchant sur la Flandre. Il se rapprochait enfin de l'arrêté du 29 pluviôse du Comité de Salut public et de l'instruction du 21 ventôse en prévoyant les sièges d'Ypres et de Nieuport, places qui combinées avec Menin et Courtray rendaient, suivant les principes de Vauban, la frontière presque inviolable de la mer à la Lys.

Enfin, le 21 ventôse, Carnot adresse à Pichegru une instruction des plus nettes lui dévoilant tout le plan de campagne. Si, dans les documents qui précèdent, on a trouvé l'indication plus ou moins confuse d'une partie du plan, ici toutes les grandes lignes en sont admirablement précisées. Il indique tout d'abord l'importance capitale que le Comité de Salut public attache à la prise d'Ypres réclamée dès le 29 pluviôse; il insiste sur la nécessité de provoquer par là une grande bataille entre la Lys et l'Escaut « afin d'acculer tellement l'ennemi dans l'entonnoir que forment ces deux rivières que, s'il est mis en déroute, il n'ait aucun moyen d'échapper ». A côté de cette action décisive, Carnot prévoit des démonstrations de l'armée des Ardennes sur Charleroi et d'une partie de celle de la Moselle sur Liége.

Toutefois, au lieu de les concentrer en une seule masse sur Charleroi, comme cela eut lieu dans la réalité, il perd de vue cette concentration des forces : l'armée des Ardennes marchera sur Charleroi en masquant Namur (1) et celle de la Moselle ira sur Liége. La marche de Jourdan sur Charleroi n'est donc pas imaginée *a priori* par Carnot; elle ne naîtra que sous la pression des événements, comme la jonction de l'armée des Ardennes et de la division Desjardin à Beaumont; à ce moment le Comité perdra même de vue l'envergure à donner au mouvement. Il prescrira à Charbonnié de marcher sur Mons par Thuin, et ce n'est qu'après l'échec et sur l'initiative de ce général que l'attaque se fera sur Charleroi, tout d'abord faiblement occupé par l'ennemi.

Quoi qu'il en soit de ces considérations, qui trouveront leur développement naturel au cours du récit de la campagne, on ne peut qu'admirer la netteté et la vigueur de l'instruction qui va suivre, tout en faisant ses réserves sur le plan de campagne lui-même qui sera discuté ultérieurement.

Carnot, représentant du peuple, à Pichegru, général en chef de l'armée du Nord.

Paris, 21 ventôse, IIᵉ année de la République (2).

Le Comité de Salut public, Général, me charge de t'expliquer le système de guerre qu'il a adopté pour les opérations de la campagne prochaine dans le Nord.

Il a voulu que cette campagne fût ouverte par la prise d'Ypres, afin de couvrir, par son moyen et par les inondations qui peuvent être formées depuis cette ville jusqu'à Nieuport, les villes de Bergues, Dunkerque, Cassel et Bailleul; en assurer la communication toujours précaire, pouvoir porter

---

(1) On retrouve encore là une analogie des deux plans de Carnot et de Dumas. Dans son *Bulletin* n° 16, du 23 mars 1794, l'espion Ramon écrit : « Le rapport de Dumas a été goûté et accepté, mais l'exécution en paraît difficile puisqu'il s'agirait, suivant ce plan, de faire une trouée sur Namur jusqu'à Luxembourg, d'en faire une autre sur la ligne de Courtrai à Nieuport, de rendre même active l'armée du Rhin et de lui faire faire une trouée par les vallées du Neckar. »

(2) *Mémoires sur Carnot*, tome I, page 485.

en avant les garnisons de l'arrière ; raccourcir notre ligne de défense ; inquiéter l'ennemi sur les villes d'Ostende, Bruges et Gand ; l'obliger à tenir, pour leur conservation, une grande masse de forces dans la Flandre maritime, et diminuer d'autant celles qu'il destine à nous attaquer ailleurs ; l'empêcher de se soutenir dans les villes de Menin et de Courtrai, et par conséquent de communiquer avec Tournai et Oudenarde ; l'éloigner enfin des postes de Tourcoing, Roubaix et Lannoy, par lesquels il resserre la garnison de Lille, appuie son camp de Cisoing et couvre Maulde, Orchies et tout le territoire que nous devrions occuper jusqu'à la Scarpe et l'Escaut.

La possession d'Ypres a paru si importante au Comité de Salut public, qu'il veut que tu y emploies toutes les forces disponibles à l'armée, s'il est nécessaire ; il désire que ce soit l'occasion d'une grande bataille, et te recommande de tout préparer en silence pour cet événement qui doit décider du sort de la campagne. Le plus tôt qu'elle sera livrée sera le mieux, afin de prévenir les secours que les ennemis attendent et le rassemblement de leurs forces. Le lieu de la bataille, qu'il faut tâcher de choisir, est le pays d'entre la Lys et l'Escaut, afin d'avoir sa retraite assurée sur Lille en cas d'événement malheureux, et d'acculer tellement l'ennemi dans l'entonnoir que forment ces deux rivières que, s'il est mis en déroute, il n'ait aucun moyen d'échapper. Les attentions que tu dois avoir principalement pendant cette action sont de couvrir parfaitement ton flanc droit et de faire l'attaque avec des troupes légères, beaucoup de cavalerie et très peu d'artillerie. Maître une fois de l'intervalle de ces deux rivières, tu menaces Gand et tu peux même t'en rendre maître ; tu coupes toute communication à l'ennemi entre la Flandre maritime et le Brabant ; tu te mets en mesure de tomber avec toutes tes forces, soit sur l'une, soit sur l'autre ; et il faut nécessairement, ou qu'il t'abandonne la première, ce qui te livre Ostende, Bruges et Gand, ou qu'il te laisse aller à Bruxelles par Oudenarde.

Pendant que tu agiras ainsi sur le flanc gauche (*sic*) de l'ennemi, l'armée des Ardennes pénétrera dans tous le pays d'entre Sambre et Meuse, en délogera l'ennemi et fera son passage dans la Belgique par Charles-sur-Sambre (Charleroi), en masquant Namur, tandis qu'une autre colonne, tirée en partie de l'armée de la Moselle, sera dirigée sur Liége (1) (2).

Ces mouvements doivent s'opérer simultanément avec ceux que tu feras dans la Flandre maritime, afin d'éparpiller les forces ennemies; il faut donc que tu diriges le tout, que tu regardes l'armée du Nord et celle des Ardennes comme n'en faisant qu'une, que tu renforces cette dernière et que tu indiques à son général les mouvements qu'il aura à faire et auxquels il obéira; elle doit être regardée comme l'aile droite de l'armée du Nord, et dans ce moment elle est sans aucunes forces disponibles (3), il faut donc que tu y fasses passer au

---

(1) Une curieuse lettre de Bonnet, du Calvados, adressée au Comité de Salut public proposait de donner à l'armée de la Moselle un rôle prépondérant en la portant à 100,000 hommes et la faisant marcher vers Coblentz en masquant Mayence, puis franchir la Moselle pour se rabattre ensuite sur Liége. La remarque originale sur laquelle était basé ce projet, c'est que l'armée des Alpes, étant inutile à la suite des succès de celle d'Italie, pouvait venir renforcer celle de la Moselle; et que celle-ci pouvait s'avancer sans crainte vers le Rhin inférieur puisque Cobourg avait appelé dans les Pays-Bas une partie des forces impériales qui étaient sur le Rhin. (Ce projet non daté doit être du milieu de 1794 puisqu'il parle de notre triomphe sur les Pyrénées et dans le Piémont.) (*Arch. nat.*, AFII, 1801.)

(2) *Arrêté du 19 ventôse (9 mars 1794).*

« Le Comité de Salut public arrête que 20,000 hommes de l'armée de la Moselle partiront pour s'établir en avant de Longwy, près d'Arlon, où ils s'établiront de manière à intercepter la communication des pays de Trèves et de Luxembourg avec ceux de Liége et de Namur. Le général qui commandera cette division se tiendra toujours prêt à marcher, épiera les mouvements de l'enuemi, et saisira toutes les occasions de le combattre avec avantage et de lui livrer une bataille décisive. Le général en chef de l'armée de la Moselle sortira le plus tôt qu'il lui sera possible des cantonnements pour camper en avant des places de la frontière. Il ne laissera dans les garnisons que les forces indispensables pour leur garde ordinaire et les relèvera fréquemment. Il tiendra ses troupes dans une action continuelle, sans les fatiguer, et agira sans cesse d'une manière offensive. »

(3) L'armée des Ardennes, au 10 ventôse, ne comprenait en effet,

moins 12,000 à 15,000 hommes (1), parmi lesquels se trouvent de vieux cadres non encore remplis, afin qu'ils puissent recevoir les troupes de réquisition levées dans l'arrondissement de l'armée des Ardennes. Il faut ici beaucoup de troupes légères en infanterie, peu de cavalerie et peu d'artillerie.

Il reste à parler de la trouée depuis Maubeuge jusqu'à Bouchain : ici nous voulons rester sur la défensive, escarmoucher beaucoup, faire une guerre de postes et éviter les actions décisives; car une telle action, pourrait nous faire perdre une de nos places importantes ; au lieu qu'une défaite de l'ennemi ne nous procurerait aucun avantage que celui de l'avoir fait retirer, pour un moment, dans la forêt de Mormal, à Valenciennes ou au Quesnoy; d'où il ressortirait quelques jours ensuite pour nous livrer une nouvelle bataille. Il faut donc simplement mettre de bonnes garnisons et bien approvisionnées à Landrecies, Bouchain et Cambrai ; conserver le camp d'Arleux et le reporter, s'il est possible, au moins en partie, au camp de César ; avoir un autre petit camp au Cateau, et un bon corps de cavalerie à Solesmes ; établir quelques redoutes, rompre les chemins, serrer l'ennemi de plus en plus, le harceler par détail et ne jamais engager d'affaires générales. Je pense que 40,000 hommes doivent suffire amplement pour cet objet. Une observation très essentielle en cet endroit est de faire sans cesse mouvoir les troupes et changer les garnisons, autant pour les tenir en haleine, les empêcher de s'amollir et de se corrompre par l'inactivité, que pour rompre par une mobilité perpétuelle les trahisons qui peuvent s'ourdir, et empêcher qu'il ne se noue des intrigues ; il faut que ce mouvement s'étende jusque sur les commandants temporaires et officiers-majors de places. Les mutations de campement ont encore l'avantage d'empêcher l'ennemi d'asseoir ses projets, et l'obligent à des mouvements qui le fatiguent plus que

---

comme disponibles, que 5,663 présents sous les armes dont 2,080 au camp des Montagnards et 3,583 au camp des Sans-Culottes.

(1) Voir au sujet de cet envoi de 12,000 à 15,000 hommes l'arrêté du Comité de Salut public du 21 ventôse, qui n'était que la conséquence de l'instruction de Carnot, datée du même jour. Voir aussi le tome I de la *Campagne de l'armée du Nord en 1794*, pages 364 et suivantes.

nous, parce qu'en qualité d'attaquant, il doit avoir une plus grande masse de forces et d'attirails à remuer.

Il y a maintenant le point de Maubeuge et la haute Sambre à garder. Le même système défensif doit y être observé : il faut réduire la garnison de Maubeuge à 12,000 hommes, à cause de la difficulté des subsistances, la renouveler très fréquemment, ainsi que l'état-major ; faire camper le reste où les ennemis campaient l'année dernière, près du bois de Dourlers, à la pointe duquel je pense qu'il conviendrait de faire une très forte redoute, dont le canon porterait jusqu'à la croisée des trois chemins de Landrecies, Barlaimont et Pont-sur-Sambre ; occuper Wattignies et tenir à Beaumont un corps d'observation bien retranché.

Tel est, Général, le système de la campagne prochaine, suivant le désir du Comité de Salut public ; toi seul et les représentants du peuple Richard et Choudieu doivent en avoir connaissance ; tu t'envelopperas envers tous les autres dans le secret le plus profond, et tu tâcheras sans cesse de tromper l'ennemi sur tes projets, et de le fatiguer par de fausses marches. L'intention du Comité est que tu ne lui laisses pas le temps de respirer. Nous voulons finir cette année ; il nous faut une guerre des plus offensives, des plus vigoureuses ; c'est tout perdre que de ne pas avancer rapidement, que de ne pas écraser jusqu'au dernier de nos ennemis d'ici à trois mois ; car ce serait à recommencer l'année prochaine, ce serait périr de faim et d'épuisement. Or, je te le répète au nom du Comité et de la patrie, il faut en finir. Tes affaires seraient bien avancées si tu pouvais t'emparer de Tournai (1), peut-être serait-il possible de l'emporter de vive force, ou d'enlever la citadelle ; c'est à toi d'oser tout ce dont le génie de la liberté et le courage des républicains peuvent rendre capable. Aie de bons espions ; sache tout ce qui se passe chez les ennemis ; jette la division parmi eux : tous les moyens sont bons pour écraser la tyrannie. Nous ferons à cet égard tous les sacrifices pécuniaires qu'il faudra.

---

(1) Cette idée de Tournai se trouve dans le plan adressé par le chef du 2ᵉ bataillon des Ardennes, le 16 pluviôse. (Voir page 11.)

Lorsque tout sera préparé pour une grande action, tu nous le manderas ; un ou deux d'entre nous (1) iront se réunir à nos collègues Richard et Choudieu pour aider au succès. Fais usage de tous tes moyens ; ne laisse dans les places que ce qui est absolument indispensable pour le service courant. Le Ministre a ordre de te faire passer les deux régiments de carabiniers qui sont à la Moselle, et un régiment de hussards.

Salut et fraternité.

CARNOT (2).

Bien que ces instructions de Carnot, des plus nettes, fussent datées du 21 ventôse (11 mars), ce n'est cependant que le 31 mars, deux jours après avoir échoué dans sa tentative sur le Cateau, que Pichegru adressa à Bou-

---

(1) *Extrait de J. B. Fortescue's Manuscripts*. Vol. II. (*Bulletin* n° 19, 27 mars-2 avril 1794, p. 557.)

. . . .

Billaud de Varennes promit de se rendre comme commissaire auprès des armées du Nord pour les faire agir sans retard.....

(2) Ce document met à néant les assertions suivantes du général P. Lacroix, dans son *Précis sur les opérations de la brigade Macdonald* :

29 germinal (18 avril).

« L'adjudant général Sauviac, qui méritait encore les bontés du général Pichegru, avait fait appeler mon général près de lui à l'effet de lui fournir des renseignements sur les troupes et les localités.

« L'arrivée du grand quartier général à Lille, les troupes qui y affluaient de toutes parts présageaient un mouvement très prochain. Le pays, épuisé par le voisinage continuel des armées, n'offrant bientôt plus assez de ressources, le commandait impérieusement. Cette considération bien sentie par le général Pichegru, le décida à se porter sur Courtray pour venir prendre position derrière la Heule, y vivre sur un pays étranger, d'ailleurs bien moins sucé que le nôtre. Je crois très fort qu'il n'avait d'autre vue dans ce mouvement que les vivres. Les plans à Carnot lui étaient absolument inconnus puisque le Comité de Salut public ne lui faisait aucune part de ses idées. »

chotte une lettre où il laisse enfin voir qu'il *va* exécuter, tout au moins dans ses grandes lignes le plan dicté par Carnot le 21 ventôse.

« Le beau temps dit-il n'a pas eu grande durée; la pluie m'empêche de continuer l'opération ébauchée avant-hier. Je la regarde comme trop intéressante pour y renoncer. Elle nous coûtera sans doute du monde mais aussi elle facilitera singulièrement nos communications; et la Trouée se trouvera mieux masquée.

« Quant aux opérations majeures, c'est toujours sur les bases établies au Comité de Salut public que j'en prépare les dispositions : l'armée sera divisée en trois corps, un à la Trouée, un entre Lille et Cassel et un troisième sous Maubeuge, pour se lier avec l'armée des Ardennes et pénétrer de ce côté dans la Belgique pendant que la gauche agira sur Ypres. Déjà différents camps sont établis sur la droite et la gauche; me proposant d'établir celui du centre vers Solesmes, il ne pourra l'être que lorsque l'ennemi aura été forcé de se replier jusque derrière la Rhonelle ».

Pendant que Pichegru ajournait ainsi l'exécution du plan si nettement indiqué par les instructions du 21 ventôse, le Comité de Salut public cherchait à les compléter en étudiant en détail le rôle qu'elles avaient assigné assez sommairement à l'armée des Ardennes. Tandis qu'en effet elles s'étaient largement étendues sur la prise d'Ypres et la bataille qui devait s'ensuivre, elles se bornaient, pour l'armée des Ardennes, à spécifier qu'elle devait marcher sur Charleroi en restant subordonnée à celle du Nord.

Mais le 1ᵉʳ germinal (21 mars) d'Arçon (1) se rendit « au Comité de Salut public pour y présenter son plan à l'effet de faire agir l'armée des Ardennes pour faire une

---

(1) *Bulletin* n° 16, 23 mars 1794.

invasion dans le Namurais pour intercepter la communication entre l'armée des Pays-Bas et celle du Rhin ».

« Il ajouta en outre que les rapports de tous les espions de l'armée de Cobourg se réunissaient pour assurer que le plan adopté par cette armée était, à quelque prix que ce fût, d'éviter le passage de la Somme, très dificile et toujours dangereux pour une armée ; que l'unique but dans cette campagne étant de s'approcher de Paris et de s'en emparer, on assurait que les intentions de Cobourg étaient de s'emparer d'abord de Maubeuge et de Landrecies ; que, dans cette position, soutenu par l'armée anglaise, par les Hollandais et la partie de son armée qu'il comptait laisser sous les ordres de Hohenlohe, il comptait former une armée d'observation, et alors avec son armée marcher de Landrecies sur la ligne de Compiègne.

« Que dans cette position, deux mesures également hardies étaient les seules raisonnables. La première de tracer un plan au général Pichegru pour qu'il puisse forcer le passage sur l'un des points de la ligne immense qu'aura à défendre l'armée d'observation depuis Namur jusqu'à Nieuport ; et qu'alors, entrant dans la Flandre autrichienne, il y commettra toutes les dévastations imaginables pour forcer au moins l'armée d'observation aux ordres d'Hohenlohe à cesser de suivre celle de Cobourg et à se replier sur la Flandre attaquée. Qu'alors l'armée du général Ferrand, accrue de toutes les réquisitions de l'intérieur et des détachements des meilleures troupes de l'armée du Rhin, marcherait à grandes journées sur la direction de Compiègne, prendrait la position avantageuse que le Comité lui ferait désigner au pont Sainte-Maxence, et que là il attendrait les ordres du Comité pour livrer une bataille décisive.

« Ce plan, dont il a laissé les documents au Comité n'a eu, comme à l'ordinaire, ni approbateurs ni improbateurs (1); on se bornera, s'il y persiste, à en ordonner l'exécution..... »

De toute cette communication, il semble que le Comité n'ait adopté que la marche éventuelle de l'armée des Ardennes sur Namur, et, pour la préparer, Carnot adressait, dix jours après, l'instruction suivante au général Charbonnié.

---

(1) *Bulletin* n° 16, 23 mars 1794, page 546. « ..... La plupart du temps cet animal de Bouchotte ne sait pas plus ce que l'on doit faire que vous-mêmes. Souvent Besnard lui apporte de la part du Comité de Salut public toute une opération militaire décidée, les ordres tout prêts auxquels on lui fait apposer sa signature sans les lui laisser lire.....

« Vous savez, par l'établissement décrété au Comité des Neuf le 11 janvier, ce qui a été établi pour la conduite des armées : Le Comité des Neuf n'entendant rien absolument à la guerre, et se trouvant très souvent forcé par l'influence des clubs d'employer des généraux totalement ineptes ou tout au moins très inexpérimentés, on a bientôt senti le danger de cette position et on s'est en conséquence adressé à d'Arçon et Lafitte qui sont les principaux agents du Comité et en qui l'on a toute confiance; ces messieurs ont formé le plan qui a été adopté au mois de janvier.

« Toutes les opérations militaires, tous les plans de campagne quelconques sont censés décrétés et ordonnés comme mesures révolutionnaires par le Comité de Salut public, et la peine de la vie est prononcée contre tout général qui y refuserait obéissance. Le Comité de Salut public ne fait jamais autre chose que de revêtir de son nom en forme de décret, les délibérations du Comité de la guerre.

« C'est toujours d'Arçon qui va lui en porter les rapports. Tous les plans de campagne sont envoyés à ce Comité; tous les rapports des espions dans les cours étrangères et dans les armées ennemies leur sont encore renvoyés; toutes les dépenses nécessaires pour les espionnages militaires leur sont allouées sans difficultés. Ce Comité est composé de quinze personnes : d'Arçon, Lafitte, le chef d'artillerie Rostaing, l'officier du génie de Rivière, le géographe-ingénieur militaire Latour en sont membres.....

« ..... L'esprit militaire de ce Comité (d'Arçon, Lafitte, le chef d'artillerie Rostaing, l'officier du génie de Rivière, le géographe-ingénieur militaire Latour, etc.) est de diriger toutes les opérations militaires d'une manière perpétuellement offensive..... »

Au Général en chef de l'armée des Ardennes, à Sedan.

11 germinal (31 mars 1794).

Il est temps, citoyen, que tout s'ébranle pour marcher contre les satellites de la tyrannie ! L'heure de la victoire sonne et retentit de toutes les extrémités de la République. Rassemble tes forces et mets-les en mouvement. Réduis tes garnisons à ce qui est strictement et rigoureusement nécessaire pour leur garde ordinaire. Fais camper tout le reste en masse afin de tomber sur le premier point qui sera attaqué ou pour attaquer toi-même au premier signal. Ta première position à prendre est en avant de Charlemont pour te porter à volonté soit sur Dinant, soit sur Marche-en-Famine, soit dans le pays d'entre Sambre et Meuse, suivant les vues ultérieures qui te seront communiquées. Fais amas d'artillerie et de tout ce qui est nécessaire pour l'attaque de Namur et médite dans le plus profond secret les moyens d'enlever cette place. Livre de fréquents combats; aguerris tes troupes; entretiens-y avec fermeté la discipline et l'exercice; ne les fatigue point mais tiens-les perpétuellement en haleine; oblige les officiers généraux à les visiter chaque jour, à leur donner l'exemple de l'activité, de la moralité et du désir de vaincre. Ne compromets point le sort des armes françaises; attaque chaque jour tantôt un poste, tantôt l'autre, mais toujours avec des forces très supérieures, à l'improviste et avec célérité. Change très fréquemment tes positions pour déranger les combinaisons de l'ennemi; relève souvent les garnisons et les états-majors, pour couper toutes les trames et déjouer les complots. Harcèle l'ennemi; vis à ses dépens; grossis tes forces dans l'opinion pour enfler le courage de nos soldats et intimider les ennemis. Ne te plains pas sans effet comme la plupart des généraux; car on est à moitié vaincu quand on manifeste de la crainte et de la défiance de soi-même. Fais-nous part de tes idées; monte un espionnage qui t'instruise de tout; jette la terreur chez les ennemis; poursuis-les sans cesse; ne te laisse jamais prévenir par eux; fais des coups de main qui donnent de l'audace aux républicains et frappent les esclaves de stupeur. La guerre doit être offensive sur la frontière. Il ne faut donc point disséminer tes forces dans les places mais les rassembler et camper en avant. Sois toujours prêt à partir, à saisir l'occasion, à profiter des fautes de l'ennemi. Hâte ces mesures et fais-nous en part aussitôt qu'elles seront prises afin que nous en prenions d'autres définitives.

Carnot.

Les documents qui précèdent semblent autoriser à dire que c'est Colaud qui, le premier, indiqua à Pichegru la manière de mettre en application le « système d'opération » tout d'abord assez vague de Carnot et l'action combinée des armées du Nord et des Ardennes ; que Carnot adressa ensuite à Pichegru les instructions les plus précises ; et que sous cette double influence Pichegru paraît avoir résolu en principe de les exécuter le 31 mars après avoir fait une tentative sans objet sur Cateau-Cambrésis.

Il semble toutefois que les grandes lignes du plan eussent été dans tous les esprits, voire même chez nos ennemis à qui peut-être le « secrétaire » déjà mentionné du Comité de Salut public les avait communiquées. On trouve en tout cas dans la presse étrangère du temps les extraits qui suivent :

Le plan de campagne.

De Bruxelles, le 5 février 1794 (1). — Un officier français de la première réquisition abandonna ses drapeaux et se réfugia, il y a peu de jours, à Tournay. Non content de cette lâcheté, il dévoila le plan de la campagne aux ennemis. Il s'agissait de forcer la ligne des cantonnements autrichiens au-dessus de Tournay et d'opérer une jonction avec un corps de troupe qui devait s'avancer dans les environs de Namur. Les généraux ennemis, instruits de ces dispositions, augmentèrent d'un tiers les cantonnements qui couvrent le Tournaisis

---

(1) *Gazette de France*, 1er ventôse an II, n° 50, p. 202, 1ro col.

et la Flandre occidentale et détachèrent de l'armée sur Mons environ 4,000 hommes d'élite.

De Bruxelles, le 5 février 1794 (1). — La majeure partie des troupes républicaines va renforcer les armées du Nord et des Ardennes.

On présume qu'une armée marchera des environs de Givet pour pénétrer dans le comté de Namur et tourner par ce moyen l'armée de Saxe-Cobourg qui est proche Mons et Maubeuge; tandis que, d'un autre côté, un corps d'armée plus considérable que le premier attaquera de front toute la ligne des cantonnements autrichiens au-dessus de Tournay et tâchera de faire une trouée pour opérer sa jonction avec le corps qui se sera avancé par Namur.

Une correspondance de Bruxelles, du 24 mars, et insérée seulement au *Moniteur universel* du 12 avril, constatait qu'il y avait près de Dunkerque un corps d'armée de 20,000 hommes. « Quant à la grande armée républicaine postée près de Cambrai, Guise et Saint-Quentin, elle se renforce tous les jours, et l'on croit qu'elle est enfin sur le point de mettre à exécution ses plans d'agression ».

On trouve encore une preuve de cette divulgation du plan à l'étranger dans le « Précis des opérations de la brigade Macdonald ». Poursuivant l'assertion erronée que nous avons rapportée plus haut et suivant laquelle le plan de campagne ne serait né que des circonstances et aurait été inconnu dès l'abord au Comité de Salut public, le général P. Lacroix écrit :

« 29 germinal. — Tous ces superbes plans ne gisaient que dans les gazettes, surtout dans celles des ennemis. D'après ma manière de voir, je pense que ce fut par enchaînement de circonstances que nous obtînmes ces succès étonnants que la postérité croira avec peine.

---

(1) *Gazette de France*, 1er ventôse an II, n° 50, p. 202, 1re col.

« Dans tout ce que j'ai lu, à cette époque, sur les prétendus plans du Comité de Salut public, voici la pièce la plus singulière. Elle servirait de conviction pour ceux qui, comme moi, n'auraient pas vu et entendu les généraux se plaindre de ce qu'on n'avait pas encore adopté de plan pour la campagne (1), et cela deux jours avant qu'on y entrât. C'est un extrait d'un supplément à la *Gazette de Cologne* du 25 mars 1794. Le rédacteur fait parler un de ses correspondants de Strasbourg qui s'exprime ainsi : « On a pu croire, d'après la retraite de notre armée du Rhin, que le Comité de Salut public avait renoncé à son premier plan. Il est certain que, depuis un mois, on y a fait de grands changements. Le but est toujours le même de pénétrer dans le Brabant et de s'enrichir des trésors de la Hollande. Mais l'insuffisance de Jourdan, le déplacement de Pichegru ont nécessité un nouveau mode d'exécution. Attaquer, percer dans le pays ennemi, sans crainte d'être coupés dans la retraite, présenter sur tous les points et singulièrement au centre un front imposant, voilà ce que l'on s'est proposé. On considère toute la ligne depuis le Rhin jusqu'à la mer comme ne faisant qu'une seule armée. Dans le plan actuel, les ailes seules doivent agir ; les forces centrales, dans une attitude menaçante ou soutiendront l'effort du prince de Cobourg ou dirigeront leur mouvement en avant à raison des succès de la droite et de la gauche. Cette droite s'étend depuis le duché de Bouillon jusqu'à la Sarre ; la gauche prend depuis Lille jusqu'à Dunkerque. Toutes deux sont soutenues par des troupes de seconde ligne. D'après ces dispositions on conçoit aisément le plan des Français. Ces deux ailes pénètrent en même temps chacune dans le pays qui leur fait face.

---

(1) De fait, Pichegru ne semble s'être décidé que le 31 mars à appliquer les instructions de Carnot datées du 11 mars (21 ventôse).

Le point de réunion est entre Anvers et Maëstricht. Le milieu reste sous les armes. Les troupes du Rhin continueront leurs incursions civiques pour maintenir l'ennemi dans cette partie. Que feront les Autrichiens ? ou ils chercheront à couper la retraite à chacune de ces ailes, ou ils prendront le parti de se retirer eux-mêmes et d'abandonner leurs conquêtes. Dans le premier cas on leur oppose la digue des camps de réserve, et pour peu qu'ils s'avancent, ils s'engagent entre deux feux. Dans le second le centre marche en avant ; les garnisons des places les suivent et bloquent Valenciennes, Condé et le Quesnoy. On s'asseoit dans le Brabant, et les trois armées appuyées à gauche sur la mer et à droite sur la Moselle républicanisent, plantent des arbres de liberté, établissent des clubs, enferment les riches, confisquent, pillent tout, répètent enfin ce qu'ils ont fait dans le Palatinat. Pour préparer l'exécution de ce plan, que l'on regarde comme un chef-d'œuvre, on a dû réunir l'armée de la Moselle et partie de celle du Rhin ; on établit un camp entre Thionville et Sarrelouis. Des troupes doivent filer sur Dunkerque ; et les garnisons les plus voisines de la masse autrichienne doivent faire des sorties, s'agiter beaucoup, harceler sans cesse l'ennemi afin de l'entretenir dans la persuasion que c'est là que doivent se porter les coups décisifs, que c'est là que se concentrent toutes les forces. Les généraux ennemis sauront sans doute déjouer ce grand projet ; mais auront-ils assez de troupes ?

« S'ils disséminent leurs armées, elles peuvent être battues plus aisément ; s'ils se resserrent pour assiéger nos places du Nord, ils abandonneront un champ libre à nos ailes.

« Le temps, ajoute P. Lacroix, a sans doute justifié par expérience ce qu'on avait prévu à quelques modifications près dans cette lettre. Je ne puis croire néanmoins que le Comité de Salut public ait jamais rien calculé. Notre contre-marche d'Oudenarde sur Ostende et d'autres sottises dictées par leur fichu orgueil me fixent dans mon opinion (1). »

En résumé le Comité de Salut public voulait prendre tout d'abord Ypres afin de reconstituer la ligne d'eau de Vauban, de Nieuport à Menin ; d'occuper cette ligne

---

(1) Il est assez curieux de rapprocher de ce Mémoire de P. Lacroix le document suivant dont la similitude semble dénoncer un seul et même auteur :

Extrait des opérations du général en chef Pichegru.

Les désastres que nous venions d'éprouver au centre, nos avantages soutenus à la gauche firent alors adopter à notre général le vaste plan que voici :

« Tout en présentant au centre un front imposant, Pichegru résolut de ne faire agir que les ailes, en tâchant de les faire pénétrer chacune dans le pays qui leur faisait face; les incursions des armées du Rhin et de la Moselle devaient nécessairement maintenir l'ennemi dans cette partie.

« Les alliés devaient alors, ou chercher à couper la retraite à chacune de nos ailes ou prendre le parti de se retirer eux-mêmes; dans le premier cas on leur opposait la digue du camp de réserve, et pour peu qu'ils se fussent avancés, ils s'engageaient entre deux feux ; dans le second le centre devait marcher en avant et les garnisons de nos places suivre pour bloquer Valenciennes, Condé, le Quesnoy et Landrecies. Si les ennemis, pour nous couper, disséminaient leur armée, il nous était possible de les battre plus aisément, et s'ils se fussent réservés pour assiéger nos places du Nord, ils eussent abandonné un champ libre à nos ailes.

« Ce plan faisait donc non seulement entrevoir la possibilité de pénétrer dans le Brabant, mais il avait encore le double avantage de forcer les ennemis à se retirer, et de nous assurer par des conquêtes les moyens d'alimenter nos armées.

« Ce qu'il y a de bien étonnant c'est qu'il n'y avait qu'en France qu'on ignorât ce grand projet. Les ennemis le connaissaient à fond ; leurs gazettes l'attribuaient à notre fameux Comité de Salut public ; mais ce Comité, comme le reste de la France, ne voyait alors que la forêt de Mormal où s'étaient retranchés les ennemis. C'était l'épouvantail de 1794, comme les uhlans le furent un instant de 1792. »

défensive avec un minimum de forces; et d'opposer à l'ennemi le maximum de celles de l'armée du Nord entre la Lys et l'Escaut en le basant sur Lille. En même temps, les mouvements des armées des Ardennes et de la Moselle limitaient le champ d'action à la Meuse. Si l'aile gauche était victorieuse elle pressait le flanc droit de l'ennemi; si elle échouait, son mouvement de recul était limité par la ligne Ypres—Menin et elle continuait, dans cette situation, à fixer l'adversaire, tandis que les armées des Ardennes et de la Moselle continuaient à progresser sur son flanc gauche. L'ennemi, dès lors, au lieu de poursuivre ses progrès vers l'intérieur du territoire était obligé de manœuvrer en lignes intérieures dans les Pays-Bas.

Pichegru comprit-il ce plan? avait-il l'instruction stratégique et historique nécessaire pour le comprendre? S'exagérait-il la valeur de la place d'Ypres malgré le traité des barrières? Se heurta-t-il aux difficultés de la préparation d'un matériel léger de siège, bien qu'il eût à Lille et à Douai toutes les ressources nécessaires? Faut-il enfin admettre l'excuse qu'il chercha dans le mauvais état des chemins?

Toujours est-il qu'il adopta le 7 floréal (1) une autre solution qui consista à suivre les conseils à Colaud, et il semble que dès lors entra dans son esprit l'idée, reprise plus tard, de renouveler sur la ligne Lille—Menin—Cour-

---

(1) On ne peut démêler au juste les motifs de cette marche sur Courtrai du 7 floréal. En écrivant de Lille le 5 floréal à Ferrand, Pichegru lui dit : « Je crois indispensable, mon cher Général, d'exécuter le mouvement sur Courtray tant pour la diversion que pour nous procurer des ressources qui manquent. » Il semble d'après cette phrase que, conservant toujours l'idée que lui a donnée Colaud, il la met à exécution pour faire diversion à l'attaque principale que font le même jour contre l'armée d'observation de Cobourg les divisions Fromentin, Goguet, Balland et Chapuis. Rien de tout cela ne ressemble à l'attaque sur Ypres prescrite par le Comité de Salut public.

trai, la manœuvre classique du maréchal de Saxe en 1744, celle que voulut faire Rochambeau en 1792, avant que les intrigues de Biron et de Dumouriez aient amené les paniques de Quiévrain et de Tournai ; la manœuvre enfin dans laquelle échoua piteusement le pauvre Luckner. Tous ces exemples historiques encore récents se présentaient alors à l'esprit de tous, et par les commentaires qui en résultaient donnèrent aux contemporains la sensation qu'il n'y eut pas, à vrai dire, de plan médité longtemps à l'avance par Pichegru, mais la simple exécution d'une combinaison qui était préconisée par tous et dont chacun parlait, même chez nos ennemis.

Le plan de campagne des alliés (1). — Un premier plan fut élaboré par Cobourg avec le prince de Hohenlohe, et adressé le 19 décembre 1793 à l'Empereur ; l'échec de l'armée du Rhin, que Cobourg apprit le 3 janvier, n'en laissa pas moins subsister les grands principes.

C'est ainsi que le généralissime autrichien établissait tout d'abord qu'il fallait concentrer tous ses efforts sur les moyens de forcer la France à la paix, sans se laisser détourner de ce but sous aucun prétexte. Il montrait ensuite la supériorité que donnait à la France l'énergie de son gouvernement révolutionnaire, faisait appel à l'union des alliés pour le combattre, et posait cette première question :

« Par quels moyens les plus sûrs et les plus prompts forcer l'ennemi commun à la paix ? Il y répondait en disant qu'il fallait « atteindre la capitale, attaquer les tyrans dans leur repaire et disperser leur faction ».

---

(1) D'après l'ouvrage de A. von Witzleben : *Prinz Friedrich Josias von Cobourg-Saalfeld, Herzog zu Sachsen.* Berlin, Decker, 1859. Tome III, page 51 et suivantes.

« En second lieu il se demandait comment on pourrait opérer avec succès contre la capitale. Il fallait tout d'abord une armée de 289,000 hommes au moins, dont le gros devait percer la triple ceinture des forteresses ennemies et dégager sa ligne d'opérations par l'enlèvement des places fortes qui l'obstruaient, pendant que le reste de l'armée serait employé à surveiller les frontières et garderait la défensive.

« Par suite, la répartition des troupes serait la suivante :

L'armée principale, devant agir du Quesnoy contre Landrecies et Cambrai; puis plus loin.	100,000 hommes.
Le corps défendant la frontière de la West-Flandre jusqu'à l'Escaut.	40,000 —
Le corps sur la Meuse et la Sambre.	45,000 —
L'armée sur le Rhin, de Huningue à la Moselle.	104,000 —
TOTAL.	289,000 hommes.

« De toutes ces armées, la principale était seule destinée à l'offensive dans les Pays-Bas. Son but final était d'enlever Landrecies, Cambrai, Maubeuge, Avesnes et Bouchain, puis de s'avancer jusque sur la Somme afin de s'ouvrir pour la prochaine campagne le chemin de la capitale. »

Cobourg envoya ce plan à Vienne par le colonel Froon, initié à toutes les particularités de ce projet (1).

Il devait insister sur la nécessité de prélever 30,000 hommes sur les 62,000 de Wurmser afin de porter l'armée des Pays-Bas au chiffre de 185,000 hommes, et faire remarquer d'autre part que, s'il n'y avait rien dans le plan qui assurât la liaison de Luxembourg à la Moselle, c'était qu'on s'en rapportait de ce soin à l'armée prussienne.

---

(1) A. von Witzleben, *loc. cit.*, tome III, page 51 et suivantes.

Mais Froon était à peine à Vienne que Cobourg apprenait l'échec de Wurmser. Il convoquait donc de nouveau Hohenlohe et écrivait le 23 janvier à l'Empereur.

« Le corps anglais est actuellement au plus de 12,000 hommes; le hollandais de 10,000. Ce dernier est sans organisation, et les renforts de ces deux corps ne sont pas à attendre avant la fin d'avril. Mon armée compte 106,000 hommes, dont 80,000 employés à la défense de Luxembourg, Valenciennes, Condé, le Quesnoy et de la zone comprise entre Trèves et Nieuport; en sorte qu'en comptant les Hollandais et les Anglais, il ne me reste que 38,000 hommes au plus pour prendre l'offensive. »

Mais dès le 15, l'Empereur avait déjà répondu qu'il approuvait le plan présenté par Froon; que Landrecies lui avait été déjà signalé comme le point d'attaque; et que du reste le colonel Mack arriverait à Mons à la fin de janvier et mettrait le Prince au courant des vues ultérieures de Sa Majesté.

Le 31 janvier en effet l'Empereur écrivait :

« Le colonel Mack est chargé de vous indiquer mes vues au sujet du plan d'opérations de la future campagne. »

Elles consistaient à entrer en opérations le plus tôt possible et à pousser par tous les moyens l'Angleterre et la Hollande à compléter leurs effectifs; puis à concentrer une grosse masse sur un seul point, et « ce point, disait l'Empereur, ne peut être plus heureusement choisi que dans les Pays-Bas. Il en découle naturellement que du côté de l'Allemagne on doit se borner à la défensive ».

« Cette décision est d'autant plus inévitable que la Cour de Berlin nous laissera encore longtemps dans l'incertitude sur le nombre de ses troupes susceptibles de coopérer à la prochaine campagne.

« Le seul moyen de terminer promptement la guerre

est de s'avancer aussi loin que possible dans le pays ennemi contre la capitale.

« Pendant que de notre côté on s'approchera de Paris, le concours des insurgés de la Vendée sera très avantageux, et si réellement, d'après les dires de la Convention, leur résistance était brisée, on devrait faire une nouvelle Vendée de la Bretagne et de la Normandie où le feu de la révolte couve encore sous la cendre (1). »

Le Cabinet impérial, aussi bien que le prince de Cobourg, regardait la marche sur Paris comme le but de toute la campagne ; et à Vienne on était d'accord avec Mons (2) pour concentrer les efforts de toute l'armée sur un seul point (3).

« Les événements de la dernière campagne faisaient regretter que Mack se fût éloigné de l'armée. Dans celle qui se préparait, l'Empereur ne pensait pas pouvoir se passer de lui (4), et il résolut, malgré l'envie de Rollin et l'opposition de Thugut, d'acquiescer au sentiment général et de rétablir Mack dans ses anciennes fonctions.

« L'Empereur appela Mack auprès de lui et le chargea de se rendre à l'armée pour expliquer au prince de Cobourg à Mons les idées du souverain ; et d'aller ensuite de Mons à Londres pour y pousser les préparatifs de guerre (5).....

« Mack arriva à Mons à la fin de janvier et partit ensuite avec le Prince pour Bruxelles. Là il assista le 4 février

---

(1) A. von Witzleben, *loc. cit.*, page 59.
(2) Quartier général de Cobourg.
(3) Von Witzleben, tome III.
(4) Von Witzleben, *loc. cit.* « L'exagération du mérite de Mack allait si loin que sa présence équivalait, croyait-on, à une armée de 60,000 hommes..... »
(5) Après sa mission Mack devait remplacer Hohenlohe comme chef d'état-major de Cobourg.

à un conseil de guerre qui eut lieu entre Cobourg, l'archiduc Charles, le duc d'York, le prince héritier d'Orange, le comte Mercy et lord Elgin pour la discussion du plan de campagne. »

Sous le titre : Considérations sur l'ouverture et les opérations de la campagne prochaine de 1794 (1), Mack avait élaboré un mémoire, que Cobourg lut à ce conseil, qui fit le sujet de la discussion et fut accueilli avec tant de faveur que le duc d'York et le prince d'Orange partirent aussitôt pour Londres et la Haye afin d'en recommander l'acceptation.

Ce document constatait tout d'abord que les Français mettaient la plus grande activité à se renforcer considérablement sur la frontière et à vouloir ouvrir au plus tôt la campagne ; et il concluait à cette première nécessité de ne pas se laisser surprendre dans les quartiers d'hiver et se faire battre en détail. Il fallait donc prendre toutes les dispositions pour que, au milieu de février, les armées alliées fussent établies en cantonnements serrés, pourvues de tout le nécessaire et prêtes à marcher.

Cobourg posait ensuite, en principe, que l'on devait tendre à pousser dans l'intérieur du pays « et surtout vers Paris, si l'on voulait atteindre sûrement le but principal de la guerre ». Mais, pour s'opposer à ce dessein, la France disposait, d'Huningue à Dunkerque, d'un double ou triple rang de forteresses, et si l'on voulait l'attaquer à la fois en tous ces points, il n'était pas douteux qu'il fallût des moyens irréalisables. Mais, disait le Prince, « il est permis de compter sur une heureuse issue, si l'on prend l'offensive sur la frontière des Flandres et si l'on se tient sur toutes les autres sur une

---

(1) Le texte de ce Mémoire, dont on donne ci-après l'analyse, a été publié en entier dans l'*Œsterreichische militärische Zeitschrift*, 1831, *Viertes Heft*, page 4 et suivantes.

défensive imposante pouvant se changer en offensive dans le cas où l'ennemi ferait mine de retirer ses forces de ce côté pour les reporter vers les Flandres. »

Mais, même ainsi limité, le projet exigeait des ressources plus importantes que les « moyens actuels » des coalisés. Les immenses ressources de l'ennemi et sa ferme volonté de laisser « tous les habitants en proie à la famine plutôt que de ne pas garnir ses frontières de troupes considérables et pourvues de toutes les subsistances nécessaires » ; l'obligation d'aller au plus tôt susciter la révolte dans Paris (1) et l'impossibilité de compter pour cela sur les seuls ennemis de l'intérieur, aidés ou non par un simple détachement ; la faculté qu'aurait l'ennemi de l'annihiler tout en continuant à garder ses frontières ; tous ces motifs exigeaient un accroissement des forces qui devait en porter l'effectif total à 340,000 hommes, dont 140,000 en défensive sur le Rhin et 200,000 destinés à prendre l'offensive dans les Pays-Bas entre la Meuse et la mer.

Or on disposait seulement de 270,000 hommes qui se répartissaient ainsi :

---

(1) *Un des Représentants à l'armée du Nord au Comité de Salut public.*

Lille, 15 mai 1793.

« ..... Le duc d'York est à Tournai avec Bouillé qui paraît son mentor et son conseiller le plus intime ; ils ont grande espérance sur les troubles de l'intérieur et, s'ils pouvaient se communiquer jusqu'à Paris, ils pousseraient une colonne sur cette ville, en laissant même derrière eux les places de guerre et sans s'occuper de leur retraite. Mais ils ne tenteront pas l'invasion du territoire, et ils chercheront seulement à nous forcer d'entretenir beaucoup de monde sur nos frontières pour donner beau jeu aux intrigants du dedans. Il paraît par leurs propos qu'ils sont fort instruits et d'avance des mouvements intérieurs, et la personne qui me communique ces renseignements ne doute pas que le plan ne soit combiné entre eux et les chefs d'un parti au désespoir..... » (Aulard, t. IV, p. 177.)

Troupes autrichiennes et d'Empire le long du Rhin, avec la garnison de Manheim, et le corps de Condé....................	70,000 hommes.
Devant Mayence : troupes prussiennes et contingent saxon........................	45,000 —
Armée du duc d'York (dans les Flandres maritimes ?)...........................	20,000 —
De Trèves à la mer en troupes impériales et royales............................	120,000 —
Armée du prince d'Orange (dans le Namurois ?).............................	15,000 —
TOTAL.........	270,000 hommes.

Il fallait donc 70,000 hommes de complément que l'on obtenait ainsi :

Troupes de Sa Majesté britannique.........	20,000 hommes.
Troupes prussiennes....................	15,000 —
Troupes autrichiennes..................	15,000 —
Troupes hollandaises...................	10,000 —
Troupes prince de Saxe et du Palatinat bavarois...........................	10,000 —
TOTAL GÉNÉRAL.....	340,000 hommes.

Ces troupes seraient ainsi réparties :

Le long de la rive droite du Rhin :

Troupes impériales et royales et corps de Condé......................	30,000	
Troupes du Palatinat bavarois, wurtembergeoises et de Darmstadt...	25,000	55,000 hommes.

Entre le Rhin et la Moselle, y compris Trèves :

L'armée prussienne avec les troupes saxonnes et futures........................	65,000 —

Troupes destinées aux opérations sur la Meuse ou entre la Meuse et la mer :

Troupes impériales et royales dans le Luxembourg, sur la défensive................	15,000 —
A *reporter*.........	135,000 hommes.

Report........	135,000 hommes.	
Troupes impériales et royales, venant du Rhin, sur la rive droite de la Meuse......	35,000	—
Armée hollandaise, augmentée de troupes impériales et royales (1)...............	35,000	—
Armée principale de............ 45,000		
Deux petites armées, chacune de 25,000 hommes............... 50,000	95,000	—
Une armée royale britannique (2).........	40,000	—
Total........	340,000 hommes.	

En se bornant à considérer les forces situées entre la Meuse et la mer et qui constituaient l'élément offensif, le prince de Cobourg les divisait en trois masses : l'armée principale, prête à marcher sur Paris, comptant 45,000 hommes, à rassembler en cantonnements serrés au point de départ de sa ligne de marche entre Quiévrain, Valenciennes et le Quesnoy ; ils étaient flanqués à droite par une des deux petites armées de 25,000 hommes, rassemblés sous le F. z. m. Clerfayt, entre Tournai et Orchies et faisant face aux troupes françaises de Lille ; à gauche, par l'autre petite armée de 25,000 hommes, commandée par le prince de Hohenlohe, rassemblée entre Bavay et Bettignies, et faisant face aux divisions de Maubeuge. En dehors de cette masse principale, l'armée du duc d'York forte de 40,000 hommes devait se concentrer entre Ypres et Courtrai, face aux troupes françaises de Dunkerque, Saint-Omer et Lille ; enfin la troisième masse, celle du prince d'Orange, de 35,000 hommes, entre Namur et Charleroi, prête à repousser l'armée des Ardennes.

Ces mouvements de rassemblement devaient commencer le 15 ou 16 et se terminer le 20. Après cette opé-

---

(1) Entre Namur et Liége.
(2) Dans la Flandre maritime.

ration, les cantonnements de l'armée principale ne devaient pas dépasser en longueur et en largeur une forte journée de marche, et ceux des deux autres une toute petite marche. Entre ces diverses armées les communications devaient être « assurées par de petits postes et des patrouilles intermédiaires, et les généraux devaient se notifier mutuellement ce qu'ils apprendraient sur l'ennemi. Toutes les troupes devaient être pourvues d'une réserve de deux jours de vivres-pain et de fourrages, à laquelle elles ne devaient pas toucher ».

Quelles devaient être les opérations premières de cette troupe ainsi concentrée ?

« Si l'on veut avancer sur Paris, dit le Mémoire lu par Cobourg, il faut être maître de toutes les places fortes entre la Meuse et la mer. »

Comme cette opération retarderait de beaucoup la marche sur Paris, on pourrait se contenter de profiter de la brèche déjà faite par les campagnes précédentes dans le triple rang des forteresses ennemies pour arriver immédiatement sur la dernière ligne, s'emparer de quelques places de cette ligne, garder ses communications contre les tentatives qui pourraient venir des forteresses situées en deçà, enfin réduire ces dernières par des sièges brusqués, des bombardements ou des blocus.

Si l'on voulait exécuter ce programme en une seule campagne, il fallait un effectif minimum de 300,000 hommes, dont la moitié serait disponible pour marcher sur Paris tandis que l'autre garderait les communications.

Il faudrait ensuite pourvoir chaque armée d'opérations d'un parc d'artillerie de siège ; à cet effet, le prince de Cobourg demandait que l'armée royale britannique et l'armée hollandaise fussent chacune pourvues « d'un équipage d'artillerie de siège respectable; que l'un d'eux fût tenu prêt à Maëstricht au mois de mars pour l'armée hollandaise, et l'autre aussitôt que possible à Condé pour l'armée britannique ».

« L'armée principale I. et R. était déjà pourvue d'un grand parc d'artillerie, et l'armée I. et R. qui devait s'avancer du Rhin sur la Meuse en avait aussi un qu'elle pouvait appeler du Rhin vers Luxembourg ou Namur. »

Enfin l'armée royale prussienne devait « s'organiser un équipage d'artillerie de siège à Mayence, afin de pouvoir à tout moment en faire usage si les circonstances voulaient qu'elle fît une opération offensive ».

Munie de ces moyens en personnel et matériel, l'armée n'avait plus qu'à choisir les places qu'elle devait tout d'abord prendre pour arriver au plus tôt à Paris. Or, en 1793, les alliés s'étaient déjà emparés de Condé, Valenciennes et le Quesnoy. La place la plus voisine sur la route de Paris était Landrecies, dont l'attaque semblait grandement facilitée par l'immense couvert de la forêt de Mormal située entre cette place et la tête d'étapes du Quesnoy.

Dans cette hypothèse, comme la saison permettait d'entrer en campagne en mars, on pouvait espérer paraître devant Landrecies vers le début ou la fin de ce mois ; et, comme il était des plus important d'entrer dans cette place au plus tôt, il fallait y paraître avec tous ses moyens. Comme l'armée principale devait être concentrée dans le triangle Quiévrain—Valenciennes—le Quesnoy, cette opération lui incombait en se faisant couvrir sur ses ailes par les deux armées moindres, ses flanc-gardes, placées au début, l'une entre Tournai et Orchies, l'autre entre Bavay et Bettignies.

Pendant ce temps « la grande armée royale britannique observerait Lille, couvrirait les Flandres et s'opposerait aux tentatives de l'ennemi ».....

« L'armée hollandaise, avec le corps impérial et royal qui l'aurait rejointe, resterait tout d'abord sur la Sambre, observant Maubeuge et couvrant Mons ; mais elle se tiendrait prête à tout instant à attaquer Maubeuge et aurait son parc de siège à proximité et au complet. Sur la rive droite de la Meuse, vers Givet, devait être placée d'abord l'une des armées I. et R. désignées comme corps d'observation, qui s'augmenterait successivement des troupes venant de Trèves et du Rhin pour compter dans les armées mentionnées plus haut. »

« L'armée principale I. et R. devrait, dès qu'elle aurait refoulé l'ennemi, chercher sans retard à s'emparer d'Avesnes ; et, lorsqu'on serait une fois maître de cette place d'arrêt, le moment serait peut-être venu d'entreprendre l'attaque du camp retranché, puis de la forteresse de Maubeuge ; de même après la chute de cette place, on pourrait peut-être attaquer aussitôt Philippeville. » Le siège de cette place, ou encore celui de Givet, pourrait incomber à l'armée d'observation de la Meuse, prête du reste à profiter de toutes les circonstances qui lui permettraient de prêter à l'action principale un concours efficace.

Après les opérations qui précèdent, c'est-à-dire après avoir élargi la brèche de Landrecies par la prise d'Avesnes, et celle de Maubeuge, l'armée principale entamerait le siège de Cambrai en lançant un corps d'observation sur Arras, ce qui permettrait alors à l'armée du duc d'York d'entreprendre le siège et le bombardement de Lille.

Le prince de Cobourg ne se faisait pas d'illusions sur le temps considérable qu'exigeraient ces opérations, et il terminait ainsi sa lecture : « Il ne faut pas s'attendre, à moins d'un succès particulièrement heureux, à franchir cette année avec toute notre masse la ligne des forteresses ; cependant, *si c'était possible*, la masse I. et R., forte de 70,000 à 80,000 hommes, s'avancerait vers Paris, en liaison avec l'armée britannique placée à une distance plus ou moins grande sur sa droite, et ayant à sa gauche l'armée I. et R. située sur la Meuse. »

Il ne semble pas non plus que Cobourg se fît illusion sur le degré de préparation de l'armée à ce moment.

Après cette conférence, il rappelait en effet à l'Empereur la nécessité de le renforcer ; de lui envoyer une somme de 4 millions de florins pour payer la solde et les vivres jusqu'à la fin d'avril ; il lui signalait la détresse de l'armée, plusieurs régiments n'ayant pas de pain, les fournisseurs, impuissants à tenir leurs engagements, l'armée manquant de magasins et ne pouvant dès lors se porter en avant, les forteresses dépourvues de farine et de fourrage. Il lui montrait en outre l'impérieuse obligation d'envoyer de l'intérieur le plus grand nombre possible de troupes impériales sur le Rhin avec la plus grande activité, et notamment des troupes d'artillerie en vue des sièges à faire (1).

Pendant la lecture du plan d'opérations de Bruxelles, personne, du côté prussien, n'assistait au Conseil, car le 4 février 1794 il n'était pas encore décidé que la Prusse retirerait ou non son armée du théâtre d'opérations (2). Les pourparlers étaient aussi pendants avec la Hollande (3). Enfin il fallait négocier avec l'Angleterre le complément de troupes qu'exigeait de cette puissance le plan d'opérations.

Ce fut l'objet de la mission de Mack à Londres (4).

Il y arrivait le 12 février 1794 (5) dans l'après-midi.

---

(1) A. von Witzleben, *loc. cit.*, pages 62 et 63. *Drittes Theil*, 1794.
(2) *Œsterreichische militarische zeitschrift*, 1831.
(3) Rapport de Cobourg à l'Empereur, quartier général de Mons, 19 février 1794.
(4) Voir le Rapport original de Mack, publié par les *Qullen zur Geschichte der Kaiserpolitik Œsterreichs wahrend der französischen Revolution (1790-1801). — Heraugegeben von Alfred Ritter von Vivenot, Wien, 1885.*
(5) Le *Moniteur* du 1ᵉʳ semestre 1794 (nº 170, p. 685) écrivait encore : Londres, du 19 au 24 février : « La haute réputation qui a précédé ici le colonel Mack lui a valu une réception éclatante. En mettant pied à terre, il a été salué de 13 coups de canon ; des courriers du Roi ont été envoyés à sa rencontre, et à son arrivée ici, le duc d'York alla le

Le lendemain, il y eut une conférence entre les ministres Pitt, Grenville, Dundas, le comte Merveldt, officier attaché au duc d'York dans la précédente campagne, et Mack. Le duc d'York (1), à qui les ministres ne voulaient pas donner le commandement de l'armée britannique, n'assistait pas à l'entrevue.

La conférence débuta par la lecture, que fit lord Grenville, du mémoire autrichien. Aucun des principes qui y étaient développés ne fut discuté mais il n'en fut pas de même pour les augmentations de troupes, qui n'étaient faites que sous les réserves suivantes :

1° L'Angleterre consentait à porter son armée à l'effectif de 40,000 fusils mais sous réserve que l'utilité en fût ultérieurement démontrée ;

2° Il faudrait trois ou quatre semaines pour obtenir le maintien et l'augmentation de l'armée prussienne ; et, comme la lettre de la Tzarine au roi de Prusse n'avait produit aucun effet (2), le seul moyen d'y arriver était de fournir à la Prusse les subsides nécessaires.

---

visiter et le présenta ensuite à la cour et aux princes. Le 13, il se rendit au conseil extraordinaire convoqué à Saint-James où se trouvaient le Roi et les ministres..... »

(1) Au sujet du duc d'York le *Moniteur universel* donnait les renseignements ci-après :

1er semestre 1794, n° 153, p. 617. Londres, du 31 janvier au 8 février : « Le duc d'York est arrivé dans la nuit du 7 au 8..... »

1er semestre 1794, n° 161, p. 639. Londres, du 10 au 16 février : « On assure que le duc d'York est venu pour conférer avec les ministres, sur le plan arrêté à Bruxelles dans le conseil de guerre présidé par le vieux général Mack. On ajoute qu'il retournera incessamment en Flandre.

. . . .

« Suivant des lettres du 11, le colonel général Mack, tant célébré dans les feuilles allemandes, est arrivé ici hier au soir. Hier, M. Pitt a eu une conférence de trois heures avec le duc d'York..... »

(2) A. von Witzleben, *loc. cit.*, pages 66 et 67.

L'Angleterre s'y résignait, « quelque désagréable que lui fût cette mesure » ;

3° L'augmentation de l'armée hollandaise, et surtout le concours plus actif et plus vigoureux des États-Généraux sur terre et sur mer, dépendaient de la cession, que leur ferait l'Autriche, de Lille et de Lefferynchoucke (1). Sans cette garantie, il n'y avait rien à attendre d'eux.

Stahrenberg et Mack essayèrent de se soustraire à cette dernière condition ; mais les ministres anglais firent observer qu'il fallait en passer par là et que d'ailleurs l'empereur d'Autriche s'en dédommagerait amplement sur la France. Comme Stahrenberg, de guerre lasse, annonçait qu'il réclamerait de nouvelles instructions à Vienne, Mack demanda aux ministres anglais que, pour ne pas perdre un temps des plus précieux, les Hollandais fournissent déjà l'augmentation de troupes dont il s'agissait et les rassemblassent sur la frontière du Brabant, afin de pouvoir les diriger sur l'armée du Prince d'Orange aussitôt que les négociations seraient terminées. Cette proposition fut admise avec la meilleure grâce, ainsi que celle de réclamer avec la dernière énergie aux États-Généraux la constitution la plus prompte d'un équipage de siège ;

4° En ce qui concernait le contingent de la Saxe et du Palatinat bavarois, les Ministres répondirent que, pour ce qui touchait l'Angleterre, tout se réduisait à des écrits pressants de réquisition ou d'encouragement, dont l'envoi serait assuré sans retard par des courriers.

La question des renforts réglée, Pitt proposa lord Cornwallis, comme un « excellent général », à mettre à la

---

(1) « Quant aux prétentions hollandaises, l'Empereur ne pouvait, pour 2,000 Hollandais de plus, sacrifier ce qu'exigeait l'intérêt essentiel de l'État et les convenances de ses vues. » (A. von Witzleben, *loc. cit.* L'Empereur à Cobourg, 5 mars 1794.)

tête de l'armée britannique dans la nouvelle campagne. Mack, qui tenait au duc d'York, fit de son côté le plus grand éloge de ce prince et rappela qu'au début de la bataille de Famars le duc lui avait « communiqué des idées qu'il avait trouvées beaucoup plus dignes d'un général que celles que le général de Bouillé, qui se croyait alors le mentor de S. A. R., lui communiqua presque au même instant ». Alors le comte Merveldt prit la parole et s'écria avec une franchise toute militaire : « Et je ne sais pas si le général Cornwallis qui a fait la guerre aux Indes ne trouverait pas une grande différence en la faisant contre les Français ». « Le meilleur de nos généraux, appuya Mack, que l'on enverrait aux Indes pour combattre les éléphants se trouverait sans doute fort embarrassé, du moins au commencement. » Comme Pitt objectait encore que le duc d'York n'avait pas pour lui l'armée, Merveldt expliqua que cette antipathie se bornait à celle de quelques jeunes « têtes folles », et affirma que « S. A. R. possédait la haute estime, l'amour et la confiance de l'armée ».

Très attentif à ces explications, le ministre Pitt demanda que, suivant le vœu du Roi et de toute l'Angleterre, le duc d'York coopérât très étroitement avec l'armée du prince de Cobourg et pût avoir sous ses ordres un corps de troupes I. et R. (1).

Mack répondit qu'il n'y voyait d'autre moyen que de donner à S. A. R. le duc d'York la place destinée dans le plan au général comte Clerfayt. Comme il n'était pas

---

(1) *Moniteur universel*, 1ᵉʳ semestre 1794 (n° 170, p. 685). Londres, du 19 au 24 février. « Le duc d'York va aussi retourner au commandement de son armée en Flandre.... »

Moniteur universel (n° 178, p. 717). « Le duc d'York a pris congé le 2 mars ; il est parti le lendemain accompagné du général Mack et du colonel Calvert, pour aller reprendre le commandement des troupes anglaises en Flandre. »

toutefois à désirer que le corps, considérable, de troupes I. et R., destiné à être commandé par Clerfayt, fût laissé à la défensive dans les Flandres, quand il était si nécessaire à l'offensive, Mack émit l'avis que les troupes hanovriennes fussent affectées à cette défensive ; mais alors le F. m. Freytag tombait sous les ordres du F. z. m., ce qui n'était pas possible, et d'autre part le ministère anglais ne pouvait exiger que le F. z. m. servit sous Freytag. Mack ne voyait donc d'autre solution que le rappel de Freytag. Dès lors Clerfayt commanderait les troupes hanovriennes, et de son armée I. et R., forte de 25,000 hommes, on pouvait en prélever 10,000 qui passeraient aux troupes anglaises et hessoises du duc d'York (1).

Comme les ministres anglais objectaient que le Roi faisait grand cas de Freytag, et qu'il fallait que cette mesure agréât au prince-électeur de Hanovre, Mack répliqua que le rappel de Freytag serait à désirer même au cas où les troupes hanovriennes resteraient sous les ordres du duc d'York, car son influence avait été désastreuse à Dunkerque, et il n'avait ni les talents militaires, ni l'amour ni la confiance de l'armée.

Le lendemain matin, 14, Mack fut présenté au Roi d'Angleterre (2) qui accepta toutes les propositions qui

---

(1) *Der Königlich hannoversche Generalleutnant August Friedrich Freiherr v. d. Busche. Isselburg. von Bernhard Schwertfeger* : « Conformément au désir du Cabinet de Londres, on enleva au duc d'York la défense des Flandres, et on lui donna le commandement d'une armée austro-anglaise dans le voisinage immédiat du prince de Cobourg. On confia la défense des Flandres et le commandement des Hanovriens et Hessois au F. z. m., comte Clerfayt. »

(2) *Moniteur universel* (n° 170, p. 685). « Cet officier (Mack) n'est resté à Londres que quarante-huit heures ; il fut présenté le 15 au Roi ; il dîna ensuite chez M. Pitt, avec la plupart des ministres et des généraux, ainsi qu'avec le prince de Galles et le duc d'York ; enfin il est

précèdent : rattachement du duc d'York à l'armée principale ; rappel de Freytag ; mise de l'armée hanovrienne sous les ordres de Clerfayt.

Le même jour commença la deuxième conférence, à 4 heures de l'après-midi. Elle eut lieu chez Pitt, et, en présence des trois ministres et du duc d'York, il fut arrêté que :

1° L'armée du duc d'York compterait 54,000 hommes, dont 40,000 fusils. Pour y arriver, 5,000 Anglais et 5,000 Hanovriens renforceraient l'armée anglaise, du 15 au 31 mars ; le reste, soit 1500 à 2,000 Anglais et 3,000 Brunswickois pourraient arriver vers la fin d'avril ou le début de mai ; les Brunswickois étant à Maëstricht pourraient être appelés de là en très peu de temps à l'armée anglaise ;

2° Une armée, forte de 13,000 à 14,000 hommes et commandée par le général Moira, était destinée à être débarquée sur les côtes de la Vendée : les ministres expliquèrent qu'ils enverraient très volontiers ces troupes en Flandre car ils étaient parfaitement convaincus que les forces des Flandres seraient insuffisantes grâce aux ressources considérables dont disposerait l'ennemi. Mais il n'y fallait pas encore songer, non parce que l'on comptait sur un débarquement en France, mais parce que l'ennemi en préparait un en Angleterre, et que le meilleur moyen de l'éviter était de confier une armée au général Moira. Du reste, il y aurait encore en Angleterre 6,000 à 8,000 hommes d'infanterie légère et de cavalerie ; et, si l'éventualité d'un débarquement n'était

---

reparti pour la Flandre, investi de toute la confiance et de tout l'enthousiasme des cours, qui attendent tout de ses plans, de ses moyens et de ses talents..... Le Roi a donné au colonel les marques les plus flatteuses de sa satisfaction et lui a destiné une épée enrichie de diamants pour combattre, a-t-il dit, les ennemis des rois..... »

plus à craindre, il serait possible d'envoyer ces troupes avec celles du général Moira dans les Flandres;

3° A ces stipulations furent encore ajoutées celles qui concernaient la levée de quelques corps francs allemands, et la fourniture de 4,000 à 6,000 hommes de pareilles troupes légères;

4° Les ministres anglais demandèrent à Mack, ainsi qu'au lieutenant-colonel Merveldt, de leur donner le moyen d'avoir à tout hasard dans le Saint-Empire germanique (1) quelques troupes moyennant subsides. Le comte Merveldt proposa de s'employer auprès de l'Électeur Sérénissime, à Cologne, pour obtenir un corps de 5,000 à 6,000 hommes de l'évêché de Munster (2) qui, si les négociations étaient menées très rapidement, pourraient être fournis dans l'espace de deux ou trois mois.

Le comte Merveldt fut autorisé aussitôt à tenter cette démarche et donna l'assurance que la négociation serait hâtée le plus possible;

5° Enfin l'équipage de siège demandé dans le Mémoire serait fourni en mai dans les Flandres; en outre, il fut promis que 80 à 100 canons avec des projectiles, des affûts et des munitions en abondance seraient rendus à Nieuport, Ypres et Menin à la fin de mars. Mack avait fait la veille cette demande parce qu'il était impossible de garnir d'artillerie ces places-frontières, ainsi que Tournai et Charleroi, sans dégarnir complètement le Quesnoy, Valenciennes et Condé.

En adressant ce rapport le 19 février à l'Empereur, le prince Cobourg rappelait la nécessité de hâter le plus

---

(1) *Im römischen Reich.* (Vivenot, *loc. cit.* Band IV. Seite 93.)

(2) « L'idée de faire fournir par l'Électeur de Cologne 5,000 à 6,000 hommes de ses troupes de Munster à une solde étrangère ne me paraît pas bien concevable, et l'Électeur lui-même la considère comme impossible. » (L'Empereur à Cobourg, 5 mars.) (A. von Witzleben, *loc. cit.*)

possible l'entrée en campagne : « Chaque jour qui s'écoule accroît le danger très prochain de nous voir devancer par l'ennemi. Aussi prié-je Votre Majesté d'activer les pourparlers avec la Hollande et la Prusse, afin que les contingents de ces deux puissances, aussi bien que ceux de Saxe et de Bavière, entrent en campagne le plus tôt possible. »

Cobourg réclamait encore l'envoi sur la Meuse des troupes jusque-là stationnées à Trèves, et qui devaient être remplacées par un corps d'au moins 8,000 hommes prélevés sur le Rhin.

Ces derniers devaient faire dans la suite « le noyau d'un corps d'armée de 35,000 hommes qui, d'après le plan d'opérations, était destiné à agir sur la Meuse sous les ordres du feld-maréchal Browne ».

« Malgré ce départ de 8,000 hommes, » concluait le prince de Cobourg, « je garantis à Votre Majesté que l'ancienne armée du Rhin sera encore plus que suffisante pour offrir toute sécurité contre les éventualités qui pourraient se produire de ce côté. Mais aussi il y aurait à nourrir de sérieuses inquiétudes pour la défense de la frontière (entre la Meuse et la mer) si les dispositions que je propose n'étaient pas mises en vigueur assez tôt et en temps opportun (1). »

Après avoir rendu compte à l'Empereur de la mission de Mack à Londres, Cobourg le tint au courant des démarches tentées pour obtenir un concours actif de

---

(1) Ces inquiétudes n'avaient pas échappé à notre service des renseignements, car e 22 pluviôse (10 février 1794) Charbonnié écrivait à Pichegru :

« D'après ta lettre, Général, où tu me chargeais d'éclairer le mouvement de l'ennemi en arrière de son cordon, formé sur la frontière des Ardennes et du Luxembourg, il est résulté des rapports généraux des agents secrets, que Cobourg n'a fait filer aucune troupe sur le Rhin. Je crois qu'il a assez de besogne à se défendre lui-même... »

l'armée prussienne, bien que l'Empereur ne se fît pas une grande illusion à ce sujet (1) (2).

Dans cet ordre d'idées, le Prince écrivit le 28 février (3) à l'Empereur que Mack avait voulu, à son retour d'Angleterre, aller à Trèves en longeant la frontière et y attendre, du 23 au 24, les ordres nécessaires pour se rendre à Mayence et y conclure l'importante convention dont il s'agissait avec l'armée prussienne.

Parti de Valenciennes dans la nuit du 21 au 22 avec cette intention, Mack avait bien visité le cordon de Mons à Trèves, mais il n'y avait pas trouvé les ordres nécessaires pour autoriser sa conférence avec Mollendorf et Browne (4); aussi avait-il dû y renoncer et chercher à arriver aux mêmes fins en se ménageant une entrevue à Trèves avec le maréchal-lieutenant comte Wartensleben (5), dont il avait mandé l'aide-de-

---

(1) L'Empereur écrivait, en effet, le 17 février à Cobourg : « Rien n'est plus dangereux que de se payer d'illusion. Il n'y a pas à espérer que les troupes prussiennes soient augmentées et portées à 70,000 hommes, sauf sous certaines conditions qui sont absolument incompatibles avec mes intérêts ; il est même beaucoup plus à craindre qu'une partie de ces troupes ne soit retirée..... » (A. von Witzleben, *loc. cit.*, p. 63, t. III, 1794-1815.)

(2) Dès que l'Empereur eut reçu le texte de la conférence de Londres, il écrivit encore le 5 mars à Cobourg : « Il n'y a encore rien de décidé pour la coopération de la Prusse à la prochaine campagne et je n'ai trouvé aucun moyen de concilier les conditions que l'on veut m'imposer avec l'intérêt de mes États et les nécessités de ma situation financière. »

(3) *K. u. K. Kriegs Archiv. Berichte Prinzen Coburg. Hauptquartier Valenciennes, den 28 februar 1794.*

(4) Le F. M. Mollendorf commandait l'armée prussienne ; et le F. z. m. Browne avait remplacé Wurmser à l'armée impériale du Rhin.

(5) *Moniteur universel* (n° 178, p. 717). Londres, du 24 février au 4 mars. « Mack, après avoir été visiter l'archiduc Charles, s'est rendu à Mons, près de Cobourg, qui vint le lendemain avec lui à Braine-le-Comte, où l'archiduc se rendit aussi. A l'issue de la conférence qu'eurent ensemble ces trois personnages, et à laquelle assista milord Elgin,

camp (1). Les objets que Mack devait soumettre à Wartensleben au nom de Cobourg, comme bases d'une négociation ultérieure avec le feld-maréchal de Mollendorf, étaient les suivants :

1° L'Angleterre ayant assuré à Mack que le roi de Prusse était disposé à augmenter ses troupes en campagne de 15,000 à 20,000 hommes, on en demandait la garantie à Sa Majesté prussienne ;

2° Après mûr examen, il était impossible de se flatter de faire une campagne décisive et de ne pas être rejeté sur la défensive dès le début des opérations si les troupes actuellement stationnées entre la Meuse et la mer n'atteignaient pas au moins l'effectif de 100,000 hommes.

Déjà, les deux armées françaises du Nord et des Ardennes étaient portées à 300,000 hommes ; 50,000 autres des troupes employées contre Toulon et la Vendée étaient en marche vers la frontière ; et l'armée de la Moselle, soit 50,000 hommes, s'était portée vers la Meuse afin d'être employée contre le pays de Liége. Il n'était pas douteux que, dès que le temps le permettrait, l'ennemi n'apparût devant les armées combinées avec 400,000 hommes (2), qui les attaqueraient et les refouleraient partout si elles étaient numériquement inférieures.

Pour y remédier, il était nécessaire de pousser vers la Meuse la majeure partie de l'armée impériale actuellement sur le Rhin et le corps qui se trouvait à Trèves, et en outre de faire venir 12,000 à 15,000 hommes de l'intérieur de l'Allemagne ;

3° Il serait de toute nécessité d'avoir au plus tôt un

---

ministre de la Cour de Londres, Mack repartit pour aller faire l'inspection des villes et des corps d'armée jusqu'à Trèves.

(1) Witzleben, tome III, page 69.

(2) Tous ces chiffres sont considérablement exagérés comme on le prouvera plus loin.

corps respectable sur la rive droite de la Meuse et, à cet effet, de faire relever sans retard le corps autrichien de Trèves (1) par Mollendorf afin de lui permettre de se porter le plus rapidement vers la Meuse ;

4° D'après les conseils de Cobourg, on devait, le long du Rhin, de la Sarre et de la Moselle, se borner à une défensive « respectable et imposante » qui pourrait, « grâce aux talents éminemment militaires du feld-maréchal prussien, se changer à tout instant en offensive », si l'ennemi dégarnissait la Moselle et le Rhin pour marcher contre l'armée combinée.

Cette « défensive respectable » ne pouvait s'obtenir que s'il pouvait rester sur le Rhin :

Le corps de Condé..................	40,000 hommes.
Troupes du Palatinat bavarois, y compris la garnison de Mannheim...........	20,000 —
Troupes de Hesse-Cassel et Hesse-Darmstadt........................	4,000 —
Troupes du Cercle de Souabe.........	6,000 —
TOTAL.........	70,000 hommes.

De ce nombre, 8,000 à 10,000 hommes de troupe, I. et R., avec quelques Bavarois, seraient employés en avant du Rhin pour concourir à toute opération offensive que pourrait peut-être entreprendre le feld-maréchal prussien ; on en retirerait certainement de meilleurs résultats si l'armée prussienne devait, comme on l'espérait, atteindre le chiffre de 90,000 hommes par sa propre augmentation et par celle d'un corps combattant de quelques milliers de Saxons ;

5° Son Excellence le feld-maréchal commandant était certes très éloigné de vouloir s'immiscer en quoi que ce

---

(1) Ce corps comprenait alors 9 bataillons et 14 escadrons, environ 10,000 hommes prêts à marcher.

fût dans les projets que le feld-maréchal prussien voudrait arrêter avec les généraux commandant les armées du Rhin ; mais il demandait très amicalement s'il ne serait pas de l'intérêt général de renforcer insensiblement les postes de Trèves et de rassembler en avant de Trèves, à peu près dans les environs de Sierk, une armée de 40,000 à 50,000 hommes. Ces troupes, en menaçant Sarrelouis, et plus loin encore Thionville, permettraient de fixer l'armée ennemie de la Moselle. Peut-être même cet avantage serait-il encore plus important si, en cas de succès de l'armée combinée, le feld-maréchal prussien pouvait de suite se porter sur l'une des voies de communications allant vers le Luxembourg et delà, par Dipach et Aubange, avancer tout à coup sur Longwy ; avec un équipage de siège qui aurait été progressivement préparé à Mayence en toute sûreté et poussé vers le Luxembourg, il pourrait s'emparer de Longwy. Peut-être pourrait-il faire ensuite d'heureux progrès vers la Meuse, dans cette région d'autant plus facile que l'ennemi apportait une plus faible attention à ses forteresses de ce côté, et les pourvoyait d'approvisionnements ou de garnisons moindres ; il plaçait en effet peu de troupes vers le Luxembourg parce qu'il pensait surtout que, grâce à la malheureuse campagne de 1792, une armée n'oserait plus s'avancer dans ce pays. Et pourtant rien ne s'y opposerait si la saison était bonne et si des préparatifs avaient été faits pour assurer les subsistances. Enfin, le cas pourrait arriver que toutes les forces de l'ennemi fussent tellement employées au delà de la Meuse, et peut-être à une distance considérable, qu'elles ne pussent que très difficilement faire un détachement pour s'opposer aux opérations des Prussiens (1) . . . . .

---

(1) *K. u. K. Kriegs Archv. Berichte Prinzen Cobourg. Hauptquartier Valenciennes, 28 februar 1794.*

D'après ce qui précède, Cobourg escomptait, dans ses instances auprès de Mollendorf, la présence de 70,000 hommes de troupes impériales sur le Rhin, non compris Mayence, et en même temps l'appel d'une partie de ces troupes sur la Meuse. Ce chiffre de 70,000 était bien tout ce qui existait en forces autrichiennes et d'Empire sur le Rhin au début de l'année 1794 (1); mais, d'autre part, le projet de répartition élaboré alors par Mack et lu par Cobourg à la conférence de Bruxelles n'admettait que 55,000 hommes sur le Rhin comme troupes impériales (1). Il faut donc en conclure que Cobourg forçait le chiffre des troupes impériales à laisser sur le Rhin, afin d'inciter d'avantage la cour de Prusse à renforcer le contingent qu'il lui demandait pour opérer entre Rhin et Meuse et fixer l'armée française de la Moselle, voire même peut-être une partie de celle des Ardennes.

D'après Witzleben même (2), le F. z. m. Browne, qui avait remplacé Wurmser, ne devait laisser sur le Rhin que 14 bataillons 1/3 et 32 escadrons, et s'avancer vers les Pays-Bas avec 30 bataillons et 36 escadrons (3).

Le plan qui précède paraît avoir été remis le 4 mars au F. m. Mollendorf et le 5 au F. m. Browne, chacun en ce qui le concernait (4).

Le feld-maréchal Mollendorf répondit (5) à ce Mémoire le 6 (6). Mais cette réponse n'était guère de nature à con-

---

(1) Voir page 38.
(2) Witzleben, *loc. cit.*, page 68, tome III.
(3) *Ibid.*
(4) *Œsterreichische militarische Zeitschrift*, 1831, d'après Witzleben.
(5) *Ibid.*, 1818. *Erstes bis Drittes Heft* 1818.
(6) Extrait de l'*Histoire de Jomini*: « Le Maréchal prussien répondit le 14 mars qu'il ignorait la part que son gouvernement pouvait avoir prise au traité; que les renforts dont on lui parlait n'étaient pas plus arrivés que les recrues dont ses régiments avaient besoin pour se com-

tenter Mack ni à calmer les inquiétudes de Cobourg (1). Le F. m. assurait, en effet, ne rien savoir des négociations entamées à Londres, ni du projet d'augmentation de l'armée prussienne, qui en était la conséquence. Le gouvernement prussien avait bien la ferme volonté de prêter tout son concours à la coalition ; mais il ne pouvait augmenter ses troupes qu'autant qu'elle lui payerait les subsides qu'il réclamait en vain depuis longtemps (2).

Les armements formidables dont les républicains

---

pléter ; qu'au reste le plan renfermait de bonnes vues et eut pu s'exécuter ; mais que, dans l'état actuel des affaires, il entraînait beaucoup d'inconvénients. Il ajoutait enfin qu'il ne marcherait point sur Trèves de crainte de compromettre Mayence. »

(1) Cette réponse désola Mack, si l'on s'en réfère à la lettre qu'il écrivit le 21 mars 1794, de Valenciennes à lord Grenville : « J'ai reçu la lettre que vous m'avez fait l'honneur de m'écrire dans un moment où j'étais encore dans une affliction et désolation bien profondes à cause de la retraite prochaine des Prussiens..... » (*Manuscripts of J.-B. Fortescue preserved at Dropmore*. Vol. II, p. 534.)

(2) Cette version est celle de l'*Œsterreichische militarische Zeitschrift*. Il résulte, d'autre part, d'un rapport du capitaine, aide de camp du général comte Wartensleben, que cet officier aurait été chargé par Mack de porter sa proposition *écrite* au F. M. Mollendorf. Cette proposition rappelait que l'Angleterre avait, dans la conférence de Londres, promis des renforts de la Prusse ; que grâce à cette mesure cette puissance devait faire passer le Rhin à Manheim à un corps intermédiaire de force suffisante qui s'établirait à Kaiserslautern ; que ce corps irait d'autant plus vite occuper Trèves que l'ennemi menacerait plus tôt la gauche de Cobourg avec 30,000 ou 40,000 hommes. Muni de cette lettre, le capitaine aide de camp se rendit d'abord auprès de Wartensleben qui s'en fit lui-même l'interprète le 4 mars auprès de Mollendorf. Mais le F. m. se serait borné à répondre : « Cette nuit, j'ai reçu un billet de la main de Sa Majesté le Roi. Nous connaissons les négociations de l'Angleterre mais nous savons aussi que la Cour impériale n'y a pas donné son assentiment. Jusqu'à cette heure, la retraite de l'armée prussienne est plus probable que son maintien ici (Mayence). Je sais moi-même, d'après les nouvelles de mes espions, que l'armée ennemie s'avance contre celle du prince de Cobourg. Mais dans l'incer-

menaçaient non seulement les Pays-Bas mais toute la ligne des alliés étaient aussi connus que leur énergique offensive était à craindre sous peu. Mais si Mollendorf était convaincu que l'armée des Pays-Bas devait se renforcer, autant il le jugeait impossible aux dépens de l'armée du Rhin et du corps de Trèves car l'affaiblissement de ces troupes pouvait non seulement rendre impossible le maintien de l'ennemi entre la Meuse, la Moselle et le Rhin ; mais encore amener la perte de Namur, de Liége, et peut-être même de Maëstricht.

La proposition de placer un corps considérable sur la rive droite de la Meuse était excellente, surtout pour assurer la sécurité de l'aile gauche de l'armée des Pays-Bas ; mais l'armée prussienne ne pouvait concourir à l'exécution de cette partie du plan, car elle ne pouvait fournir un détachement suffisamment fort ni être pourvue des magasins et autres ressources nécessaires.

La force indiquée de 70,000 hommes pour l'armée I. et R. du Rhin devait vraisemblablement être plus faible en troupes prêtes à marcher ; et elle ne pouvait sans doute être que d'un faible secours à l'armée prussienne pour lui permettre de passer de la défensive à l'offensive ; car le F. z. m. comte Browne, commandant en chef de cette armée, avait déjà exprimé ses craintes de ne pouvoir assurer la sécurité de Manheim.

L'arrivée de troupes saxonnes fraîches à l'armée

---

titude où se trouve l'armée prussienne, je ne puis, selon le désir du prince de Cobourg, prendre le poste de Trèves : car, pour changer de position, je devrais recevoir les ordres de Sa Majesté royale et disposer de magasins que je n'ai pas. Je sers depuis ma jeunesse et j'ai donné des preuves de courage, mais la position actuelle de l'armée prussienne m'inquiète. Tout ce que je peux faire est d'écrire au Roi et de réclamer des ordres..... » (*K. u. K. Kriegs Archiv. Hauptman-adjudant bei. H. F. M. L. graff Wartensleben. Valenciennes, den 27 mars 1794.*)

prussienne était aussi peu connue du F. m. qu'il avait été initié aux pourparlers ou qu'il avait été saisi d'un plan rationnel et approfondi. L'armée prussienne était alors descendue au-dessous de quarante et quelques mille hommes par la désertion et les maladies. De là ressortait suffisamment l'impossibilité pour elle de renforcer insensiblement le corps de Trèves et de rassembler 50,000 hommes en avant de cette ville. La place principale de Mayence n'était encore pourvue ni des vivres ni des canons nécessaires à sa défense. Il en résultait qu'il ne fallait pas songer à faire avancer, vers Luxembourg, un parc de siège disponible.

En admettant même que les clauses des pourparlers politiques eussent été poussées assez loin pour que tous les renforts exigés par le plan d'opérations fussent aussitôt mis en mouvement, ces troupes n'auraient pu cependant atteindre leurs destinations qu'à force de marches, vers la fin de juin, et eussent été par suite dans l'impossibilité de concourir en rien à l'exécution du plan d'opérations.

Autant les vues stratégiques, qui avaient servi de base à l'élaboration du plan d'opérations, méritaient une juste attention, autant les préparatifs nécessaires à l'exécution auraient dû être hâtés. Le complément des effectifs, l'approvisionnement de l'armée dans toutes ses parties, le renforcement proposé auraient dû être déjà terminés. Mais comme tout cela était actuellement à peine arrêté, et encore moins préparé, le F. m. Mollendorf croyait devoir, surtout eu égard au manque de magasins en avant et à l'impossibilité d'approcher les troupes d'une région réduite à l'état de désert par des pillages prématurés ; le F. m. croyait devoir se borner à occuper tout d'abord la plus grande partie du pays où il se trouvait. Si d'ailleurs l'ennemi s'avançait, il allait à lui aussi loin que lui permettaient ses ravitaillements, et lui livrait combat. Dans ce cas il occuperait une position sur la rive gauche du Rhin. Mayence, Manheim, Trèves, Coblenz et tout le pays du Rhin inférieur seraient mis en état de défense, et l'ennemi empêché de paralyser les opérations de l'armée des Pays-Bas par des mouvements sur son flanc gauche ou ses derrières.

L'échec de la mission de Mack (1) auprès de Mollendorf affecta vivement le prince de Cobourg, à qui il ne resta plus que l'espoir de voir l'empereur d'Autriche porter le gros de ses troupes, du Rhin dans les Pays-Bas et envoyer sur ce théâtre la majeure partie de celles de l'intérieur de l'Empire.

« On ne saurait, écrivait-il le 8 mars à l'Empereur, faire un trop gros sacrifice ni un effort trop grand pour que cette campagne soit absolument décisive. Mack et moi serions indignes de votre confiance si nous vous bercions de l'espoir de pouvoir entreprendre quoi que ce fût de fructueux avec les forces dont nous disposons actuellement. Aussi vous supplié-je de faire marcher toutes les troupes disponibles de l'intérieur et de faire tous les efforts imaginables pour que, par sa coopération et ses renforts, l'armée prussienne nous permette d'appeler à nous la majeure partie de l'armée du Rhin.....»

En même temps qu'il faisait ces propositions à l'Empereur, le Prince se vit amené à prescrire à Browne d'envoyer aussitôt dans les Pays-Bas 8,000 hommes (7 bataillons et 16 escadrons).

De son côté, Mack avait adressé les 2 et 5 mars à l'Empereur son rapport sur la mission qu'il s'était arrogée.

On va voir par les réponses que leur fit l'Empereur combien il était peu disposé à entraîner la Prusse dans l'alliance et à pousser vers les Pays-Bas les troupes de

---

(1) A. von Witzleben, *loc. cit.*, page 70 à 81, tome III.

l'intérieur qu'il réservait pour un autre but politique : l'impératrice Catherine de Russie qui avait sans cesse les yeux tournés vers la Turquie et la Pologne, s'efforçait de détacher la Cour de Vienne de Londres et de Berlin ; autant elle réfrénait l'offensive de l'Autriche autant elle excitait celle de l'Angleterre et de la Prusse. Elle espérait ainsi avoir les mains libres en Turquie et en Pologne et rendre disponibles les forces de l'Autriche pour les faire concourir à ses desseins en lui promettant la Serbie et l'Herzégovine. Enfin Thugut, alors tout-puissant dans les Conseils de l'Empereur, et gagné à la politique de Catherine, tournait aussi ses regards vers l'Alsace : de là aussi la tendance de l'Empereur à ne pas dégarnir le Rhin. Thugut pensait du reste que le seul inconvénient de ce double refus était de retarder seulement l'issue de la guerre sans la compromettre ; il croyait enfin que, sous les incitations de Catherine, la Prusse coopérerait quand même aux opérations.

Dans cet ordre d'idées, l'Empereur blâma tout d'abord l'initiative de Mack. « Puisqu'il n'avait, écrivait-il le 12 mars, trouvé aucun ordre de moi à Trèves, il aurait dû en conclure qu'il n'avait à prendre aucune disposition pour le déplacement de nos troupes du Rhin, ni à entrer en conférence avec les généraux prussiens. »

Du reste le plan d'opérations n'avait pas été soumis au Roi de Prusse malgré les désirs de Cobourg.

Frédéric-Guillaume l'écrivait en effet le 14 février à Dönhoff et lui annonçait que c'était un motif de plus de persévérer dans la résolution, qu'il avait notifiée aux puissances, de ne pas marcher sans subsides. Comme l'Empereur les lui refusait, le roi de Prusse donna l'ordre à Mollendorf de partir avec la majeure partie de ses forces, de Mayence sur Cologne, et de là en Westphalie.

Le 18 mars, Dönhoff reçut le courrier de Mollendorf lui apportant cette triste nouvelle.

Pour parer ce coup qui le désespérait, Cobourg ne

perdit pas un instant. Il convoqua l'archiduc Charles, qui était à Bruxelles, à une conférence qui eut lieu le 19 à Ath et à laquelle assistèrent Mack et Fischer, aide de camp général du Prince. Sur les instances pressantes de celui-ci, l'Archiduc, repassant par Bruxelles le 20, se mit en route le 21 et arriva le 27 à Vienne. Mais ce fut sans succès qu'il défendit auprès de l'Empereur les idées de Cobourg.

En même temps, le Prince envoyait Fischer supplier Mollendorf de retarder son départ assez longtemps pour que l'Archiduc ait réussi dans sa mission et que les généraux autrichiens aient pris leurs mesures. Fischer arriva le 20 à Mayence et repartit le même jour. Le 24, Mollendorf écrivait au comte Dönhoff : « Dites au prince de Cobourg que je n'approuve pas le retrait de nos forces car je sens à quel danger cette mesure expose toute l'Allemagne. Son Altesse Sérénissime peut donc être convaincue que je ne presserai en rien le départ de nos troupes et qu'il s'écoulera trois ou quatre semaines (1) avant que mon dernier détachement quitte Mayence. »

Mollendorf n'était pas le seul à comprendre toute la faute que commettait l'empereur d'Autriche : le roi de Prusse écrivait lui-même cette phrase si prophétique (2). « Je déplore la situation du prince de Cobourg car il ne saurait avec ses seuls moyens combler la brèche que fera le départ de mes troupes. »

---

(1) Francfort, 20 avril. — « ...... Le Roi persiste, à l'égard de l'Empire, dans sa résolution, concernant son armée sur le Rhin ;..... il dépend des États de l'Empire de contribuer aussi de leur côté (aux subsides) et de faire à cet effet des propositions précises et acceptables ; et Sa Majesté, attendant la détermination du Corps germanique, pour régler en conséquence la distribution ultérieure de ses troupes, a arrêté la marche de la division qui s'était déjà retirée. » (*Moniteur universel*, 1er semestre 1794, n° 223, p. 903.)

(2) Le roi de Prusse à Dönhoff le 20 mars 1794. (A. von Witzleben, *loc. cit.*)

Ce même roi, mis au courant de la mission de l'archiduc Charles et de celle de Fischer écrivait encore le 29 que Mollendorf avait été aux extrêmes limites des concessions possibles puisqu'il avait promis à Cobourg que sa dernière colonne ne partirait qu'à la fin d'avril (1).

Malgré toutes ces difficultés, Cobourg n'en continuait pas moins à servir l'Empereur avec le plus grand dévouement en lui disant toute la vérité.

Dès le 19 mars il l'avait supplié de ne pas repousser l'appui de la Prusse pour une misérable question de quelques millions, ou d'accepter sa démission. « Que Votre Majesté, écrivait-il, me permette de déposer à ses pieds le commandement qu'en de telles circonstances mon honneur et ma conscience ne me permettent pas de conserver plus longtemps car je regarde comme moins déshonorant pour moi d'abandonner le bâton de maréchal pendant cette guerre, que de la conduire à la joie de nos ennemis et à la confusion de notre patrie. »

« Les circonstances sont devenues telles, lui écrivait-il encore le 27, que l'on doit exiger de la Hollande l'entrée en ligne du dernier homme si l'on veut prendre l'offensive ; et, malgré cela, la défensive de Dinant à Maubeuge par Florennes et Beaumont sera si faible que l'ennemi la renversera à tout instant (2) et sèmera dans cette région le malheur et la ruine. Et, bien qu'à mon avis la défensive sur l'aile droite ne soit pas soumise aux mêmes inquiétudes, elle y est pourtant si insuffisante (3) que le

---

(1) Francfort, 25 avril. — « ..... La suspension de cette retraite des troupes du Roi sur le Rhin n'est simplement qu'éventuelle et elle s'effectuera aussitôt qu'il n'y aura plus d'espoir de voir, par le consentement aux subsides, ... le Roi mis à même de faire agir ultérieurement son armée pour la protection de l'Empire. » (*Moniteur universel*, 20 floréal (9 mai).

(2) On ne pouvait mieux prévoir la manœuvre de Charbonnié et de Desjardin qui se termina le 7 floréal par leur jonction à Beaumont.

(3) Le combat de Monscrön le démontra amplement.

F. z. m. Clerfayt ne voulait l'entreprendre sans y être renforcé et que j'ai dû user de toute mon autorité pour lui faire accepter ce commandement. »

Le 8 avril enfin Cobourg, rappelant à l'Empereur les services qu'il lui avait rendus dans trois campagnes heureuses contre les Turcs et dans celles de 1793, lui reprochait respectueusement ne n'avoir pourtant pris que des mesures contraires à son plan de 1794 et de n'avoir pas opéré la jonction de ses forces du Rhin avec celles des Prussiens.

« Dès lors, concluait-il, s'évanouit la possibilité de renforcer l'armée principale au moyen de celle du Rhin; toutes les opérations sont retardées d'un mois, et l'avenir est des plus douteux grâce à l'insuffisance de nos forces..... Il appartient maintenant à Votre Majesté de juger par elle-même si cette manière de faire la guerre n'aura pas les suites les plus fâcheuses et s'il ne vaudrait pas mieux obtenir, sous certaines conditions, le concours des troupes prussiennes et envoyer à l'armée principale les renforts si nécessaires..... » Faute de quoi, Cobourg offrait encore sa démission.

Il attendait anxieusement l'effet de cette nouvelle démarche lorsque, quelques jours après, il recevait un simple billet, daté de Straubing, et par lequel l'Empereur lui annonçait son arrivée le 9 à Bruxelles et son intention de répondre verbalement à ses rapports (1). Avec cette entrevue dut s'évanouir tout espoir de Cobourg.

D'autre part la distance qui séparait le Cabinet de Londres, de Vienne et de Berlin prolongea tellement les négociations que, lorsque les buts à poursuivre furent enfin décidés, un temps précieux avait été perdu sans retour, et sans aucun profit pour la campagne car les pourparlers ne produisirent que des résultats médiocres;

---

(1) A. von Witzleben, *loc. cit.*, tome III, pages 70 à 81.

grâce à eux l'armée prussienne fut complétée à 50,000 hommes, mais ils restèrent tous sur le Rhin ; ils ne firent aucun détachement sur la rive droite de la Meuse ; enfin les troupes autrichiennes, anglaises et hollandaises furent seulement renforcées de quelques milliers d'hommes, dont les derniers n'arrivèrent que tard dans l'année. Ainsi le plan d'opérations fut modifié dans toutes ses parties. A peine en resta-t-il que l'on devait attaquer l'ennemi, et que l'offensive commencerait par le siège de Landrecies (1) (2).

La défection de la Prusse n'avait pas échappé à la

---

(1) *Œsterreichische militarische Zeitschrift* 1818.

(2) Le 26 avril, Wartensleben écrivait bien de Mayence que Mollendorf avait prescrit le matin au général Kohler de marcher sur Trèves avec son corps composé de quatre bataillons, cinq escadrons pour y soutenir Blankenstein. Il ajoutait que le F. M. avait réclamé des renseignements sur la composition d'un parc destiné à entreprendre un siège de premier ordre. Mais le 30 avril, Mollendorf, sous prétexte de féliciter Cobourg de ses premiers succès, revenait encore sur l'impossibilité où il était d'abandonner le Rhin : il invoquait le nombre de ses malades, l'insuffisance de ses garnisons qui ne seraient prêtes que le 15 mai, enfin, un déficit de 2,000 chevaux pour ses charrois. Il faisait remarquer que Trèves et Manheim étaient éloignées de vingt et quelques heures, qu'il pouvait bien garder l'intervalle entre ces deux places, mais non se porter jusqu'à Trèves trop éloigné de son centre. Il devait, du reste, garder aussi bien Trèves que Manheim où régnait une grande effervescence. De cette position intermédiaire, il s'engageait bien volontiers à s'opposer à tout mouvement de l'ennemi sur la rive droite de la Sarre, mais non au delà de ce fleuve, car cette partie dépassait son rayon d'action. Bien plus, comme il apprenait que l'ennemi se renforçait dans les environs de Kaiserslautern, il croyait prudent de rester sur le Rhin pour mieux couvrir Manheim et conseillait de faire garder Trèves par les troupes de l'Électeur qui « défendraient ainsi leurs propres foyers ». Quant à Beaulieu et à Blankenstein, il conseillait à Cobourg de détacher à Heidelberg un corps assez important pour que ces généraux pussent laisser une troupe assez forte à Merzig et attaquer en flanc et en queue les Français à Arlon. (*K. u. K. Kriegs archiv., Mayence, 30 avril 1794, Mollendorf à Cobourg.*)

vigilance du Comité de Salut public. Le 12 mars 1794, à 10 heures du soir, écrivait l'espion Ramon, le Ministre des affaires étrangères, Forgues, lui lisait « des lettres qu'il avait reçues la veille de Hochet, Paris et Fitterman, commissaires de la Convention, pour l'échange des prisonniers de Mayence résidant à Francfort. Ces lettres étaient du 2 mars. De l'extrait qu'il a été possible de retenir à la simple lecture, on a noté que ces commissaires..... avaient éprouvé de l'accueil aux ouvertures qu'ils avaient faites pour détacher le roi de Prusse de la coalition; mais..... qu'ils étaient tous trois convaincus que le roi de Prusse, qui voulait se faire acheter par les coalisés et qui en éprouvait des refus, se servait d'eux et des pratiques qu'il avait avec eux pour effrayer la coalition.....; qu'en ce moment le Roi était extrêmement mécontent de la coalition, qu'il parlait sérieusement de rappeler son armée, mais que certainement cette mesure n'aurait lieu qu'en désespoir d'obtenir les subsides qu'il demandait ».

Au sujet de ces derniers, le *Moniteur universel* publiait les renseignements les plus circonstanciés.

Francfort, le 13 mars (1). — Les négociations commencées à Vienne entre le Cabinet autrichien et le Ministre prussien sont entièrement rompues; l'Empereur a formellement déclaré ne pouvoir point accéder aux demandes de la cour de Berlin, malgré la chaleur que le Ministre britannique a mise à les soutenir.....

Hollande, du 20 mars (2). — Sur le bruit qui s'était répandu dans toute l'Europe, que le roi de Prusse, cédant à des avis sages et à un intérêt personnel bien entendu, était sur le point d'abandonner la coalition, on vit bientôt les Cours coalisées

---

(1) *Moniteur universel*, 1er semestre 1794, n° 199, page 805.
(2) *Moniteur universel*, 1er semestre 1794, n° 189, page 763.

recourir aux explications auprès de Frédéric-Guillaume. Celle de Vienne, plus intéressée que toute autre à retenir la Prusse dans le complot royal, promit au roi de Prusse toute satisfaction, quant à l'indemnité qu'il avait demandée pour les frais des deux campagnes précédentes, ainsi que sur les paroles qu'il désirait avoir pour les dépenses de la campagne qu'il allait courir......

..... Mais sur l'argent, le Cabinet prussien fut inexorable.

..... On assure donc que les Cours coalisées sont convenues de se cotiser entre elles pour contenter le roi de Prusse.

L'Angleterre doit, dit-on, contribuer des deux cinquièmes; l'Autriche pour un cinquième; la Hollande pour un autre, et les États d'empire seront chargés d'acquitter le dernier (1).....

Mayence, le 24 mars (2). — L'armée prussienne, hormis les 20,000 hommes qui doivent rester sur les bords du Rhin, est dans ce moment en marche de toutes parts, pour se rendre dans la Westphalie et y attendre une décision ultérieure à son égard.

Voici l'extrait d'une lettre écrite à ce sujet par le roi de Prusse au général en chef Cobourg :

« Je ne manque point de vous instruire par la présente, que le cours des négociations qui ont eu lieu jusqu'à présent, m'a porté à donner l'ordre à mon feld-maréchal de Mollendorff, en laissant en arrière un corps de 20,000 hommes sous les ordres du lieutenant général de Kalkreuth, de quitter Mayence avec le reste de mon armée qui s'y trouve, et de marcher en défendant le Rhin jusqu'à Cologne. En conséquence, je vous prie de vouloir bien prendre de tels arrangements que le

---

(1) Une correspondance de Londres, datée du 28 mars et également insérée au *Moniteur* (n° 203, page 821), donne le même renseignement sur la contribution financière de chaque puissance, avec cette différence toutefois que le dernier cinquième serait abandonné par la cour de Berlin. « Mais », ajoutait cette lettre, « l'Autriche ne peut et la Hollande ne veut point payer la proportion assignée à chacune d'elles dans ce projet. »

(2) *Moniteur universel*, 1er semestre 1794, n° 208, page 843.

départ de la partie la plus considérable de mes troupes ne porte point avantage à l'ennemi, mais que plutôt la forteresse de Mayence et l'Empire en général restent à couvert contre les attaques ennemies. Comme il sera nécessaire de faire des dispositions afin de procurer aux troupes qui se mettront en marche, les vivres dont elles ont besoin sur leur route vers Cologne, leur départ n'aura pas lieu de sitôt; et d'ailleurs ces troupes ne marcheront pas ensemble et à la fois, mais par division : aussi vous aurez assez de temps pour faire les arrangements nécessaires.....

Francfort, le 31 mars (1). — A peine la cour de Vienne et les Cercles eurent-ils la nouvelle de l'ordre donné par le roi de Prusse à ses troupes de quitter le haut Rhin, que dans l'instant on envoya de toutes parts des députations au général Mollendorff, pour l'inviter à suspendre la marche des troupes jusqu'au retour d'un courrier qui est allé porter à Berlin le consentement de l'Empereur et des Cercles à toutes les demandes du roi de Prusse. Le général Mollendorff a cru devoir déférer à ces prières, et la marche a été suspendue.....

Des correspondances de Ratisbonne du 17 avril (2), et de Francfort en date des 20 et 25 du même mois (3), reviennent encore sur cette question et montrent le roi de Prusse faisant de l'arrêt de cette retraite une condition formelle de l'obtention des subsides qu'il demande à tout l'Empire ou « aux six Cercles intérieurs qui, étant les plus exposés au danger, avaient le plus besoin de protection (2) ».

A la fin du mois d'avril, c'est-à-dire alors que le plan de Pichegru s'était nettement dessiné, on n'avait donc pu obtenir d'autre résultat que l'inaction de Mollendorf

---

(1) *Moniteur universel*, 1ᵉʳ semestre 1794, n° 209, page 847.
(2) Correspondance datée de Ratisbonne, 17 avril. *Moniteur universel* du 25 floréal (14 mai).
(3) Voir notes précédentes des pages 61 et 62.

sur le Rhin, et non la coopération éventuelle sur laquelle comptait Cobourg pour fixer les forces françaises de la Moselle, les empêcher de prendre part à la lutte dans les Pays-Bas, et mieux encore tourner les forces françaises en reprenant par Longwy et la haute Meuse l'itinéraire de Brunswick en 1792.

D'un autre côté, le 23 mars, d'Arçon « avança au Comité qu'il était parfaitement instruit par ses espions à l'armée de Cobourg qu'il régnait la plus grande division parmi les généraux de cette armée; que l'archiduc Charles avait vainement essayé d'y rétablir l'accord, qu'on pouvait espérer beaucoup de cette division parmi les puissances ennemies (1) ».

Ces renseignements étaient confirmés par le *Moniteur universel* (2).

Le Comité de Salut public connaissait donc à la fin de mars la défection de la Prusse et les dissentiments des alliés.

Il semble que ces nouvelles devaient avoir pour conséquence d'inciter le gouvernement à prendre l'offensive au plus tôt et à modifier son plan de façon à faire

---

(1) *Manuscripts of J.-B. Fortescue*, volume II, page 548.

(2) Paris, le 25 germinal. — Dans le dernier conseil général tenu à Ath, on proposa comme un article convenu et arrêté que Cobourg commanderait en chef l'armée qui doit marcher en avant et que le duc d'York ne la commanderait qu'en second; mais son Altesse Royale s'est opposée formellement à cette subordination humiliante pour son amour-propre, vain des prérogatives de la naissance.

Dans des séances consécutives, l'archiduc Charles et le lord Elgin firent d'inutiles efforts pour arranger cette affaire. Le duc d'York s'obstina à demander le commandement en chef de l'armée de Flandre, conduite par Cobourg. Les esprits se sont aigris par des altercations si vives, qu'après des paroles dures entre le prince de Saxe-Cobourg et le prince anglais, celui-ci a déclaré que les troupes de la Grande-Bretagne resteraient dans l'inaction jusqu'à ce qu'il eût reçu de nouveaux ordres du Cabinet de Londres. (*Moniteur universel*, 1er semestre 1794, n° 205, page 829)

marcher non plus une colonne de l'armée de la Moselle, mais toute cette armée contre l'aile gauche de Cobourg, au lieu de lui indiquer Liége comme objectif, alors qu'il était dans une position plus ou moins expectante entre le Palatinat et le pays de Liége.

Le gouvernement semble avoir compris la première conséquence, car il ne cessa de presser Pichegru de commencer les opérations, ainsi qu'on le verra à propos de l'attaque du Cateau. Quant au mouvement de l'armée de la Moselle, il ne le fit entreprendre que le 11 floréal (1).

Genèse intellectuelle des plans de campagne. — a) *Le plan français.* — Le plan français consistait à fixer l'ennemi par les armées du Rhin, de la Moselle et des Ardennes et à porter l'effort décisif sur la frontière du Nord, en ne laissant dans les places que l'indispensable et en agissant avec tout le reste en masse et offensivement. Ces opérations offensives devaient débuter par la prise d'Ypres, la séparation de la Flandre maritime du Brabant, l'occupation de la première qui coupait les Anglais de leurs communications directes, et la marche sur Bruxelles par Oudenarde. Pendant ce temps, l'armée des Ardennes devait marcher sur Charleroi et celle de la Moselle sur Liége. Entre ces deux attaques d'ailes, la trouée entre Charleroi et Lille devait être couverte par la Sambre avec Maubeuge et Landrecies ; par la Sensée avec Bouchain et Cambrai, le camp d'Arleux et Douai ; enfin, devant la trouée, dite de Wassigny, par le poste du Cateau et un corps de cavalerie à Solesmes. Tout ce front défensif, devait, du reste, être renforcé par des défenses passagères telles qu'établissements de redoutes, rupture de chemins, etc.

---

(1) Aulard, tome XIII, page 149.

« La barrière du Rhin, avait dit Carnot, invite à une sorte de repos sur toute son étendue. » Les tristes expériences faites en 1793 pour en effectuer le passage avaient montré la justesse de cette remarque. « Dans l'année 1794 (1) la frontière française opposée à l'Allemagne et aux Pays-Bas formait à peu près un angle droit, au sommet duquel était Landau. Le côté formé par le Rhin, de Huningue à Landau ..... était couvert par les forteresses de Huningue, Neuf-Brisach, Schlestadt, Strasbourg, Landau ; par les Vosges, éloignées de 5 à 6 milles du fleuve, et dont les deux cols principaux étaient commandés par les places de Bitche et de Phalsbourg ; enfin par Belfort, en deuxième ligne. En deçà des Vosges, les chemins qui conduisaient vers Paris étaient commandés par Metz, Toul et Verdun. » Une invasion par le Rhin obligerait donc l'ennemi à s'emparer d'abord de ces obstacles : « une campagne même très heureuse, se bornerait à enlever seulement Strasbourg, Neuf-Brisach et les clefs des Vosges, Bitche, Phalsbourg et Schlestadt, sans la possession desquelles une offensive dans l'intérieur de la France serait d'une grande audace si même elle n'était pas inexécutable (2). Le théâtre des Vosges atténuait les avantages que donnaient aux alliés leur meilleure discipline, leur grande capacité manœuvrière, la crainte qu'inspirait alors leur cavalerie aux Français, et faisait pencher la balance du côté de la supériorité numérique de l'ennemi. L'offensive de ce côté ne donnait aux Autrichiens aucun espoir de progrès assez décisifs pour assurer la sécurité des provinces entre le Rhin et la mer, qui contenaient des res-

---

(1) Œsterreichische militarische Zeitschrift.
(2) Note de l'Œsterreichische militarische Zeitschrift. « Les campagnes de 1814 et de 1815 ne sauraient infirmer cette assertion, car les forces opposées étaient alors trop inégales et le droit de réquisition était encore inconnu en 1794. »

sources considérables et dont dépendait le sort de la Hollande..... Aussi, pendant tout le temps qu'on aurait passé à enlever le Rhin, puis les Vosges, des détachements considérables devaient-ils être placés entre les Vosges et la Meuse et entre la Meuse et la mer. Ces détachements ne pouvaient être inférieurs aux troupes auxiliaires de la Prusse, de la Hollande et de l'Angleterre. Aussi longtemps que la barrière des Vosges ne serait pas enlevée, elle empêchait la coopération de ces détachements avec l'armée principale du Rhin, et l'ennemi conservait l'avantage de rester avec ses forces réunies et numériquement supérieures entre ses adversaires séparés et plus faibles. Les détachements du Nord étaient du reste absolument perdus pour l'offensive par le Rhin à cause de leur trop grand éloignement et des nombreuses forteresses qui séparaient ces masses. En outre la distance qui séparait l'objectif final, Paris, de la base du Rhin est double de celle de la Meuse. » Comme il s'agissait avant tout d'aller rapidement fomenter la révolte dans Paris, il était nécessaire d'adopter le chemin le plus court. « Enfin la masse principale occupait déjà les Pays-Bas et son transport sur le Rhin, après une marche considérable, aurait causé une perte de temps très préjudiciable. »

Carnot avait donc vu juste en se tenant sur la défensive sur la frontière du Rhin, de Huningue à Landau.

Le rôle qu'il voulait faire jouer à l'armée des Ardennes était ce qu'on pourrait appeler le rôle classique de cette armée pendant les premières années de la Révolution. Au printemps de 1792, alors qu'elle s'appelait « l'armée du Centre », et qu'elle était sous les ordres de Lafayette, elle devait se porter sur Liége par Givet et Namur. On sait comment les déroutes de Quiévrain et de Tournai firent évanouir ce projet; comment, dès qu'il le put, Dumouriez reprit son idée favorite de l'invasion de la Belgique et confia à Valence la mission de marcher sur

Givet avec 15,000 à 18,000 hommes, pour entrer de là dans les Pays-Bas en passant par Namur. Le plan de Carnot n'est donc que la répétition de cette manœuvre ; toutefois, il dédoubla en quelque sorte le rôle dévolu par Dumouriez à l'armée des Ardennes : à celle-ci il prescrivit de marcher sur Charleroi en masquant Namur ; quant à la marche sur Liége, il la confia à l'armée de la Moselle qui, dans le plan de Dumouriez, avait été dirigée sur Coblentz pour favoriser les opérations de Custine.

Si Carnot a bien vu la nécessité du mouvement simultané sur Liége, Charleroi et Ypres ; s'il a compris que l'armée de la Moselle devait avoir des opérations concordantes avec celles des armées du Nord et des Ardennes ; s'il a admis avec raison que l'armée de la Moselle devait attirer l'attention de l'ennemi, le forcer à se dégarnir du côté du Nord et lui donner même de l'inquiétude sur le pays de Trèves et de Luxembourg ou sur celui de Liége et du Brabant ; il n'a toutefois visé dans cette dernière opération qu'un objectif géographique : il ne parle en effet d'aucune force de l'ennemi et a soin de spécifier qu'« étant placée entre Liége et le Palatinat, l'armée de la Moselle peut tomber sur celui de ces deux pays qui se trouverait dégarni ». Elle est donc, dans l'esprit de Carnot, une armée de démonstration ; mais cette démonstration, il ne la cherche pas par une action directe sur les troupes ennemies mais par ce que Clausewitz appelle l'action sur un théâtre secondaire. En se plaçant à Arlon pour menacer le pays de Liége ou le Palatinat, il y attirera forcément l'ennemi.

Tout autre était le rôle dévolu à l'armée du Nord : elle est bien destinée à combattre l'ennemi, et c'est parce que ce dernier est sur cette frontière avec la majeure partie de ses forces que Carnot y dirige lui-même l'armée du Nord. Si, entre autres raisons Cobourg s'est décidé pour cette frontière parce qu'il perdrait un temps considérable à se porter des Pays-Bas, qu'il occupe déjà, sur une autre zone, Carnot la choisit aussi parce qu'il sait que c'est là que son adversaire a toutes ses ressources en personnel et matériel. Il sait aussi que c'est par là que Paris est le plus vite menacé ; et que, si l'ennemi doit se heurter à un triple rang de forteresses dans lesquelles il n'a encore fait brèche que par Condé, Valenciennes et le Quesnoy, les armées de la République trouveront au contraire dans les Pays-Bas, « un pays ouvert, éloigné de la métropole, où l'ennemi n'a pas de places fortes ».

Ce dernier point mérite une explication (1). « Le traité des « Barrières » avait été dénoncé en 1781 et en septembre de cette année la démolition de toutes les places fortes des Pays-Bas avait été ordonnée d'un trait de plume, à l'exception de celles de Luxembourg, de la citadelle d'Antwerpen et du front de mer d'Ostende.

« Non seulement les petites forteresses mais les importantes places frontières Nieuport, Tournay, Mons et Namur devaient tomber ; des scrupules trop tardifs en sauvèrent au moins quelque chose. Mais, en principe, la démolition fut achevée en 1784, de telle sorte qu'au début de 1792 les frontières des Pays-Bas étaient presque entièrement ouvertes, s'offraient comme une proie sans défense aux invasions de l'ennemi, et que l'intérieur du pays manquait de toute position fortifiée.

« Nieuport possédait encore sa capacité défensive ; à Ypres, au fort de la Kenocke et à Furnes, il y avait déjà

---

(1) Hausenblas, *Œsterreich im Kriege gegen die französische Revolution, 1792.* (*Mittheilungen des K. u. K. Kriegs Archivs. V. Band. Seite 39.*)

Grimoard, dans son Tableau historique de la guerre de la Révolution de France, dit sur le même sujet : « L'empereur Joseph II avait pris le parti de rompre en 1781 le traité de *Barrières* avec les Hollandais et de faire démanteler presque toutes ses places des Pays-Bas. » (P. 62.)

des parties des retranchements vendues à charge de démolition ; Dixmude n'avait plus aucune forteresse.

« Tournay, autrefois une place de premier ordre, et encore importante en 1792, même avec ses restes de fortifications, pour la défense des Pays-Bas, ne possédait plus que la chemise entourant la ville avec des tours mal entretenues, exclusivement destinées à la défense par le fusil, et à fossé généralement sec. L'escarpe et la contrescarpe étaient encore assez bien conservées, mais elles montraient pourtant quelques brèches. Des ouvrages avancés et extérieurs, beaucoup étaient entièrement rasés; quelques-uns seulement étaient encore reconnaissables en leur forme primitive, grâce à un remblai, et n'étaient que fort peu en état d'être utilisés. La citadelle possédait du côté de la campagne une enceinte bastionnée capable de défense. Mais du côté de la ville le rempart avait été démoli et le glacis en partie bâti, en partie transformé en jardins.

« De même Mons, la forteresse placée sur la ligne d'opérations la plus courte vers Bruxelles, montrait ses restes de fortifications, avec un fossé large et plein d'eau sur une profondeur d'un mètre, pouvant même être doublée, ce qui constituait au moins un certain degré de sûreté contre une attaque de vive force.

« Namur possédait une citadelle commandant la ville et la rive droite de la Meuse, mais dans le plus déplorable état d'entretien.

« Ostende (avec les forts Saint-Philippe et Paschendaele), Bruges, Damme, Audenarde et Dendermonde possédaient encore une partie de leurs ouvrages; à Gand, il restait un château fortifié; Alost était tombée au rang de place ouverte..... Lierre, Mecheln et Vilvorde étaient encore entretenues. Bruxelles était en bon état. Par contre, Louvain et Tirlemont n'avaient plus que la chemise, Leau était entièrement détruite, Harlem avait encore un mur sans revêtement; Diest une vieille enceinte de citadelle; Sichem et Aerschot étaient en pleine destruction; Roermonde et Limbourg possédaient une enceinte capable de défense (1). »

L'état de ces forteresses avait été déjà une des causes qui avaient empêché Beaulieu de tirer en 1792 un succès plus éclatant de nos déroutes de Quiévrain et de Tournai. « Ce n'est pas l'esprit d'entreprise et d'offensive qui nous manque, écrivait le feld-maréchal Bender au Conseil aulique....; l'étendue considérable de notre frontière dépourvue de toutes places fortes depuis Ostende jusqu'à Luxembourg..... ne nous permet vraiment pas d'envahir et d'occuper le pays ennemi sans exposer le nôtre (2). »

L'émigré d'Arnaudin dira bien, dans sa *Relation*, que « les ouvrages exécutés dès le commencement de la campagne autour d'Ypres, en partie sur le tracé de ses anciennes fortifications, une garnison suffisante, des approvisionnements de toute espèce et un commandant (le colonel de Salis) sur les talents et la fermeté duquel on était en droit de compter, fournissaient à cette forteresse les moyens de soutenir un siège en règle ». Mais ces travaux n'avaient qu'une médiocre valeur. On n'en veut pour preuve que les *Rapports* suivants de la partie secrète pour la première décade de prairial : « ..... La place (Ypres) est bien fortifiée du côté de la porte de Messines, il y a plusieurs redoutes garnies de canons, de larges fossés avec des palissades et des épaulements en avant des remparts, mais des autres côtés il n'y a ni redoutes ni retranchements (3) ». — « Il y a de fortes redoutes

---

(1) *Mittheilungen des K. u. K. Kriegs Archivs.* — Hausenblas. *Œsterreich im Kriege gegen die französische Revolution.* (Wien, 1891, p. 42.)

(2) *Mittheilungen* Hausenblas. *Œsterreich im Kriege gegen die französische Revolution.* (Wien, 1892, p. 24.)

(3) Rapport de deux chasseurs d'Odonnel, déserteurs d'un avant-poste d'un quart de lieue d'Ypres, 4 prairial.

garnies de canons, dit un autre (1), en avant de la porte de Messines et de celle de Menin, dite du Château.....; du côté de la porte de Furnes et de celle de Bailleul, les fortifications ne sont pas aussi considérables, quoiqu'on y travaille encore; de ces côtés, il n'y a presque point d'eau dans les fossés et peu de canons. » On verra plus tard, en ce qui concerne le siège de Menin, que les défenses de cette place n'étaient pas meilleures.

L'état défectueux de ces forteresses et le parti qu'on en pouvait tirer avait d'autant moins échappé à Carnot et aux ingénieurs, ses collaborateurs, que la présence du gros de l'ennemi dans les Pays-Bas s'ajoutait encore à la possibilité de déboucher contre lui sans être sérieusement arrêté par ces forteresses. Les nôtres, du reste, faciliteraient nos mouvements d'offensive. Le feld-maréchal Bender l'avait encore écrit au Conseil aulique : « La double chaîne des forteresses ennemies, disait-il, appuie et masque tout rassemblement de l'adversaire et lui offre cet avantage décisif, qu'il peut manœuvrer à couvert et sans crainte derrière un rideau; apparaître aujourd'hui ici, demain là; menacer tout à coup tel ou tel poste, et se retirer finalement sans se laisser joindre par nous. A l'abri de ces forteresses l'ennemi peut ne traîner à sa suite aucun magasin, aucune artillerie de position, aucunes munitions; ses mouvements en sont ordinairement plus faciles, plus rapides, et ses entreprises d'autant plus osées que sa retraite est plus assurée. »

Le couvert que procuraient ainsi nos forteresses à un rassemblement et à un débouché rapides, favorisait donc d'autant plus la concentration de nos forces pour la bataille que la ligne correspondante de l'ennemi était plus vulnérable. Aussi Carnot ne manquait-il pas d'écrire à Pichegru : « La possession d'Ypres a paru si impor-

---

(1) Rapport de quatre hommes natifs d'Ypres, 8 prairial.

tante au Comité de Salut public qu'il veut que tu y emploies toutes les forces disponibles à l'armée, s'il est nécessaire ; il désire que ce soit l'occasion d'une grande bataille et te recommande de tout préparer en silence pour cet événement qui doit décider du sort de la campagne. »

Sans vouloir insister ici sur l'esprit offensif que dénote ce désir, on peut se demander pourquoi le Comité de Salut public attachait une si grande importance à la possession d'Ypres. La réponse se trouve aussitôt dans les *Mémoires* du XVIIIe siècle, et notamment dans celui de Lafitte-Clavé (1), qui était l'un des collaborateurs de Carnot au Comité de Salut public.

« Avant d'examiner, dit-il, les avantages et les défauts de la disposition actuelle des places de cette frontière, nous croyons devoir jeter les yeux sur l'ancienne frontière que Louis XIV avait conquise, et que

---

(1) Mémoire de Lafitte-Clavé daté de **1778** et cité par Grimoard. Lafitte-Clavé était alors capitaine du génie à Cambrai.

Les mêmes considérations avaient été ainsi développées par le lieutenant général de Vault.

Lettre de M. de Vault, mestre de camp de cavalerie, sur l'importance de la Flandre maritime.

17 décembre 1750.

Extrait de ma lettre à M. le comte d'Argenson, du 17 décembre 1750 :

« La connaissance superficielle que j'avais des différentes parties de la Flandre maritime ne m'en donnait pas l'idée que je viens d'en prendre, qui me la fait regarder comme une de celles qui doit le plus nous intéresser et qui, dans l'état où elle est, demande le plus d'attention de notre part.

« Ce que je viens d'en voir m'a fait connaître aussi toute l'importance de la ville d'Ypres ; combien il est avantageux à l'ennemi d'en être le maître, et de quelle conséquence il est pour nous de chercher, dès le commencement de la guerre, à nous en emparer, tant pour cou-

Vauban avait fortifiée avec tant de soin et de génie..... Ypres, la Kenocque, Furnes et Nieuport, par le moyen de leurs canaux retranchés et un pays coupé de wattergans, mettaient tout l'Artois et la Flandre maritime à couvert. On remarquera ici, en passant, que la ligne de défense de Lille à la mer, par Ypres et Nieuport, n'était que de douze lieues, garantie, dans sa plus grande partie, par des canaux retranchés et un pays coupé de wattergans, tandis que la ligne actuelle, en suivant la Deule, la Lys, le canal d'Artois, la Colme, Bergues et Dunkerque, a vingt-quatre lieues d'étendue, formant une grande portion de cercle, dans le centre duquel l'ennemi étant placé, menace et attaque avec avantage tous les points de cette circonférence, où l'on ne peut porter que des secours tardifs et trop faibles..... Le grand défaut de cette ligne a fait naître l'idée de s'emparer des places d'Ypres, Furnes, Nieuport et Ostende, dont la conquête ne serait pas difficile à faire, pour avoir une nouvelle ligne plus courte, par conséquent plus aisée à garder, et retranchée par des canaux dont les digues de notre côté ont été arrangées anciennement en redans et en redoutes. Il ne resterait alors à retrancher que la partie depuis Ypres jusqu'à Comines, qui consiste en une lieue et demie environ, et où l'on trouve encore des vestiges des anciens retranchements qu'on y avait faits au commencement de ce siècle..... » On sait qu'en 1794, la division Souham occupait déjà Comines ; de plus, Furnes et Nieuport n'étaient tenus que par une faible garnison ; le seul point important de la ligne, celui dont la posses-

---

vrir cette frontière que pour n'être pas obligé de laisser en proie à l'ennemi un pays riche et précieux, qui est celui de Cassel et de Bailleul, en n'établissant notre ligne de défense que derrière les rivières d'Aa ou de Lys ; n'y ayant point de position favorable et assurée à prendre dans le pays de Cassel et de Bailleul, entre ces rivières et Ypres. »

sion faisait tomber tout le reste, était Ypres. Il fallait donc concentrer tous ses efforts sur Ypres pour avoir aussitôt toute une ligne retranchée, que l'on pouvait occuper avec peu de monde, et qui permettait alors de resserrer d'autant le front d'attaque. « Les villes d'Ypres, Furnes, Dunkerque (1), qui sont les trois qui font tête aux ennemis, sont liées les unes aux autres par des canaux et des retranchements qui forment une frontière depuis la Lys jusqu'à la mer, aussi difficile à pénétrer que facile à défendre..... Ces trois places ont gardé les lignes pendant la dernière guerre par des détachements de leurs garnisons, ce qui a été suffisant pour empêcher que les partis des places ennemies ne tentassent de les forcer en corps d'armée. On les a fortifiées de petits camps volants capables de les défendre contre des forces supérieures, ce qui a donné les moyens aux armées du Roi de s'éloigner de cette frontière pour les expéditions auxquelles elles ont été employées..... »

La prise d'Ypres permettait donc d'avoir, avec fort peu de monde, une barrière infranchissable mettant à l'abri toute la région en arrière et offrant à l'ennemi un front inviolable de Nieuport à Lille (2).

Ce point acquis, il était possible alors de livrer à l'ennemi cette bataille entre la Lys et l'Escaut dont parlait

---

(1) *Mémoire sur le Hainaut et pays d'Entre-Sambre-et-Meuse*, par M. de Bernière, intendant en l'année 1698.

(2) C'était si bien le but que se proposait le Comité de Salut public en prenant Ypres que, dès que cette place fut prise, il fit sortir l'arrêté suivant :

« Le Comité de Salut public arrête que le directeur des fortifications de la partie maritime des départements du Nord et du Pas-de-Calais se rendra sans délai à Ypres, et qu'il prendra, sous les ordres du général en chef de l'armée du Nord, les mesures les plus actives pour mettre cette place, ainsi que Menin et toute la nouvelle ligne de défense jusqu'à la mer, dans l'état de défense le plus respectable. En conséquence,

Carnot, en débouchant tout à coup en masse à l'abri de ce front, et en y appuyant sa gauche. Pour faciliter cette offensive, on pouvait du reste prendre Menin et Courtrai, comme le fit Pichegru en 1794; mais loin d'être indépendante de l'attaque d'Ypres, comme le crut Pichegru, la prise de Menin devait être intimement liée à celle de cette place, car, ainsi que le fait remarquer le général Haxo dans son *Mémoire* de juin 1816, l'inondation de la Lys, produite par les écluses de Menin, et qui remontait jusqu'à Warneton, appuyait parfaitement les lignes d'Ypres et isolait entièrement la défense de la Flandre maritime de celle du reste de la frontière. Comme d'autre part, les défenses de Menin et de Courtrai se liaient facilement entre elles, on voit qu'en étant maître d'Ypres, de Menin et de Courtrai, on créait un système dont les défenses combinées s'opposaient à tout mouvement enveloppant analogue à celui qui fut l'essence même du *plan de destruction* et qui faillit réussir à Tourcoing le 18 mai 1794. De la base ainsi formée, de Nieuport à Lille, par Ypres, Menin et Courtrai, on pouvait soit déboucher de front sur Bruges, soit fixer l'ennemi sur ce front avec un minimum de forces et, à l'abri de ce couvert, déboucher en masse sur Gand pour « acculer l'ennemi dans l'entonnoir que formaient les deux rivières » de la Lys et de l'Escaut, ou vers Oudenarde pour marcher sur Bruxelles. Chacun de ces mouvements amenait l'ennemi à faire tête pour couvrir la Flandre maritime ou Bruxelles, ce qu'exprimait Carnot en disant à Pichegru : « Tu coupes toutes communications à l'ennemi entre la

---

les plus grands moyens seront employés; on fera travailler comme pionniers les habitants du pays conquis et au besoin on transportera de Saint-Omer à Ypres les moyens d'exécution.

« C. A. PRIEUR. »

(Voir Aulard, t. XIV, p. 377.)

Flandre maritime et le Brabant. Tu te mets en mesure de tomber avec toutes tes forces soit sur l'une soit sur l'autre; et il faut nécessairement, soit qu'il t'abandonne la première, ce qui te livre Ostende, Bruges et Gand, ou qu'il te laisse aller à Bruxelles par Oudenarde. »

Si l'on avait encore quelques doutes sur la collaboration de Lafitte-Clavé au plan de Carnot, elle s'affirmerait par les conclusions suivantes qui résument à peu près les considérations qui précèdent, et démontrent l'intérêt qu'avait Pichegru à attaquer Ypres comme le lui prescrivait l'arrêté du Comité de Salut public.

« Nous allons, écrit-il, terminer le mémoire par le projet d'offensive que nous croyons le plus propre à augmenter nos moyens de défense et à remédier aux défauts marqués ci-dessus.

« Dans l'état actuel de la défense de cette frontière, il est aisé de remarquer que la partie la plus susceptible d'attaque est celle depuis Dunkerque jusqu'à Lille. Il paraît donc convenable d'agir offensivement sur les places d'Ypres, Furnes et Nieuport qui, en raccourcissant notre ligne de défense, couvrent les mauvais retranchements de Dunkerque et assurent la navigation actuelle de la Lys et de la basse Deule : Ces trois places, qui ont fait peu de résistance en 1744, n'en feraient pas d'avantage aujourd'hui et deviendraient plus fortes entre nos mains parce qu'elles seraient plus à portée d'être secourues, et que d'ailleurs les canaux qui les lient ont été construits autrefois pour notre défense. Il n'est plus question aujourd'hui de Menin qui est entièrement ouvert, et l'on pourrait commencer par le siège d'Ypres. La position de Courtrai, que M. le maréchal de Saxe prit avec l'armée d'observation pendant le temps de son dernier siège, en assure la conquête de même que celle des forts de la Kenocque, Furnes et Nieuport. Cette dernière place ne fut point prise en 1744 parce que le passage du Rhin en Alsace par le prince Charles de Lorraine appela nos forces dans cette partie ; mais nous regardons cette place comme essentielle parce qu'elle sert de débouché à toutes les eaux de cette partie qui, en s'écoulant, dans la mer au-dessous et fort près de cette place, forment une barrière contre les courses que l'ennemi pourrait faire le long de l'Estran et des dunes qui le bordent ; d'ailleurs elle couvre encore mieux Dunkerque et les premières places qu'on aurait prises, par les différents canaux qui y aboutissent et les manœuvres d'eau qu'on pourrait y faire. »

Après avoir mentionné le rôle de démonstration de l'armée des Ardennes et de « la colonne tirée en partie de la Moselle », dont les mouvements étaient destinés à « éparpiller les forces ennemies », le Mémoire de Carnot s'occupait de la trouée entre Bouchain et Maubeuge. Il en faisait avec juste raison le front défensif car il remarquait que déjà Condé, Valenciennes, le Quesnoy, la forêt de Mormal étaient aux mains de l'adversaire et qu'un succès dans cette région n'aurait d'autre effet que de « l'avoir fait retirer, pour un moment dans cette partie, d'où il ressortirait quelques jours ensuite pour nous livrer une nouvelle bataille ».

Ce front défensif était naturellement constitué entre Lille et Bouchain par la Deule et la Sensée appuyées par la forteresse de Douai et la place de Bouchain.

Le plan de campagne prévoyait du reste que l'on renforcerait cette défense naturelle par le camp d'Arleux. Entre Bouchain et Maubeuge, la défense empruntait le cours de la Selle qu'elle appuyait des postes de Solesmes et du Cateau, et de la forteresse de Landrecies.

Cette organisation défensive n'avait rien d'improvisé, rien d'inédit. Elle n'était que la reproduction du Mémoire déjà cité de Lafitte-Clavé, dont on retrouve encore ici l'influence directe.

« Cambrai (1), dit-il en effet, est une grande place située sur l'Escaut, couverte d'un côté par Douai et la Sensée, d'un autre par Bouchain..... L'ennemi, maître de Douai, ne peut que difficilement arriver sur Cambrai, car il est obligé pour cela de forcer le passage de la Sensée à Arleux ou au bac Aubancheuil, qui sont presque les seuls endroits où il puisse la passer sans trop se rapprocher de Bouchain..... »

Si le Mémoire de Lafitte-Clavé explique ainsi la mention d'Arleux dans le plan de Carnot, sa collaboration ne se manifeste pas moins dans la désignation de la Selle, du Cateau, de Solesmes et de Landrecies. Le mémoire de 1778 dit en effet que pour défendre la trouée entre Bouchain et Maubeuge, ou entre la Meuse et la Sambre il y a quatre positions : Celle de l'Hongneau, la gauche à Condé, la droite à Bavay; celle de la Rhonelle et de la forêt de Mormal, protégée par le Quesnoy. La troisième position ajoutait-il, « est celle que l'on peut prendre derrière l'Ecaillon..... La quatrième est derrière la Selle jusqu'à la Sambre, au-dessus de Landrecies..... » Comme les places de Condé, de Valenciennes, du Quesnoy et la forêt de Mormal étaient au pouvoir de l'ennemi, force était d'occuper la position de la Selle qui passait par Solesmes, le Cateau et Landrecies.

A partir de cette dernière place et jusqu'à Maubeuge, la ligne de défense était constituée par la Sambre. Depuis que la forêt de Mormal avait été enlevée par Cobourg, la situation de Landrecies commandait l'attention.

Le Mémoire de Lafitte-Clavé indiquait bien qu'il « serait aisé de s'opposer au siège de cette forteresse, en occupant la troisième position défensive indiquée ci-dessus, et en gardant les passages de la Sambre depuis Landrecies jusqu'à Maubeuge ». Mais, comme on l'a vu

---

(1) Voir Grimoard, page 44.

plus haut, il était impossible de garder la troisième position, et l'on ne pouvait occuper que la quatrième, derrière la Selle, avec Solesmes et le Cateau. Il fallait d'ailleurs se prémunir contre la prise éventuelle de Landrecies en tenant à partir du Cateau, la jonction de la Sambre à l'Oise. Comme on ne possédait encore ni Solesmes ni le Cateau, il fallait en prévoir la reprise, ce qu'assurait le placement d'une division à Cambrai, d'une seconde à Bohain et d'une troisième à Etreux, les deux dernières bouchant la trouée de Wassigny.

Enfin de Landrecies à Maubeuge courait la Sambre, dont ces deux places formaient comme les musoirs. Celui de l'Est, Maubeuge, devait être d'autant plus fort qu'il constituait le point terminus de la ligne.

Or « Maubeuge, dit Lafitte-Clavé, n'est point une place d'une grandeur convenable (1) à sa situation sur la frontière (2), depuis que Charleroi et Namur ne nous appartiennent plus. Elle peut être attaquée plus aisément, et l'ennemi peut y faire des transports de munitions par la Meuse et la Sambre...... » Aussi l'auteur concluait-il à la nécessité de construire un camp retranché, qui le fut, du reste, au commencement de 1792. En outre

---

(1) « Maubeuge, dans la circonstance présente, demande bien plutôt des augmentations aussi bien que les mauvaises petites places d'Avesnes et de Landrecies, que les autres places voisines. Les ennemis peuvent faire leurs places d'armes de Mons et de Namur, aussi bien que leurs magasins. Leurs derrières sont bons ; et voilà l'essentiel des entreprises. Que deviendrait cette faible barrière après un désavantage ? » (*Mémoire sur la défense de l'Entre Sambre et Meuse*, par M. de Mortaigne, 6 janvier 1741.)

(2) « Maubeuge se présente seul à l'ennemi qui, s'en emparant et couvert de la Sambre, ne trouve plus que les deux petites places d'Avesnes et de Landrecies qu'il peut même côtoyer, l'entre-deux de Philippeville et de Maubeuge étant trop grand pour lui servir d'obstacle et de barrière. » (*Mémoire sur la défense de l'Entre Sambre et Meuse*, par M. de Mortaigne, 6 janvier 1741.)

en 1794 on renforça Maubeuge de trois divisions qui, tirant leurs approvisionnements de la place, en élargissaient considérablement le rayon d'action en tenant les bords de la Sambre, la Solre, appuyée par Beaumont, et la Helpe par Avesnes. Ce renforcement était encore nécessité par la proximité de Mons. « Tant que l'ennemi sera maître de Mons, disait un mémoire de 1751 (1)..... il paraît très difficile de l'empêcher de surprendre dans quelque point le passage de la Sambre..... Cette situation de Mons contre notre frontière a des avantages infinis contre lesquels la nature du pays et nos places mêmes ne fournissent que de très faibles secours..... »

Il faut remarquer, dit encore le mémoire de 1778, « que Charleroi ayant été rasé, la navigation de la Sambre pourrait être inquiétée par les garnisons de Philippeville et de Charlemont ». Cette seule phrase contient toute la genèse de l'action assignée par le plan de campagne à l'armée des Ardennes.

De ce qui précède, il est donc possible de conclure que le plan de campagne de Carnot n'était que la mise en œuvre du mémoire de Lafitte-Clavé, daté de 1778 et qui n'était lui-même que la répétition des idées du XVIIe siècle représentées par Vauban et de plusieurs mémoires du XVIIIe (2) qui ont été analysés plus haut. Ce plan participait encore de certaines idées émises au cours même de la Révolution et dont il n'est pas sans intérêt de donner un rapide aperçu.

---

(1) Mémoire de 1751 sur le pays qui est entre l'Escaut et la Sambre, et sur celui qui est entre la Sambre et la Meuse.

(2) Les arrêtés qui vont suivre indiquent combien le Comité militaire du Comité de Salut public savait s'inspirer des mémoires du XVIIIe siècle ayant trait à la frontière qu'il considérait.

Arrêté du Comité de Salut public en date du 23 prairial (11 juin 1794).

Le Comité de Salut public arrête : Les citoyens J.-J. Smits et Cie,

Le 11 mai 1793, du Bois du Bais et Briez, représentants du peuple à l'armée du Nord, signalaient au Comité de Salut public l'intérêt de « porter de nouvelles forces jusqu'à Givet et Philippeville » afin de « nous emparer sans coup férir de Namur et du pays de Liége où l'ennemi n'a exactement aucune force ». Le rôle de l'armée de la Moselle, tel qu'il est défini par le plan, se retrouve déjà dans une lettre du 20 (1) : « Les généraux ont formé le projet de faire une pointe sur Dinant et sur Liége pour tâcher de faire faire une diversion à l'ennemi. L'armée de la Moselle est oisive ; il faudrait aussi qu'elle fît une pointe sur Arlon ». Huit jours après, le plan que Custine propose au Comité de Salut public indiquait la ligne d'opérations que devait suivre l'armée débouchant de Givet. « De Givet, disait-il, le général Landremont, avec deux brigades d'infanterie, trois régiments de cavalerie, deux régiments de dragons, deux de chasseurs à

---

imprimeurs-éditeurs, fourniront au Comité 40 exemplaires des *Lettres et Mémoires du maréchal de Saxe* en 5 volumes grand in-8°, lesquels exemplaires seront payés à raison de 22 livres 10 sols l'un.

6 messidor (24 juin 1794).

Le Comité de Salut public autorise Merlin de Thionville, représentant du peuple, à retirer pour un temps du Comité d'Instruction publique le journal allemand manuscrit de la guerre de 1734 et à le faire traduire en français par un des employés des bureaux de la section de la guerre du Comité de Salut public ou de la Commission des mouvements et de l'organisation du mouvement des armées de terre.

7 messidor (25 juin 1794).

« Le juge de paix de la section du Mont-Blanc lèvera les scellés apposés sur les appartements occupés par le citoyen Deforgues, ex-ministre des affaires étrangères, en présence du commissaire des relations extérieures qui en tirera les mémoires attribués à Dumouriez sur la campagne de Belgique pour les remettre au Comité de Salut public ; les scellés seront sur-le-champ réapposés..... »

(1) Les Représentants du peuple à l'armée des Ardennes au Comité de Salut public, Sedan, 20 mai 1793.

cheval, le régiment de hussards ci-devant Esterhazy, quatre bataillons d'infanterie légère et la compagnie d'artillerie volante tirée du Bas-Rhin, continuerait sa route par Philippeville sur Beaumont.....» C'est justement la route que suivra Charbonnié pour marcher sur Thuin d'abord, sur Charleroi ensuite. Dans le plan, si critiqué, du 22 octobre 1793, le Comité de Salut public mentionnait encore la diversion sur Namur et y revenait le 3 novembre.

L'attaque décisive sur la Flandre maritime, n'était pas moins recommandée que les diversions des armées des Ardennes et de la Moselle : dès le 11 mai 1793, du Bois du Bais et Briez insistaient auprès du Comité de Salut public pour qu'il « portât toutes nos forces sur Ypres ». Le 23, Carnot et Duquesnoy signalaient l'importance de combiner une diversion sur Furnes avec une autre du côté de Charlemont. « Nous retrouverons difficilement, écrivait Carnot (1), l'occasion de tenter de nouveau l'expédition d'Ostende ; les ennemis se sont renforcés considérablement. On assure qu'ils ont auprès de Loo, entre Furnes et Ypres, 7,000 hommes et 18 pièces de canon. Il faudrait faire de ce côté une puissante diversion en s'emparant tout à la fois d'Ypres et d'Ostende, chose très facile si l'on voulait s'entendre ». « Je vois avec douleur, insistait-il encore le 27, qu'on paraisse renoncer à la diversion sur la West-Flandre où les ennemis n'ont personne et qui nous offre un pays si abondant en denrées qui nous sont de la première nécessité..... »

Quelles que soient, du reste, ses causes originelles, le plan indiquait nettement une attaque décisive sur Ypres comme l'opération primordiale de la campagne. Et cependant Pichegru qui, d'après les dires de Richard et de Choudieu, a reçu « avec une véritable satisfaction »

---

(1) Carnot, représentant du peuple près l'armée du Nord au Comité de Salut public. Bergues, 10 juin 1793.

les ordres du 21 ventôse avant le 24, et « va les exécuter (1) », commence ses opérations non par l'attaque capitale d'Ypres mais par la prise absolument secondaire du Cateau qui intervertit alors toutes les opérations de la campagne et la termine par où elle aurait dû commencer : l'échec du Cateau précipite le mouvement des alliés sur Landrecies, tandis que l'attaque sur Ypres les eût sans doute attirés dans la Flandre ; la marche sur Menin et Courtrai précède la prise d'Ypres, au lieu d'en être la conséquence ; Pichegru dira bien le 16 floréal que la gauche se portera sur Ypres et Tournai pour faire le siège de l'une de ces places et emporter l'autre de vive force s'il est possible : mais ce ne sera que lorsqu'il aura, depuis le 7 floréal, enfourné son aile gauche sur la ligne Menin—Courtrai, que Clerfayt l'aura fixée et qu'il en aura annihilé la capacité manœuvrière jusqu'au moment où l'action décisive de Tourcoing et la sanglante bataille de Pont-à-Chin la lui auront rendue. Alors le siège d'Ypres termine cette série d'opérations sans y être liée et constitue en quelque sorte un acte séparé de ce grand drame.

b) *Plan des alliés.* — Le plan de Cobourg était basé sur les principes suivants (2) :

1° Devancer l'ennemi dans l'ouverture de la campagne, et la commencer, autant que possible, au milieu de mars et au plus tard au début d'avril ;

2° S'avancer aussi vite que possible sur Paris et consacrer le maximum des forces à ce but ;

3° Pour y arriver au plus tôt, attaquer par les Flandres en restant sur une défensive menaçante partout ailleurs. Faire brèche dans le triple rang des forteresses entre

---

(1) Richard et Choudieu au Comité de Salut public. Maubeuge, 24 ventôse (14 mars).
(2) D'après l'*Œsterreichische militarische Zeitschrift*.

Meuse et mer; disposer à cet effet d'au moins 300,000 hommes, dont 200,000 attaqueront aussitôt celles de troisième ligne telles que Landrecies, Cambrai et Arras et 100,000 prendraient les forteresses en arrière et conserveraient la ligne de communication. Dans leur marche en avant, les 200,000 hommes devraient pourvoir eux-mêmes à la sécurité de leurs flancs au moyen de corps détachés à distance suffisante.

En prenant l'initiative de l'offensive on espérait surprendre l'ennemi et compenser ainsi sa supériorité numérique.

Quant à la marche sur Paris, elle était nécessitée par le but que se proposait la politique des alliés. Ils sentaient qu'ils n'écraseraient la Révolution qu'à Paris; que les royalistes ne s'y lèveraient contre le régime révolutionnaire que sous la protection immédiate de leurs armées. Ils se trompaient toutefois, puisque le Comité de Salut public était très décidé, en cas d'échec, à transporter le gouvernement ailleurs (1). En tout cas, le généralissime des alliés n'avait qu'à s'incliner devant cette exigence politique et à chercher le meilleur moyen militaire de la réaliser.

A cet effet (2) il fallait choisir entre la frontière du Rhin; celle entre Rhin et Meuse; enfin celle entre la Meuse et la mer. Pour fixer son choix, il fallait soumettre chacune d'elles à l'examen des avantages et inconvénients qu'elle présentait pour la ligne d'opérations. Celle-ci doit en principe satisfaire à la triple condition d'offrir la distance la plus courte à l'objectif principal, de présenter les moindres obstacles à l'armée d'invasion et de permettre le meilleur emploi des forces pour l'offensive. Cette dernière condition généralement prédominante,

---

(1) Voir préfaces des tomes I et II de la *Campagne de 1794 à l'armée du Nord*.
(2) D'après l'*Œsterreichische militarische Zeitschrift*.

fera regarder comme la meilleure ligne d'opérations, celle qui permettra de couvrir la base (1) par les opérations mêmes. Aussi est-il des plus avantageux que ces deux lignes soient perpendiculaires entre elles. Au contraire si elles sont parallèles, la ligne d'opérations est d'autant plus dangereuse que l'armée s'éloigne davantage de sa base et que le vide est plus grand entre elles. Il doit alors être comblé par une autre armée dont la défaite peut être souvent plus préjudiciable que celle de l'armée principale elle-même et dont les opérations limitées à la couverture de la base ne peuvent souvent concourir à celles de l'armée principale.

On a vu, à propos de la discussion du plan de Carnot, que, si le Rhin réalisait bien les conditions précédentes, il avait le défaut d'être entièrement aux mains des Français, d'exiger la conquête des nombreuses places fortes qui le jalonnaient, de briser l'élan offensif par l'obstacle des Vosges, de laisser à découvert les provinces entre le Rhin et la mer, enfin d'être deux fois plus éloigné que les Flandres de Paris.

Le deuxième front, s'étendant de Sarrelouis à Givet, présentait les forteresses de Sarrelouis, Thionville, Metz, Longwy, Montmédy, Verdun, Sedan, Mézières, Givet et Rocroy. Derrière cette chaîne se trouvait l'Argonne et ses défilés. Ce front présentait l'avantage d'avoir sa ligne d'opérations presque perpendiculaire à la base du Rhin, qui, à l'inverse de ce qui avait lieu pour le premier front, était appuyée de forteresses appartenant aux alliés et pouvant leur servir de dépôts absolument sûrs. La ligne d'opérations rencontrait bien les Ardennes, la haute Meuse et l'Argonne, mais c'étaient là de « simples obstacles, dont l'enlèvement était du domaine des opéra-

---

(1) « Par base il faut entendre cette ligne qui couvre les ressources les plus nécessaires de l'armée, surtout celles sur lesquelles on peut compter jusqu'à la fin de la lutte. »

tions de campagne ». Les forteresses qui pouvaient s'opposer aux opérations n'étaient qu'au nombre de dix (1); mais la possession de ces places avait une bien moindre importance que sur le premier front, où elle s'imposait. On possédait du reste Luxembourg, qui commandait un nœud de routes des plus important, et si l'on enlevait Metz, on interdisait à l'armée française du Rhin une de ses communications. L'armée principale se trouvait enfin dans une position centrale qui pouvait couvrir à la fois les Flandres et les provinces du Rhin, et ses progrès dans l'intérieur de la France empêchaient toute invasion de l'ennemi : la campagne de 1792 l'avait prouvé. Elle pouvait enfin tourner les forteresses entre Meuse et mer, en débouchant par la Meuse sur Givet, Rocroy, Mézières, et par Luxembourg sur Longwy.

Au contraire, le troisième front qui était compris entre la Meuse et la mer se heurtait à un réseau de 29 forteresses (2), dont trois seulement, Condé, Valenciennes et le Quesnoy étaient aux mains des alliés. La communication la plus courte était par Nieuport, Bruxelles, Maëstricht, Aix-la-Chapelle ; elle était parallèle au front d'opérations et, par suite, dans les conditions les plus défavorables. La marche offensive de l'armée principale ne pouvait couvrir cette ligne, et pour y arriver il était nécessaire d'avoir une armée secondaire entre la Meuse et le Rhin. Cette armée devait être forte de 80,000 Prussiens, Saxons et Autrichiens, joints à celle du Rhin de 55,000 hommes, et à celle de la rive droite de la Meuse

---

(1) Sarrelouis, Thionville, Metz, Longwy, Montmédy, Verdun, Sedan, Mézières, Givet, Rocroy.

(2) Charlemont, Rocroy, Philippeville, Maubeuge, Avesnes, le Quesnoy, Landrecies, Saint-Quentin, Condé, Valenciennes, Bouchain, Cambrai, Péronne, Lille, Douai, Arras, Bapaume, Dunkerque, Bergues, Saint-Omer, Aire, Béthune, Gravelines, Calais, Ardres, Montreuil, Abbeville, Hesdin et Doullens.

servant à couvrir l'offensive et forte de 35,000 hommes. La moitié des forces était donc perdue pour l'offensive. Enfin si l'ennemi, débouchant de l'Entre-Sambre-et-Meuse, forçait le passage de la Sambre, il arrêtait d'autant plus l'armée principale et menaçait d'autant mieux ses lignes de communications qu'elle serait plus avancée sur le territoire français.

Il n'y avait donc que des inconvénients à déboucher par les Flandres ; le seul avantage était d'être à Valenciennes à environ 24 milles plus près de Paris qu'on ne l'était à Luxembourg. Mais cet avantage était lui-même compensé par la nécessité de s'emparer de toutes les forteresses entre Meuse et mer avant de déboucher.

Il résulte de toute cette discussion que le deuxième front était le plus favorable : la guerre de 1870 l'a d'ailleurs prouvé.

Pourquoi donc ne l'acceptait-on pas ? Uniquement parce que toute l'armée alliée était déjà dans les Pays-Bas et cantonnait, au début de février 1794, entre Namur, Nieuport, Ostende et Maëstricht. Le mouvement de cette masse vers Luxembourg ne pouvait se faire que par une marche de flanc qui, entreprise trop tardivement au moment où l'ouverture de la campagne était imminente, offrait à l'ennemi l'occasion de prendre énergiquement l'offensive et de surprendre l'armée alliée en flagrant délit de manœuvre.

Le choix du front entre Meuse et mer une fois décidé, l'armée alliée se heurtait aux 26 forteresses qui le défendaient. Il était impossible de les éviter, car elles barraient toutes les communications utilisables pour les convois ; elles maîtrisaient tous les magasins sur lesquels vivait alors l'armée alliée à l'exclusion de toute réquisition. Pour triompher de cet obstacle inévitable, le prince de Cobourg avait compté 300,000 hommes. Il est impossible de discuter ce chiffre, et force est de l'admettre. Mais, si cet effectif devait être employé à l'enlèvement de toutes les forteresses, on calculait que, même en se gardant de toute exagération dans un sens ou dans l'autre, il fallait deux mois et au-dessus pour y arriver, alors même qu'on supposait la plupart des places mal défendues. Il était donc impossible de franchir l'obstacle en une seule campagne.

Mais était-il indispensable d'enlever toutes ces 26 forteresses ? On pouvait tout d'abord remarquer que l'enlèvement de quelques-unes des plus importantes intimiderait assez l'ennemi pour que les autres pussent tomber au moyen d'attaques brusquées ou de bombardements. Il était à observer en outre qu'un plan de campagne ne peut prévoir que le premier acte de la campagne, et que tous les autres sont subordonnés à la volonté adverse de l'ennemi. La lutte de cette dernière contre les desseins de l'armée alliée devait amener fatalement des batailles qui, par leur importance, devaient produire sur l'ennemi une telle dépression morale, qu'elle amènerait à bref délai, et peut-être par simple sommation, la chute de nombreuses places. Tel fut plus tard le résultat de la victoire d'Iéna sur les places de l'intérieur de la monarchie prussienne. Il ne fallait donc pas prévoir, dans le plan de campagne, la chute de toutes les 26 forteresses, mais seulement celle des principales et l'effet démoralisateur qui en résulterait ou que provoqueraient les batailles résultant du choc des deux volontés adverses.

Comment déterminer dès lors les forteresses dont la prise s'imposait tout d'abord ? Cette désignation dépendait essentiellement de la ligne d'opérations. L'armée principale qui devait s'avancer rapidement sur Paris ne pouvait le mieux faire que par deux routes, celles de Mons par Maubeuge et Avesnes et par Landrecies, qui, du milieu du théâtre d'opérations, entre Meuse et Escaut, conduisent à Paris et se réunissent à Laon. D'autre part, le flanc gauche de cette armée devait être appuyé par l'armée de Mollendorf qui observait celle de Rhin-et-Moselle, la tenait en respect et devait être prête, en cas de mouvement de cette dernière, à la suivre en ralliant au besoin partie de l'armée du Rhin et les corps de Trèves et d'Arlon. Dans ce mouvement en avant, cette armée auxiliaire avait pour axe la ligne Longwy—Reims.

Par ce double motif, l'armée principale devait se diriger vers Laon. Comme elle avait d'autre part pris déjà Condé, Valenciennes, et le Quesnoy ; comme elle possédait encore la forêt de Mormal, elle n'avait plus qu'à tendre la main pour prendre Landrecies.

Y avait-il toutefois avantage à commencer par Landrecies ou par Maubeuge ? Il est à remarquer que l'ennemi n'était pas en forces derrière la Sambre entre Landrecies et Maubeuge et pouvait se masquer facilement. D'un autre côté, l'armée alliée possédait déjà Tournai, Condé, Valenciennes, le Quesnoy ; en y ajoutant Landrecies et Avesnes, on coupait toutes communications de l'intérieur avec Maubeuge. On pouvait donc, en opérant tout d'abord sur Landrecies et Avesnes, investir par cela même Maubeuge à grande distance.

La première opération à tenter par l'armée alliée était donc la prise de Landrecies.

Discussion des plans. — Après avoir exposé la genèse intellectuelle des deux plans, il nous reste à en faire la critique et à voir s'ils constituaient bien la meilleure solution en l'espèce, ou si l'on aurait pu mieux faire. Notre tâche sera grandement facilitée et notre inexpérience puissamment aidée par l'opinion de Grimoard, de Jomini, de Soult, de l'archiduc Charles et de Napoléon.

Grimoard termine ainsi l'exposé de la campagne de 1794 :

« On voit ici, comme auparavant, les coalisés occupant toujours une ligne d'une immense étendue, sans aucun accord pour l'ensemble de l'action, entre les différentes armées répandues sur cette ligne..... Pourquoi permettent-ils la jonction de l'armée des Ardennes avec celle du Nord, et ensuite avec celle de la Moselle? Maîtres de Landrecies, après avoir repoussé les Français au delà de l'Oise, pourquoi ne passent-ils pas cette rivière après eux, et ne profitent-ils pas de la faute commise par les républicains qui, de leur côté, avaient disséminé toutes leurs forces de Dunkerque à Charleroi? N'eurent-ils pas encore une belle occasion au moment où le général Pichegru avait porté presque toutes ses forces sur Menin, et le général Jourdan sur Charleroi, maîtres du Quesnoy et Landrecies, se trouvant aux portes de Guise, de Saint-Quentin, de la Fère, de tenter par le centre une invasion qui les eût conduits aux portes de Paris? »

On ne peut s'associer sans réserve à ces critiques : les alliés ne s'étaient pas disséminés en simple cordon, comme semble le faire croire Grimoard. Cobourg eut au contraire l'idée de laisser sur le Rhin un minimum de forces et de concentrer le gros sur la ligne Valenciennes—le Quesnoy—Landrecies. Si ce point d'attaque peut être critiqué, il n'en est pas moins vrai que la concentration telle qu'il l'avait imaginée n'échoua que par l'inertie de l'armée prussienne; de même, le défaut d'accord entre les alliés ne fut dû, comme on l'a vu, qu'au mauvais vouloir du roi de Prusse et à la trop vaste ambition de l'empereur d'Autriche voulant à la fois conquérir l'Alsace, le Nord de la France, la Serbie et l'Herzégovine. Si la jonction de l'armée de la Moselle et de celle des Ardennes fut possible, c'est justement à l'inaction de Mollendorf qu'elle fut due. Quant à la réunion de Desjardin et de Charbonnié sous les murs de Beaumont, Cobourg ne pouvait s'y opposer puisqu'il était fixé le même jour de trois côtés : à l'Ouest, par le mouvement sur la Lys et l'attaque de Chapuis; au Sud de Landrecies par l'attaque, sous les ordres de Ferrand, des divisions

Goguet, Balland et Fromentin, débouchant de Guise et d'Avesnes; aux environs de la Sambre par les divisions et la garnison de Maubeuge. Enfin, lorsque Cobourg fut maître de Landrecies, il se heurta au même écueil que les Russes en 1877-1878 : n'ayant aucune supériorité numérique, et pressé sur ses deux flancs par l'aile gauche de l'armée du Nord vers Menin et Courtrai, et par l'armée combinée de Desjardin et de Charbonnié; fixé en tête par les 25,000 hommes de Ferrand, il se vit obligé de commencer par manœuvrer en lignes intérieures entre ses deux flanc-gardes avant de progresser, et son essor offensif fut du coup suspendu. Ce n'est que dans cette manœuvre en lignes intérieures qu'il aurait pu et dû réussir, notamment à Tourcoing dont le *plan de destruction*, si bien imaginé, fut malheureusement très mal exécuté au double point de vue stratégique et tactique.

Tout en estimant que « le plan de la pointe sur Paris », attribué à Mack, était, « de tous ceux qu'il a conçus », celui qui lui faisait le plus d'honneur, Jomini (1), rappelant une fois de plus que « l'art de la guerre consiste à battre, à poursuivre et à mettre hors de cause les forces organisées que l'on a devant soi » et que « les conquêtes viennent ensuite d'elles-mêmes », trouvait « ridicule de vouloir se promener à Paris sans penser auparavant à livrer une bataille décisive aux armées qui pouvaient s'y opposer : ce grand coup, dit-il, pouvait se porter, dès le principe, à la faveur de la position centrale des alliés. »

« ..... Si les 115,000 hommes qui se trouvaient répandus depuis Bâle à Coblenz en avaient laissé 35,000 dans Manheim et Mayence et que le reste se fût dirigé par Luxembourg sur Sedan, pour opérer de concert avec

---

(1) *Histoire critique et militaire des campagnes de la Révolution comparées au système de l'empereur Napoléon* par le général baron de Jomini, employé à l'état-major de Sa Majesté l'Empereur. Paris, 1811, pages 6 et 7.

l'armée de Cobourg, les alliés auraient eu ainsi, entre Valenciennes et la Meuse, 220,000 hommes qui auraient pu se réunir dans deux marches, frapper *des coups décisifs*, et combiner ensuite les sièges et les invasions qu'il leur eût convenu d'entreprendre. Si ce mouvement, qui pouvait s'effectuer encore bien mieux dans la campagne précédente, après l'affaire de Famars, avait été exécuté à cette époque, les alliés auraient pu s'emparer de Sedan et de Maubeuge dès 1793, pour opérer alors, à l'ouverture de la campagne, avec une base aussi avantageuse, sur la ligne qui convenait le mieux à leurs intérêts politiques et militaires. »

La première critique de Jomini n'est justifiée qu'en apparence : si Cobourg ne parle dans son plan d'aucune bataille, c'est qu'avant de la livrer, il est tout d'abord obligé de se frayer un passage entre les forteresses; mais il est sous-entendu que cette opération attirera, par cela même, l'ennemi et donnera lieu à une bataille. Mais ce qu'il est juste de reprocher à Cobourg, en s'appuyant sur le même principe, c'est de n'avoir pas profité, en 1793, du découragement de l'ennemi pour en finir avec lui après le succès de Famars. Ce qu'il est encore juste de critiquer, c'est l'offensive « conditionnelle » et non décisive, imposée à l'armée prussienne du Rhin moyen et à une partie de celle du haut Rhin : d'après le plan de Cobourg, elle ne devait se mettre en mouvement sur Luxembourg et Reims qu'autant que l'ennemi se porterait de la Moselle sur la Meuse et les Pays-Bas. Par les réticences apportées ultérieurement par la Prusse à ce plan, toute offensive, même conditionnelle, fut supprimée, et l'armée prussienne se borna à occuper le Rhin et à garantir ainsi les derrières de l'armée impériale. Ce fut là évidemment la faute capitale de la campagne, à laquelle il faut encore ajouter celles que commit Cobourg en laissant Clerfayt agir seul sur Mouscron et Courtrai et en prenant à Tourcoing des dispositions défectueuses. Il faut enfin remarquer, comme nous le développerons plus loin et comme l'indique ailleurs Jomini, qu'il était non seulement inutile, mais nuisible de laisser les troupes de Clerfayt dans la Flandre maritime. « La destination, la force et l'emplacement de cette petite armée de Clerfayt (1), déposent contre la justesse des idées stratégiques des meneurs de l'armée combinée ; l'on put s'étonner avec fondement de voir 25,000 hommes compromis pour couvrir la West-Flandre, où les Français ne pouvaient s'engager sans péril, tandis que la défense de la clef du théâtre de la guerre était confiée aux minces divisions du prince de Kaunitz.

« On trembla, de même que dans les campagnes précédentes, de laisser une route à découvert, comme si l'art de la guerre consistait à garder des chemins, et qu'il fût bien important de garantir Ypres quand on avait la prétention d'aller à Paris. »

Et, comme on pourrait lui objecter que Cobourg savait peut-être que l'intention du Comité de Salut public était tout d'abord d'attaquer Ypres, et qu'il voulait se couvrir de ce côté, Jomini fait remarquer avec raison que l'offensive éventuelle des Français dans la Flandre maritime au delà d'Ypres ne pouvait que faciliter la manœuvre décisive de Cobourg par la Meuse. « Mack, écrit-il, pour se justifier, dit qu'il avait proposé d'inonder la West-Flandre (2) afin de pouvoir disposer du corps de Clerfayt ; mais ce moyen barbare prouve qu'il n'entendait pas la

---

(1) *Histoire critique et militaire des guerres de la Révolution*, par le lieutenant général Jomini, aide de camp général de Sa Majesté l'Empereur de Russie. Paris, 1820, page 44.

(2) *Moniteur universel*, 1ᵉʳ semestre 1794, n° 170, page 685 : « Dans sa conférence avec les ministres anglais, le colonel Mack est passé aux mesures déjà prises pour arrêter les incursions des Français. Une partie de la West-Flandre a été inondée pour mettre en sûreté Ostende et

grande guerre, car pourquoi empêcher les Français de courir en Flandre? C'était là qu'il fallait les attirer. L'invasion n'était à craindre que sur la Meuse, et non vers les marais de l'Écluse et de Nieuport où la gauche de Pichegru eût été rejetée et perdue, s'il avait eu affaire à un grand capitaine. »

Jomini arrive donc à cette conclusion, qui sera celle de l'archiduc Charles et de Napoléon, que le point décisif où il fallait concentrer tous les efforts était la Meuse.

Quant à Soult, il blâme la dispersion des forces des deux adversaires : « L'énorme faute que commettait Pichegru, dit-il, en partageant son armée, offrait à un général entreprenant la plus belle occasion qu'il pût souhaiter. Le prince de Cobourg avait 90,000 hommes réunis autour de Landrecies; sa ligne d'opérations était assurée par la possession de cette place, du Quesnoy, de Valenciennes et de Condé; il n'avait pas d'armée ennemie devant lui; des corps détachés sur la Lys, l'Escaut et la Sambre couvraient ses flancs suffisamment; il était libre de se porter sur l'une ou l'autre des armées françaises qui se formaient imprudemment à ses côtés et de l'écraser. Si, par exemple, le prince de Cobourg eût marché avec toutes ses forces réunies pour écraser la gauche de Pichegru entre Lille et Menin, il n'est pas douteux que Pichegru n'eût eu les plus grandes peines à

Nieuport; les fortifications de Courtrai et de Tournai ont été mises en bon état de défense..... »

Moniteur universel, 1ᵉʳ semestre 1794, n° 178, page 717 : « En conséquence, tous les environs de Nieuport, d'Ostende et de Furnes, viennent d'être inondés : c'est une perte d'environ 25 millions de florins pour ces contrées; mais on a cru que ce sacrifice était dû à la sûreté de la Flandre maritime; le colonel dit qu'il se trouvera ainsi dans le cas de pouvoir opposer aux Français une plus grande masse de troupes du côté de Lille et de Maubeuge; mais si toutes les masses des armées sont changées de place, celles des Français, plus grandes que les nôtres, auront toujours les mêmes avantages. »

sortir d'embarras et à gagner Cassel ou Dunkerque afin de ne pas être acculé à la mer. Mais le prince de Cobourg manquait de décision, et il ne savait que suivre tous les mouvements de son adversaire. Ainsi, après avoir pris Landrecies, il y resta pendant plusieurs jours; il se borna à détacher le duc d'York sur Tournai, pour soutenir le général Clerfayt. Si les deux corps s'étaient réunis, l'appui eût été efficace; mais le prince anglais s'arrêta à Lamain où il prit son camp, et, à son approche Clerfayt alla passer la Lys au-dessous de Harlebecke, pour couvrir la West-Flandre à la rive gauche de cette rivière. »

Cette dernière critique est erronée : S'il est juste de dire que Cobourg ne sut pas se porter avec toutes ses forces à l'appui de Clerfayt à Mouscron et à Courtray, il faut reconnaître qu'à Tourcoing il voulut concentrer toutes ses forces mais ne sut pas les disposer pour en obtenir des efforts concordants. Cette erreur finale n'empêche pas de tirer de cette critique cet enseignement qu'aussitôt que Pichegru avait manifesté la présence de son principal effort vers Menin et Courtrai, il fallait, sans même attendre la fin du siège de Landrecies, qui devenait alors accessoire, laisser devant cette place le minimum de forces et se porter avec le maximum contre le gros des forces ennemies. Elle montre encore la nécessité, lorsqu'on s'est donné tout d'abord une simple direction pour amorcer l'action stratégique, de se retourner immédiatement avec toutes ses forces contre la première manifestation de la volonté adverse afin d'en avoir raison avant d'aller plus loin. Ainsi fit Napoléon dans toutes les campagnes où il tomba au milieu des lignes de son adversaire : en 1796, en Italie par le débouché de Cadibone; en 1808 en Espagne où il se débarrassa des forces sur ses deux ailes à Burgos et à Tudela avant de marcher sur Madrid; en 1812 dans sa manœuvre de Vilna; en 1814 dans celle de Montmirail, enfin en 1815 à

Ligny et à Waterloo. Au contraire, les Russes en 1877-78 qui voulurent, comme Cobourg en 1794, marcher d'abord sur un objectif géographique sans tenir compte explicitement des emplacements de l'adversaire, se virent obligés tout d'abord de faire tête aux actions qui se manifestèrent sur leurs flancs avant d'aller plus loin : Menin et Courtrai sont à Landrecies, ce que Plewna fut au défilé de Chipka. Les débouchés sur le centre stratégique de l'ennemi nécessitent donc toujours une manœuvre en lignes intérieures où l'assaillant doit disposer de deux avant-gardes latérales assez manœuvrières pour fixer l'ennemi ou l'attirer de façon à faciliter l'arrivée de la masse centrale. Il doit aussi avoir calculé ses forces de telle sorte que l'une des avant-gardes ajoutée à la masse centrale lui assure avec une certitude presque absolue la supériorité numérique et morale. Si Cobourg ne se faisait pas illusion sur la première, il crut que la seconde la compenserait grandement. Il se trompa encore sur ce point, sinon par la valeur des troupes du moins par la ténacité du commandement. Quelle différence entre la résolution des Moreau, des Vandamme, des Souham et des Macdonald, et la circonspection des attaques autrichiennes, à Mouscron d'abord, puis à l'affaire décisive de Tourcoing.

En dehors des fautes commises par Cobourg dans sa manœuvre en lignes intérieures, Soult critique aussi celle que fit Pichegru en voulant attaquer par les deux ailes. Si son centre était encore inviolable grâce à Cambrai, à Guise, à Avesnes et à Maubeuge, sa supériorité numérique et morale n'était pas assez accentuée pour qu'il pût espérer vaincre l'ennemi simultanément sur l'une et sur l'autre aile, et il ne tint en effet qu'à bien peu de chose qu'il ne fût enveloppé à Tourcoing, défait à Pont-à-Chin et à Fleurus.

Quant au vainqueur de cette mémorable bataille, il s'exprime ainsi :

« Les Autrichiens (1), les Anglais, les Hanovriens et les Hollandais formant un total de 150,000 hommes, sous le commandement du prince de Cobourg, étaient postés depuis la Meuse jusqu'à la mer, et occupaient trois places fortes et la forêt de Mormal.

Beaulieu, avec environ 20,000 hommes, indépendamment de la garnison de Luxembourg, couvrait les pays de Liége, de Namur et du Luxembourg, depuis la Meuse jusqu'à la Moselle,

Un corps à peu près d'égale force sous le général Blankenstein occupait Trèves, le pays d'Entre-Sarre-et-Moselle et s'étendait dans la direction de Mayence.

Les Prussiens, réunis à un corps d'Autrichiens, cantonnaient au nombre de 65,000 aux environs de Mayence, sur la rive gauche du Rhin.

Un corps d'Autrichiens, les troupes des Cercles et les émigrés tenaient le haut Rhin de Manheim à Bâle. Cette armée, aux ordres du duc de Saxe-Teschen, comptait 55,000 combattants.

La cavalerie de ces dernières armées était nombreuse et bien montée.

Les Français avaient à opposer à ces 310,000 hommes :

1° L'armée du Nord, forte de 150,000 combattants, campée sur divers points de Maubeuge à Dunkerque ;

2° Celle des Ardennes, de 30,000, répandue sur la frontière depuis Givet jusqu'à Sedan.

Ces deux armées étaient commandées par Pichegru ;

3° Celle de la Moselle, aux ordres de Hoche, composée de 44,000 hommes, sans compter les garnisons et les dépôts répartis dans des cantonnements depuis Longwy jusqu'à Bliescastel.

4° Celle du Rhin, sous le général Michaud, forte d'environ 60,000 combattants, ayant sa gauche à Kaisers-

---

(1) Mémoires de Jourdan.

lautern, son centre sur la ligne du Speyerbach et prolongeant sa droite jusqu'à Huningue.

On a répété si souvent que les Français ne durent les succès brillants et solides qu'ils remportèrent dans cette campagne qu'à la supériorité du nombre qu'il n'est pas inutile de faire remarquer que cet avantage était du côté des alliés. Ajoutons que la cavalerie des républicains n'était nullement proportionnée à celle des ennemis, et que les troupes de ces derniers avaient la réputation d'être les meilleures de l'Europe, tandis que celles des premiers étaient composées de soldats de nouvelle levée. »

Il est très intéressant de vérifier cette assertion en se rendant compte de la répartition des forces sur le théâtre de la guerre et en limitant ces dernières aux armées autrichienne, anglaise, hanovrienne et hollandaise.

Il semble tout d'abord que les effectifs français suivent une marche variable suivant les époques. C'est ainsi que la situation du 21 mars aux armées du Nord et de la Moselle, et celle du 15 à l'armée des Ardennes accusent, présents sous les armes, les chiffres ci-après :

Armée du Nord.

	Fantassins.	Artilleurs.	Cavaliers.
Troupes disponibles	111,416	6,721	7,898
Troupes de garnison	51,437	9,892	7,466

Armée de la Moselle.

	Fantassins.	Artilleurs.	Cavaliers.
Troupes disponibles	37,275	2,317	4,176
Troupes de garnison	8,893	1,537	5,022

Armée des Ardennes.

Troupes disponibles	6,757
Troupes de garnison	26,016

Au 29 avril, c'est-à-dire après le mouvement sur

Menin et Courtrai, l'effectif présent sous les armes, est le suivant :

Armée du Nord (29 avril).

Troupes disponibles	157,394
Troupes de garnison	66,321

Armée des Ardennes (4 avril).

Troupes disponibles	8,347
Troupes de garnison	30,306

Armée de la Moselle (29 avril).

Troupes disponibles	21,565
Troupes de garnison	45,516

Au 21 mai, l'effectif des armées du Nord et des Ardennes est de 160,000 hommes, ainsi que le constate la lettre suivante :

Le Général en chef de l'armée du Nord aux Citoyens Représentants du peuple composant le Comité de Salut public.

Au quartier général de Courtrai, le 2 prairial (21 mai).

. . . .

Je viens d'organiser la droite de l'armée qui est sur la Sambre de manière à en attendre de prompts succès. Sa force est de 60,000 hommes effectifs sous les armes, y compris les deux divisions de l'armée des Ardennes. Nous en avons ici 72,000 jusqu'à la mer, et il en reste environ 18,000 au centre, de sorte que l'effectif réel des forces disponibles des deux armées du Nord et des Ardennes n'excède pas 160,000 hommes. Les états de situation en montrent sans doute beaucoup plus, mais il ne faut compter que sur la colonne de l'effectif actif.

Salut et fraternité.

PICHEGRU.

Le 19 juin, la situation de l'effectif présent sous les armes était la suivante :

Armée du Nord.

Troupes disponibles	149,056
Troupes de garnison	20,707

Armée des Ardennes.

Troupes disponibles...	25,144
Troupes de garnison...	15,278

Armée de la Moselle.

Au 1er messidor...	41,753

On remarquera tout d'abord que l'ensemble des forces disponibles des armées du Nord, des Ardennes et de la Moselle s'élevait à 216,000 hommes ; et si l'on ne leur oppose que les forces, qui entrèrent réellement en jeu, de Clerfayt (25,000) de Cobourg et d'York (85,000) de Kaunitz (25,000) du prince d'Orange (35,000) et de Beaulieu (15,000), on voit que l'armée française avait une supériorité globale de 30,000 hommes environ (1).

Mais, si l'on tient compte de la répartition des forces et de la possibilité qu'eut le prince de Cobourg de se porter avec toute ou partie de son armée combinée sur l'une ou l'autre aile, la proportion est renversée.

En effet, le 6 messidor, l'effectif de l'aile gauche proprement dite de l'armée du Nord est de 94,413 hommes (2) ; le 5 mai, le centre était de 25,000 hommes (3) ; l'aile droite réunie sur la Sambre est donc de 30,000 hommes. Les 95,000 hommes de l'aile gauche

---

(1) Cette supériorité serait de 46,000 hommes si l'on prenait les chiffres de Jourdan.

(2) *Liébert à l'Inspecteur des équipages des vivres à Lille.*

6 messidor (24 juin).

« Pour satisfaire à ta demande, Citoyen, la partie gauche de l'armée est composée de 94,413 hommes. »

(3) Pichegru écrivait le 5 mai à Ferrand « d'occuper avec 25,000 hommes le camp retranché de Réunion-sur-Oise (Guise), de laisser 2,000 hommes de garnison dans la place d'Avesnes et 7,000 hommes dans Maubeuge et son camp retranché sous les ordres du général

n'auraient donc pu lutter avec supériorité contre les 25,000 de Clerfayt appuyés des 85,000 de Cobourg et d'York. D'autre part les 30,000 de l'aile droite ajoutés aux 25,000 de l'armée des Ardennes ne pouvaient se mesurer aux 25,000 de Kaunitz vers Maubeuge, aux 35,000 du prince d'Orange entre Charleroi et Namur, aux 15,000 de Beaulieu vers Luxembourg, auxquels viendraient se joindre au moins les 45,000 de Cobourg. Pour compenser en partie cette infériorité manifeste il fallut faire venir les 44,000 de l'armée de la Moselle. Ces simples calculs parlent plus haut que toute critique contre la manœuvre de Pichegru par les deux ailes.

A Soult et à Jourdan, qui assistèrent à Fleurus, on peut ajouter l'archiduc Charles qui fut un autre acteur de cette mémorable campagne (1).

« Quoique la fin de la campagne de 1793 leur eût été défavorable, les alliés restaient pourtant maîtres de Condé, Valenciennes et le Quesnoy et se tenaient aussi près que possible de Paris. Dès lors ils partirent *de ce point de vue, aussi faux que l'année d'avant,* que les Pays-Bas devaient être la base de leurs opérations futures. Les deux partis s'accordaient à les regarder comme le théâtre d'opérations le plus important, celui qui devait solliciter leur plus grande attention et tous leurs efforts.

« C'est sur ces considérations que repose le plan de la campagne de 1794. Dans ce plan l'enlèvement de toutes les forteresses ennemies comprises entre la Meuse et la mer était exposé comme un préliminaire indispensable,

---

Favereau ; le surplus de toutes les troupes des divisions de droite, ajoutait-il, ira former un rassemblement sur Jeumont, sous les ordres du général Desjardin qui se concertera avec le général Charbonnié pour opérer ensemble le plus tôt possible un mouvement sur la gauche de la Sambre vers Mons ou Saint-Ghislain. »

(1) Extrait des Mémoires de l'archiduc Charles.

et 230,000 hommes étaient réclamés pour atteindre ce but. Seulement, comme il était à prévoir que l'état des troupes existantes dans les Pays-Bas ne pouvait dépasser 160,000 hommes, les puissances alliées devaient parfaire le chiffre désiré jusqu'à concurrence de 70,000.

« Toutes ces forces, on voulait les répartir, en dehors de deux corps d'ailes, en trois armées, savoir : l'une sur la Meuse ; une seconde sur l'Escaut à Tournai et au centre de ces dernières l'armée principale (1). Celle-ci devait entamer la campagne par la prise de Landrecies puis se rendre successivement maîtresse d'Avesnes, de Maubeuge et Philippeville, si cette dernière n'était pas pendant ce temps enlevée par l'armée de la Meuse, désignée pour observer ou assiéger Givet.

« Après toutes ces prises, on voulait employer l'armée principale contre Cambrai, tandis qu'en même temps celle de Tournai passerait de la défensive à l'offensive par l'attaque de Lille. A la chute de Cambrai devait succéder une entreprise contre Arras ; car on espérait que les forteresses avancées pouvaient tomber facilement par de courts sièges, bombardements ou blocus, aussitôt qu'elles auraient perdu tout espoir de secours. L'occupation d'Arras devait enfin ouvrir la route de Paris.

« On se réserva, suivant les circonstances, d'exécuter tout le plan en une ou deux campagnes.

« En outre, si les forces rassemblées dans les Pays-Bas s'élevaient à 300,000 hommes, on pouvait, sans se laisser absorber par les sièges qu'on s'était proposés, marcher avec 150,000 sur la capitale de la France, puisque l'on regardait les 150,000 autres comme suffi-

---

(1) Cette répartition n'est pas tout à fait conforme au plan de Cobourg qui prévoyait : un corps d'observation vers Tournai ; un autre vers Maubeuge ; l'armée principale entre les deux ; puis une armée sur la rive droite de la Meuse ; l'armée austro-prussienne en détachement à Trèves ; enfin l'armée du Rhin.

sants pour rendre inoffensives l'ensemble des forteresses françaises.

« Entre la Moselle, le Rhin et la Suisse, les troupes prussiennes et autrichiennes devaient pendant ce temps se borner à une simple défensive, puisqu'on voulait y prélever des détachements pour agir vers les Pays-Bas (1).

« Si les idées qui servaient de base à ce plan étaient justes, il n'en était pas de même des conséquences qu'on en tirait. Sans doute Paris domine si exclusivement l'opinion publique de la France, que cette dernière est vaincue en même temps que la capitale. Mais d'après les dernières opérations, les Pays-Bas étaient-ils bien le pays d'où l'on pouvait atteindre Paris de la façon la plus facile et la plus sûre ?

« Ces considérations conduisent de nouveau à remarquer quelle fut l'erreur de Joseph II lorsqu'il abolit le traité des Barrières. L'Autriche aurait pu, grâce à cet obstacle, employer toute sa puissance sur le Rhin, et l'ennemi n'aurait pu s'avancer contre les Autrichiens dans la vallée du Danube, en même temps que dans cette direction, d'où le menaçait le coup mortel.

« En Autriche le feld-maréchal Lacy avait seul parfaitement jugé les conditions de la guerre française. Si l'on avait agi conformément au but à atteindre, on aurait formé des troupes prussiennes, hollandaises, anglaises, du Nord de l'Allemagne, et de celles qui étaient fournies à l'Autriche par les Pays-Bas, une armée opérant dans ce pays ; en même temps une deuxième armée, formée d'Autrichiens et d'Allemands du Sud, se serait avancée du Rhin. L'isolement de

---

(1) Il était spécifié, toutefois, par le plan de Cobourg que, si l'armée française de la Moselle se portait vers la Meuse ou les Pays-Bas, l'armée prussienne devait s'y opposer en l'attaquant.

leurs forces ne pouvait nuire ni à leur propre sûreté ni à leurs liaisons mutuelles ; car elles pouvaient être, comme leurs opérations, autonomes et isolées. Ce partage naturel des forces fut créé en 1814 et en 1815 sous l'empire des circonstances ; car lorsque toute l'Europe se leva de nouveau contre la France, chacune des armées isolées fut dans la nécessité de commencer immédiatement les opérations en partant de sa propre base ; mais dès 1793 la distribution rationnelle des rôles aurait pu et dû être le résultat de justes calculs. En l'année 1794, pas plus qu'en 1793, il ne dépendait du commandement suprême de transformer une condition défavorable en une meilleure ; mais c'était une erreur, non conforme au but, et due aux circonstances, de s'en tenir à une seule frontière et de baser là-dessus tout son système.

« Sans doute, les forteresses entre la Meuse et la mer, sont, comme le proclame le projet d'opérations, un obstacle considérable pour atteindre Paris, sauf le cas exceptionnel d'une supériorité de forces comme en 1814. Mais toutes ces forteresses ne doivent pas être enlevées indistinctement pour obtenir le but cherché : telles sont, par exemple, celles qui, par leur situation en pays ouvert, par leur faible développement ou la faiblesse de leur garnison, ne peuvent avoir aucune influence sur l'issue des opérations et ne servent qu'à établir la liaison entre les plus considérables : Landrecies (par exemple), Philippeville, Avesnes, etc.

« Une deuxième erreur consiste dans l'issue prévue pour les opérations. On voulait s'emparer d'abord des forteresses situées en arrière, afin de réduire à l'impuissance le secours de celles de première ligne. Cette méthode peut réussir là où il n'y a qu'un ou deux chemins ouverts aux troupes de secours ; mais non dans l'espace ouvert, étendu, traversé en toutes directions de nombreuses routes, comme celui dont il s'agissait.

Cela ne s'appelle-t-il pas faire un second pas afin que le premier réussisse ? Entreprendre l'incertain, afin d'assurer le certain ? Combien faible, chancelante, dangereuse et prodigue de troupes devait être cette entreprise, dans laquelle on était plus éloigné de ses propres lignes de communications et de retraite que l'ennemi à Maubeuge et à Givet de celles des Autrichiens ; à Lille, de celles des Anglais et des Hollandais. En outre, Lille est une grande place d'armes et Maubeuge avec son camp retranché commande sérieusement le cours de la Sambre, comme Givet celui de la Meuse.

« Enfin, tout le plan se basait non sur les forces réellement disponibles, mais sur leur renforcement désiré et souhaité par 70,000 hommes. Ils pouvaient pourtant n'être pas fournis, non seulement de par la volonté d'un seul gouvernement, mais encore de celle de plusieurs, des ressources et du bon vouloir desquels on ne s'était pas assuré ; et ces points devaient être spécifiés au moyen de pourparlers. Et quoique la plupart de ces renforts, non seulement n'entrassent pas en ligne mais même ne fussent pas encore mis en marche, on ne modifiait en rien le plan adopté et l'on ouvrait, d'après lui, la campagne au milieu d'avril.

« La Cour de Prusse aurait dû faire arriver vers les Pays-Bas son armée stationnée devant Mayence. Pourtant le cours des pourparlers fut si long que les Prussiens ne souscrivirent à un traité dans ce but qu'au 14 avril, au moment même de l'ouverture de la campagne. Et quoique les troupes requises fussent payées partie par l'Angleterre et autres, partie par l'Empire allemand, leur marche ne s'ensuivit pas. Et cependant, si l'on considérait l'occupation solide de la ligne de Bâle à Trèves comme une nécessité, on ne pouvait y consentir à un déficit de 50,000 hommes, sans qu'il fût en même temps compensé par un renfort d'égale quantité.

« Pendant que, d'un côté, tout reposait sur la faiblesse et engendrait le désaccord et le malheur, de l'autre s'élevait une force supérieure au point de vue moral et physique, grâce à laquelle des opérations mal calculées et contraires au but à atteindre, furent couronnées d'un heureux résultat. Un gouvernement redoutable mit sans réserve en mouvement des moyens extraordinaires ; et les généraux, obligés de réfléchir, renouvelèrent les entreprises prescrites malgré maint insuccès et les exécutèrent avec une opiniâtreté qui, à la longue et en dépit de la plupart des cas habituels, assura le succès.

« A l'exception des faibles aptitudes des soldats et des officiers, les Français eurent, à tous les points de vue, l'avantage sur les alliés. Leur base d'opérations dépassait celle de l'ennemi en développement, car elle s'étendait sur toute la largeur de la France. Comme les routes qui en partaient, elle était couverte par de nombreuses et bonnes forteresses, pour la garnison desquelles pouvait être utilisée une grande partie du peuple sous forme de garde nationale. Les armées possédaient devant l'ennemi, une grande liberté de manœuvres, pendant que leurs forces puisaient un surcroît de valeur dans la proximité de leurs propres ressources et dans leurs moyens révolutionnaires. Le gouvernement avait décidé de porter, pour l'année 1794, l'effectif de ses troupes dans les Pays-Bas à 300,000 hommes ; et, si elles n'étaient pas au complet au début de la campagne, les armées reçurent bientôt par leur renforcement continu une supériorité considérable (1), et chaque perte fut remplacée par prélèvement sur la masse en excédent.

« En dehors de ces avantages, les Français, dès la

---

(1) On a vu qu'elle se réduisait, sur la frontière du Nord, à 30,000 ou 46,000 hommes.

campagne de 1793,....... commencèrent à concentrer leurs troupes en grandes masses et à renforcer chacune de leurs armées par autant de navettes de l'une à l'autre, qu'il était nécessaire à leurs vues. En vertu d'un plan ébauché de Paris après les premiers événements de la campagne de 1794, les opérations des Français dans les Pays-Bas devaient être dirigées simultanément contre les deux ailes (1). On vanta ces opérations à cause de leur brillant succès final; pourtant, après un examen précis, elles paraissent défectueuses et ne semblent nullement être le moyen le plus sûr, le plus bref et le moins meurtrier, d'atteindre le but. D'abord, en agissant simultanément sur les deux ailes de l'ennemi, on lui abandonne la ligne la plus courte du centre, d'où il peut, avec toutes ses forces, se jeter sur l'une des deux colonnes assaillantes et la repousser avant que l'autre ait pu la soutenir. Dans le cas actuel, les troupes françaises combattant dans les Pays-Bas avaient leurs lignes de communication et de retraite séparées et trop éloignées l'une de l'autre eu égard à leur proximité de leur propre base.

« D'autre part, celle des Autrichiens passait par Liége et Maëstricht; celle des Allemands du Nord était sur le Rhin inférieur; celle des Hollandais entre la Meuse et l'Escaut; enfin celle des Anglais dans les ports maritimes. Il se pouvait dès lors qu'une attaque heureuse, menaçant l'une des plus extérieures de ces lignes eût pour résultat non seulement la retraite des troupes auxquelles cette ligne était propre, mais encore la désunion de toutes les autres. Cette considération se montra surtout lorsque les Français, partant de la Sambre, atteignirent les com-

---

(1) Ce n'était pas là le plan de Carnot, qui attaquait seulement sur Ypres, et ne faisait que des démonstrations ailleurs. C'est plus tard que ce plan se transforma, sous la pression des événements, en une attaque par les deux ailes.

munications des Autrichiens et des Prussiens, qui étaient aussi leurs ennemis les plus importants. En même temps le flanc droit des assaillants eût été couvert par la Meuse et par les Ardennes trop difficilement franchissables. Dès la première marche ils se seraient trouvés plus rapprochés de la ligne de retraite de l'ennemi que tout ce qu'il avait établi depuis Mons jusqu'à la mer, pendant que la nature du terrain permettait les marches les plus rapides. Pourquoi les Français ne réunissaient-ils pas toutes leurs forces pour une opération aussi décisive et ne se procuraient-ils pas la vraisemblance du succès en se massant de ce côté et manœuvrant le plus rapidement possible? Il suffisait d'occuper en même temps l'ennemi sur les autres points, avec le minimum de masse, après que la majeure partie de ses forces eût été immobilisée par les sièges entrepris par lui. Napoléon, l'artiste par excellence, eut en 1815 cette idée.

« Une attaque exécutée par l'aile gauche des Français dans les Pays-Bas ne procurait pas les mêmes avantages que celle qui venait de la Sambre. La première se développait dans un pays très coupé de cours d'eau, et dans lequel chaque pas ne pouvait être fait que lentement et rencontrait une résistance considérable ; en outre les assaillants couraient le danger d'être jetés à la mer par une action débordante.

« Une opération des Français contre la Sarre eût été de même peu décisive, car ils se seraient heurtés au point le plus fort de la position ennemie, le Rhin moyen, qui était couvert par les forteresses de Ehrenbreitstein, Mayence, Manheim et Philippsbourg.

« Pourtant il restait encore un moyen hardi, de paralyser et de faire échouer par un combat toutes les entreprises de l'ennemi. C'était, pour les Français, de franchir le Rhin supérieur avec la majeure partie de leurs forces et de s'avancer sur les derrières de l'ennemi. La fortification considérable et étendue de Strasbourg couvrait la retraite et empêchait de séparer l'armée de la mère patrie. Mais alors l'art ne s'était pas encore suffisamment élevé pour atteindre le but cherché par des mouvements simples, grands et rapides avec toutes les forces réunies (1). »

Sans vouloir relever ici certaines erreurs de détail qui ont été notées au passage, on fera remarquer qu'à l'exemple de Jomini, l'archiduc Charles blâme l'erreur commise en regardant les Pays-Bas comme le théâtre principal ; il relève en passant l'énorme faute de la dénonciation du traité des Barrières, qui incita peut-être Cobourg à ne pas considérer des places fortes en partie démantelées comme l'unique moyen de défense de cette frontière et à la réaliser au moyen de troupes et qui permit au contraire au Comité de Salut public de négliger, dans son plan d'offensive, la valeur des places fortes, de cette région ; il observe avec juste raison que des places aussi insignifiantes que Landrecies et Avesnes ne méritaient pas d'absorber l'action d'une armée principale ; il n'était pas plus rationnel de compter qu'après avoir pris les places de première ligne les autres tomberaient aisément ; enfin le plan de Cobourg ne se basait pas sur des réalités, mais sur des hypothèses et sur le concours, purement éventuel, de 70,000 hommes : le refus de Mollendorf le lui fit voir trop tard. Quant aux Français, l'Archiduc, rendant hommage à la vigueur qu'ils déployèrent, les blâme aussi d'avoir fait des Pays-Bas le champ principal d'action, d'avoir ensuite dispersé leurs effectifs sur les deux ailes sans avoir pour cela une supériorité suffisante, et de s'être prêtés ainsi à la manœuvre en lignes intérieures de l'adversaire. Il est à remarquer que le même auteur qui critique à juste raison cette disposition l'admet au contraire pour l'action con-

---

(1) Extrait des Mémoires de l'archiduc Charles

vergente des Autrichiens partant du Rhin supérieur, des Allemands du Rhin moyen et des Anglais et Hollandais des Pays-Bas en invoquant 1814 et 1815, et en oubliant que, si à ce moment, les alliés disposaient d'une supériorité numérique écrasante, il n'en était pas de même en 1794. La conclusion que tire l'archiduc Charles de sa critique est la meilleure : il fait voir en effet que la solution la plus rationnelle pour les Français était celle que Napoléon voulut inspirer à Moreau en 1800 et que ce général ne comprit pas, ou encore celle que Napoléon exécuta avec tant de maîtrise en 1815.

Il faut donc, une fois de plus, en revenir aux enseignements du dieu de la guerre. Ils se manifestent non seulement par les deux exemples que rappelle l'archiduc Charles, mais par la magistrale critique qu'il a donnée de la campagne de 1794 dans ses *Commentaires*.

En parlant de celle de 1796 en Allemagne, Napoléon en attribue l'échec « aux faux principes militaires qui régnaient alors. On avait observé, ajoute-t-il, que dans la campagne de 1794, où les ennemis étaient maîtres des places de Condé, Valenciennes, Landrecies et le Quesnoy, les Français avaient échoué dans diverses attaques directes sur le centre et avaient réussi lorsqu'ils divisèrent leur armée en armées du Nord et de Sambre-et-Meuse, en dirigeant l'une, celle de Pichegru, sur la droite de l'ennemi par Menin, le long de la mer, et l'autre, celle de Jourdan, sur sa gauche par la Sambre.

« Mais les principes qu'on se fit sur ces observations sont faux. Les succès de cette campagne, bien loin de devoir être attribués au plan d'opérations, ont au contraire eu lieu malgré les vices du plan et par la seule cause de la grande supériorité des troupes que la République avait sur cette frontière ; de sorte que, quoique divisée en deux armées séparées, chacune des armées de la République était presque aussi forte que l'armée autrichienne. A la bataille de Fleurus, le général Clerfayt (1) avait une armée aussi forte que celle de Jourdan ; mais celle de Jourdan n'était qu'une portion des troupes que la France avait au Nord, et Clerfayt avait réuni la plus grande partie de ses forces. S'il eût donné la bataille à fond et qu'il eût été vainqueur, il eût, après, battu Pichegru, et, malgré le nombre de leurs bataillons et par l'effet des vices du plan, les Français eussent été confondus. Si, au lieu d'avoir deux armées, l'une sur la droite, l'autre sur la gauche, toute l'armée française se fût trouvée réunie sur la Sambre, sur les champs de Fleurus, en laissant un corps d'observation sur Dunkerque, l'armée de Jourdan, double de celle de Clerfayt (2), n'aurait éprouvé aucune résistance, aurait débordé comme un torrent sur la gauche de l'ennemi et lui eût coupé la retraite du Rhin (3)..... » Est-il possible de mettre plus en lumière le superbe concept napoléonien ? Et ne reconnaît-on pas dans cette conclusion les raisons qui ont dû déterminer au magistral débouché de 1815 par Charleroi et Fleurus ?

Conclusion. — Et maintenant que conclure de cette discussion et des divers enseignements partiels qui en découlent ? Comment les résumer ?

On peut dire tout d'abord que ni Carnot ni Cobourg n'ont atteint dans leurs plans à l'art suprême que dévoile

---

(1) *Les Commentaires de Napoléon*, tome I, page 357. Opérations en Allemagne en 1796.

Ce passage, dicté à Sainte-Hélène, contient de nombreuses erreurs de détail sur la supériorité numérique « considérable » de Pichegru, sur la présence de Clerfayt à Fleurus, sur l'armée de Jourdan double de celle de Clerfayt, etc. Mais, ce qu'il faut retenir de ce passage, c'est la conception du Maître et la nécessité qu'il constate, de déboucher uniquement par la droite « comme un torrent ».

(2) *Ibid.*
(3) *Ibid.*

immédiatement celui de Napoléon en 1800 ou en 1815.
Le plan français est avant tout une conception d'ingénieurs militaires ; Carnot, d'Arçon, Lafitte-Clavé, de Rivière sont surtout des ingénieurs imbus des mémoires du XVIIIe siècle sur les propriétés des places frontières et sur les combinaisons auxquelles elles peuvent donner lieu ; Lafitte-Clavé qui, d'après les rapprochements qui ont été faits précédemment, semble être le véritable inspirateur du plan de 1794, est avant tout un disciple de Vauban, comme le dit Grimoard, et naturellement sa conception de guerre s'en ressent ; pour comprendre son plan, il ne faut pas perdre de vue cette particularité. Toute sa combinaison pivote autour d'Ypres. Si, moins imbu de ces doctrines défensives, il eût été nourri du concept napoléonien, il eût peut-être pensé que la frontière était suffisamment défendue par les places de Dunkerque à Lille ; que dans aucune des guerres partant des Pays-Bas, l'invasion n'avait pris cette direction excentrique, mais s'était toujours développée entre la Lys et l'Escaut. C'était donc non Dunkerque mais Lille qui devait constituer le point d'appui final de notre gauche. Custine l'avait du reste encore indiqué dans son mémoire du 28 mai 1793 : il affectait à la défense de la Flandre un corps de 8,000 à 15,000 hommes, se basant sur Lille et Douai « centre de la défensive de ce département » qu'il assurerait par des opérations actives. N'est-ce pas du reste ce qui se produit en 1794, et toute la défense du Nord ne se réduit-elle pas à la division qui occupe le camp retranché de Lille et escarmouche avec les forces de Tournai ? Plus au centre, Pichegru ne réduit-il pas le 5 mai les forces à 25,000 hommes au camp retranché de Guise, à 2,000 hommes à Avesnes et à 7,000 hommes à Maubeuge ? Ne porte-t-il pas tout le reste sur Charleroi où il appelle encore l'armée des Ardennes et celle de la Moselle ? N'est-ce pas là la solution par tâtonnements, par approximations successives de celle que Napoléon a

trouvée d'emblée en 1815 ? Et ne devons-nous pas en conclure que pour l'armée française, il fallait consacrer environ 45,000 hommes à une défensive active entre Lille et Maubeuge, et concentrer tout le reste, soit 170,000 hommes, pour déboucher par Charleroi et Fleurus « comme le torrent » dont parle Napoléon ?

Pour les alliés, le plan de Cobourg n'est pas génial, mais toutes les dispositions qu'aurait pu prendre un homme de la carrière s'y retrouvent : du moment qu'il veut percer par le centre, il a soin de se couvrir par Clerfayt à gauche et par Kaunitz à droite ; il dispose l'armée hollandaise sur la Sambre entre Charleroi et Namur pour parer à tout mouvement tournant de l'armée française de Rhin-et-Moselle ; il place de même un corps d'observation vers Arlon contre celle des Ardennes ; enfin il prévoit l'offensive éventuelle de Mollendorf, en l'amorçant par le détachement de Blankenstein à Trèves.

Mais toutes ces dispositions semblent faire abstraction des considérations ambiantes. Cobourg ne pense pas, avec Jomini, que la Flandre maritime est un pays coupé de canaux et impropre à l'offensive ; que, si les Français débouchent par cette frontière, il en arrêtera l'élan par la contre-offensive stratégique chère à Clausewitz ; il table sur le concours plus que douteux de la Prusse, et l'absence de ce concours fait crouler tout son système. Pourquoi du reste, puisqu'il est décidé à manœuvrer en lignes intérieures, ne fait-il pas la navette avec toute sa masse ? Si l'on peut admettre que Mouscron et Courtrai n'étaient destinés qu'à fixer l'ennemi, si l'on peut dire qu'à Tourcoing il envoya toute sa masse de manœuvre, pourquoi l'avoir si mal disposée tactiquement ? Pourquoi, à Fleurus, n'avoir agi qu'avec une partie de ses forces en laissant le duc d'York à Tournai ?

Mais il y avait mieux à faire qu'à manœuvrer en lignes intérieures. Il fallait négliger, comme on l'a dit plus haut (1), la Flandre maritime; puis appuyer sa droite à l'Escaut où l'on possédait comme points d'appui Tournai, face à Lille; Condé, Valenciennes, le Quesnoy, la forêt de Mormal. Appuyé sur ces garnisons, un corps de 25,000 hommes pouvait faire sur Landrecies la même guerre d'escarmouches qui fut faite contre Maubeuge en 1794; vers cette place, une force analogue liait ses opérations à celles de la première. Sous le couvert de cette démonstration, l'offensive principale débouchait rapidement sur Paris par l'Entre-Sambre-et-Meuse (2) et la vallée de l'Oise, appuyée à sa gauche par l'armée prussienne fixant l'armée de la Moselle ou la manœuvrant pour en annihiler le concours. En défalquant les 50,000 hommes de Clerfayt et de Kaunitz pour la défensive, il restait pour l'offensive l'armée de Cobourg et d'York de 85,000 hommes, l'armée hollandaise de 35,000 hommes, le corps de 15,000 hommes de Beaulieu et celui de 20,000 de Blankenstein, soit un total de 155,000 hommes.

Le sort de la campagne se décidait alors magistralement entre 130,000 Français (3) et 155,000 alliés se heurtant dans un choc grandiose, sur la même ligne d'opérations, et réglant dans une rencontre unique et suprême les destinées des deux adversaires.

---

(1) Voir, page 616, la critique de Jomini.
(2) C'était de ce côté que l'on rencontrait le moins d'obstacles. (Voir note (2) de la page 84, et la page 91.)
(3) Défalcation faite de l'armée de la Moselle qui, dans cette hypothèse, aurait été annihilée par l'armée prussienne.

II. — L'ÉCHEC DU CATEAU (9 germinal).

La désignation de Pichegru. — Ses visées politiques. — Sa prise de commandement. — Ses hésitations et le conseil de Colaud. — Sa « grande tournée » sur la frontière. — La situation. — Le commandement provisoire de Colaud. — L'impatience du Gouvernement. — Pichegru se décide à attaquer le Cateau. Effectifs et emplacements de l'armée du Nord. — Quartiers d'hiver de l'armée alliée. — Prise de cantonnements serrés par les alliés. — L'attaque sur le Cateau.

La désignation de Pichegru. — Le 17 pluviôse (5 février) Barère, dans une de ces harangues emphatiques dont il avait le secret, annonça en ces termes la nomination de Pichegru à la Convention (1) :

« ..... Je viens vous parler de l'armée du Nord. C'est cette armée qui, après quelques mois de repos, va être chargée de mettre la victoire à l'ordre du jour en combattant nos plus nombreux ennemis.

« ..... L'énergie des armées du Nord et des Ardennes, qui ont toujours combattu ensemble et sous les ordres

---

(1) Il est certain que ce discours ampoulé n'est pas un document d'une grande valeur historique. Mais il paraît utile de le publier afin d'appeler l'attention sur le but poursuivi par ces harangues. Barère dit lui-même dans ses *Mémoires* : « ..... On raconta dans des nouvelles des armées et dans des lettres de généraux que tel *Rapport* ou tel *Bulletin* de la Convention avait été publié la veille de telle bataille et que cette lecture avait doublé les forces de l'armée. Le commandant des armées des Alpes écrivait, par exemple, qu'au milieu même des frimas de 1794, nos soldats s'élançaient contre les Piémontais en criant : « Barère à la tribune. » Ce qui les excitait au combat, c'était l'idée qu'on parlerait d'eux et de leurs actions courageuses du haut de la tribune. Voilà le soldat français avec son amour de gloire et de renommée ! » (Barère, *Mémoires*, tome I, page 133.)

du même général, a eu pour époque l'attaque de Dunkerque.

« Vous vous rappelez avec quelle force, avec quels moyens hardis Dunkerque a été défendu.....

« L'armée du Nord fut bientôt appelée à de nouvelles victoires. L'ennemi, qui avait semé des intelligences à Maubeuge et qui n'a pas cessé peut-être d'y en entretenir, porta la plus grande partie de ses forces pour cerner Maubeuge.....

« Vous vous rappelez avec quelle supériorité d'audace et de courage 55,000 républicains battirent 90,000 Autrichiens retranchés et par l'art et par la nature, et couverts par une artillerie nombreuse : Maubeuge fut débloqué; plusieurs milliers d'esclaves mordirent la poussière, et vous décrétâtes unanimement que l'armée du Nord avait bien mérité de la patrie.....

« ..... Le Comité avait pensé qu'il fallait profiter de la victoire et faire évacuer entièrement le territoire de la République sur cette frontière : des ordres avaient été donnés; un plan de campagne avait été envoyé; le résultat fortement exécuté devait nous délivrer.....

« Mais il fallait de l'audace pour une entreprise aussi importante; il fallait aussi braver les éléments et l'intempérie de la saison. Ce caractère audacieux et entreprenant paraît avoir manqué au général qui devait consommer cette expédition, car l'expérience de Landau et du fort Vauban prouvent que le soldat français ne connaît pas d'obstacle, et la saison la plus rigoureuse n'a pas arrêté l'armée du Rhin, celle de la Moselle, celle de l'Ouest et celle de Toulon.

« Depuis le projet échoué, le général Jourdan a paru oublier ce mot de César, qui doit être la règle constante de tous les hommes de guerre, que « rien n'est fait tant « qu'il reste quelque chose à faire ».....

« ..... Le Comité a pensé..... qu'il ne devait pas laisser ce même général à la tête d'une armée qui est destinée à faire des opérations décisives pour le salut de la République.....; que le général qui s'est refroidi sur des succès éclatants n'a pas cette intensité nécessaire pour remettre en mouvement une grande armée, et cette chaleur constante qui doit électriser une masse énorme.

« En conséquence nous avons jeté les yeux sur le vainqueur du Rhin pour venger le Nord.

« Le devoir du Comité de Salut public est de vous proposer de remplacer le général Jourdan (1) par le général Pichegru.

. . . .

« Le citoyen que nous présentons pour les fonctions de général de l'armée du Nord est déjà connu par ses opérations et ses succès dans l'armée du Rhin. Élevé à ce grade éminent par la confiance qu'il a méritée, et qui s'est accrue en le voyant obéir le lendemain à celui à qui il commandait la veille, et exécuter en sous-ordre les plans qu'il avait conçus lui-même, il nous a paru, d'après le rapport de Le Bas et Saint-Just, Représentants du peuple, envoyés près l'armée du Rhin, digne de commander une armée qui doit fortement influer sur la destruction des tyrans et de leurs hordes barbares.....

« Voici le projet de décret que le Comité m'a chargé de vous présenter :

La Convention nationale, après avoir entendu le Comité de Salut public, décrète :

Art. 1er. — Le citoyen Pichegru, général en chef de l'armée du Rhin, passera au commandement en chef de l'armée du Nord (2).

---

(1) Presque en même temps, l'adjudant général, chef de brigade Nivet, était nommé chef du service des renseignements par Ferrand qui n'était pas encore remplacé par Pichegru. [Voir lettre de Nivet à Bouchotte, Réunion-sur-Oise, 19 pluviôse (7 février).]

(2) Jourdan avait cessé de commander le 12 janvier. Le général Ferrand commanda par intérim du 13 janvier au 8 février, date de l'arrivée de Pichegru à Guise.

Art. 2. — Les citoyens Choudieu et Richard se rendront incessamment auprès des armées du Nord et des Ardennes en qualité de Représentants du peuple. Ils seront investis des mêmes pouvoirs que les autres Représentants du peuple auprès des armées.

Ses visées politiques. — Quel était celui à qui la Convention confiait ses destinées sur le théâtre principal de la future campagne?

Au physique, toutes les relations contemporaines constatent sa haute taille (il avait 5 pieds 5 pouces); sa constitution robuste; « il était, dit l'une d'elles, corporé sans être gras »; on vante encore son air martial : « peu, dira l'autre, ont l'aspect aussi militaire ». Toutes s'accordent du reste à reconnaître que sa figure, haute en couleur, avait l'aspect énergique et sévère; qu'il semblait observer beaucoup, parlait peu et riait encore moins (1).

Né à Arbois en 1761, issu d'un pauvre cultivateur, élevé par des religieux et « devenu répétiteur de mathématiques à Brienne, il semblait devoir borner l'emploi de son esprit d'intrigue à la conquête d'une grande position ecclésiastique, lorsqu'un de ses collègues, le père Patronet....., lui conseilla la carrière militaire. Pichegru..... s'enrôla en 1783 dans le 1er régiment d'artillerie à pied où il devint promptement adjudant..... Il présidait un club à Besançon lorsqu'un bataillon des volontaires du Gard, qui passait dans cette ville, l'élut

---

(1) Voir : la préface du tome I de la *Campagne de 1794 à l'armée du Nord;* la *Notice* sur la vie militaire et politique du général Pichegru (Paris, 1802); les *Souvenirs* d'un officier des aérostiers, par de Selle de Beauchamp, page 56 : « Pichegru n'ouvrit la bouche pendant le repas que pour gronder les domestiques.... Je trouvais en lui, sous la trace ineffaçable de son origine, quelque chose d'énergique qui justifiait en quelque sorte son élévation; mais ce qui me frappa le plus, ce fut cette préoccupation d'une idée fixe, d'un projet vaste qui se dessinait sur ses traits..... »

pour son chef..... Il conduisit cette troupe à l'armée du Rhin où il se distingua, s'introduisit fort avant dans les bonnes grâces des Représentants en mission et fut nommé le 4 octobre 1793 général de division (1). » Bientôt après général en chef de l'armée du Rhin, il s'y distingua plus par son opiniâtreté offensive que par ses talents (2); d'après Jomini, qui le qualifie de « général de second ordre », il était plus apte aux intrigues politiques qu'aux hautes combinaisons de la grande guerre. La pièce suivante, insérée au *Moniteur universel*, semble venir à l'appui de cette assertion et ne laisse pas que d'étonner de la part de celui qui, un an plus tard, trahissait la République en négociant avec l'étranger au profit des Bourbons.

Lettre du général Pichegru, à la Société populaire des amis de la Liberté et de l'Egalité, séante aux Jacobins (3).

Paris, 18 pluviôse (6 février).

Je n'attendais, frères et amis, que ma confirmation au commandement de l'armée du Nord, pour venir au milieu de mes frères dans le sanctuaire de la liberté, répéter le serment bien gravé dans mon cœur, de défendre et maintenir la liberté et l'égalité, l'unité et l'indivisibilité de la République. La nécessité de me rendre promptement à mon poste me prive de cette douce satisfaction ; recevez-en mes regrets, frères et amis. Je vole au milieu de mes frères d'armes, et je jure de ne m'en séparer que lorsque nous aurons vaincu les tyrans coalisés. Déjà j'ai eu l'avantage de partager les succès de l'armée du Rhin, les soldats du Nord n'ont pas moins de courage, il suffit d'être républicain français et de combattre pour la liberté, pour que la victoire ne soit plus incertaine.

Continuez, fondateurs des droits de l'homme, à propager

---

(1) Foucart et Finot.
(2) Voir Chuquet.
(3) *Moniteur universel*, 1ᵉʳ semestre 1794, n° 147, page 594.

dans tous les cœurs l'amour de la République, tandis que nous combattrons pour elle. Je jure de faire triompher ses armes, d'exterminer les tyrans ou de mourir en les combattant ; mon dernier mot sera toujours : « Vive la République ! Vive la Montagne ! »

PICHEGRU,
Membre de différentes sociétés affiliées.

Pichegru prenait donc le commandement de l'armée du Nord en s'étant ménagé à la fois l'amitié de Saint-Just et de Robespierre, l'approbation du Comité de Salut public et celle des Jacobins. Sa nomination était également vue d'un bon œil par le ministre Bouchotte qui l'annonçait le jour même à Saint-Just (1).

Sa prise de commandement. — Aussitôt après sa nomination, Pichegru alla à Guise prendre le commandement, dont l'intérim était fait par Ferrand depuis la destitution de Jourdan.

L'ordre de l'armée du Nord daté du 21 au 22 pluviôse le constate : « Pichegru, général de l'armée du Rhin, vient d'arriver ici (2) pour prendre le commandement en chef de l'armée du Nord et des Ardennes, au lieu et place du général Jourdan. » Il était en effet arrivé de la

---

(1) « Pichegru va te rejoindre. Le Comité l'a vu avec plaisir. Il ne demande qu'à bien faire, tu le sais. Je suis bien aise qu'il te rencontre encore sur les lieux. Il recevra les renseignements du patriotisme. C'est beaucoup dans le temps où nous sommes de pouvoir se reposer avec sécurité sur une opinion. Les idées sont fixées sur un grand projet. Tu en recevras de lui les détails. Les opérations vers le Rhin et la Moselle n'ont pas rendu ce que l'on désirait. Les grandes subsistances et approvisionnements de tous genres se sont évanouis comme les brouillards du Rhin. Il doit y avoir du mouvement dans les Ardennes. Si tu pouvais parcourir cette contrée, ce serait un bien. » (Bouchotte à Saint-Just, 17 pluviôse an II.)

(2) A Guise.

veille à Réunion-sur-Oise, ainsi que l'indique sa lettre du 20 pluviôse à Bouchotte : « Citoyen Ministre, je suis arrivé ici aujourd'hui. Je n'y ai trouvé ni les représentants du peuple Saint-Just et Lebas, ni le général Ferrand, qui sont tous en tournée; en attendant leur retour, je verrai les différents postes et cantonnements qui sont dans l'arrondissement du quartier général (1). » Bien qu'on ne voie pas en quoi cette visite pouvait aider à la solution du vaste problème que le général en chef de l'armée du Nord allait avoir à résoudre sur une frontière qui s'étendait de Dunkerque à Givet, Bouchotte ne lui en marquait pas moins sa satisfaction le 24 : « Tu fais très bien de débuter par reconnaître le terrain, les postes, les cantonnements et les corps pour faire ensuite de bonnes combinaisons et un bon emploi des hommes et des moyens. »

Le lendemain de son arrivée, le nouveau général en chef de l'armée du Nord adressait aux généraux sous ses ordres la proclamation qui va suivre :

---

(1) Cet « arrondissement » semble avoir compris les deux divisions de Goguet et de Balland, à Bohain et à Etreux, si l'on en croit la lettre suivante :

Pichegru, général en chef de l'armée du Nord, au citoyen Bouchotte, Ministre de la guerre.

Au quartier général de Réunion-sur-Oise, 26 pluviôse (14 février).

Citoyen Ministre, depuis mon arrivée ici il ne s'est rien passé d'intéressant. Seulement il m'a été rendu compte d'une attaque faite le 13 sur le poste de Boeschepe par 700 esclaves contre 350 chasseurs, et dans laquelle nos républicains se sont conduits d'une manière qui prouve tout à la fois leur intelligence et leur bravoure, comme tu le verras par l'extrait ci-joint de la lettre du général de brigade Moreau.

J'ai fait la visite des deux divisions qui avoisinent le quartier général. J'ai été généralement satisfait des troupes qui les composent ; elles sont animées du meilleur esprit et bien disposées à vaincre.

Circulaire à tous les généraux de l'armée du Nord.

21 pluviôse (9 février).

Je ne me suis point dissimulé, citoyen général, l'immensité de la tâche du commandement de l'armée du Nord et l'insuffisance de mes moyens. Je n'ai pu me déterminer à m'en charger qu'en comptant sur le concours unanime de tous mes frères d'armes : nous avons tous le même but, le salut de la République. Nous devons tous nous empresser d'y concourir. Je viens donc te prier, mon cher camarade, de m'investir de tes conseils et de tes lumières ; de me faire part de tes idées sur les meilleurs moyens à employer pour expulser les despotes coalisés du coin de notre territoire qu'ils souillent encore. Je viens enfin te demander ta bienveillance en attendant que j'aie pu mériter ton amitié.

Le général en chef de l'armée du Nord,
PICHEGRU.

Ce n'est guère là, on en conviendra, le ton d'un général en chef sûr de ses divisions et devant parler en maître au nom du salut de l'armée. S'il était rationnel de faire appel au concours de tous, et si l'on peut seulement s'étonner de ce que Pichegru n'ait pas trouvé d'accents plus vibrants pour stimuler le zèle de ses collaborateurs, on ne saurait admettre que le chef suprême de l'armée vienne lui avouer « l'insuffisance de ses moyens » ni « prier » ses subordonnés « de l'investir de leurs conseils et de leurs lumières ».

La proclamation aux troupes qui suivit de près la précédente, et que Barère lut le 27 pluviôse à la Convention, paraît plus conforme aux principes militaires, si l'on excepte toutefois l'appel, conditionnel il est vrai, aux avis de la troupe.

Proclamation de Pichegru, général en chef de l'armée du Nord, à ses frères d'armes.

Camarades, en acceptant le commandement de l'armée, j'ai moins compté sur mes moyens que sur votre bravoure et sur le génie de la liberté qui préside à nos armes.

Déjà le sol de la République, souillé sur différents points par les brigands coalisés, en a été purgé; nos braves républicains les ont vus fuir devant eux. Il n'existe plus qu'un seul point de notre territoire entaché de leur présence. Je viens, braves camarades, réunir tous mes efforts aux vôtres pour les en chasser; et, en combattant pour la liberté, j'ose me flatter que nous ne combattrons pas en vain. Mais, pour assurer nos succès, il faut une confiance mutuelle, un concours unanime de facultés et de volontés; il faut que chacun redouble d'efforts pour augmenter nos moyens.

Vous, braves guerriers, qui déjà vous êtes signalés dans les combats, empressez-vous de donner à nos jeunes frères d'armes le degré d'instruction nécessaire pour nous suivre bientôt dans le champ de la gloire; faites passer dans leur âme, par le récit de vos belles actions, le désir le plus vif de vous imiter, et n'ayez envers eux d'autre fierté que celle d'avoir couru des dangers qu'ils brûleront d'impatience de partager.

Et vous, jeunes citoyens appelés à la défense de la patrie, empressez-vous par votre zèle à vous instruire, de vous mettre à même de remplir votre tâche glorieuse.

Soyez tous amis de la subordination et de l'ordre; sans cela, point de victoire. Je seconderai vos efforts de toutes mes facultés; mais je suis franc républicain; quand vous n'irez pas bien, je vous le dirai, je vous rappellerai à l'ordre. S'il m'arrivait de m'écarter de la ligne, je vous invite à en faire autant. Vos avis seront pour moi des témoignages d'amitié, et vous reconnaîtrez, par mon empressement à me redresser, combien mes intentions sont pures. Allons tous du même pas, nous irons bien. Vive la République !

PICHEGRU.

Sa « grande tournée » sur la frontière. — Après avoir

ainsi salué son armée et pris possession de son commandement, Pichegru se préoccupe avec raison de son principal aide, le chef d'état-major de l'armée; il fait observer que Liébert est malade; il réclame Bourcier qu'il a eu à l'armée du Rhin comme chef d'état-major (1), et, comme Bouchotte lui observera que Bourcier est très jeune, Pichegru répliquera encore, le 2 germinal, « qu'il ne l'est pas tant, puisqu'il a 20 ans de service (2) ». Quoi qu'il en soit, Pichegru conservera Liébert et n'aura qu'à s'en louer. Il signale encore les vacances qui se trouvent dans les postes de généraux et, semblant avoir épuisé son activité de ce côté, il revient à sa première idée de visiter le terrain. Toutefois, il élargit le cercle de ses investigations et, à la reconnaissance des cantonnements de « l'arrondissement du quartier général », il substitue « une grande tournée (3) » sur la frontière.

Est-ce bien là le rôle d'un général d'armée? A quoi lui sert la reconnaissance du terrain, puisqu'il n'a à combiner que des opérations stratégiques et que la description de la frontière était donnée par les nombreux mémoires du Dépôt de la guerre? Peut-être Pichegru pouvait-il invoquer l'état embryonnaire (4) où se trouvait encore l'organisation de l'armée; mais les situations fournies et les ordres qui eussent été la conséquence de leur examen auraient aussi bien remédié à la situation. Les Représentants du peuple n'étaient-ils pas, du reste, destinés spécialement à assurer l'exécution des ordres administratifs du commandement?

---

(1) Pichegru à Bouchotte, 26 pluviôse.
(2) Pichegru à Bouchotte, 2 germinal.
(3) Pichegru à Bouchotte, 26 pluviôse (14 février). Réunion-sur-Oise.
(4) Voir le tome Ier de la première partie (*État de la mobilisation*). Voir aussi la lettre de Colaud, du 27 pluviôse.

Ses hésitations et le conseil de Colaud. — Il semble qu'on doive plutôt rechercher la cause de cette « grande tournée » dans un besoin d'activité stérile destiné à tromper le général lui-même sur ses hésitations. Cette supposition se trouve confirmée par l'arrêté du Comité de Salut public, daté du 27 pluviôse, et qui prescrivait avant tout la prise d'Ypres. Pourquoi, devant cet ordre ferme, Pichegru continua-t-il à aller reconnaître le terrain au lieu de s'occuper dès ce moment de combiner au plus vite les préliminaires de cette opération ? Mais cette hypothèse se change en certitude lorsque l'on voit Pichegru solliciter l'avis du général Colaud sur ce qu'il y aurait à faire. « Tu me demandes, lui répond Colaud (1), de te communiquer mes idées pour un plan de campagne ». Et après s'être excusé sur son incompétence et avoir montré la nécessité de combler tout d'abord le déficit et les lacunes de l'organisation, il ajoute : « L'armée des Ardennes marchant sur Liége, s'emparer des gorges de Huy et du port, la communication de Namur à Liége se trouve interceptée..... Un corps de 40,000 hommes en réserve derrière Cambrai; 50,000 hommes de l'armée du Nord partant de Lille pour s'emparer de l'Escaut, marchant sur Courtray (2), Gand et Anvers; l'ennemi se trouverait entre les deux points de Liége et d'Anvers et n'aurait peut-être pas le temps d'emmener ses canons et équipages s'il était battu, comme il y a toute apparence..... » Suivant son habi-

---

(1) Colaud à Pichegru, 27 pluviôse (15 février). Maubeuge.

(2) On trouve la même idée dans une lettre de Fremont, capitaine de grenadiers, commandant le 2ᵉ bataillon de l'Orne, qui joua plus tard un rôle médiocre à la fin du siège de Landrecies : « J'estime cependant qu'il faut les (les ennemis) prévenir sur la droite et sur la gauche, et, s'ils sont forcés, ils ne sont plus redoutables au centre, parce qu'ils seraient obligés de se retrécir et, par conséquent, hors d'état d'agir et de subsister. »

tude, Pichegru ne répondit rien, mais il est certain que ce conseil, arrivant avant le plan détaillé de Carnot (1), influera sur lui et lui dictera sa marche du 7 floréal par la vallée de la Lys.

La situation. — Pendant que Pichegru hésitait et réclamait des conseils, les renseignements précisaient insensiblement la situation et les intentions de l'ennemi.

Le 22 pluviôse (10 février), une lettre de Bruxelles annonçait que l'armée des alliés, forte de 100,000 hommes, s'étendait de la Flandre au Luxembourg et que le plan de campagne avait été définitivement arrêté dans les conférences tenues à Bruxelles (2). Quelques jours plus tard, le 13 ventôse (3 mars), une autre lettre de Bruxelles mandait (3) que le centre de la grande armée autrichienne, commandé par le prince de Saxe-Cobourg, était appuyé sur Valenciennes, Condé et le Quesnoy, et sa droite, sous les ordres du comte de Clerfayt, sur Tournai, Orchies et Marchiennes; que sa gauche, commandée par le prince de Hohenlohe, couvrait Mons et Charleroi; que les troupes des généraux Latour et Beaulieu formaient un cordon qui s'étendait depuis les bords de la Meuse jusqu'à Luxembourg; que l'armée anglaise occupait Wevelghem et Menin; les Hanovriens, Furnes et Nieuport; enfin, qu'un corps de 10,000 hommes était réparti dans les cantonnements de l'extrême frontière. Le 27 pluviôse, Colaud mandait de Maubeuge que les Hollandais étaient « à Liége, Huy, Namur et dans les environs avec le corps de Damas

---

(1) Ce plan est du 21 ventôse. (Voir le chapitre I, *Plan de campagne.*)
(2) Voir aux annexes l'extrait du Registre n° 50 *bis*, f° 9.
(3) *Ibid.*, f° 10.

émigrés. Les ennemis, ajoutait-il, paraissent tranquilles sur la Sambre... (1) »

A ces renseignements qui donnaient assez exactement le dispositif préparatoire de l'ennemi, s'en ajoutaient d'autres qui semblaient indiquer la région où il porterait son principal effort. Le 30 pluviôse (18 février), un employé de la partie secrète avait fait au général Desjardin le rapport ci-après, daté de Coursolre :

« Le 14 dudit mois, il est passé à Mons, depuis 1 heure après midi jusqu'à 4, de l'infanterie et de la cavalerie avec un grand train d'artillerie. Ils ont pris le chemin de Valenciennes; on dit que ces troupes sont destinées au siège de Landrecies..... »

Le 2 ventôse, Souham écrit de son quartier général de Marquette au Ministre :

« Les troupes ennemies commencent à se mettre en mouvement. Les régiments autrichiens, qui sont sur cette frontière, partent pour aller du côté de Valenciennes et sont remplacés par les troupes anglaises qui étaient en quartiers d'hiver à Gand. Aussitôt que j'aurai de plus grands détails sur ces mouvements, je t'en préviendrai. »

Le 7, il annonce au Comité de Salut public, d'après le journal de Bruxelles, que « l'ennemi transporte à Valenciennes une quantité d'objets d'équipement et d'approvisionnements, et qu'il va y établir son quartier général. Vous y lirez encore, ajoute-t-il, qu'il met la plus grande activité dans ses préparatifs et qu'il se propose d'ouvrir prochainement la campagne. Ces nouvelles s'accordent avec les rapports que nous recevons ». Ces indices d'une attaque principale sur le centre ressortent encore de ce que mande Colaud à Pichegru (2). « Il

---

(1) Voir aux annexes la lettre de Colaud à Pichegru. Maubeuge, 27 pluviôse (15 février 1794).

(2) Colaud à Pichegru. Maubeuge, 4 ventôse (22 février).

vient de m'être fait un rapport en ce moment qu'il est filé beaucoup de troupes du côté de Valenciennes et de Bouchain. Cobourg est parti de Mons et s'est rendu à Valenciennes. Quelques corps d'émigrés ont remplacé ceux qui sont partis, dans les environs de Maubeuge. » Le 18, Colaud écrit encore au Comité de Salut public que « l'ennemi a fait filer de nouvelles troupes du côté de Valenciennes et du Quesnoy. » Enfin, de Cerfontaine, près Maubeuge, l'adjoint aux adjudants généraux Richard mandait au représentant du peuple Laurent (1) : « Cobourg espère attaquer avant nous et veut commencer par le blocus de Maubeuge ; les troupes sont déjà choisies ; dix-huit bataillons de troupes du pays y sont destinés, dont une partie est déjà campée en avant de nous sous la porte de Valenciennes avec le grand parc composé à peu près de 50 pièces de tout calibre..... »

Il résultait donc clairement de toutes ces données que l'ennemi se massait en face de Landrecies ou de Maubeuge pour y porter son effort principal, ce qui était d'autant plus probable qu'il était déjà maître de Condé, de Valenciennes, du Quesnoy et de la forêt de Mormal. La possession de cette dernière localité aurait même dû faire pencher la balance des hypothèses du côté de Landrecies, dont le camp retranché était presque contigu à la lisière Sud-Ouest de la forêt. On pouvait toutefois supposer encore, quoique avec moins de raison au point de vue de la facilité des communications de l'ennemi, que, se masquant par la ligne Valenciennes—le Quesnoy—forêt de Mormal, il tentât de percer par Maubeuge. L'une ou l'autre de ces solutions aboutissait, du reste, à la ligne d'invasion de la vallée de l'Oise.

Pichegru comprit le danger et, pour y remédier, il donna l'ordre d'occuper la trouée de Wassigny. Mais là

---

(1) L'adjoint aux adjudants généraux Richard au représentant du peuple Laurent. Cerfontaine, 17 ventôse (7 mars).

se borna son action, et, loin de penser qu'il avait reçu, peu après le 27 pluviôse, l'ordre d'attaquer par Ypres ; que tous les renseignements reçus montraient que l'ennemi se préparait à prendre l'initiative ; que la contre-offensive du côté de la Flandre maritime déroûterait cette opération, pourvu qu'il pût fixer l'ennemi sur le point Landrecies—Maubeuge ; il reprit simplement le projet de sa grande tournée et fit connaître, le 9 ventôse (27 février), qu'il partait le même jour et laissait le commandement, pendant son absence, au général Colaud, commandant les trois divisions sous Maubeuge (1). Il est juste de remarquer toutefois que Pichegru invoquera, à l'appui de son inaction, le mauvais temps qui rendait les chemins impraticables, et les lacunes de l'organisation (2).

Le commandement provisoire de Colaud. — L'officier général à qui Pichegru confiait momentanément le commandement était un général de cavalerie. « N'ayant jamais servi que dans les troupes à cheval et ne se connaissant en rien à la défense des places (3) », Colaud n'avait pas moins reçu, le 23 nivôse, l'ordre de venir prendre le commandement des trois divisions réunies sous Maubeuge. Il avait déjà protesté contre cette nomination auprès de Bouchotte. Quelques jours après, il renouvelait cette protestation à Pichegru en invoquant encore sa « santé délabrée », sa blessure reçue à Hondschoote (4). Bien que Bouchotte ait fini, le 25 pluviôse, par acquiescer à sa demande, ce ne fut que le 29 mars que Pichegru mandera à Bouchotte qu'il a envoyé le

---

(1) Pichegru à Bouchotte. Réunion-sur-Oise, 9 ventôse (27 février 1794).
(2) Pichegru à Carnot, 21 ventôse (11 mars).
(3) Colaud à Bouchotte. Maubeuge, 18 pluviôse (6 février 1794).
(4) Colaud à Pichegru. Maubeuge, 25 pluviôse (13 février 1794).

général Colaud à Châlons ; et jusque-là Colaud aura remplacé Pichegru pendant sa tournée, tandis que lui-même le sera à Maubeuge par le général Favereau (1), après que le général Desjardin eût, par modestie, refusé ce poste (2).

En prenant possession de son commandement le jour même du départ de Pichegru, Colaud s'empressa aussitôt de faire occuper la trouée de Wassigny suivant les instructions du général en chef, qui voulait ainsi limiter les progrès de l'ennemi, s'il attaquait par Landrecies ou par la vallée de l'Oise.

Le général de division Colaud au général Balland.

Guise, 9 ventôse (27 février).

Le général Pichegru m'a chargé à son départ, mon cher camarade, de faire occuper les postes de Bohain et de Wassigny, et de me concerter avec toi pour cette opération ; comme tu connais les localités mieux que moi, tu pourras prendre les mesures que tu jugeras convenables pour occuper ces deux postes le plus tôt possible. Cependant, si tu crois qu'il soit nécessaire que nous conférions ensemble sur cet

---

(1) *Ordre du général Pichegru, commandant en chef l'armée de Réunion-sur-Oise, au général de division Favereau, à Saint-Omer.*

8 ventôse (26 février).

« Le bien du service exigeant un général de division pour commander à Maubeuge et divisions adjacentes, tu voudras bien te rendre incessamment dans cette place pour en prendre le commandement. Tu remettras le commandement de cette place au général de brigade sous tes ordres, et préviendras de ton départ le général Vincent, lequel commandera la partie que tu quittes..... Salut fraternel.

« PICHEGRU. »

(2) On lit dans le *Mémoire du général Desjardin sur les campagnes des armées du Nord et des Ardennes sur la Sambre* :

« Le général Desjardin s'excuse du commandement des trois divisions sous Maubeuge, demande au général Pichegru un général de division pour le remplacer dans ce commandement important. »

objet, tu pourras venir demain, 10 du courant, à Guise, et nous prendrons les moyens les plus prompts pour exécuter les ordres du général en chef; si tu te décides à venir ici, nous conférerons ensemble; tu voudras bien en prévenir le général Goguet (1), afin que nous puissions agir de concert, cela me procurera en même temps le plaisir de te voir.

Je puis disposer de trois bataillons de la division de Maubeuge, que je ferai refluer dans la seconde division pour garnir la seconde ligne. J'ai donné l'ordre au 7ᵉ bataillon des fédérés de se rendre à Leschelle; tu lui donneras la destination que tu jugeras convenable.

COLAUD.

C'est sans doute après la conférence, qu'annonce la lettre précédente, qu'intervint l'ordre ci-après :

Le général de division Colaud au général de division Balland.

Guise, 10 ventôse (28 février).

En vertu des ordres du général Pichegru, il est ordonné au général de division Balland de faire occuper, le 12 ventôse (2), le village de Wassigny (3) par deux bataillons

---

(1) Arrêté du Comité de Salut public en date du 4 janvier 1794 (15 nivôse). « Le général Goguet sera tiré de l'armée des Pyrénées-Orientales et remplacera le général Belair à l'armée du Nord. » (Aulard, tome XI, p. 62.)

(2) Colaud au Ministre.
12 ventôse (2 mars).

« J'ai fait occuper aujourd'hui, d'après les ordres du général Pichegru, la gorge de Wassigny par la division de Balland; le poste de Bohain et le village de Becquigny par la division intermédiaire. »

La même lettre confirmait les renseignements qui paraissent avoir entraîné l'occupation de Wassigny, Becquigny et Bohain : « Les rapports sur les ennemis sont toujours les mêmes. Ils ont porté des forces sur Valenciennes et le Quesnoy, et il leur est arrivé des renforts venant de Bruxelles. » Le même jour Colaud donnait les mêmes renseignements au Comité de Salut public et ajoutait : « Les rapports qui m'arrivent en ce moment de Maubeuge m'annoncent que l'ennemi a fait filer de nouvelles forces dans la partie de Valenciennes et du Quesnoy..... »

(3) Le 13 ventôse, Colaud écrivait de Guise à Desjardin, à Maubeuge :

d'infanterie et quatre escadrons de chasseurs ; il fera partir deux bataillons d'infanterie, un bataillon de chasseurs à pied, le 8ᵉ régiment de cavalerie et la 24ᵉ compagnie d'artillerie légère qui se rendront le même jour au village de Grougis sous les ordres du général Goguet, qui leur donnera des ordres ultérieurs pour se rendre à Bohain (1).

Le 13 ventôse le général Goguet rendit compte en ces termes de l'exécution de cet ordre :

Quartier général de Bohain, 13 ventôse (3 mars).

Citoyen Ministre,

Je te préviens que j'occupe une nouvelle position. Tu trouveras ci-inclus l'état de mes nouveaux cantonnements auquel est joint le mouvement des troupes.

Les soldats ont fait trente lieues dans la boue, les pieds nus, leurs sabots à la main. Il pleuvait à verse et ils criaient : « Vive la République ! »

J'ai onze bataillons qui me font 11,000 hommes presque tous armés.

Salut, fraternité.

Le général de division,
Goguet.

Enfin Bouchotte, à son tour, rendait compte de cette occupation au Comité de Salut public : « Nous venons,

---

« Le quartier général de Balland se trouve à Étreux, sa division ayant fait un mouvement..... »

(1)   *Le général Colaud au général de division Goguet.*

Réunion, 10 ventôse (28 février).

Je te préviens, citoyen Général, que deux bataillons d'infanterie, un bataillon de chasseurs à pied, le 8ᵉ régiment de cavalerie et la 24ᵉ compagnie d'artillerie légère ont ordre de se rendre le 12 ventôse au village de Grougis, l'intention du général en chef est que les troupes aillent occuper le poste de Bohain le même jour. Ces bataillons feront partie de ta division, et tu les placeras le plus avantageusement possible.

Colaud.

écrivait-il, d'occuper la gorge de Wassigny d'un côté et le village de Becquigny au centre de la trouée pour resserrer l'ennemi sur le Cateau (1). » Il justifiait une fois de plus cette occupation en confirmant encore les renseignements précédents : « L'ennemi, annonçait-il, a reçu des renforts de Bruxelles sur Valenciennes et le Quesnoy. »

Ces renseignements étaient donnés le même jour (2) par Colaud, qui spécifiait nettement la situation en faisant remarquer que les mouvements principaux de l'ennemi étaient sur Valenciennes et le Quesnoy, qu'il se « dégarnissait un peu de ce côté » et avait « fait filer de la cavalerie et de l'artillerie du côté de Bavay » ; enfin que « le quartier général de Cobourg était à Valenciennes ». Le lendemain, 16 ventôse, Colaud, tout en réclamant 1400 caissons à vivres « sans lesquels l'armée ne pourrait faire le plus petit mouvement », et 600 caissons d'ambulance, fait connaître encore que « l'ennemi rassemble ses forces dans la partie du Quesnoy et de Valenciennes, qu'il en a posté dans les bois de Vicoigne et à Bavay », que « son coup de signal en cas d'attaque est de trois coups de canon ». De notre côté, Goguet a dirigé de Bohain une reconnaissance sur le Cateau, mais sans

---

(1) *Le Ministre de la guerre aux Représentants du peuple membres du Comité de Salut public.*

Paris, 15 ventôse (5 mars).

Vous verrez, citoyens Représentants, par la dépêche ci-jointe du général Colaud, commandant l'armée du Nord pendant la tournée du général en chef, que différents officiers de Landrecies ont été arrêtés comme prévenus de trahison et de correspondances avec l'ennemi.

Nous venons d'occuper la gorge de Wassigny d'un côté et le village de Becquigny, au centre de la trouée, pour resserrer l'ennemi sur le Cateau. Il a reçu des renforts de Bruxelles sur Valenciennes et le Quesnoy.

(2) Colaud à Bouchotte, Réunion-sur-Oise, 15 ventôse (5 mars).

autre résultat que d'y constater la présence de l'ennemi qui a pris un officier et douze cavaliers du 16ᵉ chasseurs. Cette reconnaissance n'a d'autre effet que de faire renforcer le Catillon par l'ennemi : le 17, en effet, Colaud apprend de Landrecies que l'ennemi a fait filer huit pièces de canon vers cette localité, et il invite Balland, qui occupe Étreux, à se « tenir sur ses gardes, à ne pas trop se fier aux hommes de réquisition qui sont en faction, à faire doubler les sentinelles la nuit dans les postes avancés..... » Il avertira de même Fromentin qui est à Avesnes (1) « que l'ennemi peut forcer le poste de Maroille, tomber sur Avesnes et couper ainsi la communication de Maubeuge ». Le rapport décadaire de la *partie secrète* signale, le 18, que « la garnison du Cateau a été renforcée depuis quelques jours et qu'elle consiste maintenant entre 4,000 et 5,000 hommes dont un tiers de cavalerie »; qu'à Villers-Pol, entre Valenciennes et le Quesnoy, est arrivé un fort train d'artillerie « avec un nombre considérable de caissons et de munitions »; qu'enfin les troupes ennemies situées aux environs de Valenciennes « devaient se porter sur le Cateau pour engager une affaire sérieuse ». Comme pour mieux fixer nos idées sur le véritable point d'attaque, nous découvrons une tentative de l'ennemi pour s'emparer de Landrecies par trahison ; Colaud la dénonce le 18 (8 mars) au Ministre de la guerre, et ce dernier la résume le 23 au Comité de Salut public.

Pendant que la situation s'aggravait ainsi au centre, Pichegru continuait sa tournée, dont les appels réitérés de Colaud constituaient autant de critiques. « Le général Pichegru, écrit-il le 15, n'est pas encore de retour de sa tournée. » Le lendemain, il revient sur le même sujet qui le préoccupe visiblement : « Le général Pichegru est

---

(1) Colaud à Fromentin, 19 ventôse.

aujourd'hui à Dune-Libre. J'espère qu'il sera de retour le 20. » Le 19, enfin, il n'y tient plus : « Tu es sûrement instruit, mande-t-il à Pichegru, que l'ennemi est déjà campé sur plusieurs points et que ses cantonnements sont déjà en mouvement. Ta présence serait bien nécessaire ici pour différents objets que je ne puis décider. D'ailleurs ma tête n'est pas assez forte pour un fardeau aussi lourd. »

Il semble que, pendant plus d'un instant décisif de cette campagne, un mauvais génie éloignera le général en chef du point capital.

« Le 12 ventôse, Pichegru arriva à Lille. Le lendemain, il assista, avec les représentants du peuple Richard et Choudieu, à une reconnaissance que nous devions pousser et que nous poussâmes au-dessus de Cysoing. Peu s'en fallut que nous ne tombassions dans les pelotons ennemis. Nous les prenions pour des nôtres, et nous allions sus, pleins de confiance, quand deux de leurs hussards nous lâchèrent leurs coups de carabines qui, heureusement, n'atteignirent personne. Nous rentrâmes dans nos postes sans être suivis (1). »

Le 13 ventôse le général en chef écrivait de Cassel au Ministre de la guerre : « Nous avons parcouru si rapidement la ligne jusqu'ici, citoyen Ministre, que je n'ai pas encore eu le temps de t'écrire : j'ai trouvé les places et postes en bon état..... On continue à faire de fréquents fourrages. Hier, à notre passage à Lille, en visitant les avant-postes, nous fûmes témoins de celui qui se fit sur Cysoing où on enleva plusieurs voitures de grains. L'ennemi ne jugea pas à propos de l'empêcher. Il y eut seulement quelques coups de carabine de part et d'autre par des tirailleurs. Cette opération était commandée par

---

(1) *Précis des opérations de la brigade Macdonald*, par le général P. Lacroix.

un jeune général de brigade nommé Macdonald, que l'on dit être bon officier, mais dont les principes républicains ne sont pas très prononcés. »

Le 16, Pichegru était à Dunkerque ; il rentre enfin le 20 à Guise et écrit le lendemain au Ministre que « l'ennemi continue à faire des mouvements et des rassemblements ». Il semble trop rassuré pour avoir connu et suivi avec soin toute la série des renseignements qui dénotent nettement qu'une grosse action va s'engager plutôt du côté de Landrecies que de celui de Maubeuge. Aussi se borne-t-il à annoncer qu'il « va de son côté commencer des rassemblements et faire camper quelques troupes ».

Quant à « l'expédition » décrétée le 27 pluviôse par le Comité de Salut public, il annonce qu'elle « ne peut être aussi accélérée qu'il l'aurait désiré ». Il en donne pour raisons « le défaut d'armes » et « l'état respectable » de cette place « en état, dit-on, de soutenir un siège ». En parlant ainsi, il oubliait sans doute l'état dans lequel le traité des Barrières avait laissé les places de Flandre.

L'impatience du Gouvernement. — Mais le Comité de Salut public n'attendait pas les événements avec la même philosophie.

Dès la fin de février (1), il dépêchait à Pichegru Billaud-Varennes « pour lui ordonner impérativement d'avoir à engager une action d'éclat avec l'armée de Cobourg..... (2) ».

Cette mission de Billaud-Varennes est annoncée par une lettre de Bruxelles datée du 20 ventôse (10 mars 1794).

Carnot, qui est avec Laffitte-Clavé, l'auteur de l'attaque d'Ypres, écrit dès le 11 ventôse à Pichegru

---

(1) *Manuscripts of J. B. Fortescue,* volume II, page 532.
(2) *Ibid.*

les vues offensives du Comité et témoigne le 18, aux représentants Richard et Choudieu, son impatience de voir ouvrir bientôt la campagne :

« Pressez donc Pichegru de commencer la campagne. Qu'il ne se laisse pas prévenir par l'ennemi. Il paraît que les coalisés veulent décidément cerner Maubeuge, Landrecies, et s'emparer de tout le pays entre Sambre et Meuse. Il faut jeter dans ces villes de bonnes garnisons et force subsistances ; ensuite les laisser s'enfourner ; tomber pendant ce temps-là sur leurs derrières, enlever leurs magasins et porter l'effroi jusque dans leur capitale. Pichegru a dû recevoir par vous une longue lettre de moi, où je lui explique les vues du Comité, qui sont de livrer de grandes batailles à l'ennemi dans son propre pays et de défendre pied à pied, au contraire, notre propre terrain. C'est de l'enfermer dans la trouée qu'il a faite, de le cerner et de lui couper ses communications.

« Nous sommes dans l'attente de grands événements. Frappez de grands coups ; nous péririons par des succès médiocres (1). »

La lettre à laquelle fait allusion celle qui précède est sans doute celle du 11 à laquelle Pichegru répond le 21 par des promesses (2) :

« Ta lettre du 11 m'est parvenue à Dune-Libre..... Je suis bien décidé à réunir les différents corps de troupes, et surtout de cavalerie, qui sont disséminés. Déjà j'en ai rassemblé plusieurs. Je suis bien déterminé à ne laisser dans les garnisons que le plus petit nombre

---

(1) Cette lettre, qui est antérieure au 21 ventôse, n'est pas aussi nette que les instructions de cette date. Il est probable que les généralités du 30 janvier 1794 se sont insensiblement précisées d'abord dans la lettre du 18 ventôse, enfin dans les instructions du 21.

(2) Pichegru à Carnot, Réunion-sur-Oise, 21 ventôse (11 mars).

d'hommes possible, malgré toutes les criailleries..... Je m'occupe de l'expédition d'Ypres. Elle eût été de toute impossibilité jusqu'à ce moment. L'artillerie des bataillons n'aurait pas même pu faire un pas.

« J'y mettrai toute la célérité possible, connaissant parfaitement tout l'avantage qu'il y a, surtout pour nous, à prévenir les attaques. »

Ces promesses de Pichegru sont confirmées par Richard et Choudieu le 25 (1), mais la situation n'en reste pas moins stationnaire.

Après avoir ainsi répondu aux invitations pressantes de Carnot, Pichegru continua sa tournée par Maubeuge en quittant, le 24 ventôse (14 mars) (2), Réunion-sur-Oise pour y revenir le 27 (17 mars).

« J'arrive de ma tournée sur la partie de Maubeuge (3)..... Rien de nouveau aujourd'hui. L'ennemi paraît diriger ses forces sur Maubeuge. Son intention, dit-on, est de le bloquer. Les camps que je vais établir (4) pourront en empêcher l'exécution..... »

---

(1) Richard et Choudieu à Carnot, Maubeuge, 25 ventôse an II (Arch. nat., AF_{II}, 239).

(2) « Les Représentants du peuple et le général en chef doivent partir demain matin pour visiter la frontière depuis Landrecies jusqu'à Maubeuge. » (Celliez à Bouchotte, 23 ventôse, 13 mars.)

(3) Pichegru au Comité de Salut public.

(4) *Pichegru à Moreau.*
30 ventôse (20 mars).

« Je ne sais si de ton côté il pleut comme de celui-ci. Cela n'est guère propre à rendre les chemins praticables; mais cela ne doit pas nous empêcher de camper : il faut avoir les troupes dans la main pour en disposer au premier moment. »

Et en effet Souham écrivait le 28 ventôse à Pichegru :

« J'ai reçu du chef de l'état-major une lettre dans laquelle il m'annonce que les cantonnements de deuxième ligne recevront bientôt l'ordre de camper. Ainsi la formation de ces camps entre dans tes vues. Ils sont

« Je vais presser, autant qu'il sera en moi, les opérations offensives. »

Le lendemain, Bouchotte, appelant de nouveau l'attention de Pichegru sur le Cateau, insiste sur la nécessité de prévenir l'ennemi :

Bouchotte à Pichegru.

28 ventôse (18 mars).

Il paraît que les troupes qu'ils font filer entre Sambre et Meuse sont destinées à venir donner la main à celles qui pointent par le Cateau. Il faut bien prendre garde à nos communications et surtout à ne pas laisser couper nos divisions. Occupe-toi de leurs mouvements ; ils semblent vouloir nous prévenir. Ils vont nous donner de la jalousie sur plusieurs points et tomber par des contremarches ou des marches forcées ou dérobées sur les points faibles. Il faut les prévenir et surtout que la partie secrète redouble d'activité. N'épargne rien pour être bien instruit afin de déjouer et renverser leurs projets.....

Escarmouches sur la frontière. — Mais Pichegru est encore contrarié par le manque d'approvisionnements (1)

---

d'ailleurs très importants pour la défense en attendant que, par la suite des opérations que tu m'ordonneras, je puisse les rassembler en une seule masse. »

(1) *Pichegru, général en chef de l'armée du Nord, au citoyen Bouchotte, Ministre de la guerre.*

Au quartier général de Réunion-sur-Oise, 28 ventôse (18 mars).

L'armée, toujours dépourvue de fourrage, est obligée d'en arracher à l'ennemi. C'est ce qu'elle fait journellement et toujours assez avantageusement. Ce matin la division commandée par Balland a chargé 250 voitures, fait 13 prisonniers, pris autant de chevaux et n'a eu que 2 hommes blessés. Du côté de Cambrai et de Bouchain, les fourrages sont aussi très fréquents ; et dernièrement on a fait entrer dans ces deux places une grande quantité de foin, paille et grains.

Presse l'envoi des chevaux d'artillerie. Nous ne pouvons rien faire sans cela. Il en faut au moins 2,000 au parc.

et par le mauvais temps. Il se borne à faire sortir les troupes de leurs cantonnements (1) et à les aguerrir par de petites opérations (2).

Le 28 ventôse (18 mars), il annonce que l'armée fait

---

(1) « Le 15 mars (25 ventôse), le général Pichegru fit sortir les troupes de leurs cantonnements et en forma de petits camps disséminés sur toute la frontière, afin d'accoutumer les soldats au mouvement et à l'activité, et d'empêcher l'ennemi de pénétrer ses projets. » (*Tableau historique de la guerre de la Révolution*, tome III.)

(2) « L'armée du Nord de Pichegru, trop nouvellement créée, formée par la masse des conscrits amalgamés par les Représentants du peuple, exigeait une école efficace pour être habituée à la guerre et être experte en ses nouveaux devoirs. Au regard clairvoyant de ce chef d'armée les besoins de ses troupes échappaient aussi peu que le moyen de les améliorer. Il les occupa pendant tout l'hiver par maints petits combats, fourrages, invasions et pillages. Les avant-postes des alliés furent incessamment inquiétés et mis en alerte. Couvertes en arrière et sur les flancs par une ligne inattaquable de forteresses, ces entreprises pouvaient être commencées d'une façon si rapide et si imprévue qu'elles étaient renouvelées sans suite et sans préjudice. Leur but, maintenir constamment les alliés en haleine, et les priver d'un repos réparateur si nécessaire, fut toujours atteint au début par l'offensive des Français. Du 6 janvier au 26 mars, c'est-à-dire dans un intervalle de quatre-vingts jours, il n'y eut pas moins de quarante-cinq combats, escarmouches et surprises, sur la ligne de la Moselle à la mer. On peut conclure au peu d'importance de ces incidents par ce fait que les alliés ne perdirent dans ces quarante-cinq combats que 33 morts, 136 blessés, 46 disparus et 45 chevaux. La perte de l'ennemi en morts et blessés n'est pas connue. On lui prit, dans ces occasions, comme prisonniers 100 hommes et 44 chevaux. » (*Œsterreichische Militärische Zeitschrift*.)

« On n'avait pas cessé pendant le cours de l'hiver de soutenir les attaques réitérées des Français, dans lesquelles ces derniers avaient éprouvé plus ou moins de disgrâce, particulièrement de la part des habitants du pays qu'une répugnance légitime pour leurs odieux principes avait engagés à s'armer volontairement contre eux. Mais c'était surtout à Werwick et à Halluin, en avant de Menin, que les hulans britanniques, les chasseurs d'York et la légion de Loyal-Émigrants avaient eu de fréquentes occasions de se signaler en repoussant les entreprises des républicains qui ne se présentaient jamais contre eux qu'avec des forces très considérables. » (*Relation* du colonel d'Arnaudin.)

de nombreux fourrages ; on se rencontre avec l'ennemi ; le 29 pluviôse, par exemple, le chef de brigade commandant les avant-postes de Douai remporte un succès à Flines sur des dragons de Latour et une compagnie de tirailleurs ennemis. Le 3 ventôse, Nivet annonce que Balland a enlevé à l'ennemi cent et quelques voitures de fourrages à Mazinguet ; ce fait est rapporté, le 29, à la tribune de la Convention ; le 30 (20 mars) Pichegru mande que « les opérations se sont bornées à plusieurs fourrages très avantageux que l'on a enlevés à l'ennemi ; on lui a tué et blessé une trentaine d'hommes et pris 17 chevaux. De notre côté, ajoute-t-il, nous n'avons eu que trois hommes blessés. » Le 6 germinal (26 mars), il rendra compte encore d'une tentative qu'à faite l'ennemi sur la redoute d'Assevent et qui a été vigoureusement repoussée (1).

Mais ces escarmouches, qui avaient cependant le grand avantage d'aguerrir la troupe, ne suffisaient pas à calmer l'impatience du Comité de Salut public ni celle du Ministre. L'espion de lord Grenville lui annonce en

---

(1) *Pichegru, général en chef de l'armée du Nord, au Ministre de la guerre.*

Au quartier général de Réunion-sur-Oise, 6 germinal (26 mars).

Je te préviens, citoyen Ministre, que l'ennemi s'est présenté assez en force, dans la nuit du 4 au 5, pour attaquer la redoute d'Assevent ; mais il a été repoussé vigoureusement.

Je joins ici un mémoire des ingénieurs des ponts et chaussées choisis par le général Belair pour diriger les travaux du camp retranché, ainsi qu'une demande d'un capitaine des guides pour obtenir son brevet. Ce citoyen est vraiment utile ici par les connaissances locales qu'il possède.

Salut et fraternité.

PICHEGRU.

De la main de Bouchotte : Il est bien à désirer que nous puissions étonner cet ennemi en le prévenant. Chacun est à présent dans l'impatience de voir entreprendre quelque chose.

effet (1) qu'à la date du 25-28 mars, Robespierre a fait décider le jugement et le rappel du général Pichegru. Quant à Bouchotte, il commence à manifester ses sentiments dès le 6 germinal. Sur le billet de Pichegru, qui lui annonce l'affaire d'Assevent, il note en marge : « Il est bien à désirer que nous puissions étonner cet ennemi en le prévenant. Chacun est à présent dans l'impatience de voir entreprendre quelque chose. » Enfin, la veille du jour où Pichegru se décidera à attaquer, Bouchotte, répondant à la lettre du général en chef en date du 6 germinal, lui écrira (2) :

« L'audace des ennemis doit être punie. Ils ont voulu nous tâter à la redoute d'Assevent et savoir si nous étions sur nos gardes. Il faut se hâter de profiter de la sécheresse et du beau temps, et ne pas leur laisser préparer à leur aise tout leur jeu.

« Jourdan s'occupe, avec un corps de 20,000 hommes, de te masquer Luxembourg.

« Charbonnié, qui n'avait que 3,000 à 4,000 hommes dans chacun des deux camps de Bouillon et d'Ivoy, vient de recevoir six bataillons de l'armée de la Moselle, indépendamment de ce que tu lui as fait passer et des 10,000 qu'il avait dans Vedette-Républicaine, Marienbourg, Givet et Roc-Libre. Il faut que tout cela prenne des positions en avant, inquiète l'ennemi sur ses flancs et lui fasse craindre d'être enfermé dans sa trouée, dont il ne paraît pas encore avoir beaucoup ravitaillé les places. Il n'a pas assez de monde et de munitions. Enfin, si sa

---

(1) *The manuscripts of J. B. Fortescue*, volume II, page 554.

« .....Robespierre a fait décider le rappel et jugement du général Pichegru. Le motif réel est que, le 15 mars, Robespierre lui ayant écrit pour savoir s'il marcherait sur Paris sur la seule réquisition du Comité de Salut public, il avait répondu négativement et avait dénoncé cette démarche à Hébert. Sa perte est résolue. »

(2) Bouchotte à Pichegru, 8 germinal (28 mars).

droite et sa gauche sont menacées, attaquées de flanc, il faudra bien qu'il affaiblisse son centre, qu'il se divise, qu'il recule enfin et cesse de fouiller notre territoire et de le dévorer. »

Enfin le 2 germinal (22 mars), Pichegru dévoile ses intentions à Bouchotte en semblant utiliser les renseignements que celui-ci lui a envoyés le 28 ventôse :

« ..... Je fais depuis quelques jours des dispositions pour rompre le projet que pourrait avoir l'ennemi de faire réunir les troupes qui pointent sur le Cateau avec celles qu'il semble vouloir faire filer entre Sambre et Meuse. Je compte incessamment attaquer le poste de Cateau et chercher à pouvoir m'établir au camp de Solesmes, ce qui diminuerait beaucoup l'étendue du front de l'armée sur cette partie en rétablissant la communication de Cambrai avec Landrecies. »

Le même jour, il expose plus explicitement le même projet à Carnot en lui laissant entendre qu'il négligera pour le moment l'entreprise sur Ypres :

Pichegru, général en chef de l'armée du Nord, au citoyen Carnot, Représentant du peuple, membre du Comité de Salut public.

Au quartier général à Réunion-sur-Oise, 2 germinal (22 mars).

Avant l'opération sur Ypres, Citoyen Représentant, que les mauvais chemins (1) et le défaut de chevaux rendent encore impraticable, je vais chercher à emporter le poste de Cateau, afin de pouvoir emporter le camp de Solesmes et rétablir la

---

(1) Le 8 pluviôse, Macdonald écrivait encore au commandant d'Armentières qu'il ne pouvait se rendre dans cette place pour procéder à un amalgame, à cause du verglas : « Ce n'est ni le froid ni la neige qui me retiennent, mais bien le verglas : on ne peut monter à cheval avec un pareil temps..... »

Voir aussi la lettre citée plus haut, page 143, de Pichegru à Moreau, 30 ventôse (20 mars).

communication de Cambrai à Landrecies, ce qui diminuerait d'autant l'étendue de notre front sur cette partie. Je compte y attaquer l'ennemi avec des forces doubles, ce qui doit me faire compter sur un succès non douteux. Je formerai cette attaque dans le moins de délai possible. Pendant ce temps, les troupes des différentes divisions entreront dans leurs camps et seront à la main lorsqu'on voudra les faire agir.

Rien de nouveau aujourd'hui.

Salut et fraternité.

PICHEGRU.

Pichegru se décide enfin à attaquer le Cateau. — Enfin le 8 germinal (28 mars) Pichegru précise encore plus ses intentions : « Demain matin, écrit-il aux représentants Richard et Choudieu, nous attaquons le poste du Cateau et ses environs. »

Emplacements de l'armée du Nord. — Avant de relater la malheureuse affaire du Cateau, il semble nécessaire d'indiquer quels étaient à cette date les effectifs et emplacements de l'armée du Nord.

La situation, la plus voisine des événements, que possèdent les *Archives de la Guerre* est celle du 21 mars 1794 ; mais, comme elle se borne à donner la nomenclature des troupes sans en indiquer l'emplacement, il semble qu'il suffise de la remplacer par le compte rendu que Pichegru adressa le 10 germinal (30 mars). Ce dernier document fixe la composition de l'armée, le 1ᵉʳ germinal, à :

	Effectifs.	Présents.
201 bataillons d'infanterie	198,552	164,817
Artillerie	18,444	16,818
Cavalerie	22,326	16,730
TOTAUX	239,322	198,365
Officiers	7,555	7,555
Y compris les garnisons	246,877	205,920 (1)

(1) On se rappelle que Jomini donne, pour le chiffre de l'armée du

Les troupes *en campagne* ou, comme on disait alors, « disponibles » étaient groupées en divisions, ainsi réparties le long de la frontière (1) : Divisions Michaud, à Dunkerque ; Moreau, à Cassel ; Souham, à Lille ; Drut, à Douai ; Chapuis, à Cambrai (2) ; Goguet (3), à

Nord, au 15 avril, 245,822, dont il déduit le cinquième pour les maladies, soit 196,658, ce qui concorde à peu près avec le compte rendu de Pichegru.

(1) « On apprend de Liége que l'armée républicaine a établi depuis Dunkerque jusqu'à Philippeville six camps qui sont dans d'excellentes positions et qui peuvent mutuellement se soutenir..... » (*Moniteur universel* du 29 germinal (18 avril 1794), n° 209. Correspondance datée de Francfort, 31 mars.)

(2) *Le général de brigade Chapuis, commandant en chef à Cambrai et arrondissements, au citoyen Bouchotte, ministre de la guerre.*

Cambrai, 1ᵉʳ ventôse (19 février).

Je te préviens, Citoyen Ministre, qu'autorisé par le général en chef à établir des cantonnements sur la rive gauche de l'Escaut, en raison de l'augmentation des troupes que reçoit cette garnison par l'incorporation des bataillons de première réquisition, afin de diminuer l'embarras pour les logements, je vais faire occuper les communes de Ramillies, d'Esward, de Thun-l'Évêque, d'Estrun, par le 2ᵉ bataillon du 104ᵉ, le 1ᵉʳ de l'Oise et le 7ᵉ de l'Yonne. Ces bataillons établiront des postes pour garder le Pont-Rade sur la Censée, les écluses sur l'Escaut et un point de ce fleuve, à côté de Thun-Saint-Martin, qui est presque guéable.

Salut et fraternité.

CHAPUIS.

(3) « L'armée intermédiaire » fut commandée par le général Belair jusqu'au 12 janvier 1794. Le général Goguet la commanda par intérim du 13 au 19, date à laquelle elle prit le nom de « division intermédiaire », par suite de la fusion de l' « armée intermédiaire » dans l'armée du Nord. L'adjudant général Taillefer félicite Goguet de ce commandement le 19 pluviôse (carton 1.a/22). Le 15 avril (26 germinal), l'état-major de l' « armée intermédiaire », qui subsistait encore, disparaît à son tour (voir tableaux Clerget, t. I, p. 87), et la « division intermédiaire » n'est plus alors qu'une division semblable à toutes les autres de l'armée du Nord.

Bohain, avec poste à Busigny (1); Balland, à Étreux, avec poste à Wassigny (2); le général Favereau, commandant la place et le camp retranché de Maubeuge, avait sous ses ordres les divisions Desjardin, Despaux et Fromentin.

Si l'on néglige pour le moment l'aile gauche de l'armée du Nord, de Dunkerque à Cambrai, dont les opérations seront décrites ultérieurement, soit à propos du désastre de Troisvilles, soit au sujet de la marche sur Menin et Courtrai, il reste à considérer une ligne s'étendant de Cambrai à Maubeuge.

Par suite de l'occupation du Cateau et du pont de Catillon-sur-Sambre par l'ennemi, elle formait, entre Cambrai et Landrecies, une courbe passant par Busigny et Wassigny, et dont la concavité était tournée du côté des Autrichiens.

A l'Est de la ligne Catillon—Ors se trouvait la division Fromentin ainsi répartie :

Elle « était composée de trois brigades, non compris les garnisons de Landrecies et d'Avesnes où était son quartier général ».

Pour couvrir cette place, Favereau avait reçu, le 21 ventôse, l'ordre de « faire les préliminaires du tracé de son camp » et d'en « appuyer la droite à Marbais et la gauche contre le bois de Foyot ».

---

(1) Colaud à Goguet, 18 ventôse.

(2) « Le quartier général de Balland est à Étreux. » (Colaud à Desjardin, 13 ventôse [3 mars]).

Le 16 frimaire an IV, Jourdan, commandant en chef de l'armée de Sambre-et-Meuse, écrivait du quartier général de Vinesheim : « Je n'ai connu cet officier général (Balland) que lorsque je commandais en chef l'armée du Nord (il y a deux ans). Je le crois brave militaire et bon républicain ; mais je ne lui ai pas trouvé à cette époque les talents nécessaires à un général de division. »

En réalité, et d'après Duhesme (1), la brigade Solland de cette division avait ses cantonnements à Grand-Fay, à Petit-Fay, à Cartigny et environs sur l'Helpe; elle assurait, au moyen de l'occupation de Priches, sa liaison avec ses postes avancés vers Ors et vers Catillon-sur-Sambre.

La brigade Montaigu, de la même division, « cantonnée à Maroilles (2) et villages voisins....., gardait la Sambre depuis au-dessous de Landrecies jusqu'à Noyelle. Ces deux brigades faisaient une ligne de cantonnements dont la gauche appuyait à la division commandée par le général Balland et la droite à celle de Maubeuge.

« La troisième (3), commandée provisoirement par le citoyen Boisset, chef d'escadron au 12ᵉ régiment de chasseurs à cheval, était à l'Orient et tournait le dos aux deux autres (4). »

Elle occupait les cantonnements de Felleries, Beugnies, Ossies, Sarts-Potteries, Dimont, Dimechaux, Rumont, Lez-Fontaine, lorsque Duhesme vint, le 1ᵉʳ nivôse, en prendre le commandement et installer son quartier général à Beugnies.

Cette brigade avait pour but principal « de s'opposer par de fréquentes patrouilles aux fourrages que l'ennemi pourrait venir faire sur le territoire de la République (5) », en venant sans doute du pays de Chimay.

Le général Duhesme forma une ligne d'avant-postes qui, « prenant par la droite au sommet du bois dit la

---

(1) *Mémoires militaires* du général Duhesme sur la campagne de l'armée du Nord, du 1ᵉʳ frimaire an II au 14 brumaire an III.
(2) *Ibid.*
(3) Cette brigade comprenait le 12ᵉ chasseurs à cheval, le 22ᵉ de cavalerie, le 6ᵉ bataillon de chasseurs francs, le 56ᵉ d'infanterie, le 5ᵉ des Vosges, le 2ᵉ de la Vienne, le 6ᵉ de Seine-et-Oise.
(4) *Mémoires militaires* du général Duhesme, *loc. cit.*
(5) *Ibid.*

Haye d'Avesnes, vers la croisée des chemins de Felleries et de Liessies, passait un peu en arrière de l'Épine-Harnaut et de Solre-le-Château ; de là, sur la hauteur qui domine ce bourg à sa gauche près du moulin Rumont, longeait le ruisseau jusqu'à l'angle qu'il forme avec un autre ruisseau vis-à-vis le village de Solrinnes, que la cavalerie de Dimechaux éclairait souvent avant qu'on ne l'eût occupé.

« On n'avait pas voulu garder Solre-le-Château parce que, étant dominé de toutes parts, il passait pour un mauvais poste ; on avait seulement sur la place cinq chasseurs à cheval qui fournissaient une vedette perdue sur la hauteur au delà de ce bourg, afin de découvrir et avertir à temps. Du reste, cette ligne couvrait parfaitement les cantonnements et se liait avec ceux de Choisy, Obrechies, Aibe et Quievelont, occupés par les troupes d'une division de Maubeuge, commandée par le général Maisonneuve, dont le quartier général était à Cerfontaine (1).

« Une patrouille de 50 chasseurs à cheval du 12e régiment de chasseurs à cheval se portait tous les matins en découverte et allait éclairer jusqu'au delà de Beaurieu et Clerfait, villages français sur la hauteur qui regarde Xivry, village autrichien (2). »

En résumé, de Busigny à Jeumont, en passant par Wassigny, la rive orientale de la Sambre de Catillon à Ors, et Landrecies, il y avait cinq divisions, dont trois, celles de Balland, de Goguet et de Fromentin, formaient une demi-circonférence, dont le Cateau était le centre ; seule, la troisième brigade de Fromentin, faisant face à l'Est, assurait les derrières et la droite des deux autres

---

(1) Le général Maisonneuve fut remplacé par Desjardin. (Voir *Mémoires* de Desjardin.)

(2) *Mémoires militaires* du général Duhesme, *loc. cit.*

divisions de Favereau, l'une surveillant la Sambre amont, de Berlaimont à Maubeuge, l'autre la Sambre aval, de Maubeuge à Jeumont.

Ces positions, occupées par les troupes « disponibles », avaient été renforcées par la fortification.

Des multiples travaux et projets qu'avait préparés Belair (1) et dont le moindre défaut était, comme l'indiquait Marescot (2), la continuité des lignes, on peut citer la tête de pont qu'il avait établie en avant de Guise et que Marescot définissait ainsi (3) : « Le front de ce camp est en avant de la ville de Réunion, à la distance de 1800 à 2,000 toises de cette place, et occupe un développement de 3,500 à 4,000 toises. La droite est appuyée à l'Oise au village de Villers ; la gauche va rejoindre le ruisseau qui passe à Tupigny et se rabat ensuite sur l'Oise. L'intention de l'auteur a été de défendre le passage de la rivière d'Oise, de protéger la ville et le château de Réunion, d'éclairer les chaussées importantes qui mènent à Landrecies et à la Capelle, et surtout d'offrir un asile à une armée battue..... (4) » « Le général Belair, ajoutait Marescot, a établi aussi une ligne de défense sur la rive gauche de l'Oise; mais elle n'en défend le passage que sur une partie de son développement, le reste est tracé dans un esprit tout opposé à ce que je viens de dire. Cette dernière partie de ligne est dirigée contre l'intérieur de la République, c'est-à-dire que l'auteur, qui a senti que son camp n'empêchait pas l'ennemi de passer l'Oise et de le venir prendre par derrière, a voulu se ménager un moyen de défense dans ce cas fâcheux..... (5) » Pichegru résumait cette des-

---

(1) Réponse de Belair à Marescot, 29 ventôse.
(2) Marescot à Carnot, 29 ventôse.
(3) *Ibid.*
(4) *Ibid.*
(5) *Ibid.*

cription en écrivant à Bouchotte qu'il avait vu « un camp retranché en avant de Lequielles et un autre sur Bohéries (1). Le premier de ces ouvrages, à la date du 7 ventôse, n'était pas fait à moitié, l'autre allait être achevé (2) ». Belair, qui cite aussi ces deux camps (3), explique que celui de Bohéries, commencé le premier et par suite le plus avancé, était sur la rive gauche de l'Oise.

On peut donc conclure de ce qui précède que les travaux de fortification aux environs de Guise partaient, en ligne continue, de la hauteur de Villers-lès-Guise, suivaient ensuite la longue crête, orientée Nord-Ouest, qui se dirige droit sur Tupigny, puis se retournaient à angle droit, en ayant comme fossé naturel le canal de la Sambre à l'Oise, de Tupigny à Bohéries, enfin empruntaient à partir de ce point la crête qui en part en se dirigeant vers le Sud.

Ce sera dans ces camps que se réfugieront les divisions Balland et Goguet après chacun de leurs nombreux échecs au Sud de Landrecies.

Quant aux divisions sur la Sambre, elles avaient sur cette rivière quelques ouvrages défensifs destinés à appuyer leurs avant-postes.

Entre Landrecies et Maubeuge, la proximité de la forêt de Mormal et le commandement de la rive Nord sur la rive Sud donnaient tout avantage à l'ennemi et ren-

---

(1) « Je t'ai déjà écrit beaucoup de lettres sur la nécessité de payer les ouvriers des camps de Bohéries et de Lequielles, dont j'ai fait entreprendre les travaux sur tes ordres positifs..... J'ai pris à tâche de répondre à ta confiance, tant par l'économie que j'ai pu mettre dans la dépense que par la force que je me suis attaché à donner à ces ouvrages..... J'ai vu le Comité des fortifications..... (Il) m'a paru satisfait de ces travaux. » (Le général Belair au Ministre de la guerre, 26 ventôse [16 mars]).

(2) Pichegru à Bouchotte, Réunion-sur-Oise, 7 ventôse.

(3) Réponse de Belair à Marescot, 29 ventôse.

daient fort difficile l'établissement d'ouvrages de notre part (1). On peut citer toutefois l'inondation de Maubeuge, de cette place à Boussière, les trois redoutes de Boussière.

« A gauche de Maroilles, sur la Petite-Helpe, était un moulin à eau. Le général Montaigu y fit commencer une ligne de trois pieds d'épaisseur au sommet; cette ligne, qui suivait la profondeur d'un fossé plein d'eau et des haies vives, devait se prolonger jusqu'à la droite de Noyelle qu'elle devait envelopper. En arrière de cette ligne, entre Noyelle et Maroilles, à gauche de Reneau-Folie et près la maison Bois-le-Brun, étaient deux batteries qui n'étaient pas entièrement achevées. Plusieurs autres étaient élevées devant Maroilles..... (2) »

De Maubeuge à Solre-sur-Sambre, il n'y avait d'ouvrages qu'à Erquelines, une batterie; entre Erquelines et une ferme vis-à-vis Jeumont, une redoute; à droite de Marpent, une batterie avec des épaulements; à Rocq, un redan et un chemin couvert.

Le capitaine du génie Detroye, envoyé le 1er germinal pour reconnaître cette ligne, proposait encore de fortifier le passage de Solre-sur-Sambre, le gué de Jeumont, le point de passage de Requignies, le bois des Bons-Pères, la rive Sud vis-à-vis Assevent; en amont de la place, Pantinie où il y avait lieu d'établir des batteries pour contre-battre celles de l'ennemi, et Berlaimont qu'il « fallait occuper d'une manière respectable ». Le capitaine Detroye proposait d'y établir un camp, proposition qui avait l'approbation du général Montaigu; ce camp aurait été en quelque sorte une place intermédiaire « qui couvrirait la trouée de Landrecies à Maubeuge ». Entre

---

(1) Pichegru à Bouchotte, Réunion-sur-Oise, 7 ventôse.
(2) Rapport du capitaine du génie Detroye, 1er germinal (21 mars 1794).

Mecrimont et le Val, il proposait encore deux redoutes et une batterie; enfin deux batteries de le Val à Noyelle (1).

Quartiers d'hiver de l'armée alliée. — En face de l'armée française ainsi répartie en un rassemblement préparatoire, l'armée alliée occupait, au cœur de l'hiver de 1793-1794, les positions ci-après (2) :

Le corps du duc d'York, dont le quartier général était à Gand, formait l'aile droite des cantonnements alliés de Nieuport à Ypres. Il avait sous ses ordres :

Dans la West-Flandre le corps hessois du général Wurmb, qui était de sa personne à Thourout, fort de 9,000 hommes et 1650 chevaux;

Sur la rive gauche de la Lys, le corps hanovrien sous le général de cavalerie comte Walmoden-Sunborn avec quelques troupes anglaises, badoises, de Darmstadt et impériales; ensemble 23 bataillons 1/2 et 22 escadrons;

Sur la rive droite de la Lys, la force principale du duc d'York, qui ne comprenait que 8,000 à 10,000 hommes.

A partir d'Ypres commençait le centre de l'armée alliée qui s'étendait jusqu'à Fosse : d'abord par Courtrai jusqu'à Orchies, l'aile droite impériale sous le F. M. L. comte de Kinski, forte de 24 bataillons 1/2 et 18 escadrons; puis :

Le centre des troupes royales et impériales d'Orchies à Fosse, 44 bataillons 1/3 et 82 escadrons. Le quartier général de Clerfayt, qui les commandait, était à Mons;

---

(1) Rapport du capitaine du génie Detroye, 1er germinal (21 mars 1794).

(2) *Œsterreichische Militarische Zeitschrift. Wien 1818. Der Feldzug der K.-O. und der alliirten armeen in die Niederlanden 1794.* Von J.-B. Scheels, K.-K. Hauptmann.

L'aile gauche de l'armée impériale, en même temps aile gauche de toutes les forces alliées, sous le F. Z. M. comte Wenzel Colloredo, de Fosse à Merzkirchen, 25 bataillons, 33 escadrons.

Dans les forteresses d'Ypres à Trèves, notamment au Quesnoy, Condé, Valenciennes, Charleroi, Namur, Luxembourg et à Bruxelles, se trouvaient 27 bataillons, 3 escadrons de garnison.

La force totale des troupes alliées consistait, le 20 janvier 1794, en 120 bataillons 5/6, 136 escadrons, et, en état d'entrer en campagne, 112,603 hommes, 22,678 chevaux.

Un corps hollandais, sous le commandement du prince héritier d'Orange, servait de réserve sur les rives de la Meuse, entre Huy et Maëstricht. Il comptait environ 12,000 hommes.

Les armées alliées pouvaient faire un total de 160,000 hommes (1).

L'aile droite de l'armée alliée était couverte par Ypres, Nieuport, Ostende et le terrain situé en avant du front, très coupé, et çà et là rendu impraticable par des inondations, faites toutefois en ménageant le pays. Le centre de toutes les forces alliées, ou l'aile droite et le centre des forces impériales, était couvert par un cordon qui tirait quelque force des points d'appui de Menin, Tournai, Orchies, Marchiennes, Valenciennes, le Quesnoy, plusieurs retranchements nouvellement élevés au Cateau, dans la forêt de Mormal, le long de la Sambre et à Bettignies; enfin Charleroi et Namur. L'aile gauche de l'armée alliée, qui était aussi celle des Impériaux, tirait sa force de la forteresse de première valeur de Luxembourg (*hauptfestung*) et de la position fortifiée de Trèves.....

---

(1) Les alliés entrèrent en campagne avec 162,000 hommes. (*Mémoires de l'archiduc Charles.*)

« Le cordon des alliés, long de cent lieues, devait être surveillé avec une attention très soutenue et constante. Le quart de toutes les troupes légères était réparti entre les postes, et un autre quart en arrière d'eux, en réserve. La moitié restante cherchait, dans des cantonnements étroits à proximité du cordon, à rassembler ses forces, afin de pouvoir relever celles de service. Les régiments de ligne cantonnés derrière les troupes légères et derrière le cordon, devaient être toujours prêts, à cause des alarmes souvent répétées, et ne pouvaient s'installer aussi commodément que le repos des troupes et la préparation aux diverses crises de la prochaine campagne l'eussent désiré (1)..... »

Prise de cantonnements serrés par les alliés. — « ..... Comme les Français commencèrent le 10 janvier à rassembler des troupes devant le centre de l'armée impériale et royale aux environs de Cambrai, Bouchain et Arleux, l'étendue du cordon de Somain à Montrécourt fut protégée par le général Otto qui avait son quartier général à Rouvignies. Sa brigade était forte de deux bataillons, six compagnies et dix escadrons. La garnison de Valenciennes avait pour instruction de le soutenir dans toutes les occasions importantes. En outre, comme les mouvements susdits des Français avaient éveillé l'attention, deux bataillons et six escadrons furent concentrés en cantonnements serrés à Denain.

« Les rassemblements inquiétants des Français durèrent plusieurs semaines sans toutefois indiquer une grande entreprise. Mais les alliés en conclurent qu'il était nécessaire, pour prévoir tous les cas, de réunir leurs troupes de première ligne en cantonnements serrés. Ce grand changement général dans les quartiers

---

(1) *Œsterreichische militarische Zeitschrift, 1818*, page 146.

d'hiver fut en effet exécuté les 20 et 21 février (1) » pour l'armée autrichienne.

En ce qui concerne celle du duc d'York (2), « les troupes anglaises établies en cantonnements d'hiver à Gand et aux environs eurent ordre le 24 février de se porter en avant sur Harlebecke, Courtrai et Menin pour y prendre de nouveaux établissements ainsi que dans les villages circonvoisins..... »

« ..... Le nouveau quartier général fut placé à Harlebecke » par le lieutenant général sir William Erskine, remplaçant provisoirement le duc d'York, encore en Angleterre.

Quant aux troupes hanovriennes elles n'avaient pas bougé et occupaient toujours les mêmes postes qu'au début de l'hiver, c'est-à-dire Courtrai, où était le quartier général de Walmoden, « Menin et le poste essentiel de Mouscron ».

« Des ingénieurs français que l'Angleterre avait pris à sa solde furent envoyés à Menin pour mettre cette place importante à l'abri d'un coup de main. Les ouvrages exécutés, dès le commencement de la campagne précédente, autour d'Ypres, en partie sur le tracé de ses anciennes fortifications, une garnison suffisante, des approvisionnements de toute espèce, et un commandant (le colonel de Salis) sur les talents et la fermeté duquel on était en droit de compter, fournissaient à cette forteresse les moyens de soutenir un siège en règle. On pouvait en attendre autant de Nieuport; une assez bonne défense d'eau, avec quelques ouvrages construits ou réparés, depuis l'attaque infructueuse des républicains à la fin de la dernière campagne, en faisait un boulevard suffisant pour couvrir Ostende, principal point de com-

---

(1) *Œsterreichische Militarische Zeitschrift, 1818*, page 146.
(2) Relation de d'Arnaudin.

munication entre la Grande-Bretagne et son armée du continent. Furnes, la Knocke, ancien fort au confluent de l'Yzer et du canal d'Ypres, où l'on avait fait quelques réparations, Roussbrugghe, Poperinghe, Messines, Warneton, Comines et Werwick étaient les avant-postes de toute la ligne de défense dont on vient de faire mention (1). »

A l'Est de ces forces se trouvaient celles du prince de Cobourg qui, dans le même but de resserrer ses cantonnements, avait adopté les dispositions suivantes :

« L'armée impériale principale fut divisée en trois grands corps : le F. Z. M. Clerfayt avec 18,000 hommes, 3,600 chevaux, se tint à Tournay. L'armée principale de 38,000 hommes et de 10,000 chevaux entre Quiévrain, Valenciennes et le Quesnoy. Le feldzeugmeister prince de Hohenlohe avec 19,000 hommes et 4,000 chevaux entre Bavay et Bettignies. Les quartiers de chacun de ces trois corps n'étaient distants entre eux que d'une marche au plus.

« La position principale, sur laquelle cette masse impériale et royale devait se replier (*zusammenrücken*), en cas de nécessité, était près de Tournay sur l'Orcq (*an der Orcq*). Il y avait dans le Luxembourg un quatrième corps, dont le F. M. L. Beaulieu avait pris le commandement depuis le début de février. Il se composait de dix bataillons et douze escadrons (2). »

Mutations dans le haut commandement en raison des dispositions arrêtées dans la conférence de Londres. — La répartition qui précède ne tenait pas encore compte de la décision prise le 13 février à Londres par Mack et les ministres Pitt, Grenville et Dundas. Aux termes de

---

(1) Relation de d'Arnaudin.
(2) *Œsterreichische Militarische Zeitschrift, 1818,* page 147.

celle-ci, le duc d'York devait, avec ses 10,000 Anglais, être rattaché à l'armée principale de Cobourg tandis que les Hanovriens sous Clerfayt joueraient le rôle de corps d'observation de la Flandre maritime.

Une autre mutation eut lieu pour le commandement de l'aile gauche : le 26 mars, Cobourg rendit compte à l'empereur d'Autriche qu'il avait dû le donner au F. M. L. comte Kaunitz, en raison de son ancienneté, parce que « le vice-chancelier de l'Empire l'avait déjà averti que le F. Z. M. prince de Hohenlohe et le comte Colloredo étaient désignés pour l'armée d'Empire, et qu'il ne pouvait plus compter ni sur eux ni sur les F. M. L. Erbach et Hulten, ayant même affectation (1). »

Dispositions arrêtées par Cobourg avec le duc d'York. — Conformément aux dispositions qui précèdent, le duc d'York revint le 6 mars de Londres, et rejoignit « son armée à Courtrai où fut établi son quartier général. Le 17 du même mois, il y eut à Valenciennes, entre ce prince et Cobourg, une conférence qui avait pour objet de convenir des dispositions à prendre relativement à l'ouverture de la campagne..... (2) ». Cette conférence ne fut sans doute que la confirmation des décisions du 13 février arrêtées à Londres, car « le 26...., la totalité de l'armée hanovrienne, avec des corps francs et quelques corps autrichiens de toutes les armes, ayant été laissée dans la West-Flandre pour mettre cette province à l'abri d'une invasion (3), l'armée anglaise partit de ses quar-

---

(1) *K. K. Kriegs Archiv.*
(2) Relation de d'Arnaudin.
(3) « La totalité de l'armée hanovrienne était composée de 16 bataillons et 16 escadrons, avec un train d'artillerie de 28 bouches à feu. Ce corps d'armée, augmenté des corps francs, Loyal-Émigrants, les hulans britanniques, les chasseurs d'York et quelques compagnies de Loudon-Vert, formait une force de près de 11,000 hommes. De plus, 4 bataillons

tiers autour d'Harlebecke et de Courtrai, pour se porter vers Saint-Amand où elle fut distribuée en nouveaux cantonnements entre cette ville, Orchies, Hasnon et Mortagne. Ce corps d'armée ne comprenait que des Anglais proprement dits et quelques Hessois...... (1). »

La jonction des Anglais du duc d'York avec l'armée de Cobourg, conformément au plan arrêté à Londres, était donc un fait accompli le 26 mars. A la même date, le prince de Cobourg avait arrêté « avec le prince héritier d'Orange (2) des « dispositions » en vue du rassemblement et de l'emploi de l'armée combinée des troupes I. et R. et des deux armées, dont l'une sous les ordres du F. Z. M. Clerfayt à droite, et l'autre sous ceux du F. M. L. Kaunitz à gauche, avaient à conserver la défensive (3) ».

---

anglais étaient répartis entre Ostende et Nieuport pour y tenir garnison, et 4 bataillons autrichiens gardaient Ypres. Tous ces corps, avec la réserve de Clerfayt, distribués en avant de Courtrai, pouvaient former un total de 20,000 hommes. Mais on verra par la suite qu'une partie de la réserve de Clerfayt fut obligée de se porter vers l'Escaut pour soutenir les postes hessois pendant le siège de Landrecies. » (Relation de d'Arnaudin.)

(1) Relation de d'Arnaudin.

(2) *Œsterreichische Militarische Zeitschrift.* « Le 21 mars, le prince d'Orange, avec les Hollandais et quelques troupes impériales, pénétra dans les bois situés près de Philippeville entre Hastières, Hermeton et Somaigne, et les occupa. En même temps, trois petites colonnes s'avancèrent au delà de la Lesse (*über die Lesse*) et inquiétèrent la garnison de Givet, afin qu'elle ne pût apporter aucun empêchement à l'entreprise du Prince. Le Prince fit rendre ces bois impraticables au moyen d'abatis et de redoutes, afin de couvrir les positions entre Dinant et Florennes.

« Le F. M. L. Latour s'avança avec sa division de l'aile droite de l'armée impériale et royale dans les bois de la rive gauche de la Meuse et les occupa. Sa nouvelle ligne d'avant-postes courait du village de Hermeton, le long du ruisseau du même nom, jusqu'au village de Soulme, puis par Omezée, Croix-de-Dame, les bois de Michel et de Florennes jusqu'à la forêt de Villers-le-Gambon, près de Philippeville. »

(3) *K. K. Kriegs Archiv.*

L'armée de Clerfayt avait environ 20,000 à 25,000 hommes et occupait les Flandres. Quant à celles du prince d'Orange et de Kaunitz, elles avaient la force et les emplacements ci-après :

a) *Armée sous le commandement de S. A. le prince héritier d'Orange :*

		Bataillons.	Escadrons
Troupes I. et R. .... Callenberg.		1 (1)	»
F. M. L. Latour .... Carl Schröder		1 (1)	»
G. M. Baillet Latour.... Wurtemberg.......		2 (1)	»
Tirés de l'armée du prince de Hohenlohe :			
Spleny		1	»
Deutchmeister.		2	»
Erz Herzog Carl....		2	»
6 compagnies de Varasdin.................		»	»
Hussards de Barco.......................		»	2
Karraczay-Er. Leg.......................		»	6
Troupes hollandaises :			
Infanterie		18	»
Cavalerie.................		»	10
Total.........		27	18

Ces troupes, faisant environ 18,000 à 19,000 combattants, devaient, aussitôt que ce serait possible, prendre des cantonnements serrés à Bavay, par conséquent sur l'aile gauche de l'armée principale I. et R., auprès de laquelle cette armée du prince d'Orange devait rester pour être employée suivant les circonstances, soit en armée de siège, soit en armée d'observation.

b) *Armée sous le commandement du F. M. L. I. et R. comte Kaunitz.* — Cette armée devait comprendre :

---

(1) Ces quatre bataillons étaient tirés des forteresses.

	Bataillons.	Compagnies d'infanterie légère.	Escadrons.
En troupes I. et R.	16	20	25
En troupes hollandaises	18	»	14

Soit environ 27,000 combattants (1).

---

(1) Extrait de l'*Œsterreichische Militarische Zeitschrift*.
A la gauche se tenait l'armée défensive du F. Z. M. I. et R., comte Kaunitz. Elle se composait de 20 compagnies légères I., 34 bataillons (16 I. et 18 hollandais), 39 escadrons (25 I. et 14 hollandais). Leur total s'élevait à 27,000 hommes. Leur ligne de défensive s'étendait de Rochefort à Bettignies, et 5,000 hommes à Rochefort et Dinant entretenaient la liaison avec le corps d'Arlon. 2,000 hommes se tenaient à Florennes, 2,000 à Bossus, 5,000 à Beaumont, 2,000 à Erquelines, et, dans un camp retranché à Bettignies, en face de Maubeuge, le gros de 10,000 hommes, qui avait encore à occuper quelques postes en amont sur la Sambre. En dehors du camp, il y avait aussi, comme troupes de ce corps, deux bataillons à Namur et deux à Charleroi en garnison. Les troupes de cette armée établies sur la rive droite de la Meuse avaient, si c'était nécessaire, à prendre leur retraite vers la position à fortifier d'Andoye, dans laquelle ils couvraient Namur. Les postes se tenant sur la rive gauche de la Meuse jusqu'à Florennes avaient à se retirer vers la citadelle de Namur et à se jeter dedans en cas de nécessité. Le poste de Bossus couvrait dans une position retranchée la route principale partant de Philippeville. Son point de retraite était Beaumont, car il était seulement détaché comme avant-garde du corps de troupe établi en ce point et était destiné à être recueilli par lui. Le corps de Beaumont lui-même fermait dans une position fortifiée la route de la Meuse à l'ennemi, venant de Philippeville ou de Maubeuge. Grâce à plusieurs ponts de bateaux qui étaient en aval de l'embouchure du ruisseau de Beaumont dans la Sambre, et jetés vers Thuin, ce corps de Beaumont se trouvait en liaison avec les troupes d'Erquelines et de Merbes-le-Château. Pour la retraite, il y avait à attendre l'ordre de marcher par Erquelines, ou directement sur Charleroi. La troupe principale à Bettignies et Erquelines était, par sa propre force, aussi bien que par de solides retranchements aptes à une belle défense, propre à résister à un grand corps ennemi. Si la supériorité de l'ennemi lui permettait de traverser la Sambre, tous les renforts nécessaires pouvaient, en vingt-quatre heures, arriver de l'armée principale.

Enfin se trouvait à Arlon le F. M. L. Beaulieu avec 8,000 hommes, et il se tenait en liaison avec Rochefort et Luxembourg par des postes.

L'objectif de cette armée était de tenir la défensive depuis Rochefort jusqu'au camp retranché de Bettignies, vis-à-vis Maubeuge, par Dinant, Florennes, Bossus, Beaumont, et en même temps d'établir quelques postes sur la Sambre, en amont de Maubeuge.

A Rochefort et à Dinant on employait 5,000 hommes, savoir :

Troupes I. et R........ 1 bataillon de Vins.
G. M. Riese.......... 1 bataillon Salzburg, 2 compagnies infanterie légère de Carneville, 2 escadrons Kaiser-Chevau-Légers.
Troupes hollandaises... 2 bataillons, 2 escadrons.

Pour le poste de Florennes, environ 2,000 hommes, savoir :

Troupes I. et R........ 1 bataillon Gemingen.
G. M. Bajalich........ 2 compagnies d'infanterie légère : 1 tirailleurs de Slavonie et 1 de Carneville ; 2 escadrons Bercheny.
Troupes hollandaises... 2 bataillons, 2 escadrons.

Pour le poste de Bossus, environ 2,000 hommes, savoir :

Troupes I. et R........ 1 bataillon Gemingen, 1 compagnie d'infanterie légère de tirailleurs de Slavonie, 2 escadrons Saxe.
Troupes hollandaises... 1 bataillon, 2 escadrons.

Pour le poste de Beaumont, environ 5,000 hommes, savoir :

Troupes I. et R........ 2 bataillons Kleber.
G. M. prince de Reuss. 3 compagnies chasseurs Mahony, 2 escadrons hussards de Barco.
Troupes hollandaises... 2 bataillons, 2 escadrons.

Pour le poste d'Erquelines, environ 2,000 à 3,000 hommes, savoir :

Troupes I. et R........ 2 bataillons Vierset.
G. M. Degenschild..... La légion de Bourbon comprenant 4 faibles compagnies et 4 faibles escadrons ; 1 compagnie de chasseurs Mahony.
Troupes hollandaises... 1 bataillon, 2 escadrons.

Pour le poste principal de Bettignies, environ 10,000 hommes, savoir :

Troupes I. et R.	F. M. L. Schröder.	6 bataillons, dont 3 de grenadiers.
	G. M. Davidovich..	1 Jellachich et 2 Hohenlohe.
	G. M. Hoditz......	6 compagnies chasseurs Mahony; 12 escadrons, dont 6 de cuirassiers de Nassau et 6 de hussards de Barco.
Troupes hollandaises...		8 bataillons, 4 escadrons.

Garnisons de Namur et de Charleroi : dans la première, 1 bataillon Vierset et 1 hollandais; dans la dernière, 1 bataillon Ligne et 1 hollandais.

La conduite éventuelle à tenir par ces postes en cas d'alerte était la suivante :

Si l'ennemi s'avance de Givet en grandes forces par la rive droite de la Meuse et oblige à la retraite les troupes établies vers Dinant le long de la Lesse jusqu'à Rochefort, ces troupes doivent se retirer vers Namur, se jeter dans la position d'Andoye, qui doit être vivement fortifiée en vue de son occupation par elles; dans cette position, elles couvrent Namur contre les entreprises des ennemis.

Toutes les troupes qui se tiennent sur la rive gauche de la Meuse jusqu'à Florennes doivent se retirer en pareil cas par cette rive vers la citadelle de Namur et s'y jeter si les forces adverses sont trop supérieures; mais elles doivent autant que possible rester en avant.

Le poste de Bossus est à regarder comme un corps détaché du principal se tenant à Beaumont; son objectif est de couvrir dans une position retranchée la route principale de Philippeville. Et s'il est obligé à la retraite par une force ennemie supérieure, il doit se réunir au corps principal de Beaumont.

Ce corps de Beaumont doit se fortifier, sur la route de Mons, une position dans laquelle il pourra se défendre aussi bien contre un ennemi venant de Philippeville que contre un autre venant de Maubeuge et traversant le ruisseau de Beaumont. Dans cette position, il couvre en même temps le poste de Beaumont même, qui sera bientôt en parfait état et n'est attaquable que d'un seul côté. Le ruisseau de Beaumont forme une vallée très gênante et, depuis Beaumont jusqu'à son embouchure dans la Sambre, il doit être rendu aussi impraticable que possible par tous les moyens de l'art. En aval du confluent de ce ruisseau avec la Sambre, on doit occuper sur ce fleuve deux ou trois ponts afin que, avec un corps à Erquelines et à Merbes-le-Château, on ait sa communication bien assurée.

A Thuin, un seul pont de communication est nécessaire.

Si ce corps de Beaumont était forcé à la retraite, il devrait, si les circonstances l'exigeaient, se retirer sur Charleroi ou sur le corps d'Erquelines, et de là, suivant les ordres du général commandant, en totalité ou en partie vers Charleroi. En ce qui concerne le corps principal de Bettignies et d'Erquelines, il peut, grâce à ses propres forces et aux solides retranchements qui l'appuient, résister suffisamment à une troupe ennemie considérable. Mais dans le cas où l'ennemi porterait sur la Sambre une armée très supérieure, il pourrait en vingt-quatre heures recevoir des renforts de l'armée principale.

En résumé, au moment où vont s'ouvrir les opérations, l'armée principale de Cobourg est en cantonnements serrés dans le triangle le Quesnoy, Valenciennes et Quiévrain; elle compte 38,000 hommes et 10,000 chevaux. Elle est immédiatement renforcée par les 10,000 Anglais du duc d'York dans le quadrilatère Saint-Amand, Orchies, Hasnon et Mortagne, et par les 18,000 Hollandais et Autrichiens du prince d'Orange à Bavay.

Ce groupe central est couvert sur sa droite par le corps d'observation de Clerfayt occupant la West-Flandre et fort de 20,000 hommes; sur sa gauche, par celui de Kaunitz se tenant sur la défensive de Rochefort à Bettignies, par Dinant, Florennes, Bossus, Beaumont et détachant quelques postes sur la Sambre vers Maubeuge.

Enfin, dans le Luxembourg, se trouvait le corps de Beaulieu fort de dix bataillons et de douze escadrons.

Instructions tactiques données à l'armée alliée. — Pour mettre les troupes en mesure de combattre efficacement les Français, Mack leur adressa des « instructions » qui, débarrassées des lieux communs que l'on retrouve dans tous les cours de tactique, présentent certainement quelques points dignes d'être notés.

Elles affectaient tout d'abord un profond dédain des troupes françaises. « On doit se pénétrer de cette pensée que l'ennemi sera partout deux à trois fois supérieur, mais qu'on ne doit s'en émouvoir que fort peu, grâce à la médiocrité de ses généraux, officiers et soldats. »

De là, résultait le devoir d'attaquer l'ennemi en toute occasion, surtout lorsque ses troupes jeunes et peu manœuvrières étaient en marche ou en voie de formation ou débouchaient d'un défilé, et dans ce but les instructions prescrivaient de garder toujours un tiers des troupes en réserve pour menacer au moment voulu le flanc de l'ennemi fixé de front.

Dans la défense des localités, on recommandait de n'y conserver que le tiers ou la moitié des troupes et de réserver l'autre moitié et la totalité de la cavalerie à la contre-attaque décisive.

Dans l'attaque, l'artillerie, soigneusement défilée des positions ennemies, s'avance d'un bond jusqu'à la distance de tir efficace, puis de là par bonds successifs, suivie à cent pas par l'infanterie. Dès que l'artillerie commence à être exposée au feu de l'infanterie, les bataillons s'en rapprochent, et la marche des deux armes continue ainsi en se soutenant réciproquement. Dès que le feu de l'ennemi est visiblement affaibli, la cavalerie doit chercher à tourner la localité ou à se glisser dans l'intervalle des retranchements, et s'y lancer à pleine charge. « Le feu de l'ennemi ne peut que lui faire peu de mal; elle peut sûrement progresser si elle en a la ferme résolution. » La brèche qu'elle fera pourra être utilisée rapidement par l'infanterie et l'artillerie. Dans l'attaque d'une colonne ennemie en plaine, celle-ci doit être fixée de front, alors que la cavalerie, arrivée à six cents pas et à couvert autant que possible, cherche à la prendre en flanc et à en disperser l'artillerie. Ce sera la tactique que suivra le duc d'York contre le général Chapuis à la bataille de Troisvilles.

Pour compenser l'infériorité numérique, le troisième rang des bataillons n'était conservé que pour la marche et formait pour le combat de nouvelles compagnies. On les utilisait, par exemple, à l'occupation des retranchements, pendant que le reste du bataillon était réservé à la manœuvre sous le couvert et par l'appui de cette occupation.

De même pour la cavalerie, dès qu'un régiment se rassemblait, une division formait avec son troisième rang un nouvel escadron derrière la droite, et l'autre derrière la gauche à distance de cinquante pas.

Les instructions prêchaient aussi la vigilance, la solidarité, la connaissance du terrain pour harceler l'adversaire, les surprises de nuit qui ne pouvaient que réussir « contre un ennemi qui n'a ni science, ni discipline, ni consistance, ni courage ». Dans ces expéditions, on recommandait le procédé classique de l'attaque simulée par une faible troupe avec fusillade et canonnade, et de l'attaque décisive en colonne et à la baïonnette.

Les « instructions » se terminaient enfin par l'exposé des devoirs de l'officier d'état-major qui doivent être d'autant plus ponctuellement assurés par lui que le général lui accorde plus de confiance.

L'attaque sur le Cateau. — Pourquoi, après avoir tant

insisté, depuis le 4 février 1794, sur la nécessité de devancer les Français, le prince de Cobourg se laissa-t-il prévenir par eux? Il en donne lui-même les raisons trois jours avant l'attaque du Cateau par Pichegru : « Hélas, écrit-il à l'Empereur, contre toutes les espérances qu'on aurait dû se promettre de propositions si équitables, si fondées, si irréfutables et si souvent répétées, les circonstances ont été telles que l'on doit attendre l'entrée en ligne des dernières troupes hollandaises pour pouvoir prendre l'offensive. Et pourtant, la défensive de Dinant à Maubeuge par Florennes et Beaumont sera un très faible cordon que l'ennemi peut à tout instant rompre en semant partout le malheur et la ruine. Et, bien qu'à mon avis la défensive de droite ne soit pas aussi exposée, elle est si peu assurée que le F. Z. M. Clerfayt s'est refusé à l'entreprendre sans un renfort de troupes, et que j'ai dû lui donner l'ordre formel de s'en charger...... Que Votre Majesté daigne se rappeler que, au moment où fut adopté le plan d'opérations envoyé de Bruxelles, déjà 20,000 hommes de l'armée du Rhin devaient être appelés sur la rive droite de la Meuse et qu'alors on ne regardait pas comme nécessaire d'attendre les Hollandais..... » En un mot, la défection de la Prusse, dont nous avons parlé plus haut (1), avait déjoué les calculs des alliés, et force leur avait été d'attendre les Hollandais qu'ils devaient tout d'abord laisser en réserve sur la Meuse ; et, bien que Cobourg vit nettement tous les dangers auxquels l'exposait ce retard, il dut le subir tout en le déplorant.

Pichegru fut donc sauvé par toutes ces lenteurs, et, malgré ses hésitations, il arriva encore à prendre l'initiative. On peut toutefois se demander pourquoi il débuta par le Cateau?

---

(1) Voir plan de campagne.

L'attaque du Cateau. — Le but de l'opération paraît assez difficile à expliquer. Si l'on en croit les rapports officiels de Pichegru et des représentants Richard et Choudieu, l'unique objet de cette tentative était de « rétablir la communication entre Cambrai et Landrecies ». Le système d'alimentation de l'armée consistait en effet à établir des magasins, autant que possible dans des places fortifiées, et à en assurer l'arrivée aux troupes mobiles par des charrois dits « convois militaires » et obtenus, comme les vivres, au moyen de réquisitions. Mais, de ce que la possession du Cateau par l'ennemi *gênait* la communication et l'*allongeait*, était-ce un motif suffisant pour en faire l'objet du début d'une campagne ? Cette attaque n'était-elle pas plutôt du même ordre que celle de Sarrebruck en 1870 et motivée, par les mêmes raisons, celle d'un généralissime pressé de prendre l'offensive prévue par son plan primitif, ne sachant comment la prendre, s'attaquant, faute de mieux, à une localité pour ne pas rester dans l'inaction et espérant tout au moins forcer par cette tentative l'ennemi à dévoiler ses intentions ? Peut-être Pichegru, en recevant le plan de Carnot, en négligea-t-il l'objectif capital pour ne s'attacher qu'à l'un des objectifs secondaires qu'indiquait ce document ? Peut-être encore Pichegru, résumant les renseignements reçus, qui montraient l'ennemi menaçant les environs de Landrecies, voulut-il marcher au gros des forces ennemies ? Mais alors pourquoi ne tentait-il pas de le rencontrer avec le maximum de ses forces ? Pourquoi n'y avoir consacré qu'un effectif de 40,000 hommes sur 160,000 ? Quelles que fussent du reste ses véritables raisons, il dut regretter d'y avoir cédé, s'il apprit jamais que, tandis qu'il allait se heurter au gros de l'ennemi avec le quart de ses forces, il ne se trouvait entre Nieuport et Ypres que quatre bataillons anglais et que cette dernière place, à peine fortifiée, n'était gardée que par quatre bataillons autrichiens. Que pouvaient ces forces contre les divisions Michaud, Moreau et Souham ? Si la marche de celles-ci sur Ypres ne pouvait emporter la place, elles pouvaient tout au moins la masquer, la noyer dans leur supériorité numérique et défaire les 20,000 hommes de Clerfayt que leur offensive eût attirés de Courtrai.

Quoi qu'il en soit, Pichegru fit, le 29 au matin, « marcher six colonnes par six côtés différents (1) sur le point qu'il se proposait d'enlever; en même temps un corps de troupe détaché de la garnison de Cambrai », et s'avançant de Cambrai par Beauvois, « tenait en échec les avant-postes autrichiens répandus le long de la Selles, aux environs de Solesmes. »

Pichegru voulait du reste, après réussite sur le Cateau, enlever aussi Solesmes, non seulement pour se conformer au mémoire de Carnot, mais encore pour couvrir complètement la communication de Cambrai à Landrecies contre toute attaque du Quesnoy ou de Valenciennes. « D'autres corps de troupes françaises en faisaient autant à l'égard des avant-postes du lieutenant général Otto en avant de Denain, et de ceux qui étaient répartis sur la rive droite de l'Escaut, à Noyelles, Avesnes-le-Sec et Villers-en-Cauchies. »

Des six colonnes de Pichegru, les deux premières devaient s'emparer du pont de Catillon et en déboucher l'une sur Ors, et de là vers l'abatis que les Autrichiens avaient fait au bois l'Évêque; l'autre sur Pommereuil; ces deux colonnes étaient fournies par la brigade Soland, de la division Fromentin, dont le quartier général était à Avesnes; les troisième et quatrième, détachées de la

---

(1) Le 29 mars (9 germinal) les Français, au nombre de 30,000, s'étaient portés sur Cateau-Cambrésis en six colonnes, lesquelles marchèrent sur Ors, Basuyau, l'Arbre de Guise, Reumont et Troisvilles. (Tableau historique de la guerre de la Révolution de France.)

division Balland, dont le quartier général était à Étreux, devaient marcher l'une par Oizy, Reget de Beaulieu et Mazinguet sur Bazuyau, l'autre par Wassigny et l'Arbre de Guise sur le Cateau. Enfin, les cinquième et sixième, provenant de la division Goguet, dont le quartier général était à Bohain, devaient s'avancer dans la même direction générale par Vaux-Andigny, Saint-Soupplet, Saint-Benin et par Prémont, Maretz, Reumont et Troisvilles.

Les trois dernières s'approchèrent assez près du Cateau pour jeter des obus jusque dans la ville et atteindre une redoute du feu de leurs canons à mitraille et même de leur feu de mousqueterie ; mais le général Kray, qui défendait le Cateau avec cinq bataillons, quatorze escadrons et quelques chasseurs, fit avancer une partie de son artillerie, et, par un feu croisé, fit non seulement taire l'artillerie française, mais força les trois colonnes à se retirer et les fit harceler, pendant cette retraite, par des détachements de cavalerie.

Des trois autres colonnes, les deux premières, destinées à marcher sur Ors et Pommereuil, étaient spécialement sous les ordres du général Soland ; le 8 germinal (28 mars) à 9 heures du soir, Fromentin l'avait chargé de cette attaque et avait en même temps cherché à en prévenir une de l'ennemi du côté de l'Est en écrivant à son autre brigadier, le général Duhesme, qui occupait Beugnies, de « faire faire de fortes découvertes et de ne pas permettre à qui que ce soit de s'écarter de son cantonnement afin d'être toujours en état de faire prendre les armes. »

Le général Soland disposait, pour son opération sur Ors et Pommereuil, des 19e et 47e de ligne, du 1er bataillon de Saint-Denis, du 2e de la Meurthe, de la 34e division de gendarmerie, du 10e de Paris, du 4e hussards, du 3e dragons et de deux pièces de position, dont une de 12.

Ces troupes, réparties entre la Groize, Favril, Maroilles, Grand-Fay et Priches étaient toutes disposées pour déboucher par le pont de Catillon. Pour y parvenir, le général Soland commença tout d'abord par faire canonner pendant dix minutes par ses deux pièces de position le pont de Catillon. Grâce à cette préparation, les retranchements qui en défendaient l'entrée furent brillamment enlevés par le 1er bataillon de Saint-Denis qui, « impatient d'arriver à l'ennemi, demanda l'ordre de charger et le fit avec tout le succès possible ». Sous la protection de ce bataillon, le général s'empressa de faire abattre les retranchements ou obstacles qui obstruaient le pont et fit aussitôt déboucher toutes ses troupes au delà du défilé de Catillon. Puis, tandis qu'il se couvrait vers Pommereuil et le Cateau par le 4e hussards et le 3e dragons, il fit enlever en moins d'une demi-heure et au pas de charge, par les bataillons déployés du 1er de Saint-Denis, la droite, et du 2e de la Meurthe la gauche des retranchements situés entre Catillon et Ors, et consistant en chemins creux, épaulements et trois redoutes. Ces succès permirent à Soland de faire passer son artillerie sur le plateau de Catillon et d'étendre sa zone d'occupation sur ce plateau. Son premier objectif fut alors le village d'Ors. Pour l'enlever, Soland fit tout d'abord préparer par son artillerie de position, placée « en avant du bois l'Évêque (1) », l'attaque, qui fut menée de front par les deux bataillons, renforcés par la 34e division de gendarmerie, et de flanc et à revers par deux compagnies du 1er bataillon de Saint-Denis. Le village enlevé, les troupes en rétablirent aussitôt le pont détruit par les Impériaux dans leur retraite. La prise d'Ors ayant forcé l'ennemi à se retirer dans le bois l'Évêque, le général

---

(1) Probablement à la pointe Sud inoccupée du bois l'Évêque, sur le mamelon situé entre cette pointe et le Petit Gard.

Soland le fit aussitôt poursuivre par le 19ᵉ de ligne et la 34ᵉ division, qui allèrent border la lisière Nord-Est de ce bois afin de se relier avec les avant-postes de la garnison de Landrecies. Il faisait en même temps couvrir ces troupes, sur la gauche, par le 47ᵉ de ligne, le 1ᵉʳ bataillon de Saint-Denis et le 2ᵉ de la Meurthe : « ces bataillons traversèrent le bois malgré les retranchements et abatis multipliés qui s'y trouvaient. »

Cette attaque fut menée très vivement, ainsi que le constatent du reste les relations autrichiennes.

Sous la protection du 4ᵉ hussards et d'un escadron du 3ᵉ dragons, le général Soland porta son artillerie de position vers Pommereuil, en fit ensuite canonner l'abatis, força au silence l'artillerie autrichienne établie là dans plusieurs flèches et s'empara du village et de la redoute de Pommereuil ; pendant ce temps, la colonne venue d'Étreux avait pris Bazuyau.

Le général Soland porta alors son artillerie et sa cavalerie en avant de cette redoute et attendit « avec ses hussards et un escadron du 3ᵉ dragons que la colonne de gauche chargeât de Bazuyau sur le Cateau, afin de se porter en avant sur le même point ». Il ordonna en outre au 10ᵉ bataillon de Paris « de se mettre en bataille à côté de la redoute pour la conserver et protéger sa retraite ».

Tout semblait marcher à souhait : les débouchés d'Ors et de Catillon, sur la Sambre, étaient assurés par la tête de pont formée par le bois l'Évêque, Pommereuil, Basuyau ; et l'investissement du Cateau allait s'accomplir.

Mais, jusque-là, le général Soland n'avait eu affaire qu'à dix-huit compagnies légères du colonel Mickailowitch qui avaient dû céder devant sa supériorité numérique, et, il faut le dire aussi, devant la vivacité de son attaque.

A ce moment parut le général-major baron de Werneck avec les troupes de soutien de ces avant-postes.

« Il forma sur-le-champ trois attaques contre le village et la redoute de Pommereuil : il fit marcher de front un bataillon » et envoya les troupes légères sur sa gauche par la lisière Ouest du bois l'Évêque, en même temps qu'il faisait prononcer une charge par un escadron et demi de chasseurs et uhlans par le Sud du village de Pommereuil.

A cette charge le général Soland opposa celle de sa cavalerie, pendant qu'il reportait son artillerie en arrière et qu'il « haranguait à cheval le 10e bataillon de Paris pour l'engager à tenir ferme » contre l'infanterie ennemie qui s'avançait le long du bois.

Mais l'artillerie de position fit sa retraite sur la Groize sans ordre et avec une telle précipitation qu'elle culbuta une pièce de 12 dans un ravin. De son côté, le 10e bataillon de Paris, composé en majeure partie de réquisitionnaires nouvellement arrivés, s'enfuit aux premiers coups de fusil, en culbutant ses deux pièces de 4 dans un ravin. La cavalerie fut également bousculée par celle de l'ennemi, et le 3e dragons fut loin de se comporter à son honneur dans cette circonstance. Par contre il semble que les hussards, après s'être ralliés, firent ensuite leur retraite au pas et en échelons (1).

---

(1) Il semble que ce soit à ce fait que se réfère le certificat ci-après :

Certificat accordé par les généraux Ferrand et Balland au citoyen Gaudin, chef de brigade du 16e régiment de cavalerie.

« A l'affaire de Catillon, le 28 germinal, a chargé sur l'ennemi à la tête de deux escadrons de son régiment contre un ennemi deux fois plus nombreux ; l'a forcé de reculer et a conservé à la République deux pièces de canon de la redoute d'Étreux ; a protégé la retraite, qui s'est faite en ordre.

« A l'affaire du Cateau, 9 germinal, et à celle de Nouvion, le 8 floréal, et généralement partout où il a été employé, a montré toute bravoure.

« BALLAND. »

Le général Ferrand « certifie que le 16e dragons, et tout particuliè-

« Après avoir repris le village et la redoute de Pommereuil, le général-major baron de Werneck fit placer sur les hauteurs de la redoute une batterie formidable qui chassa l'ennemi du bois et de Bazuyau. En même temps le général Kray attaqua ce village avec du canon et des chasseurs, et les Français furent obligés de se retirer de Bazuyau sur Catillon. Enfin les avant-postes continuant à progresser par le bois l'Évêque, reprirent le village d'Ors. »

A la nuit close les troupes du général Soland n'occupaient plus que Catillon.

« Pendant l'attaque du Cateau, les Français cherchèrent à tenir en échec les avant-postes du général-major prince de Cobourg aux abords de la Selles, près de Solesmes, ainsi que les avant-postes du général Otto, près de Denain et Villers-en-Cauchy. C'est pourquoi ils s'avancèrent entre Saint-Hilaire et Saint-Vaast vers Solesmes avec beaucoup d'infanterie, de cavalerie et de canons; ils forcèrent les piquets autrichiens et vedettes à se replier jusqu'à ce que le général-major prince de Cobourg, y volant avec son monde et d'autres troupes, ordonnât aux capitaines Barowsky et Philippovitch, des hussards de l'Empereur, d'attaquer; mais les Français, six fois plus nombreux, attendirent cette attaque avec fermeté, de manière qu'ils furent pendant quelques minutes aux prises avec la cavalerie autrichienne sans changer de position; enfin, ils durent se retirer..... Une autre colonne encore plus forte, qui s'avançait sur Saint-Python, dut aussi se retirer par le feu bien ménagé qu'avait ordonné le prince de Cobourg; alors l'ennemi (les Français) se reforma derrière Saint-Vaast et tenta plusieurs fois jusqu'au soir de repousser nos troupes (les

---

rement son chef, s'est toujours bien conduit et qu'il n'a que des éloges à lui donner.

« FERRAND. »

Autrichiens); mais il fut lui-même chassé chaque fois avec perte et enfin forcé de se retirer à Cambrai. L'ennemi fit également de fausses attaques sur la rive droite de l'Escaut, poussant plusieurs détachements sur Noyelles, Avesnes-le-Sec et Villers-en-Cauchy; mais il fut toujours bien reçu..... (1) »

La perte des Français dans cette journée fut de 1200 hommes, 4 canons, 2 caissons. Les Autrichiens perdirent 293 hommes et 194 chevaux.

On a vu précédemment que Soland avait dirigé le bataillon de Saint-Denis et la 34ᵉ division de gendarmerie vers la lisière Nord-Est du bois l'Évêque pour tenter d'obtenir la liaison avec la garnison de Landrecies.

Pichegru avait, en effet, prescrit, le 8 germinal (28 mars), au général Roulland, commandant supérieur de la défense de cette place, de tenir deux bataillons prêts à appuyer la brigade Soland dès qu'il s'apercevrait que l'enlèvement d'Ors et les progrès de cette brigade auraient déterminé chez l'ennemi un commencement de retraite à travers le bois l'Évêque. Roulland désigna, à cet effet, le 2ᵉ bataillon du Gard et le 9ᵉ du Nord et établit au pont d'Ors un poste de correspondance de deux hussards. Averti par ceux-ci des progrès de Soland, il fit aussitôt marcher ses deux bataillons en leur donnant pour guides deux membres du conseil général de la commune de Landrecies (2), qui s'étaient offerts sponta-

---

(1) Extrait de la Relation authentique de l'attaque faite le 29 mars 1794 par les Français vers le Cateau et de l'avantage remporté sur eux par le corps de réserve de l'armée impériale et royale.

(2) « Les ordres ayant été donnés pour attaquer l'ennemi le 9 germinal, et le général Roulland en ayant fait part le 9 aux autorités, plusieurs citoyens se sont empressés de concourir à l'expédition en servant de guides aux troupes. Le citoyen Grumiaux, officier municipal, s'en est chargé. » (Mémoire rédigé par la municipalité de Landrecies, 14 nivôse an III. Foucard et Finot, page 7.) (Archives nationales. ADXIV-304.)

nément pour cette mission. Les deux bataillons atteignirent le bois l'Évêque, facilitèrent l'attaque de la brigade Soland en se fusillant avec l'ennemi et opérèrent en même temps leur liaison avec cette brigade. Le général Fromentin leur prescrivit alors de flanquer la droite de la brigade Soland en cherchant à enlever une redoute dans la direction de Fontaine-au-Bois. Sur ces entrefaites, Roulland, ayant reçu de Soland un billet lui disant qu'il allait rabattre l'ennemi sur Landrecies et l'invitant à lui couper la retraite, Roulland envoya, à cet effet, 30 hommes « d'un poste qui était à portée » et deux compagnies de grenadiers avec mission de coopérer à l'attaque des deux bataillons du Gard et du Nord en menaçant par la droite la redoute que ces deux bataillons assaillaient par la gauche. L'échec de l'attaque sur le Cateau mit fin à ce mouvement; d'ailleurs, les deux bataillons du Gard et du Nord avaient aussi échoué dans leur tentative sur la redoute de Fontaine-au-Bois, et l'intervention des deux compagnies de grenadiers ne servit qu'à leur faciliter la retraite.

« Cette expédition n'eut donc pas tout le succès qu'on en attendait, mais il en résulta cependant un avantage pour Landrecies : c'est qu'on incendia et détruisit le clocher du village d'Ors, d'où l'ennemi voyait tout ce qui entrait et sortait de la ville et d'où il voyait nos avant-postes pour tirer dessus (1). »

Le lendemain 30 mars (10 germinal), les Français firent, avec plusieurs milliers d'hommes, des sorties de Bouchain et de Douai.

D'autre part, un rapport du général Soland, portant cette date, indique ce qui se passa le 30 aux abords du Catillon après l'échec du 29 :

---

(1) Mémoire rédigé par la municipalité de Landrecies le 14 nivôse an III. (Voir Foucart et Finot, *loc. cit.*)

L'ordre a été donné au 4ᵉ régiment de hussards de sortir du Catillon à la pointe du jour pour aller à la découverte et de rester en bataille en avant de ce village jusqu'à nouvel ordre. Le 10ᵉ bataillon de Paris s'est porté, par ordre du général, sur la droite de ce village dans les pâtures le long de la Sambre. A peine y a-t-il été placé que l'ennemi, qui cherchait à se glisser par notre droite, l'a attaqué. Les anciens volontaires dudit bataillon l'ont chargé avec vigueur et l'ont repoussé jusqu'à près d'Ors, d'où le général les a fait revenir de crainte qu'ils ne fussent pris en flanc par l'ennemi qui est dans le bois l'Évêque. La cavalerie ennemie a fait aussi des mouvements du côté de Bazuyau, mais le 4ᵉ régiment de hussards l'a arrêtée fermement et a fait un prisonnier. Ces mouvements de l'ennemi m'annoncent qu'il cherche à distraire notre attention par ce moyen afin d'enlever de Bazuyau des fourrages qu'il y avait amassés.

L'ennemi est encore venu par la droite; mais le 10ᵉ bataillon, brûlant de réparer son erreur, l'a repoussé jusqu'à Ors par un feu très soutenu. Le général Balland a fait avancer une partie de sa cavalerie et une compagnie d'artillerie légère au-dessus du Catillon. Il est 4 h. 30; à quelques tiraillements près, tout est tranquille. La prise de Catillon a fait avancer les cantonnements du général Balland. En conséquence, il est disposé à le garder, et le 1ᵉʳ bataillon de Saint-Denis établi à la Groise le secondera par ses postes le long de la Sambre de ce côté-ci.

Il résulte de ces deux journées que la division Balland a avancé ses cantonnements du côté de l'ennemi et que nous sommes en possession de Catillon.

J'observe que, si l'on voulait faire une seconde attaque du même côté, il faudrait augmenter la brigade du général Soland au moins de trois bataillons et de deux régiments de troupes à cheval, ce qui, avec de l'artillerie de position, nous mettrait dans le cas de reprendre nos avantages et de marcher avec succès.

Le général de brigade,
SOLAND.

III. — L'INVESTISSEMENT DE LANDRECIES.

Effectifs et emplacements de l'armée du Nord au début des opérations contre Landrecies. — Renseignements sur les projets de l'ennemi. — Situation des alliés à la fin de mars. — La concentration et la marche d'approche des alliés.

Journée du 17 avril : Dispositions des alliés pour l'investissement de Landrecies. — Mouvements de la 1re colonne. — Mouvements de la 2e colonne. — Mouvements de la 3e colonne. — Mouvements des 4e et 5e colonnes. — Mouvements des 6e, 7e et 8e colonnes. — Opérations des troupes françaises. — Observations sur la journée du 17 avril.

Journée du 18 avril : Achèvement de l'investissement de Landrecies. — Opérations des troupes françaises. — Observations sur la journée du 18 avril.

Journée du 19 avril : Mouvements de l'armée combinée. — Opérations de la garnison de Landrecies. — Mouvements des divisions Balland, Goguet et Fromentin. — Succès du général Drut à Abscon. — Mouvements préparatoires du côté de Cambrai.

Effectifs et emplacements de l'armée du Nord au début des opérations contre Landrecies. — Au moment où l'armée anglo-austro-hollandaise allait commencer son mouvement pour envelopper et attaquer Landrecies, l'armée du Nord comptait les effectifs et occupait les emplacements indiqués ci-après :

Situation de l'armée du Nord, résumée d'après le Rapport général du 30 germinal an II (19 avril 1794) (1).

ÉTAT-MAJOR GÉNÉRAL.

PICHEGRU, *général en chef.*
LIÉBERT, *chef de l'état-major général.*
FERRAND, *général de division.*

---

(1) Voir aux *Documents annexes* la situation, dont nous donnons ici

LA CAMPAGNE DE 1794 A L'ARMÉE DU NORD.

DÉSIGNATION DES UNITÉS.	EMPLACEMENTS.	PRÉSENTS SOUS LES ARMES		CHEVAUX	
		OFFICIERS.	TROUPE.	DE TROUPE ou d'artillerie.	D'OFFICIERS ou d'équipages.
Camp de Maubeuge : général Favereau	Maubeuge	238	6,691	115	60
Division Despeaux	Près Maubeuge	213	6,526	665	168
— Desjardin	Près Maubeuge	448	14,392	1,230	410
— Fromentin	Avesnes	533	15,574	2,728	411
— Balland	Etreux	442	12,513	2,735	304
— Goguet	Bohain	392	11,124	2,235	315
Camp d'Arleux : général Pierquin	Arleux	308	8,125	1,047	414
Camp de Mons-en-Pévèle : général Osten	Pont-à-Marcq et Mons-en-Pévèle	255	7,266	924	84
Camps et cantonnements sur la Lys : général Souham	Autour de Lille	1,444	30,412	3,798	708
Division Moreau	Cassel et Bailleul	623	14,484	454	173
— Michaud	Dune-Libre	433	12,658	256	535
Parc d'artillerie	Réunion-sur-Oise	83	2,284	40	46
23ᵉ régiment de chasseurs à cheval	Réunion-sur-Oise	6	66	66	8
Gendarmes	Réunion-sur-Oise	5	69	68	7
Guides de l'armée	Réunion-sur-Oise	2	46	46	3
TOTAUX		5,092 (1)	142,127 (2)	16,247 (1)	3,646 (1)

(1) La situation présente de légères erreurs d'addition que les chiffres du résumé rectifient.

(2) On voit que, d'après cette situation, il n'y avait, comme *présents sous les armes*, que 142,000 hommes de troupe en campagne. L'appréciation suivante de l'archiduc Charles est donc exagérée : « Au milieu d'avril, dit-il dans ses *Mémoires*, lorsque la campagne débuta, l'armée française se trouvait forte de 190,000 hommes, répartis de Maubeuge à Dunkerque par Avesnes, Douai et Pont-à-Marcq. En outre, les forteresses étaient occupées par des détachements de recrues non encore formées. » Au chiffre de 142,000 hommes, il faut ajouter les garnisons des places comprises dans l'arrondissement de l'armée du Nord qui atteignaient environ 65,000 hommes *présents sous les armes*, d'après une situation au 25 germinal (14 avril).

Ces troupes étaient réparties d'une façon inégale sur le vaste front de défense compris entre la mer du Nord et Maubeuge. Dans la partie qui allait être l'objet de leur offensive, les alliés devaient avoir affaire aux trois divisions Fromentin, Balland et Goguet, dont le rapport général précité fait connaître la composition et les cantonnements détaillés :

DIVISION FROMENTIN.

Généraux de brigade : Soland, Montaigu, Duhesme.

Quartier général......................	Avesnes.
1re compagnie d'artillerie légère.........	Beaulieu-Basse.
34e division de gendarmerie à pied, 1er bataillon du 19e d'infanterie, 1er bataillon du 45e d'infanterie, 5e bataillon de l'Oise.	Maroilles.
1er bataillon de Saint-Denis.............	La Groise.
6e bataillon de Paris..................	Noyelle.
5e bataillon des Vosges, 10e bataillon de Seine-et-Oise, 12e régiment de chasseurs à cheval..........................	Solre-Libre.
10e bataillon de Paris	Grand-Fayt.
1er bataillon du 47e d'infanterie.........	Favril.
2e bataillon de la Vienne...............	Liessies
2e bataillon de la Meurthe, 4e régiment de hussards........................	Priches.
1er bataillon du 56e d'infanterie.........	Clairfayt.
2e bataillon du 74e d'infanterie, 25e régiment de cavalerie..................	Le Val.

---

le résumé très succinct. Elle est postérieure de deux jours au commencement du mouvement offensif de l'armée ennemie ; mais, en l'envoyant, Pichegru dit qu'elle est la même que celle de la dernière décade. On peut donc la considérer comme l'indication très exacte des forces françaises à la date considérée.

32ᵉ d'infanterie légère..................	Beaurieux.
22ᵉ régiment de cavalerie...............	Lez-Fontaine.
1ᵉʳ bataillon de l'Orne, gendarmerie, parc d'artillerie........................	Avesnes.

DIVISION BALLAND.

Généraux de brigade : Thory, Bastoul.

Quartier général.....................	Étreux.
2ᵉ bataillon de la Somme, 1ᵉʳ bataillon du 62ᵉ d'infanterie, 1ᵉʳ de la Haute-Marne, 3ᵉ régiment de dragons, 12ᵉ compagnie d'artillerie légère.................	Catillon.
5ᵉ bataillon du Haut-Rhin, 6ᵉ bataillon du Jura, 6ᵉ régiment de chasseurs........	Wassigny.
25ᵉ compagnie d'artillerie légère.........	Grand-Blocus.
2ᵉ bataillon de la 21ᵉ demi-brigade d'infanterie légère......................	Vallée-Mulâtre.
2ᵉ bataillon de la Vienne...............	Reget de Beaulieu et la Laurette.
2ᵉ bataillon du Bec d'Ambès, 32ᵉ division de gendarmerie nationale, 16ᵉ régiment de cavalerie........................	Mazinguet.
1ᵉʳ bataillon du 36ᵉ d'infanterie, 1ᵉʳ du 43ᵉ d'infanterie...................	Ribeauville.
17ᵉ régiment de cavalerie	Oisy et Étreux.

DIVISION GOGUET.

Général de brigade provisoire : Castie.

Quartier général.....................	Bohain.
76ᵉ demi-brigade (2ᵉ bataillon du 38ᵉ, 9ᵉ des fédérés, 10ᵉ de la Seine-Inférieure), gendarmerie de la Nièvre, 8ᵉ régiment de cavalerie	Bohain.
24ᵉ compagnie d'artillerie légère........	Bohain et Becquigny.
71ᵉ demi-brigade (1ᵉʳ bataillon du 36ᵉ, 2ᵉ de la Meuse, 13ᵉ des fédérés), 3ᵉ régiment de cavalerie..................	Prémont et Brancourt.

162ᵉ demi-brigade (2ᵉ bataillon du 89ᵉ, 1ᵉʳ de la Commune de Paris, 6ᵉ du Calvados)..........................	Becquigny, Busigny, Vaux-en-Arrouaise.
1ᵉʳ bataillon de la 21ᵉ demi-brigade d'infanterie légère.....................	Mennevret.
Compagnie franche de Seine-et-Marne, 12ᵉ régiment de dragons............	Busigny.
20ᵉ régiment de dragons................	Vaux-en-Arrouaise.

Renseignements sur les projets de l'ennemi. — Les avertissements au sujet d'un siège probable de Landrecies n'avaient pas manqué au commandement. Dans son *Mémoire sur les campagnes de 1793 et de 1794*, le général Desjardin raconte que, dès le 8 pluviôse (27 janvier), un émissaire, venant de la forêt de Mormal, rapportait que beaucoup d'ouvriers étaient occupés à faire des gabions et des fascines ; que les Impériaux paraissaient décidés à entreprendre le siège de Landrecies et faisaient déjà des préparatifs pour ce projet.

De Bruxelles, on mandait, le 29 (17 février), que les magasins de vivres et de munitions qui étaient dans les villes de l'intérieur étaient transportés pour la plus grande partie à Valenciennes. Cette place, par sa situation avantageuse, servirait de point d'appui principal pour les opérations militaires et de dépôt général pour tous les objets nécessaires à l'entretien des armées. On y construisait une immense quantité de fours destinés à la cuisson du pain de l'armée. Enfin le quartier général du prince de Saxe-Cobourg, qui était placé à Mons, venait d'être avancé à Bettignies. Ce dernier semblait lui-même avoir été, trois jours après, transféré à Valenciennes[1];

---

[1] Lettre de Bruxelles du 20 février.

et ce renseignement était confirmé, le 16 ventôse, par un espion (1).

Le 13 (3 mars), la position des armées alliées est ainsi définie : « Le centre de la grande armée autrichienne, commandée par le prince de Saxe-Cobourg, est appuyé sur Valenciennes, Condé et le Quesnoy; la droite, aux ordres du général comte de Clerfayt, s'appuye sur Tournai, Orchies et Marchiennes, tandis que la gauche, commandée par le prince de Hohenlohe, couvre Mons et Charleroi..... » Deux lettres de Bruxelles, datées des 27 et 30 (17 et 20 mars), complétaient ces données, en annonçant que Cobourg allait transférer son quartier général de Valenciennes vis-à-vis de Cambrai, entre Landrecies et Bouchain, et que ces deux localités formeraient les limites de la « chaîne de ses gros cantonnements ». Un peu plus tard, le 4 avril, une autre correspondance, de même origine, fixera le quartier général de Cobourg à Englefontaine, près de Landrecies (2).

L'objectif de Landrecies se trouvait encore nettement indiqué dans cette autre lettre (3) :

Toute l'armée autrichienne, commandée par le prince de Saxe-Cobourg, est dans le plus grand mouvement depuis le 7 de ce mois. Il se fait d'énormes préparatifs à Valenciennes, à Condé et au Quesnoy; et l'on remarque surtout qu'un grand nombre de troupes défilent vers cette dernière ville. Tous les pionniers sont employés à réparer les chemins dégradés par les mauvais temps et à les rendre praticables pour le transport de l'artillerie et des autres attirails de siège. On peut juger par ces mouvements et préparatifs que les opérations com-

---

(1) Mémoire de Desjardin sur les campagnes de 1793 et 1794.
(2) *Moniteur Universel* du 3 floréal (22 avril), page 863. Lettre de Bruxelles du 4 avril.
(3) Lettre de Bruxelles du 10 mars, dont l'extrait est classé au 31 mars. *Arch. Hist.*

menceront par l'attaque du camp retranché qui couvre Landrecies, préliminaire indispensable du siège de cette place de seconde ligne.

Ce document allait même jusqu'à prédire l'ouverture de la campagne pour le 25 mars, tandis qu'un autre, plus conforme à la réalité (1), annonçait seulement que les troupes seraient « campées vers la mi-avril »; mais il indiquait encore que la majeure partie de l'armée « anglaise défilait par le Tournaisis pour se porter dans les environs de Valenciennes », et ajoutait que l'on attendait, le 1er avril, à Bruxelles, « la grosse artillerie de siège, venant de Malines pour se rendre à Valenciennes ».

En dehors du service de renseignements des divisions de première ligne et des nouvelles des correspondances, la « Partie secrète » signalait, dans son rapport décadaire (2) du 30 ventôse au 10 germinal, à la date du 4, que la garnison de Valenciennes augmentait journellement et qu'on travaillait sans relâche aux fortifications de Valenciennes et du Quesnoy.

Le 5, Macdonald écrira à Dumonceau : « Le bruit

---

(1) Lettre de Bruxelles datée du 31 mars. Une lettre de Bruxelles du 24 mars disait encore : « L'on attend, à ce qu'il paraît, le retour de l'archiduc Charles, de Vienne, avant que de commencer les grandes opérations militaires. Ainsi, elles ne s'ouvriront guère de notre côté avant le milieu du mois prochain. » [*Moniteur* du 23 germinal (12 avril). N° 203, page 821.]

(2) Nivet, adjudant général, chargé de la partie secrète, écrit, de Guise, à Bouchotte pour lui rendre compte de la prise de deux espions ennemis dont l'un possédait 17 chevaux ; ce dernier a été pris par d'Hautpoul, commandant le 6e régiment de chasseurs, dans le mouvement qui vient d'avoir lieu sur Bohain :

« *D'après les intentions du Comité de Salut public d'avoir chaque décade un rapport général de ceux faits à la partie secrète, je m'occupe de remplir ses intentions ainsi que les tiennes. Tu en recevras un la 3e décade de ventôse.* » (15 ventôse, 5 mars.)

public est que les grandes forces se dirigent sur Valenciennes (1); que c'est par là que l'on doit opérer les grands mouvements. » Il confirme le même renseignement, le 10, à Souham : « Il a passé, il y a deux jours, des Anglais ou Hanovriens à Tournai, qui se dirigent vers Valenciennes, venant de Courtrai et de Menin. Il en est arrivé hier 3,000 pour la même destination. » Quatre jours plus tard, il répétera la même nouvelle sous une autre forme : « La majorité des forces ennemies, dira-t-il, se dirige sur Mons. Le bruit public à Tournai est que l'on va faire le siège de Landrecies et de Maubeuge. Il est arrivé de la grosse artillerie à Mons (2). »

Ainsi renseigné par son lieutenant, Souham avertit à son tour le général en chef : « On annonce que les troupes anglaises vont aller du côté de Valenciennes, mais je n'ai pas encore de nouvelles de leur départ de Tournai (3). » Deux jours après (1ᵉʳ avril), il explique encore à Pichegru que les troupes anglaises ne se sont pas arrêtées à Tournai. Elles ont continué leur route sur Valenciennes. Les troupes autrichiennes d'O'Donnell, qui étaient aux avant-postes de Tournai, ont aussi suivi l'armée anglaise (4).

Le 14 germinal (3 avril), l'abbé Nollet, curé à Tournai, annonçait à M. Deltour, vicaire de Commines, à la Chapelle de Timbrielle, que « les grandes forces se portent dans la France par Valenciennes, Mons..... »

---

(1) Voir lettre de Bruxelles, le 28 mars : « L'armée de Cobourg a pris sa situation au-dessus du Quesnoy et de Valenciennes. » (*Moniteur Universel*, page 843.)

(2) Macdonald à Souham, Fives, 14 germinal (3 avril).

(3) Souham à Pichegru, 10 germinal. Cette lettre disait tout d'abord que les troupes anglaises s'étaient rendues à Tournai et avaient été remplacées, à Menin et à Courtrai, par des Hanovriens et des Hessois.

(4) Souham à Pichegru, 12 germinal (1ᵉʳ avril).

Le 20 germinal (9 avril), Vandamme transmet à Moreau un rapport d'espion de Bruges, qui dit en substance :

Il me paraît qu'on va dégarnir Nieuport, Ypres, etc., et qu'ils vont porter toutes leurs forces au-dessus de Tournai, du côté de Bouchain, Valenciennes sur Landrecies etc..... Nous voyons un aller et venir continuel des chariots qui viennent chercher tentes, bagages, foin, paille, etc., le tout pour Valenciennes, Courtrai et autres..... Toute la force est du côté de Valenciennes.....

A la même date, le rapport décadaire de la partie secrète donnait le tableau suivant comme évaluation des forces totales de l'ennemi :

	Infanterie.	Cavalerie.	Canons.
A Ypres, Furnes, Ostende, Nieuport, Tournay, Bruxelles et Mons..................	28,830	3,910	34
Troupes en opposition à la division de Douai, en avant du front de la droite de nos avant-postes.............	3,850	1,970	29
Troupes en opposition à la division de Douai, en avant du front de la gauche de nos avant-postes.............	6,050	2,150	22
Entre Cambrai et Bouchain....	1,900	870	2
A Valenciennes, Condé, le Quesnoy, Cateau et Solesmes.	20,404	10,440	107
A Beaumont, Charleroi, Dinant, Florennes, Walcourt et Namur.................	21,995	13,290	127

L'examen de ce tableau montrait que, sur le front très étroit de Valenciennes au Quesnoy, il y avait une aussi forte masse que sur les deux fronts très étendus d'Ypres à Mons et de Beaumont à Namur. L'effort principal de l'ennemi devait donc se porter sur le Cateau ou Landrecies.

Cette conclusion, déduite du tableau qui précède, se changeait presque en certitude à la lecture du *Rapport de la partie secrète* relatif à la troisième décade (20 au 30 germinal, 9 au 19 avril).

On dégarnit, disait-il à la date du 25 germinal (14 avril), les garnisons d'Ypres, Menin, Courtrai et Nieuport ; *et toutes les forces ennemies se portent au-dessus de Tournai, du côté de Bouchain, Valenciennes et sur Landrecies ; tout part pour ces environs* ; il n'y a plus guère de monde à Tournai ; les bourgeois garderont la ville.

Voici comment s'exprimait encore un *Rapport sur le Cateau et ses environs ainsi que les cantonnements de l'ennemi près Landrecies*, des 22 et 24 germinal :

La garnison du Cateau est forte présentement de 10,000 hommes, en y comprenant les cantonnements de Basuyau, Montay, Pomereuil et Neuvieslis, dont majeure partie cavalerie ; on peut l'évaluer à 3,000 hommes. L'on ne peut au juste évaluer l'artillerie ennemie, mais elle se renforce journellement.

Des rapports reçus annoncent que l'ennemi évacue ses cantonnements du côté de Valenciennes et multiplie considérablement ses forces sur le Cateau et la partie de Landrecies ; on assure même qu'il vient d'arriver de la Hollande un gros train d'artillerie de fort calibre destiné en partie pour le Cateau et Maubeuge.

On rapporte aussi que des hussards cantonnés à Solesmes avaient dit qu'une trahison prochaine offrirait aux Autrichiens une occasion d'attaquer avec succès (1).

L'Empereur a été à Valenciennes, et des déserteurs du Cateau ont assuré qu'il est arrivé en cette ville.

.....La cavalerie qui était à Beaurain et Ovillers s'est transportée à Forest, Croix et Basuyau..... A Neuvieslis sont

---

(1) Dès le 11 ventôse (1ᵉʳ mars) on avait découvert à Landrecies une tentative de trahison dont il est question plus loin.

arrivés depuis quatre à cinq jours 800 à 900 dragons de Cobourg.

.....L'émissaire assure que, depuis le Quesnoy et Solesmes, dans les cantonnements circonvoisins, formant l'étendue de trois lieues y compris la garnison du Cateau et environs, l'on peut compter pour le moins 22,000 hommes, y compris la cavalerie.

.....Le parc d'artillerie a été renforcé de 10 pièces de plusieurs calibres et de 30 caissons.....

L'ennemi construit des ponts sur la rivière qui est entre Saint-Benin et le Cateau, de même qu'entre cette place et Neuvieslis.

Après avoir donné ces renseignements si suggestifs, le rapport de la troisième décade récapitulait ainsi les forces ennemies :

RÉCAPITULATION DES FORCES DES ARMÉES COALISÉES EN OPPOSITION AUX ARMÉES RÉPUBLICAINES DU NORD ET DES ARDENNES.

Armée du Nord.

	Infanterie	Cavalerie.	Pièces.
West-Flandre.................	31,730	10,380	112
Bruxelles, Mons, Valenciennes.	6,900	500	22
Le Quesnoy, Condé et environs.	2,900	1,100	51 (1)
Entre Bouchain et Cambrai....	1,900	870	2 (1)
Esplechin, Wannehain, Rumes.	400	690	9
En avant du front de la droite de Douai.................	4,225	1,220	24
En avant du front de la gauche de Douai.................	3,750	1,640	21
Cateau, Solesmes et environs...	18,000	4,000	*inconnue.*

Armée des Ardennes.

Beaumont, Charleroi et environs..................	11,690	4,160	8

---

(1) « Suivant rapport de la dernière décade. »

Le sentiment que le principal effort de l'ennemi partirait de Valenciennes et de la forêt de Mormal était partagé notamment par les défenseurs de Landrecies. C'est ainsi que Frémont, chef du 2ᵉ bataillon de l'Orne, écrit le 24 germinal à un Représentant du peuple :

L'ennemi..... paraît dégarnir les lignes de ce côté (*de Maubeuge*) pour se porter derrière la forêt de Mormal, dans laquelle il fait de grands abatis et des chemins. Il est à présumer que c'est pour nous donner de l'inquiétude sur Landrecies..... Ils sont à peu près 10,000 ou 12.000 hommes..... leur droite au Quesnoy et la gauche joignant la pointe de la forêt de Mormal, où ils communiquent avec les troupes baraquées dans cette forêt ayant en avant des corps détachés..... Il paraît que leurs dispositions générales, c'est-à-dire s'ils ont arrêté un plan d'attaque, sont de se porter sur Cambrai en restant sur la défensive sur la Sambre et la Lys.

Tous ces renseignements auraient pu être rapprochés des tentatives faites par l'ennemi pour se créer des intelligences dans Landrecies. Le 20 ventôse (10 mars), le général de brigade Roulland, commandant de cette place, rendait compte que le 10, l'adjudant de place Schmidt lui avait remis deux lettres en français signées d'Augier, entrepreneur de bois de chauffage de la ville, et une en allemand, adressée à Schmidt, et lui offrant 8,000 louis. Sur des soupçons qu'avait provoqués chez lui cette communication, Roulland avait fait arrêter Schmidt, Augier, deux autres employés de l'administration des bois, Havard et Morel, le commandant temporaire de la place et le chef du 2ᵉ bataillon de la Meuse. « A l'instant, écrivait à son tour Colaud (1), où j'ai découvert la trame qui devait livrer la ville de Landrecies aux Autrichiens, j'ai sur-le-champ fait arrêter l'adjudant de la place,

---

(1) Colaud à Jourdeuil. Réunion-sur-Oise, 20 ventôse (10 mars).

Schmidt, natif de Bliescastel, pays de la Lahn..... Plusieurs de ses complices ont été arrêtés, notamment le commandant temporaire de Landrecies, qui avait connaissance de la lettre écrite à Schmidt par le major Kurmer, commandant les avant-postes autrichiens », et qui n'en a pas rendu compte au général commandant la place. Il manque encore un des principaux scélérats, qui est le nommé Augier, entrepreneur de bois de chauffage de la ville de Landrecies. Enfin Goupilleau de Fontenay adressait le dossier de l'affaire au Comité de Salut public et la lui résumait ainsi (1) :

Le nommé Schmidt, adjudant de cette place, entretenait une correspondance avec le major Kurmer, commandant les avant-postes autrichiens dans la forêt de Mormal. Vous verrez, par les copies des lettres que je vous fais passer, qu'il avait reçu l'offre de 8,000 louis et que le nommé Augier, inspecteur des bois de chauffage de l'armée, était le principal agent de cette correspondance. Un nommé Havard qu'Augier avait retiré de la réquisition pour le faire passer dans la régie des chauffages, paraît aussi avoir participé dans la composition, et je présume que le père d'Havard, domicilié dans un village situé près les troupes ennemies, était le courrier dont on se servait.

Si les renseignements et les indices les plus nombreux désignaient Landrecies comme le point d'attaque choisi par l'ennemi, quelques autres, en petit nombre il est vrai, signalaient Avesnes et Maubeuge.

Le 24 mars, l'adjudant général, chef de brigade Nivet, chargé de la « partie secrète », avertissait le général Fromentin d'exercer une surveillance particulière à ses avant-postes et exprimait l'espoir que « les projets des ennemis de la République avorteraient là où présiderait

---

(1) Goupilleau de Fontenay au Comité de Salut public, Fesmy, **27** ventôse (17 mars).

la vigilance républicaine ». D'autre part, Fromentin apprenait le même jour de Favereau que « l'ennemi voulait encore une fois tenter le blocus de Maubeuge » ; il recommandait aussitôt « la plus grande surveillance » à son brigadier Duhesme, posté à Beugnies. Dans le même but, il poussera plus tard Duhesme à Solre-Libre et le pourvoira d'artillerie et d'outils (1).

Le *Bulletin* des renseignements du 27 février signalait encore Maubeuge comme « très resserré par le prince de Hohenlohe » ; il annonçait que « la grosse artillerie qui se trouvait à Ath et à Tournai venait d'être transportée dans les environs de Maubeuge ». Deux jours avant, une lettre de Bruxelles, insérée au *Moniteur*, notait qu' « un rassemblement commençait à se former près de Maubeuge et que l'on parlait avec assurance du blocus de cette ville ». Pichegru lui-même partageait

---

(1) *Le général de division Fromentin au général de brigade Duhesme à Solre-Libre.*

Au quartier général d'Avesnes, 28 germinal an II (17 avril 1794).

Je t'envoie aujourd'hui une pièce de canon et un obusier d'artillerie légère qui resteront attachés à ta brigade jusqu'à nouvel ordre. Le fourrier te préviendra de l'arrivée de ces pièces en venant faire le logement.

Tu recevras aussi 200 pelles, autant de pics et pioches.
Salut et fraternité.

FROMENTIN.

A la même date, l'aide de camp Mars écrit, au nom du général Fromentin, au commandant de la 1re compagnie d'artillerie légère :

« Il est ordonné au commandant de la 1re compagnie d'artillerie légère de faire partir de suite une pièce de canon et un obusier qui se rendront à Solre-Libre, ci-devant Solre-le-Château. Elles seront à la disposition du général Duhesme.

« Le commandant de ces deux pièces enverra un fourrier en avant pour préparer le logement ; le fourrier préviendra le général Duhesme de l'arrivée de ces pièces. » D'Avesnes, 28 germinal (17 avril.)

cette opinion (1). « L'ennemi, écrit-il à Bouchotte, paraît diriger ses forces sur Maubeuge. Son intention, dit-on, est de le bloquer..... ». Mais le Ministre n'avait même pas reçu cette lettre qu'il écrivait de son côté au Comité de Salut public que « les ennemis allaient ouvrir la campagne par l'attaque de Maubeuge ».

Le 17 ventôse (7 mars), le général Souham, commandant la division de Lille, informe le Comité de Salut public que, d'après les derniers numéros du *Courrier de la Belgique* et du *Journal de Bruxelles*, l'ennemi a des projets sur Bouchain et sur Maubeuge. « Deux déserteurs des uhlans britanniques que j'ai interrogés hier, ajoute-t-il, m'ont assuré qu'on ne parlait que de ce projet..... ».

En dehors de Landrecies et de Maubeuge, la *Gazette de Leyde* parlait d'un plan d'attaque définitivement arrêté dans les conférences de Bruxelles et dirigeant toutes les forces des coalisés contre Lille (2).

Enfin Pichegru semble avoir eu son attention un instant retenue par les croisières des Anglais devant Dunkerque : « Il a passé le 30 ventôse à hauteur de Dune-Libre vingt-huit bâtiments anglais presque tous à trois mâts et faisant voile pour Ostende (3). » Quelques jours plus tard, il écrit encore : « Ce sont des troupes et munitions destinées à venir sur Dune-Libre. Déjà plusieurs rapports ont annoncé que l'ennemi avait intention d'y faire une nouvelle tentative (4). »

L'ensemble de ces nouvelles, qui désignaient Landre-

---

(1) Pichegru à Bouchotte, 27 ventôse (17 mars).
(2) Journal extrait des *Gazettes de Leyde*. Lettre de Bruxelles du 10 février 1794.
(3) Pichegru à Bouchotte, 4 germinal (24 mars).
(4) Pichegru à Bouchotte, 16 germinal (5 avril).

cies comme le point d'attaque le plus probable et Maubeuge comme l'objectif éventuel, devait sans doute parvenir à Pichegru soit par les soins du Gouvernement, soit par la *partie secrète* que dirigeait l'adjudant général Nivet, soit encore par des divisionnaires. Devant l'absence de tout ordre écrit de sa part, on serait tenté d'admettre qu'il ne prit aucune mesure pour annihiler les vues de l'adversaire sur Landrecies ou sur Maubeuge. Mais, si l'on s'en réfère aux ordres donnés à la fin de février pour boucher la trouée de Wassigny au moyen des divisions Goguet et Balland ; si l'on se rappelle qu'à Maubeuge il y avait trois divisions et que, dans sa lettre à Bouchotte du 27 ventôse (17 mars), Pichegru écrivait lui-même « que les camps qu'il allait établir pourraient en empêcher l'exécution »; comme d'ailleurs chacune de ces places constituait un point de passage que l'ennemi devait d'abord investir pour le forcer et que cet investissement, révélant au défenseur le point d'attaque choisi, s'opérerait assez lentement pour lui laisser le temps de parer cette attaque, on conçoit que Pichegru se soit borné à attendre que l'ennemi démasquât ses projets.

D'un autre côté, entre les trois divisions sous Maubeuge et celle de Balland se trouvait Fromentin à Avesnes ; Balland à Étreux et Goguet à Bohain étaient eux-mêmes appuyés par le camp retranché de Guise ; à la suite venaient Drut à Douai, Pierquin à Arleux, Souham, Moreau, Vandamme et Michaud à Lille, Saint-Omer, Cassel et Dunkerque. Ce « cordon » de divisions échelonnées le long de la frontière n'était qu'apparent ; et, grâce aux forteresses qui en reliaient les chaînons formés eux-mêmes d'obstacles infranchissables, toutes ces divisions pouvaient se concentrer en peu de temps et à couvert sur le point contre lequel se serait démasqué l'effort principal de l'ennemi, en l'espèce sur Landrecies ou Maubeuge, voire même sur Lille et sur Dunkerque.

« Différents rapports, écrit Pichegru à Moreau (1), s'accordent à dire que les Anglais veulent de nouveau se porter vers Dune-Libre ; je lui mande (*au général Desenfans*), en conséquence, de prendre des mesures pour s'opposer à leur approche. Je lui prescris de faire camper deux ou trois bataillons dans le camp retranché, et je le préviens que je vais t'écrire de tenir des troupes prêtes pour, au premier avis qu'il te donnera des mouvements de l'ennemi, faire marcher des troupes sur les points menacés. »

En résumé, le service des renseignements semble avoir nettement établi que l'attaque ennemie se produirait surtout sur Landrecies, ou encore sur Landrecies, Avesnes et Maubeuge ; il indiquait que Lille et Dunkerque pouvaient à la rigueur être menacées, mais ces deux dernières hypothèses étaient peu vraisemblables. Dans chaque cas, le système défensif de la frontière permettait d'attendre en toute sécurité que l'ennemi dévoilât ses intentions et de se masser alors rapidement pour le combattre au débouché qu'il aurait choisi.

Comme ce débouché pouvait se produire sur trois régions principales, Pichegru écrivait le 31 mars, c'est-à-dire deux jours après son échec du Cateau, qu'il groupait au préalable ses forces en trois masses, l'une faisant face à « la Trouée » et destinée à la « mieux masquer » ; l'autre postée « entre Lille et Cassel » et la troisième « sous Maubeuge ». La première était constituée par les divisions Balland et Goguet ; à l'aile droite se trouvaient les trois divisions de Maubeuge ; enfin au danger qui menacerait la gauche pourraient aussitôt parer les divisions Souham et Moreau, voire même Michaud à Dunkerque.

Ce fut dans ce dispositif préparatoire que Pichegru

---

(1) Pichegru à Moreau, 16 germinal (5 avril).

attendit, à Guise (1), jusqu'au 13 avril (24 germinal), soit que l'ennemi prononçât son attaque, soit que les circonstances lui permissent de prendre lui-même l'offensive.

A la fin d'une lettre d'ordre administratif, adressée à Bouchotte le 11 avril (22 germinal), il ajoute, de sa main, ce post-scriptum :

Le mauvais temps continuant et ne pouvant permettre l'opération sur le Cateau avant quelques jours, je vais transférer le quartier général à Lille et je prendrai des mesures pour agir en même temps sur la droite, la gauche et le centre.

En effet, Pichegru partit de Guise le 13 avril et arriva quatre jours plus tard à Lille, après s'être arrêté à Cambrai (2) et à Douai. Il était très rassuré, par les dispositions qu'il avait prises, contre une offensive ennemie. La veille même du jour où celle-ci devait se produire, il était à Douai, d'où il se bornait à signaler un fourrage de la division de Dunkerque et l'entrée d'une prise hollandaise et d'un brick anglais à Dunkerque ; il terminait par ces mots significatifs : « Rien autre de nouveau (3). »

Le débouché des alliés sur Landrecies s'opéra donc

---

(1) Voir lettre de Fremont du 24 germinal (13 avril). Un mémoire de la municipalité de Landrecies, du 14 nivôse an III (3 janvier 1795) note : « Le 25 germinal, le quartier général, qui était en avant de Réunion-sur-Oise, se lève pour se porter sur Lille. » (Voir *La Défense nationale dans le Nord*, par Foucart et Finot et *Archives nationales*.)

(2) A son passage à Cambrai, Pichegru rend compte au Ministre (25 germinal, 14 avril) d'un commencement d'incendie arrivé l'avant-veille à la salle d'artifice de la citadelle de Cambrai ; le dévouement du sergent Housseau, du 1er d'artillerie, a seul évité une explosion générale. En récompense, ce sous-officier fut promu adjudant général, chef de bataillon. Voir ordre du jour de l'armée du Nord du 5 au 6 floréal (24 au 25 avril).

(3) Pichegru au Ministre, 27 germinal (16 avril.)

par surprise, mais l'effet de cette surprise était fatalement limité par l'existence même de la forteresse et la nécessité de l'investir en face des troupes massées pour masquer « la Trouée ».

Situation des alliés à la fin de mars. — On a exposé précédemment par quelles considérations les troupes du duc d'York avaient été rattachées à l'armée principale, commandée par le prince de Cobourg, tandis que Clerfayt avait été chargé de couvrir la West-Flandre. De plus, on a expliqué comment, à la date du 26 mars, le prince de Cobourg avait arrêté avec le prince héritier d'Orange les dispositions rattachant les troupes hollandaises à l'armée impériale et royale, soit comme armée de siège, soit comme armée d'observation du siège de Landrecies.

Les troupes destinées à l'opération projetée comprenaient donc : l'armée impériale et royale de Cobourg et les deux corps du duc d'York et du prince d'Orange.

A la date du 26 mars, la première, forte de 38,000 hommes et de 10,000 chevaux, était concentrée entre Quiévrain, Valenciennes et le Quesnoy. Sa composition peut être ainsi fixée, d'après un ordre de bataille que d'Arnaudin a reproduit dans ses *Mémoires :*

Commandant en chef : S. A. S. le prince de COBOURG.

Première ligne.

KINSKY, F. M. L.

HEISTER, G. M....	Grand-Duc de Toscane.........	2 bataillons.
MILWISK, G. M....	{ Brechainville................	2 —
	{ Callenberg..................	2 —

BRUGLACH, F. M. L.

FINK, G. M......	{ Karl Schröder..............	2 —
	{ Stein......................	2 —
KERPEN G. M.....	Ulrich Kinsky................	2 —

Schmerzing, F. M. L.

Prince Charles de Lorraine. G. M.	Carabiniers du duc Albert, chevau-légers..............	2	escadrons.
	Carabiniers du duc Albert......	6	—
Prince de Cobourg, G. M.	Kavanagh, cuirassiers..........	6	—
	Lobkowitz, chevau-légers.......	2	—

Seconde ligne.

Michel Wallis............................	2	bataillons.
Wartensleben............................	2	—
Dragons de Cobourg, chevau-légers..............	2	escadrons.
Dragons de Cobourg........	6	—
Hussards de Blankenstein................	6	—

Grand corps de réserve.
Alvinzy, F. M. L.

Werneck, G. M..	Bideskuty, grenadiers.........	1	bataillon.
	Adorian, grenadiers...	1	—
	Briey, grenadiers	1	—
	Antoine Esterhazy............	2	—
Keim, G. M......	Beaulieu..................	1	bataillon.
	Tyroliens...................	4	compagnies.
	Sclavons.....................	4	—
	Sclavons....................	6	—
Risch, G. M	Uhlans.....................	2	escadrons.
	Kinsky, chevau-légers	6	—
	Kayser, hussards..............	6	—

Petite réserve de droite.
Alvinzy, F. M. L.

Bellegarde, G. M.	Mallowetz, grenadiers..........	1	bataillon.
	Murray.....................	2	—
	Serviens....................	3	compagnies.
	Tyroliens	3	—
	Kayser, uhlans...............	2	escadrons.
	Carabiniers, chevau-légers......	2	—
	Kayser, hussards..............	2	—

Petite réserve de gauche.
ALVINZY, F. M. L.

KRAY, G. M.
- Rousseau, grenadiers.......... 1 bataillon.
- Erbach..................... 2 —
- Serviens................. 3 compagnies.
- Tyroliens................. 3 —
- Uhlans................. 2 escadrons.
- Royal-Allemands............ 2 —
- Kayser, hussards............ 2 —

Corps de troupes employés dans l'expédition de Landrecies et non compris dans l'ordre de bataille.

Kayser... 2 bataillons.
Giulay... 2 —
Ligne.. 2 —
Jordis... 2 —
Kayser, chevau-légers......................... 4 escadrons.
Lobkowitz, chevau-légers...................... 2 —
Karaczay.. 6 —

RÉCAPITULATION.

	Bataillons.	Compagnies franches.	Escadrons.
1re ligne...................	12	»	16
2e ligne...................	4	»	14
Réserve...................	12	26	26
Troupes supplémentaires.......	8	»	12
TOTAUX (1)........	36	26	68

A la même époque, le corps du duc d'York avait quitté ses cantonnements d'Harlebecke et de Courtrai pour gagner Saint-Amand et s'établir entre cette ville, Orchies, Mortagne et Hasnon. En dehors des troupes

---

(1) D'après l'*Œsterreichische militärische Zeitschrift*, l'armée impériale principale comprenait : 26 compagnies légères, 27 bataillons et 56 escadrons, soit 34,000 hommes et 8,000 chevaux. C'est la composition qu'admet Ditfürth (p. 40).

anglaises, qui en formaient à peu près la moitié, ce corps comprenait d'importants contingents hessois et autrichiens. Sa composition était la suivante, d'après l'ordre de bataille indiqué par d'Arnaudin :

Commandant en chef : S. A. R. Mgr le duc D'YORK.

Corps avancés.

Lieutenant général : WURMB.

Brigadiers.	Corps de troupe.		
Colonel WURMB.	Infanterie légère	1 bataillon	(H. C.).
	Grenadiers	2 —	(H. C.).
Prince FRÉDÉRIC.	Prince héritier	2 bataillons	(H. C.).
	Kospoth	2 —	(H. C.).
Major général : DALLWIK.	Carabiniers	3 escadrons	(H. C.).
	Dragons du prince Frédéric	5 —	(H. C.).
Major général : DURING.	Compagnies franches	2 compagnies	(H. D.).
	Landgraf	1 bataillon	(H. D.).
	Grenadiers	1 —	(H. D.).
	Infanterie légère	1 —	(H. D.).
	Chevau-légers de During	4 escadrons	(H. D.).

Première ligne.

Lieutenants généraux : HARCOURT, ERSKINE, OTTO.

Major général : MONTFRAULT.	Wenzel Colloredo	2 bataillons	(Aut.).
	Joseph Colloredo	2 —	(Aut.).
	Garde grenadiers	2 —	(H. C.).
	Garde allemande	1 —	(H. C.).
Major général : HANSTEIN.	14ᵉ régiment d'infanterie	1 bataillon	(Ang.).
	37ᵉ régiment d'infanterie	1 —	(Ang.).
	53ᵉ régiment d'infanterie	1 —	(Ang.).
Major général : D. DUNDAS.	7ᵉ de dragons légers	2 escadrons	(Ang.).
	11ᵉ de dragons légers	2 —	(Ang.).
Major général : LINKEN.	Zeschwitz, cuirassiers	6 escadrons	(Aut.).
Major général : LAWRIE.	Dragons-Gardes de la Reine	2 escadrons	(Ang.).
	Dragons gris	2 —	(Ang.).
	Innis Killing	2 —	(Ang.).

Brigadiers.	Corps de troupe.			
Major général : H. Dundas.	15e régiment de dragons légers. 16e régiment de dragons légers.	2 2	escadrons —	(Ang.). (Ang.).

Seconde ligne.

Lieutenants généraux : Erskine et Otto.

Major général : Hanstein.	Kaunitz .... Leib-Régiment............	3 2	bataillons escadrons	(Aut.). (H. C.).
Major général : Gardner.	12e régiment d'infanterie.... 38e régiment d'infanterie.... 55e régiment d'infanterie....	1 1 1	bataillon — —	(Ang.)(1). (Ang.). (Ang.).
Colonel Vyse.	1er régiment de Dragons-Gardes ou du Roi............... 5e régiment de Dragons-Gardes.	3 3	escadrons —	(Ang.). (Ang.).
Major général : White.	6e régiment de Dragons-Gardes. 8e régiment de dragons......	3 3	escadrons —	(Ang.). (Ang.).

Réserve.

Commandant : major général Abercromby.

Major général : Belrath.	Grenadiers hongrois........	3	bataillons	(Aut.).
Major général : Lake.	Gardes britanniques........	5	bataillons	(Ang.).
Major général : Kostolanci.	Hussards du prince Ferdinand.	5	escadrons	(Aut.)
Major général : Mansel.	Gardes bleus............... 3e Dragons-Gardes.......... Royal.....................	2 2 2	escadrons — —	(Ang.). (Ang.). (Ang.).
Compagnies de Mahony...................		2	compagnies	(Aut.).
Corps franc de O'Donell..................		2	bataillons	(Aut.).

---

(1) D'Arnaudin fait observer : « *Nota Bene*. — La brigade anglaise du 12e régiment, comprise dans cet ordre de bataille, ne rejoignit jamais l'armée du duc d'York pour l'expédition de Landrecies. Elle venait tout récemment de débarquer à Ostende ; elle eut ordre de rester dans la West-Flandre, où le général White vint en prendre le commandement. »

RÉCAPITULATION.

	Bataillons.	Compagnies.	Escadrons.
Corps avancés................	10	2	10
1re ligne...................	10	»	20
2e ligne....................	8	»	12
Réserve.....................	8	4	11
TOTAUX GÉNÉRAUX (1).....	36	6	53

Enfin, le prince d'Orange avait sous ses ordres, à Bavai : 6 compagnies légères, 18 bataillons (2) et 10 escadrons hollandais, renforcés par un corps de 9 bataillons et 8 escadrons autrichiens, que commandait le feld-maréchal-lieutenant de Latour (3).

En avant de ces trois masses, étroitement reliées et destinées à frapper le coup décisif, se trouvait une ligne d'avant-postes stratégiques (une *couverture*, dirait-on aujourd'hui), qui, tenant tous les points d'appui, formant en quelque sorte les bastions des courtines constituées par les lignes d'eau, opposaient à nos efforts partiels une barrière infranchissable, et tendaient à nos regards un voile derrière lequel l'ennemi pouvait dissimuler ses marches de concentration et les préliminaires de son

---

(1) D'après l'*Œsterreichische militärische Zeitschrift*, l'armée du duc d'York comprenait : 24 bataillons (12 impériaux et 12 anglais) et 48 escadrons (12 impériaux et 36 anglais), soit 20,000 hommes et 3,600 chevaux. Ditfürth donne la composition suivante : 12 bataillons, 2 compagnies, 12 escadrons autrichiens; 9 bataillons et 28 escadrons anglais; 5 bataillons hessois. Cette armée avait un train de : 14 pièces de 12 (12 autrichiennes et 2 anglaises); 14 de 6 (4 autrichiennes et 10 anglaises); 4 obusiers (2 autrichiens et 2 anglais); 4 pièces autrichiennes d'artillerie à cheval; enfin 2 passerelles et 12 pontons.

(2) Quatre de ces bataillons faisaient encore partie des garnisons de Valenciennes et du Quesnoy.

(3) Voir page 164 et *Mémoires* de d'Arnaudin.

offensive (1). A partir de Nieuport, cette ligne suivait le canal de l'Yser, puis celui de Furnes à Ypres ; de cette ville à Menin, elle bordait le canal d'Ypres et la rive gauche de la Lys (sur laquelle la division Souham tenait les points de Commines et de Wervick); après avoir atteint Menin, elle gagnait Orchies, en longeant la rive droite de la Marque; enfin, elle allait sur Marchiennes.

Nieuport était occupé par 4 bataillons et 2 escadrons du corps de Clerfayt (2), qui fournissait encore 8 bataillons et 4 escadrons à Ypres, 4 bataillons et 2 escadrons à Menin ; il tenait la position de Mouscron par 4 bataillons et 2 escadrons ; Orchies et Marchiennes avec 3 bataillons et 3 escadrons. Cette ligne pouvait être aussi bien secourue par le gros, placé à Tournai (3), que par l'armée principale du prince de Cobourg; ces deux masses devaient, du reste, se prêter, le cas échéant, un mutuel appui (4).

---

(1) « L'espace compris entre Nieuport et Marchiennes est si étendu qu'il était impossible d'établir un cordon le long de cette ligne. Il sembla beaucoup plus conforme au plan d'occuper seulement les points fortifiés. Les petites entreprises que l'ennemi pouvait tenter contre la West-Flandre étaient arrêtées par ces points et alors facilement déjouées par le gros rassemblé à Tournai et dont la majeure partie devait être toujours prête à marcher. » (*Œsterreichische militärische Zeitschrift, op. cit.* 1818, 4° livraison, page 80.)

(2) Le corps de Clerfayt comprenait 42 bataillons, 32 escadrons, de la force de 28,000 hommes et 3,500 chevaux, moitié Autrichiens, moitié Hanovriens et autres. (*Œsterreichische militärische Zeitschrift.*)

(3) « Avec son gros de 19 bataillons et 19 escadrons, le F. Z. M. comte Clerfayt devait prendre une position à Marquain, devant Tournai. » (*Œsterreichische militärische Zeitschrift.*)

(4) « Si l'ennemi voulait exécuter une grande opération dans ces environs, le plan prévoyait que l'armée principale devait envoyer de prompts secours sur les points menacés. Si, par contre, on obtenait la certitude qu'aucun danger ne menaçait la West-Flandre de la part de l'ennemi, il serait facile de diminuer considérablement les troupes placées devant l'ennemi, et le Feldzeugmeister devait envoyer à l'armée principale, pour la renforcer et la soutenir, une partie des troupes dis-

Afin, d'ailleurs, d'assurer plus complètement cette liaison de l'armée principale avec le gros de Tournai, par Saint-Amand, et d'appuyer plus sûrement les postes de Marchiennes et d'Orchies, ordre fut donné, le 31 mars, d'établir, à la Laine-d'Or (1), sur la chaussée de Saint-Amand à Orchies, un petit corps (2) de 4 bataillons d'infanterie (2 de Ligne et 2 de Hanovre), 4 escadrons de hussards (2 de l'archiduc Ferdinand et 2 de Hanovre), et 2 compagnies de tirailleurs des frontières, en tout 3,700 hommes.

Un bataillon (de Ligne) devait occuper les retranchements de Wallers, avec le concours d'un escadron de hussards et des tirailleurs des frontières, garder libre la communication avec le corps de l'armée du duc d'York qui se trouvait à Denain. Si ce corps était forcé à la retraite sur Valenciennes, les trois bataillons et trois escadrons restants du détachement passeraient aussitôt la Scarpe. Un bataillon (de Ligne) se jetterait dans l'abbaye d'Hasnon; le reste (2 bataillons et 3 escadrons) renforcerait le poste de Wallers et le défendrait avec une extrême vigueur, assez longtemps pour permettre au corps hessois d'intervenir et de reprendre l'offensive (3).

---

ponibles de son camp de Tournai. » (*Œsterreichische militärische Zeitschrift*, loc. cit., p. 81.)

(1) Ce point, qui ne figure pas sur la carte de Cassini, est dénommé l'*Alène d'or* sur la carte d'état-major à 1/80,000°.

(2) Pour cet objet, l'armée principale fournira 2 bataillons de Ligne, ainsi qu'une division de hussards de l'archiduc Ferdinand et 2 compagnies de tirailleurs des frontières ; l'armée du général comte Clerfayt fournira 2 bataillons et 2 escadrons de Hanovre, de Hesse ou de Brunsvick. » (*K. u. K. Kriegs Archiv.*)

(3) « Un 2° corps, de 2 compagnies d'infanterie légère, 4 bataillons, 4 escadrons (3,700 hommes) se tenait à la Laine-d'Or, sur la route de Saint-Amand à Orchies. Ce corps devait protéger la communication du F. Z. M. Clerfayt par Saint-Amand et servir à soutenir les postes de Marchiennes et Orchies. Un de ces bataillon était placé dans les retran-

Le commandement de ce poste et de ceux de Marchiennes et d'Orchies était donné au F. M. L. Lilien, qui, bien qu'appartenant à l'armée de Clerfayt, se trouvait ainsi rattaché à celle de Cobourg (1).

D'après Ditfürth, le corps détaché de l'armée du duc d'York à Denain comprenait (2) :

4 compagnies, 2 bataillons et 4 escadrons autrichiens (2,800 hommes) et 6 bataillons et 8 escadrons hessois (2,700 hommes), soit en tout 5,500 hommes ainsi répartis : les deux bataillons de grenadiers d'Echwege et de Wurmb, le régiment de Toscane-Infanterie, l'escadron de carabiniers, cinq escadrons de Leib-Dragons et un escadron de hussards de l'archiduc Léopold avaient établi un camp (la cavalerie sur les ailes) entre Denain et Hellesmes, Escaudain devant le front, mais le régiment de Kospoth avait pris une position derrière la Selle à Douchy.

Devant le front du camp, de Hellesmes à Denain, il avait été construit cinq flèches et trois redoutes presque fermées;

---

chements de Wallers, et les 4 escadrons et 2 compagnies légères assuraient la liaison avec le 3ᵉ corps à Denain. Si ce 3ᵉ corps était obligé de se retirer sur Valenciennes, les 3 bataillons encore restants du 2ᵉ, de la Laine-d'Or, avaient, l'un à occuper la Scarpe, l'autre à renforcer les postes de Wallers et le dernier à occuper l'abbaye d'Hasnon. Ces points devaient être défendus jusqu'à ce que le 3ᵉ corps pût s'avancer de nouveau, soutenu par les troupes de l'armée principale. » (*Œsterreichische militärische Zeitschrift*, loc. cit., p. 81.)

(1) *K. u. K. Kriegs Archiv.*

(2) La composition qu'indique ainsi Ditfürth (*Campagnes de 1793, 1794, 1795 par les Hessois*) est peut-être celle qu'eut réellement le détachement; mais elle n'est pas conforme aux ordres donnés pour le constituer. Le 31 mars, Cobourg avait prescrit (de Valenciennes) que « 5 bataillons hessois et 5 ou 6 escadrons de cavalerie seraient détachés de l'armée du duc d'York » et qu'il en serait de même des troupes 1 et R suivantes : « 2 bataillons Jordis, 2 compagnies de tirailleurs des frontières et 2 escadrons de hussards de l'archiduc Ferdinand. » *K. u. K. Kriegs Archiv.* (*Disposition pour le corps restant en arrière, en avant de Valenciennes, à Denain—Valenciennes, le 31 mars 1794.*)

les premières avaient été occupées par les tirailleurs des bataillons, et les autres armées de quatre pièces de 12, quatre de 6 et deux obusiers.

Comme avant-postes se tenaient sur la rive gauche de l'Escaut :

1° A Somain : le bataillon de chasseurs hessois, une compagnie de tirailleurs autrichiens et un détachement de cavalerie ;

2° A Fenain : un détachement de cavalerie et d'infanterie hors du camp ;

3° A Escaudain et à Abscon : un escadron des hussards de l'archiduc Léopold :

4° A Lourche : le bataillon de fusiliers hessois et un détachement de cavalerie ;

5° A Rœult : une compagnie de tirailleurs autrichiens.

Sur la rive droite de l'Escaut on avait placé des avant-postes devant la position de Douchy :

6° Au moulin à vent de Douchy : deux compagnies du régiment de Kospoth avec un canon ;

7° A Neuville, sur l'Escaut : un détachement de cavalerie ;

8° A Noyelles, sur la Selle : un escadron des hussards de l'archiduc Ferdinand, une compagnie de tirailleurs autrichiens ;

9° A Haspres : une compagnie de tirailleurs autrichiens, un escadron de carabiniers.

Comme réserve, un escadron de carabiniers avait été porté vers Prouvy.

Dès le 31 mars, on prépara pour ce corps l'instruction suivante au quartier général de Valenciennes :

« Le but du corps à placer à Denain est de tenir la rive gauche de l'Escaut nette de l'ennemi, et, au moyen de troupes légères, d'entretenir la communication entre la Selle et l'Écaillon, avec les détachements de l'armée principale à Solesmes. Ce corps doit de même rester toujours en liaison avec le poste de Marchiennes et avec le général commandant à Saint-Amand. Au cas où il devrait céder à des forces supérieures, il aurait à se retirer sur les hauteurs de Hérin, et en cas de nécessité sous le canon de Valenciennes.

« *Signé :* Cobourg (1). »

Telle était la position générale des alliés à la fin de mars.

La concentration et la marche d'approche des alliés. — L'exécution du plan de campagne lu, dès le 4 février 1794 à Bruxelles, devait tout d'abord s'effectuer du 20 au 25 mars (2); mais, malgré le beau temps qu'il faisait

---

(1) Ditfürth, *Campagnes de 1793, 1794, 1795 par les Hessois*, tome II, pages 38 et 39.

Cet auteur dit (p. 44) que les troupes hessoises comprenaient, à la date du 1ᵉʳ avril :

4 régiments de cavalerie (gens d'armes, carabiniers, Leib-Dragons et dragons du prince Frédéric), comptant au total 1735 hommes et 1768 chevaux ;

6 régiments d'infanterie (grenadiers de la Garde, Leib-Régiment Prince héritier, prince Charles, de Lossberg, de Kospoth) et 5 bataillons (grenadiers de Germann, de Eschwege, de Wurmb, chasseurs et fusiliers, soit 6,527 fantassins. Force totale : 8,262 hommes et 1768 chevaux.

L'*Œsterreichische militärische Zeitschrift* dit, au sujet de ce même corps : « Le 3ᵉ corps était à Denain. Il était fort de 6,500 hommes et composé de 2 compagnies de tirailleurs de frontières, 2 bataillons et 2 escadrons impériaux, 5 bataillons et 8 escadrons hessois. Le général hessois von Wurmb devait, avec cette force, tenir nette de tout ennemi la rive gauche de l'Escaut et, en deçà de ce fleuve, entre la Selle et l'Écaillon, se tenir en liaison avec un corps que le duc d'York installerait sur son aile droite à Solesmes ou à Haspres. Pour le cas d'une retraite, le corps devait aller sur les hauteurs de Hérin et, en cas de nécessité, jusqu'à Valenciennes » (p. 82).

(2) « ..... L'ennemi s'est fortifié partout où il a une attaque à craindre, et sa situation s'améliore chaque jour. Cet état de choses me cause une douleur d'autant plus profonde et amère que Landrecies serait déjà en notre pouvoir si le premier plan d'opérations, d'après lequel nous devions attaquer du 20 au 25 mars, n'avait pas échoué. Cette attaque aurait eu lieu par le plus beau temps. Et si nous avions réussi à éloigner l'ennemi qui cernait Landrecies et à établir l'armée

alors, ce projet fut au grand désespoir de Cobourg, ajourné à quinzaine, en raison des objections soulevées par l'armée prussienne et du retard qui s'ensuivit (1). Au bout d'une dizaine de jours, l'affaire fut encore reprise, et, le 1er avril, le généralissime autrichien adressait à l'armée impériale et royale principale, à celle du duc d'York et à celle du prince d'Orange, les instructions qui devaient régler leur concentration et leur marche progressive dans la direction de Landrecies.

D'après ce document (2), le but à atteindre est d'attaquer en plusieurs colonnes les divisions Goguet et Balland, cantonnées entre Guise et Landrecies, ou, si elles se sont retirées dans le camp retranché de Guise, de leur livrer une bataille décisive. Dans l'un et l'autre cas, on rejettera l'adversaire derrière Guise, au delà de l'Oise et vers Avesnes, au delà de la Petite-Helpe; puis, tandis que quelques bataillons investiront Landrecies sur la rive droite de la Sambre, l'armée principale impé-

---

d'observation, nous n'aurions plus eu à nous inquiéter du mauvais temps, car il n'aurait pas nui à notre ligne de communications Valenciennes—le Quesnoy, qui est en chaussée, mais aurait été très défavorable à l'ennemi qui aurait tenté d'attaquer notre armée d'observation. » (*Rapport* de Cobourg à l'Empereur, non daté. *K. u. K. Kriegs Archiv.*)

(1) « Que Votre Majesté daigne se rappeler que, au moment où fut adopté le plan d'opération envoyé de Bruxelles, déjà 20,000 hommes de l'armée du Rhin pouvaient être appelés sur la rive droite de la Meuse; qu'on ne regardait pas alors comme nécessaire d'attendre les Hollandais et qu'on devait paraître devant Landrecies, où désormais on ne pourra se montrer avant 14 jours; ...... Si Votre Majesté se trouvait Elle-même à la tête de son armée, comme Elle ressentirait profondément la douleur d'une telle situation ! » (*Rapport* de Cobourg à l'Empereur, le 27 mars 1794. *K. u. K. Kriegs Archiv.*)

(2) *K. u K. Kriegs Archiv.* Ordre général du prince de Cobourg. daté de Valenciennes le 1er avril.

riale formera armée d'observation entre la Sambre et l'Helpe, en laissant le Bois-l'Évêque derrière sa droite et tenant sa gauche assez éloignée de la lisière de la forêt de Nouvion pour bien la surveiller. Cette armée d'observation sera prolongée entre Catillon et le Cateau par celle du duc d'York qui jouera, vis-à-vis de Cambrai, le même rôle que l'armée principale vis-à-vis des divisions Balland et Goguet, refoulées sur Guise, et de la division Fromentin, rejetée sur Avesnes. Quant à l'armée du prince d'Orange, elle constituera sur la rive gauche de la Sambre le véritable corps de siège, ayant en arrière d'elle la ligne de communications Valenciennes—le Quesnoy ; elle trouvera dans la forêt de Mormal des approvisionnements de bois de siège et un couvert excellent pour s'approcher aussi près que possible de Landrecies ; son action sera favorisée par le terrain, qui offre à son artillerie des positions dominantes.

En conséquence, Cobourg prescrit au duc d'York de se concentrer le 5 avril, « après la soupe, sur les deux rives de l'Escaut, dans les villages de Saint-Léger, Trith, Fontenelle, Famars, Querenaing, Sommaing et Vendegies ». Le même jour, le corps hessois, qui reste décidément à Denain, se rassemblera à Hérin et Oisy avec le régiment impérial et royal de Jordis, en liaison à Prouvy. Le duc d'York a ordre de masquer cette concentration en lui donnant pour prétexte la menace d'une nouvelle attaque des Français sur le Cateau. De son côté, Clerfayt renforcera le poste de la Laine-d'Or de deux bataillons tirés de son armée et envoyés vers Saint-Amand, tandis que le régiment de Ligne ira à Saint-Amand.

Dans l'après midi du 6, l'armée du duc d'York devra se rapprocher de Landrecies et s'établir en cantonnements très serrés dans les villages d'Escarmaing, Vertaing, Romeries, Neuville. Le prince d'Orange ira jusqu'aux environs du Quesnoy et se concentrera dans les villages de Potelle, Jolimetz, Louvignies, Ghissignies et Beaudignies, c'est-à-dire derrière la lisière Nord du vaste couvert que lui offre la forêt de Mormal.

Pour masquer ces mouvements, Clerfayt devait, dans l'après-midi du même jour, rassembler dans les villages les plus rapprochés de Tournai toutes les troupes appelées à constituer le camp de Tournai; de son côté, Kaunitz concentrerait celles désignées pour le camp de Bettignies dans quelques villages des plus proches; il ferait occuper Pont et Berlaimont par un détachement d'infanterie et d'artillerie, avec de la cavalerie pour assurer le service des vedettes et patrouilles.

Vers 3 heures du soir, le 7 avril, l'armée du duc d'York devait être « rassemblée dans les champs en deçà de la Selle, face à Montay ». Elle attendrait ainsi que le soir fût venu. Alors, à la faveur de la nuit, laissant en place ses bagages, elle passerait la Selle en deux colonnes pour se camper en avant et près du Cateau, l'aile gauche à la rivière et la droite sur la chaussée conduisant à Marets. Afin de dissimuler la troupe après ce passage, le camp devait être installé dans un fond, les tentes dressées dans le plus grand silence; défense était faite de faire aucun feu ou de tolérer aucun jeu.

L'armée impériale et royale devait de même se rassembler à 3 heures de l'après-midi à gauche de Montay, puis, le soir, laissant ses bagages sur place, passer la Selle en trois colonnes et s'établir au camp, la droite à la Selle et la gauche vers Basuyau. Pour dissimuler les mouvements, on veillerait à ce qu'aux avant-postes, restés les mêmes, il n'y ait aucun déserteur.

Le quartier général commun au prince de Cobourg et au duc d'York serait le Cateau, où Cobourg n'amènerait que le personnel strictement nécessaire, le reste étant laissé à Valenciennes, de façon à ne pas déceler trop tôt le mouvement. On devait dans ce but répandre le bruit que le prince de Cobourg, menacé d'une nouvelle attaque ennemie, s'absentait de Valenciennes pour deux jours avec quelques officiers.

Quant à l'armée du prince d'Orange, elle devait, le 7, se porter jusqu'à Forest, où elle aurait son quartier général et où elle camperait. Elle détacherait dans les abatis de la forêt de Mormal six bataillons (1).

Toutes ces troupes devaient être pourvues, jusqu'au 9 inclus, de pain, de fourrages et d'une portion de viande. La réserve d'artillerie emporterait tout ce qui serait nécessaire pour une bataille le 8. Tout le reste des *impedimenta* serait laissé dans quatre places de rassemblement établies à Montay pour les armées de Cobourg et d'York, et à Vendegies-au-Bois pour celle du prince d'Orange. Des pionniers, munis de leurs passerelles et pontons, devaient se trouver en nombre suffisant dans les différentes colonnes.

Enfin, pour détourner l'attention de l'ennemi, Clerfayt camperait à Tournai, Mouscron et à la Laine-d'Or; le corps de Denain devait occuper sa position et camper; Kaunitz en ferait de même à Bettignies, Erquelines, Beaumont, Dinant et dans les points intermédiaires; il exécuterait en amont et en aval sur la Sambre de nombreuses reconnaissances et démonstrations, comme s'il voulait passer la rivière.

Le 8 avril, dès l'aube, l'armée du prince d'Orange franchirait la Selle en trois colonnes : la principale, et l'une des secondaires passeraient à droite du Cateau, la dernière marcherait sur Ors et Catillon. La colonne principale se dirigerait sur la route de Cambrai en détachant des partis à gauche vers Crèvecœur; et, avec l'aide de la colonne secondaire, elle refoulerait l'ennemi sous les murs de Cambrai; l'autre colonne secondaire rejetterait

---

(1) 2 autrichiens, 4 hollandais.

tout ce qu'elle rencontrerait sur Landrecies au delà de la Petite-Helpe.

A la même heure, l'armée du duc d'York, divisée en deux colonnes, en lancerait une à droite vers Marets, d'où celle-ci ferait un détachement sur le Castelet à droite et un autre sur la route du Cateau à Bohain par Vaux; l'autre colonne, la principale, suivrait cette route en se tenant en liaison avec l'armée de Cobourg.

La colonne principale de celle-ci devait avancer sur la grande route de Guise par Wassigny, tandis qu'un détachement, sous le F. M. L. Alvinzy, devait gagner Oisy par Mazinguet. Elle marcherait ensuite sur Nouvion, et, si elle n'y trouvait pas d'ennemis, elle se rabattrait sur Fesmy pour concourir à l'opération de l'armée du prince d'Orange en rejetant les Français dans Landrecies ou au delà de la Petite-Helpe.

Le grand quartier général partirait le 8 à midi de Valenciennes pour se rendre à Englefontaine et attendrait là des ordres ultérieurs.

Enfin les instructions recommandaient, comme précédemment, le plus grand secret jusqu'à l'attaque et rappelaient que le prétexte à donner de ces mouvements était la seule crainte d'une attaque de l'ennemi.

Dix mille travailleurs stationnés à Condé, Valenciennes et le Quesnoy devaient être rassemblés à midi à Forest et prêts à partir à tout moment.

Les tentes et les petits bagages seraient laissés sur place dans les trois camps; mais ils devaient être sur roues, les voitures attelées et prêtes à rompre au premier ordre; le 8, à midi, deux jours de pain et de fourrages et deux jours de viande sur pied devaient être rendus sur les places de rassemblement du 7 et prêts à être expédiés au premier ordre (1).

---

(1) *K. u. K. Kriegs Archiv.* Instruction datée de Valenciennes le 1ᵉʳ avril.

L'exécution de ces instructions fut encore retardée par le manque de vivres (1) et par une pluie incessante qui rendait impraticables les routes pour les voitures, et les champs pour les manœuvres de l'artillerie et de la cavalerie. En annonçant ce contretemps à l'Empereur, Cobourg ajoutait :

> Pour pouvoir attaquer l'ennemi à Landrecies, il faut avoir des chemins et des champs praticables; sans quoi, nous devons laisser notre artillerie au repos et notre cavalerie devra attaquer au pas et peut-être rester figée au sol. Cependant, j'ai arrêté dès maintenant les dispositions nécessaires pour que..... dès que le temps se rassérénera sûrement, je puisse envoyer partout l'ordre de rassembler le lendemain les troupes au Cateau et les faire marcher le surlendemain, dès la première heure à l'attaque (2).

Néanmoins Cobourg, qui avait hâte de commencer son mouvement, crut pouvoir en fixer le début au 7 avril; car il écrivait le 5 à Kaunitz de prendre, le 8, les dispositions qu'il avait prescrites d'abord pour le 6 (3). Mais une nouvelle remise fut encore nécessaire; et, le 8, Kaunitz recevait un ordre l'invitant à concentrer, le 10, toutes ses troupes sur les positions précédemment indiquées, mais de ne pas faire occuper de camp le 11 sans nouvel ordre; il devait seulement se mettre en mesure de pouvoir, au premier signal, camper à Bettignies, Erquelines et derrière la Hantes (4).

---

(1) Un ordre de Cobourg du 2 avril prescrit de suspendre les mouvements déjà réglés : « Ce qui aurait dû être exécuté le 8 le sera le 10; par suite, ce qui devait être exécuté le 9 le sera le 11 ; on voudra bien se conformer à ce qui précède et garder le secret d'autant plus longtemps. Ce retard est causé par la question des vivres. »

(2) *K. u. K. Kriegs Archiv.* Cobourg à l'Empereur (sans date).

(3) *K. u. K. Kriegs Archiv.* Cobourg à Kaunitz, 5 avril, Valenciennes.

(4) *K. u. K. Kriegs Archiv.* Cobourg à Kaunitz, 8 avril, Valen-

En dehors de ces instructions complémentaires à Kaunitz, datées des 5 et 8 avril, Cobourg adressait, le 6, à l'armée combinée un ordre confidentiel qui fixait au 9 au soir l'établissement des camps de Montay et de Forest prévu pour le 7 par les « dispositions » du 1er avril. Mais, le 8, il dut encore une fois prescrire d'attendre « de nouveaux ordres pour le rassemblement », en raison des circonstances survenues ; les troupes devaient reconstituer leur approvisionnement de vivres, de manière que « en tout temps on fût approvisionné à deux jours », au moment de marcher.

Ce fut donc seulement le 15 avril que l'armée combinée prit les cantonnements de concentration arrêtés pour le 6, d'après les dispositions dictées, le 1er, par Cobourg. Le mauvais temps avait ainsi retardé de dix jours le début de l'offensive des alliés.

Peut-être aussi avait-on jugé nécessaire d'attendre l'arrivée de l'Empereur (1) qui, pour éviter tout froissement entre les divers chefs des troupes combinées, avait résolu de prendre lui-même le commandement suprême. Il fit, le 14 avril, une entrée solennelle à Bruxelles. A ce moment, le temps étant devenu plus favorable, il devint possible de commencer immédiatement les opérations.

Cette période d'attente avait du moins été utilisée pour préparer la concentration projetée et notamment pour rapprocher l'armée anglaise de la région qui avait été assignée (2). Le 8 avril, elle avait quitté les environs de

---

ciennes. La Hantes est un petit affluent de droite de la Sambre, où elle se jette un peu en aval de Solre.

(1) Ce motif de retard est indiqué par Ditfürth (page 44).

(2) « D'après le plan concerté entre les chefs de l'armée combinée d'ouvrir la campagne en se dirigeant sur Landrecies, l'armée I. et R., ainsi que l'armée anglaise et la majeure partie de l'armée hollandaise se concentrèrent dans les premiers jours d'avril entre les rivières de la Sambre et de l'Escaut, de manière à pouvoir commencer l'opération,

Saint-Amand pour se porter au Sud-Ouest de Valenciennes, puis entre cette ville et le Quesnoy (1). Elle vint occuper, dans la journée du 10, les cantonnements suivants, assignés par un ordre du prince de Cobourg (2) :

Ghissignies. — 2 compagnies O'Donnell et 2 compagnies de chasseurs.
Beaudignies. — 3 bataillons de grenadiers I. et R.
Capelle et Bermerain. — 6 escadrons de hussards archiduc Ferdinand et 4 pièces d'artillerie à cheval.
Vendegies. — 4 bataillons de Garde anglaise.
Sommaing. — 2 bataillons Wenzel Colloredo.
Ruesnes. — Artillerie de réserve I. et R.
Maresche. — 6 escadrons de la brigade anglaise Mansel.
Villers-Pol et Orsinval. — 6 escadrons de cuirassiers Zeschwitz.
Artres et Sepmeries. — 5 bataillons de Hesse-Cassel.
Querenaing. — 2 bataillons Joseph Colloredo.
Monchaux. — 3 bataillons Kaunitz.

---

dès que le temps le permettrait. » (*Relation* préalable, publiée à l'armée impériale et datée du quartier général de Catillon, le 23 avril. *K. u. K. Kriegs Archiv.*)

(1) Voici, d'après les *Mémoires* de d'Arnaudin, les cantonnements successifs de l'armée britannique :

8 avril (au soir). — Brigade du général Dundas : Oisy ; brigade du général Mausel : Raismes ; brigades du général sir R. Lawrie et du colonel Vyse, et 6e régiment de Dragons Gardes : Aulnoy et Hérin ; brigade des Gardes : Saint-Léger ; brigade du 14e régiment d'infanterie et réserve d'artillerie : Trith.

2 pièces de 12, 4 pièces lourdes de 6 et 2 obusiers furent détachés de la réserve d'artillerie pour accompagner à Denain la division hessoise commandée par le général de Wurmb.

9 avril. — Brigade du général Dundas : Thiant et Douchy ; brigade du général Mansel : Maresche ; brigade du général sir R. Lawrie : Famars ; brigade du colonel Vyse : Aulnoy (elle ne bouge pas) ; 6e régiment de Dragons Gardes : Vendegies ; brigade du 14e régiment d'infanterie : Maing ; réserve d'artillerie : Fontenelle.

(2) *K. u. K. Kriegs Archiv.*

Maing. — 3 bataillons d'infanterie de la brigade anglaise Abercromby.

Famars. — 6 escadrons Lawrie.

Thiant et Haulchin. — 8 escadrons de la brigade anglaise Dundas.

Fontenelle. — L'artillerie de réserve anglaise.

Aulnoy. — 6 escadrons de la brigade anglaise du général-major Vyse.

Trith. — 3 bataillons de la brigade anglaise du général-major Gardner.

Préseau. — 3 escadrons de la brigade de cavalerie anglaise du général-major White.

Cet ordre fixait ainsi l'emplacement des quartiers généraux :

Duc d'York : Saint-Amand (provisoirement); général Erskine : Famars; général Otto : Sommaing et Bermerain ; colonel de Devay (1) : Bermerain ; général Montfrault : Querenaing ; général Linken : Villers-Pol.

Le corps du duc d'York était ainsi cantonné en profondeur sur deux colonnes échelonnées de Valenciennes au Quesnoy, le long de l'Écaillon et de la Rhonelle. L'ordre de Cobourg prévoyait que, dans le cas où une concentration plus serrée deviendrait nécessaire, toutes les troupes s'établiraient dans la zone Romeries—Vertigneul—Vertaing—Escarmaing—Neuville (2). Elles se trouve-

---

(1) Le colonel Devay (commandant les hussards archiduc Ferdinand) recevait le commandement provisoire de la brigade Kostolangi comprenant 2 compagnies de chasseurs, 6 escadrons des hussards archiduc Ferdinand et 4 pièces de I. et R. cavalerie (2 canons de 6 livres et 2 obusiers).

(2) Ces cantonnements étaient ainsi répartis :

Romeries : 6 escadrons de hussards archiduc Ferdinand ; 2 bataillons d'O'Donnell, 1 compagnie de chasseurs, 3 bataillons de grenadiers.

Vertigneul : 3 bataillons anglais du général Abercromby, 6 esca-

raient ainsi groupées sur une lieue carrée de terrain entre le ruisseau des Harpies et celui de Saint-Georges.

Le but de ce mouvement général, qui pouvait faire pressentir des dispositions ultérieures, avait été tenu secret, écrit d'Arnaudin. On n'avait rien dit de plus aux chefs particuliers sinon que l'on s'attendait à être attaqué de nouveau autour du Cateau-Cambrésis (1).

C'était en réalité le prélude de la vaste opération projetée qui consistait à rejeter les troupes françaises au delà de l'Oise, du ruisseau de Noirieu et de la Petite-Helpe, pour permettre de cerner Landrecies et d'en entreprendre le siège (2). On a vu quelles circonstances retardèrent le début de ce mouvement.

..... Ce ne fut que le 15 avril que l'armée du duc d'York put quitter ses derniers cantonnements pour se rendre sur les hauteurs de Bermerain, où elle dut être rassemblée à 9 heures du matin.

L'armée du prince héréditaire d'Orange....., qui s'était depuis peu rapprochée de la Sambre, faisait le même jour un mouvement vers le Quesnoy et s'établissait dans les village de Potelle, Jolimetz, Beaudignies, Ghissignies et Louvignies.....

Dans le même temps, l'armée impériale, aux ordres du prince de Cobourg, occupe des cantonnements serrés dans les

---

drons anglais du général Lawrie, 6 escadrons anglais du colonel Vyse.

Vertaing : 6 escadrons Zeschwitz, 4 bataillons Colloredo, artillerie de réserve I. et R.

Escarmaing : 3 bataillons de grenadiers hessois, 3 bataillons Kaunitz, 8 escadrons anglais de la brigade Dundas.

Neuville : 2 bataillons de la Garde hessoise, 4 bataillons de la Garde anglaise, 9 escadrons anglais des généraux White et Mansel; artillerie de réserve anglaise.

(1) *Mémoire historique et militaire*, etc., *loc. cit.*
(2) *Relation* préalable publiée à l'armée impériale, *loc. cit.*

villages de Salesches, Poix, Englefontaine, Robersat, Boursies, Forest et Montay (1).

Le corps hessois du général de Wurmb, qui se trouvait aux environs de Denain, se rassembla le 14 à Hérin; le détachement de la Laine-d'Or, à Saint-Amand.

De son côté, Clerfayt rassemblait ses troupes dans les villages en avant de Tournai pour masquer Lille; et Kaunitz dans les localités devant Bettignies, en même temps qu'il faisait occuper les positions de Berlaimont et de Pont-sur-Sambre (2).

Le mouvement se continua le 16 avril et amena les trois armées sur les hauteurs de Forest qui avaient été assignées comme point de concentration.

A 3 heures de l'après-midi, les trois armées combinées se trouvèrent réunies dans l'ordre ci-après :

L'armée impériale à la gauche de Montay, faisant face au bras droit de la Selle; celle du duc d'York à la droite de Montay, en arrière de la Selle, et enfin l'armée hollandaise à la droite de celle du duc d'York, en avant de Forest (3).

---

(1) *Mémoire* de d'Arnaudin.
(2) *Œsterreichische Militärische Zeitschrift*.
(3) *Mémoire* de d'Arnaudin.
Cet auteur donne le détail de la marche de l'armée du duc d'York. Elle exécuta son mouvement en deux colonnes :

PREMIÈRE COLONNE : commandée par le lieutenant général Otto, ayant sous ses ordres le général-major Abercromby.

Avant-garde : Demi-escadron de hussards de l'archiduc Ferdinand, 2 compagnies de chasseurs à pied autrichiens, 2 escadrons de hussards de l'archiduc Ferdinand, 3 bataillons francs d'O'Donnell, 4 escadrons de hussards de l'archiduc Ferdinand, 4 pièces d'artillerie de la réserve autrichienne, 2 ponts volants, 2 pièces de 12 autrichiennes, 3 bataillons de grenadiers autrichiens, 2 pièces de 12, 1 obusier.

Corps de la colonne : 6 escadrons de cuirassiers de Zeschwitz, la brigade du général sir R. Lawrie, 2 pièces de 12 autrichiennes, 1 obusier,

Les trois armées, rangées en bataille dans l'emplacement désigné, y furent passées en revue par l'Empereur (1); ensuite, elles se mirent en mouvement le soir

---

la brigade des gardes anglaises, 4 pièces lourdes de 6 anglaises, la brigade du général Mansel.

SECONDE COLONNE : commandée par le lieutenant général sir Will. Erskine, ayant sous ses ordres le lieutenant général Harcourt.

Avant-garde : Demi-escadron de dragons légers anglais, 2 compagnies d'infanterie légère anglaise, 2 escadrons du 11e régiment de dragons légers, le bataillon du 14e régiment d'infanterie anglaise, 6 escadrons de cavalerie légère, 2 pièces lourdes de 6 anglaises, 2 obusiers anglais, 2 bataillons anglais (37e et 53e), 2 pièces de 12 anglaises.

Corps de la colonne : Brigade du colonel Vyse formant 6 escadrons, 2 pièces de 12 autrichiennes, 2 pièces de 6 autrichiennes, 3 bataillons de Kaunitz, 2 pièces de 6 lourdes anglaises, 5 bataillons hessois, 2 pièces de 12 autrichiennes, le 6e régiment de dragons Gardes.

D'Arnaudin continue :

« En faisant attention à la composition des deux colonnes que l'on vient de décrire..... on observera que le corps d'armée immédiatement aux ordres du duc d'York, était augmenté de beaucoup de corps autrichiens ; et réciproquement, quelques corps tirés de l'armée anglaise proprement dite étaient répartis dans l'armée autrichienne, mais en beaucoup moindre nombre. Cet ordre de choses eut lieu jusqu'à l'époque de l'abandon de Tournai.

« La première colonne dirigea sa marche par la cense de Clair-Ménage où elle passa l'Écaillon, et gagna la hauteur entre la Selle et ce ruisseau, d'où, ayant traversé Solesmes, elle se porta vers le rendez-vous assigné.

« La seconde colonne traversa l'Écaillon à Bermerain, et un autre bras de ce ruisseau (*a*) à Romeries, pour se rendre à sa destination. »

(1) « Le 16, les armées du duc d'York, du prince de Cobourg et du prince héritier d'Orange s'établirent entre Forest et Montay. Là, 80,000 hommes des plus belles troupes de l'Europe furent passées en revue par S. M. l'empereur François qui était arrivé le 15 au grand quartier général à Valenciennes. En chevauchant le long de la ligne, il reçut leurs acclamations..... » (*Œsterreichische Militärische Zeitschrift*, 1818-2, page 87.)

Voir aussi *Opérations du général en chef Pichegru*, chapitre II :

« Les alliés, enhardis par leur défense du Cateau, ouvrirent la cam-

(*a*) Il s'agit du ruisseau des Harpies, affluent de gauche de l'Écaillon.

même pour occuper de nouvelles positions. L'armée impériale, en trois colonnes, franchit le bras de la Selle qui se trouvait devant elle et se forma en avant du Cateau, conformément à son ordre de bataille ; les trois corps de réserve qui en dépendaient furent répartis en avant du front. L'armée britannique traversa la Selle sur deux colonnes et vint occuper au Sud-Ouest du Cateau une position comprise entre la Selle (à gauche) et la chaussée de Marets (à droite). Quant à l'armée hollandaise, elle resta campée en avant de Forest ; mais six bataillons en furent détachés pour garder les redoutes et les abatis organisés du côté de Landrecies (1). On avait eu soin de faire prendre aux troupes le pain et le fourrage pour deux jours et la viande pour un. L'artillerie de réserve était pourvue de munitions comme pour

---

pagne plus tôt qu'on ne s'y était attendu. L'Empereur, intimement persuadé que la réussite la plus glorieuse couronnerait les efforts de ses armées était venu de Vienne en prendre le commandement.

« Le 27 (germinal, 16 avril), il réunit sur les hauteurs de derrière la Selle 70,000 hommes des armées autrichienne, britannique et hollandaise, afin d'en passer la revue. Sa présence, en inspirant l'enthousiasme, devait nécessairement augmenter le courage du soldat ; aucun stimulant ne fut oublié par ce souverain ; ayant à ses côtés les deux archiducs, il haranguait les troupes ; il était suivi du duc d'York, du prince d'Orange et de tous ses officiers généraux. Sa vue, celle de son brillant cortège produisirent l'effet qu'on en attendait ; et, pour profiter de ces heureuses dispositions, il fit passer la Selle à son armée, afin de nous attaquer le lendemain ; elle vint camper sur deux lignes en avant du Cateau ; les Anglais et les Autrichiens formaient la première, les Hollandais la seconde ; il fit organiser de suite quatre corps principaux qu'on subdivisa en plusieurs colonnes. » (*Arch. hist. Guerre*. Mémoire n° 16. Armée du Nord.)

(1) « Le prince d'Orange plaça son corps à Forest et fit occuper la forêt de Mormal par 6 bataillons. Les quartiers généraux de S. M. l'Empereur, du duc d'York et du prince de Cobourg étaient au Cateau ; celui du prince d'Orange à Forest. » (*Œsterreichische Militärische Zeitschrift. Loc. cit.*)

donner bataille. Les équipages des trois armées qui étaient à Vendegies-au-Bois se rassemblèrent derrière l'Écaillon. Les pionniers, les pontonniers et les pontons rejoignirent dans la soirée leurs colonnes respectives (1).

Tandis que cette concentration s'opérait autour du Cateau, du côté de Maubeuge le F. M. L. Kaunitz (2) faisait exécuter, par des détachements, des mouvements le long de la basse Sambre pour donner le change aux Français et leur faire craindre une tentative de passage dans cette région. Du côté de Tournai, Clerfayt, dont le corps s'étendait en postes détachés de Cysoing à Néchin, observait la garnison de Lille et, à cet effet, il avait eu soin de resserrer ses postes le long de la petite rivière de Marque. Le corps placé aux environs de Denain en faisait autant pour tenir en respect la garnison de Bouchain, et servait en outre à assurer la liaison de l'armée combinée avec celle de Clerfayt (3).

---

(1) D'après les *Mémoires* de d'Arnaudin.

(2) Avec son corps de 5,000 à 6,000 hommes, il avait pris position entre Bettignies et Erquelines.

(3) On voit qu'en définitive, à la date du 16 avril, les troupes des alliés étaient réparties sur les points désignés pour l'exécution du plan d'opérations adopté, savoir : l'armée principale, sous le prince de Cobourg, composée de 75,000 Autrichiens, Anglais et Hollandais, en avant du Cateau ; à sa droite se trouvaient 28,000 hommes sous le général Clerfayt, dans le camp de Marquain devant Tournai ; ils occupaient Orchies, Marchiennes, Ypres, Nieuport et Furnes. Leur liaison avec l'armée principale était assurée par 10,000 hommes, dont les postes principaux étaient à Denain et à la Laine-d'Or. Le flanc gauche de Cobourg était couvert par 27,000 hommes placés à Bettignies, se reliant, par Rochefort, avec 8,000 hommes qui étaient établis en face d'Arlon, et par ces derniers, avec 12,000 hommes qui gardaient Trèves.

Journée du 17 avril.

Dispositions des alliés pour l'investissement de Landrecies. — La concentration des alliés étant ainsi effectuée, autour du Cateau, dans des conditions très favorables, ils poursuivirent, dès le lendemain matin, leurs opérations en vue de l'investissement de Landrecies.

Le 17 avril, écrit d'Arnaudin, dès la pointe du jour, les trois armées se partagèrent en huit colonnes. L'objet que l'on avait le plus particulièrement en vue, dans l'expédition que l'on allait entreprendre, était d'employer une partie des forces actuellement en mouvement à tenir en échec la ville de Cambrai; tandis qu'avec le reste on s'occuperait à repousser l'ennemi de l'autre côté du ruisseau dit le Noirieu, ainsi que de l'autre côté de la Petite-Helpe vers Avesnes, pour être à portée d'entreprendre ensuite le siège de Landrecies sans aucun empêchement (1).

Pour arriver à ce résultat, le prince de Cobourg adressa à l'armée combinée une « disposition secrète » fixant le rôle de chacune de ces huit colonnes (2) :

---

(1) *Mémoires* de d'Arnaudin. Pour dissimuler le plus longtemps possible le mouvement projeté, on avait pris des précautions minutieuses : « La chaîne d'avant-postes des troupes destinées à l'offensive avait été ce jour-là très renforcée et les postes doublés, de telle sorte que personne ne pût les passer et trahir à l'ennemi l'exécution de la concentration qui s'opérait aussi près des avant-postes. Tous les mouvements des troupes furent étudiés si soigneusement qu'ils restèrent cachés à l'ennemi et que ce dernier ne soupçonna pas l'attaque du lendemain. » (*Œsterreichische Militärische Zeitschrift,* page 88.)

(2) *K. u K. Kriegs Archiv.* Disposition secrète pour l'attaque de l'ennemi, le 17 avril 1794.

La 1re, à gauche, sous les ordres du lieutenant général prince de Hesse-Darmstadt, devait s'avancer sur Catillon, attaquer ce village, s'efforcer de passer la Sambre et de déloger l'ennemi des hauteurs de la rive opposée. Bien que le village d'Ors fût inondé en partie, il était recommandé d'y passer avec des troupes d'infanterie légère et de la cavalerie, afin de tourner Catillon et d'amener ainsi la retraite des défenseurs. La première colonne devait être soutenue par celle du F. M. L. Alvinzy, marchant à sa droite, si ce concours était nécessaire pour enlever le village et rejeter l'ennemi sur la rive droite.

En dehors de cette intervention éventuelle, la 2e colonne, commandée par le F. M. L. Alvinzy, devait traverser la Sambre à Catillon et à Fesmy et chasser l'ennemi du terrain situé entre la Sambre et la Petite-Helpe, de concert avec la 1re colonne. Ce résultat atteint, la 2e colonne devait, avec la majeure partie de ses forces, s'avancer sur Nouvion entre la Sambre et le Noirieu, nettoyer tous les bois de ces parages, et, autant que possible, pousser jusqu'à la Capelle et Leschelle un corps de troupes légères qui lanceraient des partis sur Avesnes et sur Guise. Toutefois, le gros ne devait pas dépasser Nouvion ; il s'efforcerait de maintenir la liaison avec la 1re colonne et avec la partie de la 2e qui aurait franchi la Sambre. La 2e colonne devait être pourvue de 4 canons de 18.

La 3e colonne, à laquelle se trouveraient l'empereur d'Autriche et le F. M. prince de Cobourg, était placée sous les ordres du F. M. L. Kinsky. La 2e colonne devait se maintenir en liaison avec la 3e et rendre compte à son chef de ce qui surviendrait. Cette 3e colonne avait pour objectif les hauteurs de Grand et de Petit-Blocus au Sud de Wassigny. De là, son avant-garde s'efforcerait de marcher sur Hénappes, de pousser jusqu'à Guise et de lancer même des troupes légères au delà. A cette colonne étaient affectés 6 canons de 18.

La 4ᵉ colonne, commandée par le duc d'York, devait s'avancer par Vaux sur Bohain et nettoyer avec son infanterie les bois entre Bohain et Vaux. Le gros restant à Vaux, une avant-garde, pourvue d'une nombreuse cavalerie légère, irait à Bohain, d'où elle pousserait des reconnaissances sur Saint-Quentin et à gauche vers l'Oise.

La 5ᵉ colonne (comprenant environ le tiers de l'armée anglaise), sous le lieutenant général Erskine, s'avancerait par Marets sur Prémont ; de ce point, des fractions se dirigeraient à gauche sur Bohain et à droite sur le Castelet, avec mission de lancer des reconnaissances vers Péronne et Saint-Quentin. Le gros de la colonne devait rester à Prémont, ou du moins se replier la nuit sur ce point, s'il l'avait dépassé.

La 6ᵉ colonne, commandée par le général-major Hadik, devait se porter à Crèvecœur et lancer des reconnaissances à droite et à gauche au delà de l'Escaut, aussi loin que possible, sans dépasser cette rivière avec le gros.

La colonne du prince héritier d'Orange, la 7ᵉ, renforcée de 3 divisions de dragons de Cobourg, devait s'avancer sur la route principale de Cambrai et refouler l'ennemi dans cette place. Sous le couvert de cette démonstration, le gros de la colonne rétrograderait ensuite jusqu'à Beauvois ou environs.

Enfin, la 8ᵉ, sous le général-major Geusau, se dirigerait par Saint-Hilaire vers l'Escaut, refoulerait tout ce qu'elle trouverait soit dans la forteresse de Cambrai, soit au delà, et se mettrait en liaison avec le général-lieutenant de Wurmb, dont les avant-postes étaient à Avesnes-le-Sec. Le gros de la colonne rétrograderait ensuite dans les environs de Saint-Hilaire.

A neuf heures du matin, toutes les troupes devaient

être sous les armes et rompre aussitôt par pelotons à droite (1).

L'exécution de cet ordre commença le 17 avril, à 9 heures du matin.

Mouvements de la 1re colonne. — La 1re colonne comprenait : 1 bataillon d'infanterie impériale et royale de Wurtemberg, 1 demi-escadron de hussards impériaux et royaux Barco, 1 demi-escadron de chevau-légers de Karaczay, 2 bataillons de chasseurs hollandais de Bylandt, 3 bataillons d'infanterie hollandaise de May, 1 bataillon d'infanterie hollandaise de Petit, 1 bataillon d'infanterie hollandaise de la Calmette, 2 escadrons de cavalerie hollandaise. Cette colonne s'avança droit sur Catillon. Le colonel comte Gontrœuil de Wurtemberg se mit à la tête de l'infanterie légère des chasseurs de Varasdin et des chasseurs hollandais de Billand, ainsi que d'un bataillon de Wurtemberg et d'un bataillon hollandais d'infanterie ; ces troupes étaient soutenues au centre par le reste de la colonne appuyée de toute son artillerie. Dans cette formation, le comte Gontrœuil attaqua le village de Catillon, qui était bien occupé et fortement retranché par les Français ; il prononça cette attaque sur la partie Nord du village, du côté d'Ors (2).

---

(1) *K. u. K. Kriegs Archiv.* Cet ordre de Cobourg recommandait en outre aux avant-postes d'entamer la marche lentement. Il ajoutait : « Il va de soi qu'en terrain découvert, la colonne devra avoir en tête une nombreuse cavalerie ; mais, dès que l'on sera en pays boisé et parsemé de localités, la cavalerie devra céder la place à l'infanterie et à l'artillerie. »

(2) « Le 28, vers les 7 heures du matin, les alliés se mirent tous en marche. Le corps de gauche, composé d'Autrichiens et de Hollandais, était aux ordres de M. le prince de Hesse-Darmstadt ; il força le passage de la Sambre à Ors et Catillon..... » (17 avril. — 28 germinal. *Opérations du général en chef Pichegru, loc. cit.*)

Après avoir été, dit le comte de Gontrœuil, affecté avec mon bataillon au corps de S. A. le F. M. L. prince de Hesse-Darmstadt, et eu la mission de le soutenir dans ses entreprises de mes vues et de mes conseils, j'y apportai tous les soins possibles. Aussi, avant que l'ennemi ait occupé Catillon, j'avais eu l'occasion de reconnaître ce village et de voir que son meilleur point d'attaque était à gauche vers la Sambre. Je m'offris à entreprendre moi-même l'attaque de ce village, ce à quoi consentit Son Altesse ; je formai l'attaque avec 80 Varasdin, 60 chasseurs de Bylandt, un bataillon de Wurtemberg, et je mis en soutien un bataillon de tirailleurs hollandais. Je fis attaquer l'ennemi avec une telle vivacité qu'il se troubla complètement devant l'attitude résolue de mes soldats et abandonna le village dans la plus grande confusion. Nous le poursuivîmes de si près et si activement que nous lui prîmes plusieurs canons et caissons qu'il dut laisser entre le village et le Bois-l'Évêque. L'ennemi abandonna de même les hauteurs retranchées et si avantageuses de Locquignol, car nous ne lui laissâmes pas le moindre répit. Ceci l'obligea à abandonner la partie du village d'Ors qu'il occupait encore ; de cette façon notre communication fut assurée avec l'aile gauche, et comme le général Kray resta toute cette journée à Fesmy, nous n'eûmes pas autre chose à faire qu'à maintenir notre position (1).....

La vigueur de cette attaque, combinée avec celle que la 2ᵉ colonne exécutait en même temps sur le flanc gauche de Catillon, obligea les défenseurs à évacuer ce village dans le plus grand désordre ; ils y perdirent plusieurs canons et des caissons de munitions.

Après la prise de Catillon, les Français furent poursuivis de concert jusqu'à la Groise. Là, les deux colonnes se séparèrent. La deuxième prit la route de Fesmy, tandis que la première se dirigeait sur la ferme de Locquignol. Il y avait là des hauteurs que les Français

---

(1) *K. u. K. Kriegs Archiv.*

avaient organisées et sur lesquelles ils s'étaient repliés. Le colonel Gontrœuil ne leur laissa pas le temps de s'y rassembler, les culbuta et occupa lui-même cette position. Ce succès détermina la retraite des forces qui occupaient encore une partie du village d'Ors; et la chute définitive de ce village permit au prince de Hesse-Darmstadt de se mettre en communication sur sa gauche avec les 5 bataillons hollandais qui, sous les ordres du général-major Van der Duyn, occupaient l'abatis de l'extrémité de la forêt de Mormal, face à Landrecies. Sur sa droite, le prince se couvrit par une flanc-garde qui occupa la ferme du Grand-Toaillon ; elle comprenait 1 bataillon de May, 1 escadron de hussards, 2 divisions de Wurtemberg et les chasseurs hollandais de Bylandt (1).

Mouvements de la 2e colonne. — La 2e colonne, commandée par le F. M. L. baron Alvinzy, comprenait :

1° Une avant-garde placée sous les ordres du général Kray et se composant de :
2 escadrons de uhlans, 2 escadrons de Royal-Allemand, 1 bataillon de grenadiers de Rousseau, 2 bataillons d'Ehrbach, 3 compagnies de Serbes, 3 compagnies de Tyroliens, 6 escadrons de hussards de l'Empereur ;

2° Une colonne principale ainsi constituée :
2 escadrons de uhlans, 6 escadrons de chevau-légers de

---

(1) « La première colonne, sous les ordres du lieutenant général hollandais prince de Hesse-Darmstadt, comprenait 9 bataillons et 3 escadrons. Elle força le passage de la Sambre à Ors et à Catillon. Le colonel I. et R. Gontrœuil enleva cette dernière localité avec la plus grande bravoure. L'ennemi abandonna plusieurs canons et caissons et s'enfuit en désordre vers les hauteurs retranchées de Locquignol. Il en fut encore repoussé par le colonel Gontrœuil ; la colonne s'y établit et envoya un détachement occuper la ferme de Grand-Toaillon..... » (*Œsterreichische Militärische Zeitschrift, op. cit.*, page 89.)

Kinsky, 1 bataillon de grenadiers de Brideskuly, un bataillon de Adorian, 1 bataillon de Briey, 2 bataillons d'Antoine Esterhazy, 1 bataillon de Beaulieu, 4 compagnies de tirailleurs des frontières, 4 compagnies de Tyroliens, 6 compagnies de Slavoniens, 6 escadrons de hussards de l'Empereur (1).

L'ensemble de ces forces formait un total de 20 compagnies légères, 9 bataillons de ligne et 24 escadrons (2).

---

(1) *K. u. K. Kriegs Archiv.*
(2) Voir *Œsterreichische Militärische Zeitschrift*. On y lit que la 2º colonne, forte de 20 compagnies légères, 9 bataillons de ligne et 22 escadrons, devait coopérer à l'enlèvement de Catillon et nettoyer de tout ennemi la route de Guise jusqu'au delà d'Étreux. Son avant-garde, sous le général-major Kray, s'avança, à 10 heures du matin, de la cavité de Basuyau sur la ferme Jonquière. Son canon réduisit au silence la batterie française établie vers Mazinguet. Les troupes ennemies étaient rejetées dans un bois derrière Mazinguet. La colonne repoussa les Français du chemin creux de la ferme d'Étonville (*La Haie Tonnoile*) et répondit alors efficacement au feu de la batterie placée en avant de Catillon. Le colonel Michailovitch, avec 6 compagnies et un demi-escadron, se porta aussitôt à gauche contre la chaussée de Guise dans le but de faciliter à la 1ʳᵉ colonne la prise de Catillon. Kray fit envelopper par sa cavalerie légère les retranchements les plus avancés ; les hussards de l'Empereur enlevèrent en outre un obusier ; le Royal-Allemand repoussa la cavalerie ennemie, qui venait au secours de son infanterie qui pliait. L'ennemi se retira dans les retranchements situés tout près de Catillon et s'y défendit résolument, jusqu'à ce que le colonel Michailovitch entrât dans ce village avec les troupes de la 1ʳᵉ colonne. Le combat sanglant ne se termina qu'avec la fuite désordonnée de l'ennemi, qui fut accompagné par le feu de l'artillerie autrichienne. Beaucoup d'ennemis furent noyés dans la Sambre. A Catillon furent enlevés 10 canons et 17 caissons. L'avant-garde poursuivit l'ennemi vers la Groize. Le colonel Michailovitch y coopéra le plus efficacement, puis se réunit sur la route de Fesmy avec la 2º colonne. L'ennemi força celle-ci, à chaque pas, de lutter avec une grande opiniâtreté. Cependant des attaques vigoureuses le repoussèrent du village de Fesmy et des hauteurs d'Oisy. Des retranchements d'Étreux, où il se défendit pendant deux heures avec efficacité, il fut enfin rejeté vers Guise, ce à quoi concourut une partie de la 3ᵉ colonne. Le chemin

L'avant-garde de Kray s'avança le 17, à 10 heures du matin, par le fond de Basuyau, vers la hauteur de la ferme de la Jonquière ; mais, dès qu'elle déboucha de ce fond sur le plateau, elle fut canonnée par une batterie française de 4 canons lourds (1) placée vers Mazinguet. Alvinzy fit alors amener devant la ferme de la Jonquière 4 canons de 12 et 2 de 6, qui non seulement éteignirent le feu de l'artillerie de Mazinguet, mais forcèrent encore les troupes françaises qui occupaient cette localité à se retirer dans les bois en arrière.

La colonne autrichienne reprit alors sa marche vers l'Est, mais elle vint se heurter, à la Haie-Tonnoile, à des tirailleurs français qui, abrités derrière un chemin creux, la fusillaient, en même temps que 15 canons et obusiers (2), placés sur les hauteurs au Sud-Ouest de Catillon, les appuyaient de leurs feux. Ces pièces étaient elles-mêmes encadrées par des retranchements garnis d'infanterie.

A la canonnade et à la fusillade françaises, Alvinzy opposa un feu tout aussi violent ; il réussit à réduire l'artillerie adverse au silence ; puis, au moyen des hussards de l'Empereur et des uhlans, Kray fit tourner les premiers retranchements ; dans ce mouvement, les hussards impériaux réussirent à enlever un obusier ; les uhlans enlevèrent de même trois canons, mais ces derniers furent repris par la cavalerie française. Enfin, comme la lutte restait indécise sur ce point, Kray fit avancer un escadron de Royal-Allemand, dont la charge

---

de retraite de l'ennemi fut couvert de cadavres. L'avant-garde de cette colonne passa la nuit sur les hauteurs derrière Oisy. Le général Kray se plaça sur les hauteurs en arrière de Fesmy, entre Sans-Fond et la Groise, entretenant la liaison avec la 1re colonne et observa Landrecies et Maroilles (pages 89 à 91).

(1) *Rapport* d'Alvinzy daté de Favril, 23 avril 1794.
(2) *Rapport* d'Alvinzy. Favril, 23 avril 1794.

amena l'évacuation définitive des premiers retranchements. Les défenseurs de ces ouvrages allèrent se réfugier sur le retranchement principal, qui couvrait les abords immédiats de Catillon, et dans lequel ils firent une vigoureuse résistance. Pour en triompher, l'artillerie en prépara, par un feu bien repéré, l'attaque décisive, qui fut exécutée avec succès par le bataillon de grenadiers de Rousseau et par une division d'Ehrbach.

Pendant ce mouvement, le colonel Michailovitch, à la tête des 3 compagnies d'infanterie légère serbe et de 2 pelotons de cavalerie, s'était dirigé à gauche de la Haie-Tonnoile, vers Ors, pour y assurer la liaison avec la 1re colonne, commandée par le prince de Hesse-Darmstadt. Après cette opération, il s'était rabattu sur Catillon, en tournant les retranchements, et put pénétrer dans cette localité au moment même où y arrivait la 1re colonne et où les Français s'en retiraient; il en résulta, dans les rues du village, une mêlée à la suite de laquelle les Français s'enfuirent en désordre et furent chassés, à l'Est, au delà des ponts de la Sambre. Dans cette retraite, ils furent tellement inquiétés par 6 canons placés par le F. M. L. Alvinzy sur la rive occidentale de la Sambre, qu'ils ne purent se reformer et que beaucoup, dans leur précipitation, trouvèrent la mort dans cette rivière. La 2e colonne s'empara ainsi de 10 canons et de 17 caissons.

Après ce succès, la 2e colonne, laissant la 1re poursuivre sa marche sur Locquignol, se rabattit au Sud sur Reget de Beaulieu, d'où elle progressa par Oisy sur Étreux. Comme les Français, rassemblés sur les hauteurs d'Oisy, enfilaient la route avec leur artillerie, Alvinzy fit progresser ses troupes à travers champs. Leur marche fut facilitée par les pionniers, qui comblèrent les fossés ; pendant ce temps, l'infanterie légère occupait les bois environnants. Derrière ce masque, qui fusillait la position d'Oisy, 6 escadrons vinrent tourner la position et forcer les défenseurs à se replier par la chaussée vers Étreux. Les Français avaient établi près de ce village des retranchements où ils résistèrent pendant deux heures avec une grande opiniâtreté; mais, tournés par la cavalerie débouchant de Wassigny et battus par 2 pièces de 18 sous l'appui desquelles s'avançait l'infanterie, les retranchements d'Étreux durent être évacués; 1 canon de 16 démonté y fut abandonné (1). Les Français furent alors poursuivis par l'infanterie légère et la cavalerie d'Alvinzy; ils s'écoulèrent sur la grande route de Guise, en laissant sur place un grand nombre de morts et de blessés.

Le gros de la 2e colonne passa toute la nuit du 17 au 18, en formation de combat, sur la hauteur derrière Oisy. Le général Kray se porta avec l'avant-garde sur les hauteurs de Fesmy, de Sans-Fond et de la Groise, pour se relier avec la 1re colonne, établie au delà de ce dernier village, vers Locquignol.

Mouvements de la 3e colonne. — La 3e colonne, avec laquelle marchait l'Empereur, à la tête de l'infanterie, était commandée par le prince de Cobourg (2).

Son avant-garde, sous les ordres du général-major de Bellegarde, comprenait :

1 bataillon de grenadiers Mallowetz, 2 bataillons Murray, 3 compagnies de Serbes, 3 compagnies de Tyroliens sous les ordres du major Gavasiny, 2 escadrons de carabiniers chevau-légers de l'Empereur, 2 escadrons de hussards de l'Empereur 2 escadrons de uhlans, 2 escadrons de hussards de Blankenstein.

Le corps principal (1re et 2e lignes) était composé des troupes suivantes :

---

(1) C'était peut-être un des canons Grobert sur affût-fardier.
(2) *K. u. K. Kriegs Archiv.*

2 bataillons grand-duc de Toscane, 2 bataillons de Brechainville, 2 bataillons de Callenberg, 2 bataillons de Carl Schröder, 2 bataillons de Stein, 2 bataillons Ulrich-Kinsky, 2 bataillons Michael Wallis, 2 bataillons Wartensleben, 6 escadrons de carabiniers duc Albert, 2 escadrons de chevau-légers duc Albert, 6 escadrons de cuirassiers de Kavanagh (dont 829 hommes se trouvaient à la 7ᵉ colonne); 2 escadrons de chevau-légers de Lobkowitz, 4 escadrons de hussards de Blankenstein.

L'avant-garde commença sa marche à 9 heures du matin, dans la direction de l'Arbre de Guise. C'est là qu'elle rencontra le premier poste français, qui fut repoussé par les détachements de uhlans marchant en tête de l'avant-garde (1).

Comme la colonne des Anglais, située à la droite de la 3ᵉ colonne, n'était pas encore avancée, et que les Français avaient entre les villages de Vaux et de Molain un détachement de cavaliers et de chasseurs, le général-major de Bellegarde dut, pour couvrir son flanc droit, détacher quelques troupes d'infanterie légère qui, soutenues par deux pelotons de uhlans Keglevitch, repoussèrent le détachement ennemi (2).

Ainsi chassés de l'Arbre de Guise, les Français se

---

(1) Voir *Relation* sur l'affaire du 17 avril 1794, signée du comte Bellegarde. *K. u. K. Kriegs Archiv.*
L'*Œsterreichische Militärische Zeitschrift* note ainsi le début de la marche de la 3ᵉ colonne :
« La 3ᵉ colonne se composait de 3 compagnies légères, 19 bataillons, 30 escadrons. Elle était partagée en une avant-garde de 3 compagnies, 3 bataillons et 6 escadrons, que dirigeait le général comte de Bellegarde, et deux corps de bataille. Sa Majesté l'Empereur et le prince de Cobourg dirigeaient eux-mêmes les mouvements de cette colonne. Ils étaient accompagnés d'une suite brillante. L'avant-garde rejeta le premier poste français de l'Arbre de Guise. » (*Op. cit.*, page 91.)
(2) *Relation* du général-major comte de Bellegarde sur l'affaire du 17 avril 1796. *K. u. K. Kriegs Archiv.*

retirèrent dans une flèche établie en avant du village de Ribeauville, où ils résistèrent opiniâtrement, avec l'appui de leur artillerie de position. Le feu des pièces placées dans la flèche et en avant du village rendait les progrès de l'avant-garde de Bellegarde d'autant plus difficiles que l'artillerie à cheval, dont celle-ci était pourvue, pouvait difficilement s'avancer à bonne portée; cette artillerie fit preuve d'une extraordinaire activité et déploya de grands efforts pour progresser à travers des chemins défoncés et des champs très humides, coupés de haies et de fossés; elle réussit enfin à réduire au silence l'artillerie française de position; mais le fossé qui bordait la lisière du village de Ribeauville était fortement occupé par l'infanterie, qui, grâce à un feu très vif, aux obstacles accumulés sous les pas des Autrichiens et à la protection qu'offrait pour la retraite le chemin creux conduisant aux batteries assez rapprochées situées au Nord-Ouest de Wassigny, put retirer complètement son artillerie sur ces batteries.

La situation était donc la suivante : L'infanterie française, après avoir perdu l'Arbre de Guise et la flèche de Ribeauville, tenait le fossé bordant la lisière de cette localité et était appuyée par l'artillerie de position tout entière groupée sur les hauteurs au Sud-Ouest de Wassigny.

Pour déloger les défenseurs de Ribeauville, le général-major comte Heister fut chargé de nettoyer le bois d'Arrouaize. A cet effet, il avait sous ses ordres 2 bataillons grand-duc de Toscane, 1 bataillon de Brechainville et 4 escadrons de hussards de Blankenstein. Ces derniers devaient déboucher en arrière de l'infanterie pour l'appuyer et poursuivre l'ennemi. Guidée par deux officiers du grand état-major, cette infanterie traversa heureusement les bois et en chassa les tirailleurs français. En même temps, le F. M. L. Kinsky se plaçait avec les deux corps de bataille sur les hauteurs à droite de Ribeauville. Enfin, Bellegarde lançait de front contre Ribeauville les deux bataillons d'infanterie Carl Schröder. Cette attaque, combinée avec la charge d'un peloton du 2e régiment de carabiniers et avec les deux mouvements enveloppants de Heister et de Kinsky, délogea les Français de Ribeauville (1).

Les troupes de la 3e colonne décrivaient à ce moment un vaste arc de cercle, dont l'extrémité de droite était formée par les deux lignes de Kinsky, le centre par Ribeauville et l'extrémité gauche par la pointe Sud des bois d'Arrouaize. Les deux corps de réserve de Kinsky furent rassemblés entre l'Arbre de Guise et Ribeauville; le quartier général de l'Empereur fut placé à l'Arbre de Guise; la poursuite des Français sur Wassigny et le Noirieu fut confiée à l'avant-garde du général de Bellegarde, au détachement du général-major Heister et à un bataillon et à six escadrons commandés par le général Fink.

Ces troupes eurent d'abord à attaquer Wassigny, où les Français s'étaient repliés sous la protection d'un fort retranchement et d'une nombreuse artillerie. Il fallut que l'artillerie de réserve de Bellegarde, comprenant quatre canons de réserve et les six pièces d'artillerie à

---

(1) « L'ennemi se retira dans une flèche située en avant du village de Ribeauville et résista opiniâtrement. Notre artillerie de cavalerie avait déjà réduit au silence l'artillerie française située dans ce retranchement, lorsque l'infanterie se défendit encore très efficacement à l'abri du fossé entourant le village. Le F. M. L. Kinsky se plaça alors avec les deux corps de bataille sur les hauteurs à droite de Ribeauville. Le général Heister tourna avec 3 bataillons et 4 escadrons la localité à gauche par le bois de Arrouaize. Le général comte de Bellegarde attaqua de front le village avec un bataillon Carl Schröder. Ces dispositions et une attaque simultanée et vigoureuse, menée courageusement par un détachement du 2e régiment de carabiniers, amenèrent l'ennemi à évacuer ce poste. » (*Œsterreichische Militärische Zeitschrift.*)

cheval, dont il a été parlé tout à l'heure, renouvelât ses laborieux efforts, franchissant des défilés, pratiquant des passages sur les fossés, coupant des haies pour gagner les hauteurs « à droite derrière Ribeauville » et prendre en flanc les batteries françaises situées « en avant et en arrière du moulin à vent » (1).

De son côté, le général-major Heister poursuivait progressivement sa marche dans les bois d'Arrouaize et menaçait de plus en plus le flanc droit des défenseurs de Wassigny; en outre, le major d'artillerie Bubna (qui avait d'abord marché en tête de la colonne principale, puis fut envoyé au détachement Heister avec quatre canons de 12) chercha à se placer sur le prolongement Est de l'artillerie française et à enfiler les batteries de droite. Il parvint ainsi à les maîtriser, malgré leur position dominante et leur opiniâtre résistance; elles durent se retirer en abandonnant une pièce démontée.

En même temps qu'il perdait l'appui de son artillerie, le village de Wassigny était débordé à l'Ouest par une partie de l'infanterie légère de Bellegarde sous les ordres du major Gavasiny, une compagnie de Carl Schröder et le bataillon de grenadiers de Mallowetz; à l'Est, le village de Wassigny était complètement tourné par la colonne du général Alvinzy (2e colonne) qui, marchant de Mazinguet sur Étreux, s'emparait entièrement des bois d'Arrouaize.

Après avoir été chassés de Wassigny, les Français continuèrent à opposer une résistance opiniâtre à la faveur des positions successives qu'ils avaient préparées à l'avance. Ils arrivèrent ainsi aux hauteurs de Grand Blocus. Par les vues dominantes qu'elle offre sur tous

---

(1) *Relation* du général-major comte de Bellegarde. *K. u. K. Kriegs Archiv.*

les environs et notamment sur les débouchés de la forêt d'Andigny, cette position avait une importance très grande pour les Français. Les Autrichiens n'attachaient pas moins de prix à sa possession, qui pouvait seule leur permettre de déboucher sûrement de la forêt d'Andigny et faciliter pour eux l'enlèvement des hauteurs et des retranchements d'Étreux. L'artillerie à cheval de Bellegarde se porta donc, avec rapidité et résolution, en avant de Wassigny pour en imposer aux défenseurs de Grand Blocus et pour favoriser en même temps le débouché de l'artillerie lourde et celui des troupes, notamment de celles qui étaient à la lisière de la forêt d'Andigny. Quelques détachements de cavalerie avaient essayé de s'élancer sur la batterie française placée sur la gauche de la position, mais ils en avaient été empêchés par un feu violent et par le mouvement de la cavalerie française dissimulée derrière cette position.

L'avant-garde réussit enfin à déboucher de la forêt d'Andigny et s'avança au delà de Wassigny. Au même moment, la 2ᵉ colonne attaquait les hauteurs d'Étreux, où les Français lui opposaient depuis deux heures une vigoureuse défense, grâce à des redoutes avantageusement placées, occupées par de l'infanterie et de l'artillerie, avec de la cavalerie dans les intervalles. Pour venir à bout de cette résistance, en même temps que pour faciliter la prise des hauteurs de Grand Blocus (puisque leur retraite serait menacée par la chute d'Étreux), Bellegarde, sur l'ordre du chef d'état-major général Mack, détacha vers Étreux, au secours d'Alvinzy, un bataillon Schröder, une division Lobkowitz, un escadron de carabiniers-chevau-légers de l'Empereur et un escadron de Blankenstein. La division des chevau-légers Lobkowitz tenta une attaque rapide sur le flanc gauche de l'infanterie française; mais deux régiments de cavalerie tenus en réserve marchèrent en ordre serré contre les chevau-légers et firent échouer leur charge. Tandis que ce premier détachement était ainsi repoussé, le major Dunoyer venait, avec ses carabiniers chevau-légers renouveler cette tentative contre le flanc et les derrières de la ligne de défense ; il en résulta une mêlée où les Français éprouvèrent de grosses pertes (1). D'autre part, la marche en avant d'Alvinzy était encore appuyée par le détachement du général-major Heister. A sa « sortie de la forêt d'Arrouaize, il avait formé en bataille et rassemblé ses bataillons ». Ceux-ci s'avancèrent donc en bataille contre les « hauteurs et retranchements d'Étreux » (2) ; mais, pour aider leur marche, Heister les avait fait précéder d'une avant-garde, formée d'une division grand-duc de Toscane et de deux pièces, qui vint prendre pied tout d'abord sur la hauteur. Sous cette protection, les trois bataillons du général-major Heister se relièrent à droite au régiment Carl Schröder, formant l'aile gauche de l'avant-garde de Bellegarde à Grand Blocus ; ils occupèrent avec une division le village d'Étreux, qui fut toutefois complètement incendié par le corps serbe. Dans ce village d'Étreux, les hussards de Blankenstein trouvèrent un canon démonté.

La prise d'Étreux complétait l'investissement de la position de Grand Blocus, qu'enveloppaient déjà des troupes de Bellegarde débouchant de la forêt d'Andigny. De ce côté, et au moment même où Étreux était pris, « la marche courageuse du bataillon de grenadiers de Mallowetz » et le feu ininterrompu de l'artillerie à cheval suivie bientôt de canons de 12, « forcèrent l'ennemi à retirer son artillerie » (3) et firent ainsi tomber la position

---

(1) *Relation* de Cobourg, datée du 17 avril, et *Rapport* de Bellegarde sur l'affaire du 17 avril. *K. u. K. Kriegs Archiv.*
(2) *Relation* du G. M. Heister. Camp de Saus-Fond, 20 avril 1794. *K. u. K. Kriegs Archiv.*
(3) *Rapport* du G. M. de Bellegarde sur l'affaire du 17 avril 1794. *K. u. K. Kriegs Archiv.*

de Grand Blocus. La chute de ce point d'appui n'eut pas lieu sans une « résistance acharnée » (1) des Français.

Cependant, ajoute Bellegarde, l'ennemi avait sur son flanc droit une redoute qu'il défendait avec beaucoup d'opiniâtreté. Le général de Bellegarde détacha sur son flanc une partie de sa réserve d'artillerie, à qui la prise de Grand Blocus avait rendu ce mouvement possible.

Les Français abandonnèrent alors cette redoute et se retirèrent en partie sur Étreux. Le reste se dirigea sur Hénappes et Vénerolles en passant le Noirieu sous la protection de l'artillerie, qui bordait la rive Sud de ce ruisseau. Bellegarde essaya de les canonner avec son artillerie légère et de les poursuivre avec le peu de cavalerie légère qu'il avait encore sous la main (2), mais cette tentative fut rendue vaine à la fois par l'artillerie qui bordait le Noirieu et par « l'infanterie et la cavalerie françaises, bien supérieures à celles de Bellegarde, qui s'étaient reformées sur les hauteurs de Lesquielles, garnies de divers retranchements » (3). Les troupes étaient du reste fatiguées et les premiers renforts n'arrivèrent qu'à la nuit. Aussi Bellegarde se borna-t-il à occuper l'importante position de Grand Blocus et à faire tenir par ses avant-postes les localités de Hénappes et de Vénerolles (4).

---

(1) Bellegarde à Cobourg, Grand Blocus, 18 avril 1794. *K. u. K. Kriegs Archiv.*

(2) La majeure partie de cette cavalerie avait été détachée à droite et à gauche pendant la marche en avant.

(3) Bellegarde à Cobourg, Grand Blocus, 18 avril 1794. *K. u. K. Kriegs Archiv.*

(4) L'*Œsterreichische Militärische Zeitschrift* relate ainsi la dernière phase des opérations de la 3e colonne (*Op. cit.*, p. 92) :

« Pendant que les deux corps de bataille prenaient un camp entre Ribeauville et l'Arbre de Guise, Sa Majesté donna l'ordre de poursuivre l'ennemi au général comte de Bellegarde avec son avant-garde, au général

Ainsi se termina à la nuit le combat mené par la 3ᵉ colonne sans interruption depuis 9 h. 30 du matin, et

---

comte Heister avec son détachement mentionné, et au général Fink avec 1 bataillon et 6 escadrons. L'ennemi s'était rassemblé de tous côtés dans ses postes retranchés de Wassigny. Le canon de l'avant-garde ne put atteindre les hauteurs de Ribeauville qu'au prix d'efforts monstrueux ; mais alors il bombarda efficacement les retranchements ennemis. Le général Heister se portant toujours plus avant dans le bois d'Arrouaise, menaça l'aile droite de l'ennemi et canonna enfin à revers ses retranchements avec des pièces de 12 livres. L'ennemi recula sur Wassigny. Une partie de l'infanterie légère (une compagnie Carl Schröder et le bataillon de grenadiers Mallowetz) gagna, malgré le feu meurtrier de l'artillerie et la résistance décidée de l'ennemi, le bois d'Andigny contigu à Wassigny. Avec un grand courage, l'ennemi fut rejeté de cette position, bien que le terrain favorisât beaucoup sa défense. Il se retira derrière la forêt, sur les hauteurs de Grand Blocus. Cette position dominait tout le pays environnant, de même que les retranchements français au delà du ruisseau du Noirieu. La possession de cette position était pour l'ennemi de l'importance la plus décisive, et il y rassembla toutes ses forces. Mais les Impériaux étaient aussi décidés à enlever cette hauteur, car sa possession faisait tomber le village d'Étreux, et ainsi le plan d'opération pouvait être complètement atteint.

« L'artillerie à cheval I. et R. s'avança donc avec une hardiesse qui favorisa le débouché des troupes et de l'artillerie lourde au delà des défilés conduisant à ces hauteurs. A peine le général comte de Bellegarde fut-il, avec l'avant-garde, hors du bois d'Andigny, qu'il envoya 1 bataillon et 4 escadrons à gauche, pour concourir à la prise du village d'Étreux. L'ennemi fut rejeté au delà du ravin et perdit deux canons. A droite s'avançait le bataillon de grenadiers Mallowetz et avec lui l'artillerie à cheval, appuyée de quelques canons lourds. L'ennemi se vit forcé forcé d'abandonner la clef de sa position. Un ravin rapproché et les retranchements élevés en arrière de lui couvrirent sa retraite. Pourtant il fut, à Hénappes, inquiété encore par une attaque de cavalerie autrichienne et put à peine sauver son artillerie. Hannapes et Vénérolles furent occupés. Le général de Bellegarde plaça son avant-garde sur les hauteurs de Grand Blocus ; à droite d'elle se tint le général Fink ; à gauche, à Étreux, le général Heister. »

Dans les *Opérations du général en chef Pichegru*, on lit simplement :

« Le corps du centre marchait aux ordres de M. le prince de

qui eut pour résultat final de placer le 17 avril le gros de la colonne, c'est-à-dire les deux corps de bataille de Kinsky, entre l'Arbre de Guise et Ribeauville ; l'avant-garde du général-major Bellegarde à Grand Blocus avec avant-postes à Hénappes et Vénerolles ; le détachement Fink à droite de cette avant-garde, et celui du général-major Heister à Étreux.

Mouvements des 4e et 5e colonnes. — Les 4e et 5e colonnes étaient aux ordres du duc d'York, qui commandait particulièrement la 4e, et auquel avait été adjoint, au nom de l'Empereur, le F. M. L. I. et R. baron Otto.

La 4e colonne, forte de 13 bataillons et 18 escadrons, était précédée d'une avant-garde comprenant :

5 escadrons de hussards archiduc Ferdinand, 1 escadron du 16e dragons légers britanniques, de l'artillerie à cheval, 10 compagnies du corps franc d'O'Donnell, 3 bataillons de grenadiers impériaux et royaux (1).

Cette avant-garde était commandée par le général-

Cobourg sur la chaussée de Cateau, à Guise ; c'était l'élite et le fort des armées combinées, c'était aussi près de lui qu'était l'Empereur. Après avoir culbuté nos postes de Ribeauville, de Wassigny, etc., il poussa son avant-garde sur les hauteurs de Petit et Grand Blocus. »

(1) D'après la *Relation* détaillée de Cobourg, déjà citée, l'avant-garde comprenait les 5 escadrons de hussards archiduc Ferdinand, 1 escadron de chevau-légers anglais, 10 compagnies O'Donnell et 3 bataillons de grenadiers ; d'après le *Rapport* du duc d'York, cette avant-garde contenait 5 escadrons de hussards archiduc Ferdinand, 1 escadron du 16e dragons légers britanniques, de l'artillerie à cheval et 2 bataillons de grenadiers. Plus loin, dans son *Rapport*, le duc d'York parle de compagnies O'Donnell. Enfin, le major Löppert, dans son *Rapport*, dit que l'avant-garde « sous les ordres du colonel Devay, comprenait 5 escadrons de hussards archiduc Ferdinand, 1 escadron de chevau-légers ; puis 2 bataillons du corps franc d'O'Donnell, ayant en soutien 3 bataillons de grenadiers. » Le *Rapport* d'Otto donne la même com=

lieutenant anglais Abercromby, ayant sous ses ordres le général-major Petrasch et le colonel Devay.

La colonne principale, sous les ordres du général-major I. et R. Montfrault et du général anglais Mansel, comptait :

2 bataillons Joseph Colloredo, 2 bataillons Wenzel Colloredo, 6 escadrons de garde anglaise à cheval de la brigade Mansel (1), savoir : 2 de gardes bleus, 2 du 3ᵉ régiment de gardes dragons, 2 du 1ᵉʳ régiment de dragons du Roi.

Enfin un corps de réserve était formé de 4 bataillons de garde à pied et de 6 escadrons (2) de garde anglaise à cheval, sous le commandement du général anglais sir Robert Lawrie (3).

Une lettre du duc d'York spécifie que la 4ᵉ colonne

---

position que celui de Cobourg, en y ajoutant toutefois l'artillerie à cheval.

L'*Œsterreichische militärische Zeitschrift* (1818, tome II, page 93), dit au sujet de la composition de la colonne :

« La quatrième colonne était commandée par le duc d'York. Le F. M. I. et R. baron Otto, fut adjoint au duc au nom de l'Empereur. Il avait sous ses ordres les brigades Montfrault et Petrasch et le régiment de hussards E. H. Ferdinand, à qui quelques jours plus tard vint s'ajouter le régiment de cuirassiers Zeschwitz. La force totale de cette colonne comprenait 13 bataillons, 18 escadrons. Elle était partagée en quatre parties. Le général anglais Abercromby, avec 6 escadrons et 10 compagnies faisait l'avant-garde. Le suivait en soutien le général I. et R. Petrasch avec 3 bataillons de grenadiers autrichiens. La colonne principale était formée par 4 bataillons I. et R. sous les ordres du général I. et R. Montfrault, 6 escadrons de grosse cavalerie anglaise sous le général anglais Mansel. Le général anglais Lawrie commandait la réserve de 4 bataillons de la Garde et de 6 escadrons anglais. »

(1) *Relation* détaillée de Cobourg. (*K. u. K. Kriegs Archiv.*)

(2) *Rapport* du duc d'York sur l'attaque des postes ennemis près de Vaux, le 17 avril. (*K. u. K. Kriegs Archiv.*)

(3) *Relation* détaillée de Cobourg.

avait pour mission « d'attaquer les redoutes près de Vaux ainsi que ce village même, et de se rendre ensuite maîtresse du bois de Bohain où l'ennemi était fortement retranché »; elle ajoute que les grands défilés et les chemins creux que la colonne rencontra dans sa marche ne lui permirent pas « d'arriver à sa destination avant 1 heure après midi (1). »

Le duc d'York sortit du Cateau, avec la colonne, « à 9 h. 30 du matin, pour marcher sur Vaux par Saint-Benin et Saint-Soupplet (2) ». Dès que l'avant-garde se montra sur le plateau entre Escaufourt et Saint-Soupplet, les avant-postes français se retirèrent sur la position principale tout en gardant le contact au moyen d'éclaireurs à cheval et en faisant harceler la pointe d'avant-garde par des « chasseurs à pied en grand nombre (3) ».

La position principale des Français s'étendait de Vaux à Busigny et aux bois de Bohain par ceux de la Haie-Menneresse; elle présentait des avantages naturels, renforcés encore par les travaux qui y avaient été exécutés (4).

Le principal ouvrage était une forte redoute construite sur une hauteur dominante située en avant de Vaux et sur le point culminant de laquelle était un moulin à

---

(1) Lettre du duc d'York au Secrétaire d'État Dundas, datée du Cateau le 18 avril 1794.

La *Relation* de d'Arnaudin note également que les défilés et les ravins que la colonne eut à traverser « furent cause qu'elle ne put parvenir à sa destination qu'un peu après midi. »

(2) *Rapport* du F. M. L. Otto sur l'attaque exécutée le 17 avril 1794 contre l'ennemi retranché à Vaux-en-Arrouaise, Busigny et Bohain. (*K. u. K. Kriegs Archiv.*)

(3) *Rapport* du major Löppert sur l'affaire du 17 avril 1794. Camp de Troisvilles, 23 avril 1794. (*K. u. K. Kriegs Archiv.*)

(4) On a utilisé pour cette relation la lettre du duc d'York à Dundas (du Cateau, 18 avril), et les *Rapports* du duc d'York, de Cobourg, du général Petrasch, du major Löppert et du général Otto.

vent; cette redoute était garnie de huit pièces d'artillerie. On avait encore établi quelques autres ouvrages et redoutes au coin du bois de la Haie-Menneresse, près de la ferme Amberfayt, près de Busigny; ces retranchements étaient aussi garnis d'artillerie. Enfin la défense avait sa réserve à Bohain avec quelque cavalerie.

La force des Français sur cette position était évaluée par le duc d'York à 10,000 hommes environ, dont 3,000 à Busigny et dans les ouvrages mentionnés plus haut; 3,000 à 4,000 à Vaux; 1000 à Becquigny et 3,000 à Bohain.

Devant cette organisation défensive, le duc d'York voulut combiner une attaque démonstrative sur le front avec une attaque décisive sur le flanc. Pour réaliser ce projet, il résolut d'attendre que la 5ᵉ colonne, aux ordres du lieutenant général sir William Erskine, qui s'était avancée plus vite que la sienne par Marets et Prémont, eût tourné et pris à dos l'ennemi par Bohain.

Pour le moment, le duc d'York rassembla ses troupes à couvert derrière les hauteurs de Saint-Martin et de Molain, en ayant soin de les défiler des vues et des coups de la ferme Amberfayt et de la Haie-Menneresse; il laissa seulement sur les hauteurs un nombre suffisant de cavaliers pour occuper l'ennemi (1). Enfin, en vue de la prochaine attaque, il faisait rassembler une batterie de

---

(1) Après avoir dit que les avant-postes français évacuèrent les villages de Saint-Soupplet, Escaufourt et Saint-Martin, pour se retirer sur la position principale, l'*Œsterreichische militärische Zeitschrift* ajoute :

« L'aile droite de celle-ci s'appuyait au village de Vaux et courait le long du bois de Flandres jusqu'à Busigny. L'aile droite était couverte par une batterie de 8 pièces qui était établie sur une hauteur près d'un moulin à vent. Beaucoup de retranchements renfermant de l'artillerie couraient le long du front auprès du bois ; il y en avait aussi à la ferme d'Amberfayt, à Menneresse et à Busigny. L'aile gauche était appuyée par des étangs coupant le terrain autour de Busigny. La ligne de Vaux à Busigny était occupée par 3,000 Français. A Vaux même se

pièces de 12 et de 18 afin de l'amener, avec les grenadiers, juste en face des retranchements de Vaux.

Les Français ouvrirent alors le feu de leur artillerie à mille pas et bombardèrent le village de Molain ainsi que les troupes d'infanterie I. et R. qui se trouvaient derrière cette localité ; toutefois ce tir fut peu efficace.

Pendant ce temps, le lieutenant-colonel de Merveldt, de l'état-major I. et R., cherchait à reconnaître le meilleur mode d'attaque de la redoute du moulin à vent. Il résulta de cette reconnaissance qu'on pouvait trouver à l'Est du village de Molain une position de batterie permettant de prendre en flanc et même d'enfiler la droite des ouvrages ennemis. Le général Petrasch, commandant l'avant-garde, fut alors chargé par le général Otto d'installer deux batteries, comprenant chacune une pièce de 18, deux de 12 et trois de 6 ; l'une d'elles devait canonner la redoute du moulin tandis que l'autre la prendrait en flanc. Le colonel Devay coopéra à cette action de flanc avec l'artillerie à cheval qu'il fit soutenir par deux escadrons de hussards, ces derniers attaquant la cavalerie française et la repoussant jusqu'au bois.

Pendant cette préparation par l'artillerie, le général Otto fit passer le major comte Giulay avec un bataillon O'Donnell dans le fond de Molain, afin d'attaquer par la droite la redoute du moulin à vent et le village de Vaux. En même temps, le duc d'York attaquait les Français dans le bois de la Haie-Menneresse avec les grenadiers et le reste de l'infanterie anglaise, et ordonnait au

---

trouvaient 3,000 ou 4,000 ; à Becquigny 1000, et à Bohain la réserve de 3,000 hommes.

« Le duc d'York fit rassembler ses troupes derrière les hauteurs de Saint-Martin, afin que la cinquième colonne eût le temps de gagner l'aile gauche des Français. Cette hauteur couvrait les troupes contre le feu vif que faisait l'artillerie ennemie. Là, les colonnes furent formées pour l'attaque. »

général Petrasch d'enlever la redoute avec ses grenadiers. Celui-ci constitua à cet effet une nouvelle batterie de quatre pièces de 6, qu'il fit soutenir par un bataillon disponible de grenadiers, à une distance de 80 pas, de façon à avoir la batterie sur son flanc gauche et à la couvrir ainsi; la droite fut tout d'abord assurée par le troisième rang jusqu'à l'arrivée presque immédiate de la cavalerie royale anglaise, qui s'avança avec toute la résolution voulue; enfin les bataillons de grenadiers d'Ulm et de Rouvier suivaient en soutien à 300 pas de distance. A la tête de ce dispositif, le général Petrasch se dirigea par une dépression qui défilait ses troupes aux feux, sur le flanc gauche des Français; mais ceux-ci avaient déjà abandonné la redoute. Voyant qu'ils s'efforçaient d'occuper une autre redoute à l'entrée du village de Haie-Menneresse pour s'opposer aux progrès de l'attaque, le général Petrasch prit la division de grenadiers d'Alton et, se portant avec elle au pas de course, il enleva la redoute et l'entrée fortifiée du village. Pendant ce temps, à la tête de la division Wartensleben, le capitaine Reinwald, de Wartensleben, et le lieutenant Bourguignon, de d'Alton, devançaient les Français à l'entrée fortifiée du bois et s'emparaient de ce point. Enfin le troisième rang en réserve attaqua la gauche française dans le bois, tandis que la batterie de 6 bombardait le centre. Cette attaque, menée vivement, fit plier les défenseurs, malgré le feu très vif qu'ils avaient opposé au début; et ils furent poursuivis à travers le bois jusqu'au débouché de Becquigny (1).

---

(1) Voir la relation de l'*Œsterreichische militärische Zeitschrift* :

« L'attaque sur Vaux commença. Une batterie de 12 et 18 livres battit le front. L'artillerie à cheval et quelques canons lourds, qui étaient placés près de la cense la Trappe, battirent le flanc droit des retranchements français. Le colonel Devay était en soutien de cette artillerie avec 2 escadrons des hussards Ferdinand et rejeta rapidement

Pour couvrir cette marche en avant, le F. M. L. Otto avait prescrit au major Löppert, des hussards Ferdinand, de protéger son flanc droit ; cet officier supérieur s'était acquitté de cette mission en éclairant vers Escaufourt et Busigny avec trois escadrons de hussards et un escadron de chevau-légers anglais.

Pendant que le combat se poursuivait à l'Est, les Français « furent assez audacieux (1) » pour pousser en avant, et en les défilant au moyen d'un chemin creux, de nombreuses troupes légères d'infanterie et de cavalerie, qui harcelèrent la cavalerie de Löppert et cherchèrent même à le prendre à revers par Escaufourt. Mais le peloton de hussards autrichien, détaché de ce côté, les chargea vigoureusement et les rejeta sur Busigny ; en même temps, Löppert, à la tête de quatre autres pelotons, les chargeait de son côté et les refoulait dans le bois.

Profitant bientôt de la confusion que l'attaque du général Petrasch avait déterminée chez l'adversaire, le major Löppert s'empressa de gagner son flanc gauche

---

dans les bois la cavalerie ennemie qui l'attaquait. Le major comte Giulay marcha par un thalweg contre Vaux avec 1 bataillon O'Donnell ; 2 bataillons de la Garde anglaise le soutinrent. Il enleva les retranchements et le village même, dont l'ennemi avait retiré assez tôt son artillerie. Les Français se retirèrent, sous un feu incessant, à travers champs vers la Haie-Mennerresse. A droite du major comte Giulay, le général Petrasch conduisait, sous le feu le plus violent de l'artillerie à cheval ennemie, les grenadiers autrichiens contre les retranchements, et un peu plus à droite, le duc d'York fit pénétrer l'infanterie anglaise dans la Haie-Mennoressse. L'ennemi chercha à regagner ses retranchements devant le bois. Le général Petrasch s'y porta rapidement avec la division de grenadiers d'Alton et les occupa. L'artillerie des alliés y fut conduite. Son action efficace força l'ennemi à évacuer complètement le bois. Il fut vivement poursuivi par les troupes légères. »

(1) *Rapport* du major Löppert. Camp de Troisvilles, 23 avril 1794. (*K. u. K. Kriegs Archiv.*)

et de le déborder avec les quatre escadrons dont il disposait. Ce mouvement aboutit à plusieurs charges heureuses, à la suite desquelles la cavalerie enleva à Busigny 8 canons, 1 obusier, 6 caissons attelés. Elle poursuivit à travers bois les Français, qui, ayant été refoulés hors de ce couvert, se retirèrent d'abord sur Becquigny, puis, tentèrent de gagner Bohain, où se trouvaient le quartier général de Goguet et de grands approvisionnements de vivres. Comptant sur l'appui de l'avant-garde de Petrasch, qui occupa Becquigny, le major Löppert se dirigea sans plus tarder sur Bohain, où il arriva à 9 heures du soir.

J'y pris position, dit-il ; je plaçai en avant du village les piquets nécessaires vers la grande route de Guise, et j'envoyai en même temps des patrouilles de tous côtés, en partie pour me mettre en communication avec les nôtres, en partie pour découvrir de la façon la plus exacte les mouvements de l'ennemi. On ne put toutefois trouver trace de ce dernier, car il s'était enfui tout d'une traite jusqu'à Guise, non sans avoir mis le feu à un grand magasin de foin à Bohain. D'après les dires des paysans, les forces que l'ennemi nous opposa directement dépassaient 5,000 hommes ; ils perdirent dans leur retraite, surtout à travers le bois, un nombre incalculable de tués et de blessés.

Tandis que la cavalerie de Löppert atteignait Bohain et que l'avant-garde se rassemblait en soutien à Becquigny, le gros de la 4ᵉ colonne atteignait les abords du village de Vaux (1).

[Elle] se forma, écrit d'Arnaudin, partie à droite, partie à gauche de la redoute du moulin de Vaux ; et le Prince avec son état-major passa la nuit dans le village, dont près de la

---

(1) L'*Œsterreichische militärische Zeitschrift* dit que le major Löppert fut chargé de couvrir l'attaque du côté de Busigny. Comme la cavalerie et les chasseurs français s'avançaient entre Escaufourt et

moitié venait d'être livrée aux flammes. Il en avait été de même de tous les villages où l'ennemi avait fait quelque résistance (1).

La 5ᵉ colonne, sous les ordres du général-lieutenant anglais sir W. Erskine, comprenait :

Avant-garde (2). — 1 escadron de hussards archiduc Ferdinand, 1 escadron de chevau-légers anglais, 2 escadrons de cuirassiers Zeschwitz, 1 bataillon d'infanterie légère anglaise.

Colonne principale. — 6 escadrons de chevau-légers anglais, 2 bataillons d'infanterie anglaise, 4 escadrons de cuirassiers de Zeschwitz, 6 escadrons de cavalerie anglaise, 3 bataillons de Kaunitz, 3 bataillons de grenadiers hessois, 2 bataillons du Leib-régiment hessois, 6 escadrons de cavalerie anglaise.

Au total : 11 bataillons et 26 escadrons (3).

Cette colonne avait pour mission de favoriser l'attaque de la 4ᵉ en tournant le bois de Bohain par les villages de Marets et de Prémont. Sir W. Erskine ne rencontra

---

Busigny, le major n'attendit pas leur attaque, mais il se jeta lui-même sur leur flanc droit ; il réussit à les sabrer et à faire un grand nombre de prisonniers (dont 10 officiers) ; il prit 5 canons et 4 caissons : « L'avant-garde se rassembla à la fin au delà du bois de Becquigny où se tenait le général Petrasch avec les grenadiers. Mais les troupes légères allèrent jusqu'à Bohain que l'ennemi abandonna sans résistance pour se retirer sur Guise. Le duc d'York établit la colonne principale à Vaux. »

(1) *Mémoires* de d'Arnaudiu.

Voir encore *Opérations du général en chef Pichegru* : « Le 3ᵉ corps, formé en majeure partie de troupes britanniques, sous la conduite du duc d'York, attaqua et s'empara de Vaux, Maretz, Prémont, etc. ; il parvint même à se poster dans les bois de Bohain, d'où il avait eu bien de [la] peine à nous déloger. »

(2) *Relation* détaillée de Cobourg sur l'affaire du 17 avril. (*K. u. K. Kriegs Archiv*.)

(3) L'*Œsterreichische militärische Zeitschrift* donne : 11 bataillons (3 autrichiens, 3 anglais, 5 hessois) et 27 escadrons (8 autrichiens, 19 anglais). (Année 1818, II, page 96.)

aucune résistance jusqu'à Marets. Arrivé en ce point, il continua sa marche sur Prémont sans voir d'autre ennemi « sur sa gauche, vers Busigny, que quatre escadrons de cavalerie et quelques troupes légères qui se retirèrent à son approche. En arrivant sur les hauteurs en face de Prémont, sir W. Erskine vit que les Français occupaient une position retranchée en avant de ce village et sur les hauteurs de Serain (1) ». Il déploya devant ces retranchements son avant-garde, sous la protection de laquelle il rassembla son gros, en prévision de l'attaque. Celle-ci fut exécutée par les trois bataillons de Kaunitz sous les ordres du lieutenant-colonel de Zertin, appuyés par un feu bien dirigé de l'artillerie de réserve autrichienne et britannique aux ordres du lieutenant colonel Congrève (2). La bonne contenance des Hessois à l'aile gauche et de dix escadrons de cavalerie à l'aile droite ne contribua pas peu à la réussite de cette attaque.

En même temps, ajoute Erskine, je détachais à droite, sous les ordres du lieutenant général Harcourt, un escadron de hussards archiduc Ferdinand, le régiment de cuirassiers de Zeschwitz, les dragons de la garde du Roi, le 11e régiment de chevau-légers, un escadron du 16e régiment, enfin les 14e, 37e et 35e régiments sous les ordres de S. A. R. le prince William de Glocester : ce détachement avait pour but de tourner la position et de la prendre à revers.

Les Français se retirèrent bientôt en grande confusion ; mais le terrain en arrière de Prémont se trouva si coupé et si divisé, surtout du côté où devait passer le lieutenant général Harcourt, qu'il dut renoncer à toute poursuite. Les Français perdirent toutefois 2 canons, 2 drapeaux et 150 tués ou prisonniers (3).

---

(1) *Rapport* de sir W. Erskine au duc d'York sur l'affaire du 17. (*K. u. K. Kriegs Archiv.*)

(2) Lettre du duc d'York à Dundas. Le Cateau, 18 avril 1794.

(3) *Relation* de sir W. Erskine au duc d'York. (*K. u. K. Kriegs Archiv.*)

Après la prise de Prémont, sir W. Erskine laissa à la garde de cette position le lieutenant général Harcourt avec cinq bataillons, quatre escadrons et six pièces de 12. Il détacha le colonel Vyse avec quatre escadrons vers le Catelet. Enfin, avec le reste de la colonne, il s'avança par le bois situé en arrière de Prémont afin de prendre à dos les défenseurs de Bohain.

Pendant cette marche, il rencontra quantité de petites colonnes se retirant sur Guise. Malheureusement elles étaient si éloignées et le terrain si défavorable qu'il fut impossible de les atteindre. L'approche de la nuit ne permit à sir W. Erskine que de pousser des patrouilles jusqu'à Bohain, et il revint à la nuit camper à Prémont (1).

Quant au colonel Vyse, il ne rentra qu'entre minuit et 1 heure du matin, après avoir poussé jusqu'au Catelet sans avoir rencontré l'ennemi (2).

Mouvements des 6ᵉ, 7ᵉ et 8ᵉ colonnes. — Les 6ᵉ, 7ᵉ et 8ᵉ colonnes, fournies par l'armée du prince d'Orange, devaient opérer dans la direction de Cambrai et couvrir, contre toute attaque venant de ce côté, le grand mouvement offensif sur Étreux, Vaux et Busigny, qui vient d'être étudié (3). Les 6ᵉ et 8ᵉ avaient d'ailleurs un faible effectif et constituaient plutôt des détachements secondaires chargés d'opérer au Nord et au Sud de la route du Cateau à Cambrai, que suivait la 7ᵉ colonne; l'une et

---

(1) *Relation* détaillée de Cobourg. (*K. u. K. Kriegs Archiv.*)

(2) *Relation* de sir W. Erskine et *Œsterreichische militärische Zeitschrift*.

(3) « Le prince héréditaire d'Orange, avec le 4ᵉ corps, avait été jeté vers Cambrai pour le masquer et couvrir le flanc droit des ennemis. Ses soldats s'étaient rendus maîtres de Beauvois, de Crèvecœur et de la hauteur de Saint-Hilaire. » (*Opérations du général en chef Pichegru.*)

l'autre se séparèrent de cette dernière « après que le corps d'armée sous les ordres de S. A. R. le prince héritier d'Orange eut passé la Selle, le 17 au matin, sur deux ponts, à Montay (1). »

La 6ᵉ colonne, commandée par le général comte Hadik, comprenait :

1 demi-escadron de Barco, 1 demi-escadron de Karaczay avec les chasseurs d'Anspach, 1 bataillon de Deutschmeister, 1 escadron d'Orange-Frise.

De Montay, elle se dirigea, par Troisvilles, Ligny, Esnes, sur la hauteur de Lonsart, où elle s'arrêta, sans avoir rencontré un seul ennemi ; chemin faisant, elle envoya de forts partis, par Walincourt, sur Serain, pour établir la liaison avec la 5ᵉ colonne. Quand elle eut atteint la hauteur de Lonsart, un détachement de cavalerie légère, avec les chasseurs d'Anspach et une division de Deutschmeister, fut poussé jusqu'à Crèvecœur ; il occupa ce village et envoya, pendant la nuit, de fortes patrouilles jusqu'à Marcoing, Gouzeaucourt et Fins, dans la direction de Péronne. Le gros des troupes passa la nuit sur la hauteur Esnes-Lonsart et n'aperçut rien de l'ennemi, sauf quelques patrouilles signalées du côté de Lesdain, qui se retirèrent à l'approche de la colonne (2).

---

(1) *Relation* du général comte de Baillet-la-Tour sur le mouvement vers Cambrai, Crèvecœur et Naves, entrepris le 17 avril 1794. (*K. u. K. Kriegs Archiv.*)

(2) D'après la *Relation* détaillée du prince de Cobourg. (*K. u. K. Kriegs Archiv.*)

Le général Baillet-Latour dit que le général-major Hadik fit occuper Crèvecœur et « envoya des détachements de cavalerie légère jusqu'à Marcoing, d'où il fit faire des reconnaissances jusqu'à Péronne, sans rien rencontrer de l'ennemi. »

L'*Œsterreichische militärische Zeitschrift* porte que la sixième

La 7ᵉ colonne, à laquelle se trouvaient S. A. R. le prince héritier d'Orange et le F. M. L. comte Latour, comprenait :

Une *avant-garde*, commandée par le lieutenant-colonel comte Hadik des dragons de Cobourg, et composée de :
1 demi-escadron de hussards de Barco, 1 escadron de chevau-légers de Karaczay, 1 division (2 escadrons) de dragons de Cobourg et 1 compagnie de Varasdin.

La *première ligne*, commandée par le général Baillet de Latour, et comprenant :
1 demi-escadron de hussards de Barco, 3 compagnies de Varasdin, 1 escadron de chevau-légers de Karaczay, 1 bataillon de garde hollandaise à pied, 1 bataillon de Suisses, 1 bataillon de Hesse-Darmstadt, 1 bataillon de Wilcke, 1 bataillon de Plettenberg, 1 bataillon de Deutschmeister, 1 bataillon de Carl Schröder, 1 bataillon de Callenberg, 2 escadrons de garde à cheval, 1 escadron de dragons de la garde, 4 escadrons de dragons de Cobourg.

La *deuxième ligne*, commandée par le général-major comte Kollowrath, et comprenant :
1 escadron de Karaczay, 2 bataillons archiduc Charles, 1 bataillon Hirzel, 2 bataillons Gumoëns, 2 escadrons van der Duyn (1).

Après le passage de la Selle, la 7ᵉ colonne suivit la grande route du Cateau à Cambrai. L'avant-garde rencontra d'abord à Inchy quelques patrouilles françaises qui se dérobèrent très rapidement; elle poursuivit sa marche sur la chaussée pour se porter sur Igniel, tandis que le gros de la colonne, couvert par ce mouvement,

---

colonne (2 bataillons, 2 escadrons) s'arrêta sur les hauteurs de Lonsart, après avoir fait occuper par un détachement Crèvecœur sur l'Escaut. Elle « ne rencontra aucun ennemi ».

(1) Le récit des opérations de la 7ᵉ colonne est rédigé d'après les *Relations* de Cobourg, du général de Latour et du prince héritier d'Orange. (*K. u. K. Kriegs Archiv.*)

commençait à se rassembler sur les hauteurs entre Inchy et Beaumont. Dès que l'avant-garde eut dépassé Beauvois (1), la colonne principale reprit sa marche et, faisant sous la protection de l'avant-garde un nouveau bond en avant, les deux lignes énumérées plus haut vinrent se rassembler à Beauvois, l'aile gauche vers Cattenières, la droite à la cense Boistrancourt.

Installé à Beauvois, le commandant de la 7e colonne voulut tâter les intentions de la garnison de Cambrai. A cet effet, le prince d'Orange s'avança, avec une partie de l'avant-garde, aussi près que possible de la place (2); le général Baillet de Latour l'accompagnait dans cette opération. Une partie de la cavalerie française sortit alors et s'engagea avec les tirailleurs ; dans cette escarmouche, la 7e colonne eut quelques hommes sabrés et un cheval blessé. L'artillerie de la place tira aussi quelques coups, mais sans résultat. On tirailla jusque vers 6 heures du soir. Alors la cavalerie française se retira dans la citadelle. L'avant-garde de la 7e colonne put prendre position à Igniel, avec avant-postes à Avoingt et Carionville ; pendant la nuit, elle envoya jusqu'aux glacis de Cambrai des patrouilles, qui ne rencontrèrent pas la moindre résistance.

La 8e colonne, commandée par le général hollandais Geusau, comprenait :

---

(1) « L'avant-garde du général-major Hadik est entrée à Beauvois à 3 h. 45 de l'après-midi. » (Prince d'Orange à Cobourg. *K. u. K. Kriegs Archiv.*)

(2) Le prince d'Orange à Cobourg : « L'avant-garde de notre colonne, aux ordres du lieutenant-colonel comte de Hadik, du régiment de Votre Altesse, s'est avancée jusque sous le canon de Cambrai. La citadelle et la ville ont tiré quelques coups de canon sur notre avant-garde. Une partie de la garnison est sortie de la place, et lorsque notre avant-garde s'est retirée, elle a fait le coup de pistolet jusqu'à la nuit..... »

1 demi-escadron de hussards de Barco, 1 escadron de Karaczay, 2 compagnies de Varasdin, 1 bataillon de Spleny, 1 bataillon de Hirzel, 1 escadron de dragons de la garde.

Elle fut détachée du corps principal aussitôt après le passage de la Selle et se dirigea, par la cense Rembourlieux, sur Viesly, Quiévy et Avesnes-lès-Aubert. De là elle envoya un fort détachement sur Naves (1) et Iwuy. Elle poussa aussi des détachements de cavalerie légère jusque sur l'Escaut; on put ainsi établir des liaisons avec le corps hessois du général Wurmb et avec l'avant-garde de la 7e colonne, qui occupait Igniel. Les détachements avancés des troupes françaises furent rejetés au delà de l'Escaut et dans la place de Bouchain.

Le gros de la 8e colonne s'établit, pour la nuit, à hauteur de Cagnoncles. Les trois colonnes du corps hollandais ne cessèrent pas de se tenir en liaison au moyen de fortes patrouilles de flanc (2).

---

(1) « Le général Geusau a fait faire rapport qu'il a poussé son avant-garde jusqu'à l'Escaut et qu'il s'est avancé avec toute sa colonne jusque près de Naves. Son avant-garde a rencontré quelque cavalerie ennemie qu'elle a repoussée, et il a passé la nuit avec son corps sur les hauteurs en avant de Saint-Hilaire. » (Le prince d'Orange à Cobourg.)

(2) Extrait de l'Œsterreichische militärische Zeitschrift :

« La 7e colonne, sous les ordres du prince héritier d'Orange, était composée d'Autrichiens et de Hollandais. Son avant-garde, sous le colonel Hadik, comprenait 2 compagnies de Varasdin et 3 escadrons et demi. Au 1er corps de bataille, 7 escadrons et 8 bataillons sous le F. M. L. comte Latour. Au 2e corps de bataille, 4 bataillons, 3 escadrons sous le général comte Kollowrath. Elle marcha contre Cambrai et s'établit sur les hauteurs de Beauvois, l'aile droite appuyée à la ferme de Boistrancourt, l'aile gauche contre Cattenières. Il ne se montra qu'une patrouille ennemie à Igniel et sous le canon de Cambrai environ 1000 cavaliers ennemis, avec lesquels on se tirailla très avant dans la nuit.

« Le général hollandais Geusau franchit la Selle à Montay avec la

A la suite de cette journée de marches et de combats, les huit colonnes des alliés passèrent la nuit au bivouac, chacune « dans la partie où elle avait pénétré après avoir groupé des postes en avant et sur les flancs (1) ». Le grand quartier général s'établit à l'Arbre de Guise (2).

Les trois armées combinées avaient réussi à obtenir d'importants résultats : tenir en observation la place de Cambrai, comme l'était déjà celle de Bouchain ; surveiller à distance un peu plus grande Saint-Quentin et Guise ; occuper la trouée de Wassigny ; rejeter les divisions Goguet et Balland au delà du Noirieu ; prendre pied, par les avant-gardes de Locquignol, du Grand-Toaillon et de Fesmy sur la rive droite de la Sambre ; posséder ainsi les débouchés nécessaires pour compléter l'investissement de Landrecies (3).

8ᵉ colonne, 2 compagnies de Varasdin, 2 bataillons, 2 escadrons et demi, en partie Impériaux, en partie Hollandais. Il la conduisit en avant de la cense Rambourlieux par Viesly, Quievy sur les hauteurs d'Avesnes-lès-Aubert. Les détachements envoyés vers Naves et Iwuy chassèrent les avant-postes ennemis vers Bouchain et s'établirent au-dedans et à côté des deux localités précitées. La colonne prit position sur la hauteur de Cagnoncles et entretint la liaison avec le corps de Denain.

« Les pertes de l'ennemi dans tous les combats partiels de cette journée comprirent : 21 canons, 17 caissons, 2,500 hommes tués, blessés ou prisonniers ; celle des alliés s'éleva, en tout, à 650 hommes. »

(1) *Relation* d'Arnaudin.

(2) Il y était du moins le 18 au matin, au moment où furent adressées au général Kinsky les instructions pour la 3ᵉ colonne.

(3) L'archiduc Charles résume ainsi les résultats obtenus : « Le 17, l'armée quitta le Cateau, se couvrit contre Bouchain et Cambrai et rejeta aussitôt les postes de l'ennemi au delà du ruisseau de Noirieu, de l'Oise et de la Petite-Helpe, pendant que l'armée française se rassemblait dans le camp retranché de Guise, avec une avant-garde à Lesquielles. » (*Mémoires*.)

Opérations des troupes françaises. — Quant aux troupes françaises, surprises par cette brusque et violente attaque, elles avaient été repoussées d'une part au delà du Noirieu, sur Lesquielles et Guise, de l'autre sur Landrecies et au delà de la Petite-Helpe (1). Elles avaient du moins opposé une résistance opiniâtre et donné ainsi la preuve qu'elles commençaient à s'aguerrir, sans doute grâce aux nombreuses escarmouches de la période hivernale. « Nos troupes, lisons-nous dans les *Opérations du général en chef Pichegru*, avaient néanmoins disputé [au duc d'York] le terrain pied à pied ; il avait eu à forcer des villages, des bois garnis de redoutes pleines d'artillerie. » Cette appréciation concorde bien avec les renseignements circonstanciés fournis par la *Relation* autrichienne.

Mais au premier moment, Pichegru, qui se trouvait à Lille, fort loin du champ de bataille, paraît s'être exagéré la gravité de l'échec subi et surtout la rapidité de la retraite :

L'ennemi, écrivit-il au Comité de Salut public (2), a fait, le 28, un mouvement sur les divisions de Goguet et Balland, qui occupent la trouée entre Cambrai et Landrecies. Je n'en ai pas encore recueilli tous les détails, mais il me paraît avoir

---

(1) Voir la *Relation* d'Arnaudin : « Le résultat de cette journée fut que les Républicains se trouvèrent repoussés, d'un côté, derrière la Petite-Helpe et dans Landrecies, où l'on avait fait en sorte d'en entasser le plus possible, et, de l'autre, derrière le ruisseau dit le Noirieu, où ils établirent bientôt un camp dont la droite était appuyée à Yron et la gauche à Lesquielles, ayant à dos la ville de Guise, où était leur quartier général. Ils occupaient toujours le camp retranché de Maroilles et, entre la Sensée et l'Escaut, ils avaient repris la position du camp de César. Ce fut de ces différents points qu'ils reparurent bientôt devant les troupes des alliés, malgré le succès de l'affaire du 17. »

(2) De Lille, le 30 germinal an II (19 avril 1794). Il adresse, le même jour, une lettre presque identique au ministre Bouchotte.

été bien défavorable à ces deux divisions. Elles ont été attaquées par des forces supérieures et avec tant d'impétuosité que les avant-postes n'ont pu faire que très peu de résistance et ont été obligés de se replier assez précipitamment au camp retranché sous Réunion. L'ennemi, après s'être emparé du poste de Catillon, a passé la Sambre et s'est porté sur la route de Landrecies. Je ne sais pas encore s'il s'y est établi et s'il a cherché à cerner cette place; je vais prendre des mesures pour y faire arriver de prompts secours, et l'obliger à une diversion de ce côté-ci.

On ne m'a pas encore fait connaître les pertes que nous avons faites en hommes, ni en artillerie; j'ai lieu de craindre qu'elles n'aient été assez (1) considérables (2).....

En écrivant cette lettre, Pichegru n'avait que des renseignements peu nombreux et sommaires, qui ne paraissent pas avoir été ultérieurement complétés par des rapports bien détaillés (3). La surprise de l'attaque

---

(1) *Assez* ne figure pas dans la lettre à Bouchotte. Pichegru ajoute : « Dès que j'en serai informé, je t'en ferai part. »

(2) Pichegru transmet une dénonciation contre un chef d'escadrons du 16ᵉ de cavalerie qui, le 25, pendant un fourrage, a eu des colloques avec l'ennemi et peut être « justement soupçonné » d'avoir donné « des renseignements sur notre position et d'être en conséquence l'auteur de ce désavantage ». Pichegru ajoute que cet officier supérieur est arrêté et propose de le traduire au tribunal révolutionnaire. Il annonce enfin qu'un lieutenant du 4ᵉ de hussards est sorti de Landrecies, le 25, pour passer à l'ennemi; que, le 26, un sous-lieutenant du 16ᵉ de chasseurs a déserté à l'ennemi du côté de Maubeuge. « Tous ces scélérats auront sans doute concouru au fâcheux événement que nous venons d'éprouver. » Voir le *Rapport* du général de brigade Bastoul au sujet des colloques avec l'ennemi constatés pendant le fourrage du 25. (De Ribeauville, 25 germinal-14 avril.)

Dans la séance du 1ᵉʳ floréal (20 avril), Barère annonça à la Convention la prise du poste de Catillon en ajoutant : « C'est l'effet de quelques intelligences avec l'ennemi. » (*Moniteur* du 2 floréal-21 avril, n° 212, p. 862.)

(3) Il n'existe pas aux *Archives de la guerre* de document relatant

ennemie empêcha qu'une direction d'ensemble présidât à la défense; nos troupes se bornèrent à disputer, avec une réelle vigueur, les positions qu'elles occupaient dans cette région coupée de nombreux obstacles.

La garnison de Landrecies assista, impuissante (1), à la retraite des divisions Balland et Goguet sur Guise et à l'abandon des postes d'Ors et de Catillon, qui défendaient la Sambre en amont de la place. Ces villages étaient occupés par la brigade Soland, faisant partie (avec la brigade Montaigu) de la division Fromentin (2), chargée de tenir Avesnes et la ligne de l'Helpe, assurant ainsi la liaison entre Maubeuge et la région Wassigny—Bohain. Le 17 avril, vers midi, le général Roulland, commandant la place de Landrecies, entendit la canonnade et la mousqueterie. Il crut d'abord qu'il s'agissait d'un fourrage, mais il en fut détrompé par quelques chasseurs à cheval qui arrivaient du lieu de l'action. Roulland leur « ordonna de rejoindre à l'instant leur corps, fit fermer les portes, lever les ponts-levis de celle de France et battre la générale (3). » Les autorités civiles s'assemblèrent à la maison commune (4). Dès que

---

en détail les opérations des troupes françaises; on ne trouve même aucune mention de l'établissement de semblables rapports.

(1) Dans son *Rapport* à la Convention, Roulland dit bien que des troupes auraient « pu être tirées de la place pour prendre l'ennemi en flanc et en queue sur les hauteurs de la Folie si on fût parvenu à le repousser »; mais il ajoute que « ce projet ne put être mis à exécution »; on fit bivouaquer « à la porte de France pour garder les avancées » les troupes rassemblées à cet effet.

(2) Le général Fromentin était subordonné au général Favereau, commandant à Maubeuge.

(3) *Rapport* du général Roulland à la Convention.

(4) « Le général Roulland, informé de ce qui se passait, fit battre la générale; les autorités constituées s'assemblèrent à la maison commune et y restèrent jusqu'à 6 heures du soir sans recevoir aucunes nouvelles du résultat de l'affaire. Ils prirent un arrêté pour inviter le

les troupes furent rassemblées, Roulland écrivit aux généraux Fromentin et Montaigu pour les prévenir de la perte des postes d'Ors et de Catillon ; sur ces entrefaites arriva Fromentin, qui s'empressa de rendre compte au général en chef de l'événement (1).

Cependant, Roulland s'efforça de mettre de l'ordre dans les bataillons qui s'étaient repliés sur Landrecies et que rejoignit bientôt le général Soland. L'ennemi ayant alors cessé de s'avancer, Fromentin se disposa à battre en retraite sur Avesnes ; mais, sur la demande de Roulland, il lui laissa « le restant de deux bataillons de Saint-Denis et de la 123ᵉ demi-brigade », ainsi que « les canonniers de l'artillerie légère qui étaient à cheval et avaient perdu leur pièce » ; enfin, « un détachement de cavalerie, qui de la Groise s'était replié sur Landrecies (2) ». Grâce à ces renforts, la garnison se trouva portée à un effectif de 7,000 à 8,000 hommes qui, déduction faite des non-valeurs, répondait convenablement aux exigences de la défense (3).

---

général à leur rendre compte de l'état des choses et des mesures qu'il conviendrait de prendre...... » (*Mémoire* de la municipalité de Landrecies à la Convention, 14 nivôse an III. Publié par Foucart et Finot, t. II, p. 362 et *seq*.)

(1) Avis en fut envoyé à Avesnes, d'où Mars, aide de camp de Fromentin, écrit (28 germinal-17 avril) au général de brigade Duhesme (à Solre-Libre [*ex-le Château*]) :

« Le général Fromentin est maintenant à Landrecies. L'ennemi est venu attaquer Catillon dont il s'est rendu maître ; je n'ai point de plus amples détails. Dans ce moment, on me dit que l'ennemi se replie ; mais, comme il se pourrait que, fort de ce petit succès, il vînt peut-être attaquer les postes, j'ai cru devoir t'en prévenir. »

Dans la matinée, Fromentin avait fait envoyer d'Avesnes à la brigade Duhesme : 1 pièce de canon, 1 obusier d'artillerie légère, 200 pelles et autant de pics et pioches.

(2) *Rapport* de Roulland.

(3) « Sur la fin de germinal, l'ennemi ouvrit la campagne par de grands mouvements et par le blocus de Landrecies qu'il effectua en

Après avoir couru au plus pressé, Roulland se rendit, à 8 heures du soir, à la maison commune, pour prévenir la municipalité que, « sur le point d'être bloqué, on devait prendre des mesures. En conséquence, on arrêta de suite de faire sortir le plus de bouches inutiles qu'il serait possible, de convertir sur-le-champ en farines tous les grains qui se trouvaient dans la commune et de les placer autant que possible dans les endroits les moins exposés à l'incendie (1) ».

Nous devons noter ici qu'en raison de l'offensive ennemie, le général Balland prit le parti de retenir le général Alexis Dubois, récemment affecté à l'armée du Nord (2), et de lui confier le commandement de toutes les troupes à cheval (3).

---

forçant nos cantonnements sur la Sambre. La brigade du général Soland fut repliée derrière la rivière de Maroilles et séparée de la division de la gauche, aux ordres du général Balland, qui fut repoussée jusque derrière la forêt du Nouvion. La garnison de Landrecies fut renforcée par cette irruption, qui força quelque infanterie à se jeter dans cette place. » (*Mémoires militaires* du général de division Duhesme.)

(1) *Mémoire* de la municipalité de Landrecies. *Arch. nat.*

(2) Sur la demande de Pichegru, Dubois, qui servait à l'armée de la Moselle, avait été désigné pour l'armée du Nord. Voir la lettre que lui adresse Jourdeuil, adjoint au ministre de la guerre :

Paris, 15 germinal (4 avril).

« Le Conseil exécutif provisoire ayant jugé à propos, Citoyen, de t'employer en qualité de général de division près les troupes qui composent l'armée du Nord, le Ministre me charge de te prévenir qu'il adresse en conséquence les lettres de service que le Conseil t'a fait expédier, au général en chef de cette armée qui te les remettra avec ses instructions sur les fonctions que tu auras à remplir sous ses ordres. Je dois t'ajouter que l'intention du Ministre est que tu te rendes à cet effet près de ce général dans le plus court délai possible. Tu voudras bien m'accuser la réception de cette lettre. »

(3) L'ordre de Balland, daté du 28 germinal (17 avril) porte : « Il

Observations sur la journée du 17 avril. — Les alliés manifestèrent beaucoup d'enthousiasme à la suite de leurs succès. Des lettres de Bruxelles et de Valenciennes, la *Gazette flamande de Gand* s'empressèrent de les célébrer en les exagérant. Le combat avait duré quatorze heures ; une harangue de l'Empereur avait doublé l'ardeur des troupes impériales ; celles de la Convention avaient reculé de quatre lieues environ ; elles avaient abandonné trois redoutes, seize pièces de canon ; Landrecies et Cambrai étaient cernés et sommés de se rendre. Une autre correspondance disait même que les camps retranchés de Landrecies et de Guise avaient été emportés.

Dans sa relation sur la journée du 17 avril, Cobourg félicite Mack du plan adopté et rend hommage aux « services signalés » dont il vient d'être l'auteur. Chacun des commandants d'armée et des chefs de colonnes et d'avant-gardes s'étend avec complaisance sur les hauts faits de ses troupes.

Il est incontestable que l'effet de surprise a été tout à fait obtenu et que l'armée entière a pu déboucher entre Landrecies et Cambrai sans que le commandement français l'ait soupçonné. Le succès tactique n'est pas moins complet ; les alliés ont non seulement refoulé les Français sur l'Oise et l'Helpe, mais ils se sont encore assuré les débouchés nécessaires pour compléter le lendemain l'investissement.

---

est ordonné au général de division Alexis Dubois de se rendre demain matin à Saint-Germain pour y établir son quartier général. Le général Alexis Dubois prendra le commandement de toutes les troupes à cheval. »

Dubois, qui avait ordre de se présenter à Pichegru, rendit immédiatement compte à celui-ci « en lui mandant que, vu le danger, il avait été offrir ses bras et son service au général Balland ».

La répartition des troupes avait été faite d'une façon judicieuse.

La 1re colonne comprenait 8 bataillons et 3 escadrons ; la 2e, 9 bataillons, 20 compagnies légères et 24 escadrons ; la 3e, 19 bataillons, 6 compagnies légères et 28 escadrons ; l'armée du duc d'York (4e et 5e colonnes), 24 bataillons et 44 escadrons ; enfin, dans celle du prince d'Orange, la 6e colonne comprenait 1 bataillon et 2 escadrons ; la 7e, 13 bataillons, 4 compagnies légères et 12 escadrons ; la 8e, 2 bataillons 1/2 et 2 escadrons 1/2. Il y avait donc un total de 76 bataillons 1/2, 30 compagnies légères et 115 escadrons 1/2, dont 17 bataillons, 20 compagnies légères et 27 escadrons contre la brigade Soland ; 43 bataillons, 6 compagnies légères et 72 escadrons contre les deux divisions Balland et Goguet ; enfin, 16 bataillons 1/2, 4 compagnies légères et 16 escadrons 1/2 pour surveiller Cambrai, d'où pouvait déboucher la division Chapuis.

Par conséquent, les dispositions de Mack avaient concentré sur le front décisif, Bohain—Wassigny, des forces plus que doubles de celles qui étaient respectivement affectées aux démonstrations vers Cambrai et Landrecies. Cette proportion peut être considérée comme rationnelle.

En présence de cette concentration des forces ennemies, les divisions françaises étaient restées échelonnées le long de la frontière, à Cambrai, à Bohain, à Étreux et à Avesnes, isolées les unes des autres et pour ainsi dire immobilisées. Le général en chef étant absent et n'ayant donné aucune instruction pour semblable éventualité, rien ne fut tenté pour renforcer la zone d'attaque principale et constituer une masse susceptible d'arrêter les 3e, 4e et 5e colonnes.

Le succès des alliés dans la journée du 17 doit, par conséquent, être attribué non seulement à la solidité et à l'ardeur de leurs troupes, mais à l'habileté des mesures prises par le commandement.

Toutefois, les avantages tactiques ainsi obtenus devaient être bientôt annihilés par le vice même du plan stratégique adopté. L'attaque sur Landrecies aura pour conséquence de dévoiler à Pichegru le but poursuivi par Cobourg. Tandis que, suivant l'expression même de Carnot, l'armée combinée « s'enfournera », le général français s'efforcera de la fixer, de front par les divisions Balland et Goguet, de flanc par celles de Chapuis et de Fromentin; il pourra ensuite prononcer contre les ailes, forcément dégarnies, une offensive victorieuse.

Journée du 18 avril.

Achèvement de l'investissement de Landrecies. — Le 18, l'armée alliée « nettoya le terrain entre la Sambre et la Petite-Helpe, chassa les Français qui s'étaient encore réfugiés dans quelques villages; et la forteresse de Landrecies fut entièrement investie (1). »

Le mouvement du 18 consista en effet à faire converger les trois premières colonnes vers Landrecies en se couvrant au Sud par l'occupation du Nouvion; à rassembler l'armée du duc d'York entre Catillon et le Cateau, avec avant-garde à Grand-Blocus et flanc-garde vers Cambrai; enfin, à investir Landrecies sur la rive gauche avec l'armée du prince d'Orange, qui deviendra corps de siège, tandis que les cinq premières colonnes constitueront sur la rive droite le corps d'observation.

A cet effet, les diverses colonnes effectuèrent les mouvements suivants, dans la journée du 18 avril :

---

(1) *Relation* préalable de la marche des armées combinées I. et R. anglaise et hollandaise sur Landrecies. (*K. u. K. Kriegs Archiv.* et *Arch. nat.*)

La 1re (1) sous les ordres du prince de Hesse-Darmstadt et qui avait le 17 son gros à Locquignol avec avant-garde à Grand-Toaillon, fut prévenue, dès l'aube, par le général Kray, commandant l'avant-garde de la 2e colonne qu'il avait l'intention de marcher sur Priches et d'occuper Favril ; il comptait sur le concours de la 1re pour appuyer cette attaque. La 1re colonne fut donc dirigée sur le même point et l'attaque confiée au colonel de Gontrœuil. Cet officier supérieur attendit jusqu'à 2 heures de l'après-midi des nouvelles du général Kray ; il se résolut alors à marcher sur Favril avec une partie des troupes légères et deux divisions de Wurtemberg. Mais, à son approche, les troupes de la brigade Soland qui s'étaient retirées le 17 sur ce village, l'abandonnèrent. A peine le colonel de Gontrœuil eût-il occupé Favril que le général Kray parut à sa droite sur les hauteurs de l'Alouette. Voyant sa droite ainsi assurée, Gontrœuil, masquant son mouvement par quelques troupes légères, se porta sur les hauteurs de le Fèvre, sur la chaussée de Guise (2), puis sur le village de la Folie afin d'appuyer sa gauche à la Sambre et de fermer ainsi la ligne d'investissement à gauche sur la rive droite de cette rivière. Cette opération fut confiée aux chasseurs de Bylandt qui se heurtèrent à une vive résistance, car la Folie était fortement occupée par un détachement de la garnison de Landrecies. Cependant, ce dernier, à qui la tombée de la nuit ne permettait pas de voir la faiblesse des troupes assaillantes, battit précipitamment en

---

(1) Voir la *Relation* détaillée de Cobourg et le *Rapport* du colonel de Gontrœuil pour la journée du 18 avril 1794. (*K. u. K. Kriegs Archiv.*)

(2) « Le colonel de Gontrœul s'est emparé de la hauteur de le Fèvre, qui est sur la route de Guise et domine tout le glacis de la ville de ce côté..... » (Groise, le 19 avril 1794. Christian, prince de Hesse-Darmstadt, général-major.) (*K. u. K. Kriegs Archiv.*)

retraite, de crainte de se voir couper de la place. Dès lors, la 1re colonne dessina autour de Landrecies, de Favril (1) à la Folie, une ligne continue qui se raccorda sur la rive gauche de la Sambre avec les cinq bataillons hollandais du général-major van der Duyn occupant l'extrémité Sud de la forêt de Mormal (2).

A la 2e colonne (3), le général Kray, qui en commandait l'avant-garde, s'avança vers le Sart (4) pour chasser l'ennemi de Priches et le rejeter au delà de la Petite-Helpe. Au Sart, l'avant-garde rencontra un détachement

---

(1) « J'avais fait occuper le village de Favril et la hauteur du moulin à vent de cette localité, avant l'arrivée du général-major Kray, en sorte que dès ce moment Landrecies était complètement investi du côté gauche et que nous dominions les glacis de toutes parts. » (Groise, le 19 avril 1794. Christian, prince de Hesse-Darmstadt, général-major) (*K. u. K. Kriegs Archiv.*)

(2) Extrait de l'*Œsterreichische militärische Zeitschrift* : « Le 18 avril, les huit colonnes continuèrent leurs opérations pour l'investissement de Landrecies pendant que de petits détachements observaient l'ennemi vers Avesnes, la Capelle, Guise, Saint-Quentin et Cambrai, et devaient détourner son attention des mouvements de la force principale. La première colonne occupa la localité et les hauteurs de Favril, celles de le Fèvre et le village de la Folie. Dans ce dernier, l'ennemi avait résisté. Contre Favril, les troupes de la forteresse firent une petite sortie. »

(3) Voir la *Relation* détaillée de Cobourg et les *Rapports* de Kray et d'Alvinzy pour la journée du 18. (*K. u. K. Kriegs Archiv*)

(4) « Avec une partie de la deuxième colonne, le général Kray repoussa une cavalerie ennemie vers le Sart, puis enleva le village de Priches défendu par du canon et s'établit entre cette localité et Favril. A 5 heures du soir, l'ennemi s'empara de nouveau du village de Priches, mais le général Kray maintint sa position sur les hauteurs. Le combat dura alors jusque tard dans la nuit. Le lendemain matin, on trouva le village de Priches évacué par l'ennemi. Avec la plus grande partie de sa colonne, le F. M. L. Alvinzy établit un camp sur les hauteurs derrière Nouvion. Son aile droite s'étendait vers Bergues et sa gauche vers la Louzy-Hainaut. Le général Keim nettoya le bois du Nouvion des ennemis. Tandis qu'il envoyait des détachements vers l'Échelle, Fonte-

de cavalerie française qui fut repoussé par la cavalerie légère et des fractions d'infanterie ; elle poursuivit ensuite sa marche jusqu'à Priches, où elle se heurta à un bataillon d'infanterie et à un fort détachement de cavalerie. Kray fit alors attaquer cette dernière localité par des chasseurs, des Serbes et de la cavalerie légère qu'il fit soutenir par le gros de la colonne. Les Français furent obligés de se retirer derrière l'Helpe, vers Maroilles, Grand-Fayt et Petit-Fayt. Après ce succès, le général Kray se porta sur les hauteurs contre Priches et Favril où Mack lui-même, en reconnaissance sur ce point, lui indiqua la position à prendre ; Priches fut occupé par une compagnie de tirailleurs tyroliens, 50 Serbes et un demi-escadron de cavalerie légère. Pendant tout l'après-midi, les Français harcelèrent les avant-postes de la colonne, en partant de Maroilles, où ils avaient des forces assez importantes. Vers 5 heures du soir, ils prononcèrent une attaque générale avec leurs troupes légères qui refoulèrent la ligne d'avant-postes autrichiens ; un bataillon d'infanterie et 600 chevaux, partant de Grand-Fayt, se portèrent sur Priches. Le détachement qui occupait cette localité dut, en présence de l'attaque, se replier sur les hauteurs en arrière de Prisches. Kray le renforça au moyen d'une compagnie d'Erbach et d'un peloton de Royal-Allemand ; pour couvrir son flanc droit, il fit avancer en soutien une division d'infanterie et deux canons. Comme les Français continuaient à progresser vers cette aile, Kray les fit attaquer par une compagnie de chasseurs, une compagnie de grenadiers et deux demi-escadrons de cavalerie, pour les rejeter au delà de l'Helpe. Ce combat se continua tard dans la

---

nelle et Cartigny sur la Petite-Helpe, il plaçait, avec le reste de sa brigade, des postes à la Capelle. » (Extrait de l'*Œsterreichische militärische Zeitschrift*.)

nuit ; les Français ne purent être entièrement délogés de Priches et occupèrent pendant toute la nuit la partie inférieure du village ; ce fut seulement au jour qu'ils durent abandonner cette localité et furent rejetés sur Grand-Fayt.

Tandis que l'avant-garde de la 2e colonne, sous les ordres de Kray, terminait ainsi l'investissement de la place de Landrecies sur la rive droite de la Sambre, entre cette rivière et l'Helpe ; le gros, sous les ordres d'Alvinzy, établissait un camp sur les hauteurs du Nouvion, l'aile droite à Bergue et la gauche à la Louzy-Hainaut. Alvinzy plaça son quartier général à Malassise et fit occuper le Nouvion par le général-major Keim, auquel il confia toutes les troupes légères, le bataillon de Beaulieu et trois escadrons de cavalerie. Keim avait, du Nouvion, détaché des partis sur Fontenelle, la Capelle et Leschelle, afin de percer le dangereux rideau de la forêt du Nouvion, d'en tenir les principales avenues et de nettoyer absolument ces bois de tous ennemis. Ce détachement devait se tenir en liaison au Nord avec le général Kray, au Sud-Ouest avec le général Heister.

L'avant-garde de la 3e colonne, commandée par Bellegarde, avait campé, dans la nuit du 17 au 18, sur les hauteurs de Grand-Blocus, ainsi que les détachements Heister et Fink ; elle avait même poussé des postes sur Henappes et Veneroles. Le 18 au matin, Bellegarde envoya une patrouille (1 officier et 25 chevaux) de Henappes sur Guise et Lesquielles ; à un quart d'heure environ de Henappes, cette patrouille tomba sur un poste de cavalerie française abrité derrière des retranchements. D'autres partis dirigés sur Tupigny trouvèrent ce village également occupé et signalèrent des mouvements de troupes sur « la chaussée de Lesquielles ». Il fut ainsi établi que les Français se tenaient sur la défensive dans le camp retranché de Guise, prêts à résister sur le front Tupigny—Lesquielles. Il n'y avait donc pas lieu de modifier la position prise, le 17, par l'avant-garde de la 3ᵉ colonne, qui demeura campée sur les hauteurs de Grand-Blocus, dont elle occupa l'ouvrage principal.

Quant au gros de cette colonne, commandé par Kinsky, il dut se reporter en soutien du faible cordon d'investissement constitué par les 1ʳᵉ et 2ᵉ colonnes. Les instructions adressées au général Kinsky, pour la journée du 18 (1), lui prescrivirent de quitter à 8 heures du matin Ribeauville, où il avait passé la nuit, et de marcher sur Catillon où il attendrait des ordres. En outre, le général Heister devait être détaché des hauteurs de Grand-Blocus avec trois bataillons et une division de chevau-légers archiduc Albert, sur les hauteurs d'Oisy, jusqu'à nouvel ordre. Dans l'après-midi, une nouvelle instruction (2) prescrivit à Kinsky de laisser camper à Catillon les deux régiments archiduc Albert et Cobourg et de faire passer la Sambre au reste de ses troupes. Deux bataillons de Wartensleben, suivis de deux bataillons d'Ulrich-Kinsky, d'un bataillon de Brechainville et de trois divisions de Kavanagh marchèrent sur le Sart par la Groise. Brechainville resta au Sart où vinrent le rejoindre, par Fesmy, deux bataillons de Murray et deux bataillons M.-Wallis. Wartensleben, Ulrich-Kinsky et Kavanagh, s'avancèrent entre Priches et Favril, vers la Petite-Helpe. En définitive, la 3ᵉ colonne s'établit dans la zone Catillon—le Sart, en réserve de la ligne d'investissement la Folie, le Fèvre, Favril, l'Alouette, Priches; elle était couverte par les troupes

---

(1) Instruction pour le 18, datée du grand quartier général de l'Arbre-de-Guise le 18 au matin. (*K. u. K. Kriegs Archiv.*)

(2) Instruction adressée, le 18 avril dans l'après-midi, au général F. M. L. comte Kinsky. (*K. u. K. Kriegs Archiv.*)

de Grand-Blocus, contre celles du camp retranché de Guise (1).

Laissant à Vaux une simple avant-garde, qui poussa des partis sur Bohain, le gros de la 4ᵉ colonne, sous les ordres du duc d'York, se porta sur les hauteurs de Catillon où elle s'établit, la gauche à ce village, la droite à Basuyau, avec flanc-garde au Cateau (2).

La 5ᵉ colonne laissa de même une arrière-garde à Prémont; et le gros, commandé par le général Erskine, rejoignit le duc d'York sur les hauteurs de Catillon (3).

Dès le point du jour, et à la faveur d'un brouillard épais, la 6ᵉ colonne, à Crèvecœur, reçut l'attaque des troupes légères de la division Chapuis qui s'avançaient par le ravin de Manières ; elles furent vivement repoussées par le capitaine von der Heiden, des chasseurs d'Anspach. En même temps se montrait de la cavalerie française débouchant de Seranvillers. Ce double mouvement débordant et les inconvénients que présentait la position de Crèvecœur au point de vue défensif forcèrent le général Hadik à replier ses avant-postes. Mais, à ce moment, apprenant que les Français attaquaient aussi

---

(1) « Le général comte Bellegarde reconnut l'ennemi avec l'avant-garde de la troisième colonne. Il trouva l'ennemi dans ses retranchements allant de Lesquielles à Tupigny, au delà du ruisseau de Noirieu, où il rassemblait les troupes battues le jour précédent. Les généraux Heister et Fink occupèrent avec leurs troupes une position entre Fesmy et Favril. » (Extrait de l'*Œsterreichische militärische Zeitschrift*, *op. cit.*, p. 99.)

(2) « L'avant-garde de la quatrième colonne resta à Vaux. Cette colonne se porta sur la position de Catillon et appuya l'aile droite à Basuyau et la gauche à la Sambre. » (Extrait de l'*Œsterreichische militärische Zeitschrift*.)

(3) « La cinquième colonne établit un détachement à Prémont et se réunit à la quatrième dans le camp de Catillon. » (Extrait de l'*Œsterreichische militärische Zeitschrift*.)

l'avant-garde de la 7ᵉ colonne à Igniel et cherchaient à tourner par Cattenières les troupes de cette colonne établies à hauteur de Boistrancourt, il concourut à faire échouer ce mouvement, par une menace contre le flanc droit des Français. Ces derniers, débouchant de Cambrai au nombre de 4,000 hommes d'infanterie et de 1500 cavaliers environ, avec plusieurs pièces de canon avaient attaqué dès 7 heures du matin l'avant-garde de la 7ᵉ colonne à Igniel (1) ; ils avaient occupé la position Avoingt-Cauroir que l'arrivée de renforts leur permit de prolonger jusqu'à Niergnies et Cagnoncles. Pour parer à leur attaque, le prince d'Orange fit renforcer son avant-garde d'Igniel par un escadron de Karaczay, une division de Deutschmeister, deux compagnies de Varasdin, deux pièces de 12 et un obusier. Après une canonnade violente, les Français se retirèrent sur Cambrai, en ne laissant que quelques postes d'observation sur les glacis de la place. Dès qu'ils eurent été repoussés, la 6ᵉ colonne, laissant provisoirement son avant-garde entre Forenville et Estourmel pour se couvrir contre Cambrai, rétrograda jusqu'à Beauvois ; elle y fut relevée le soir par l'avant-garde de la 4ᵉ colonne venant de Vaux ; toute la 6ᵉ colonne se porta dans la nuit du 18 au 19, à Robersart, pour faire partie de l'armée de siège.

Quant à la 7ᵉ colonne, dès qu'elle eut repoussé l'ennemi, le prince d'Orange en laissa, sur les hauteurs de Beauvois, une brigade commandée par le général Baillet ; il se porta vers le camp de Robersart avec le reste des troupes, à l'exception du régiment de Cobourg qui vint à Catillon dès le 18 au soir.

Enfin la 8ᵉ colonne, postée sur les hauteurs de Naves (et devant laquelle les Français ne se montrèrent pas)

---

(1) « Dès le 18, ils avaient attaqué l'avant-garde du prince d'Orange près de Beauvois. » (*Mémoire* de d'Arnaudin.)

intervint, par un mouvement sur Cagnoncles, pour déterminer la retraite des troupes qui avaient attaqué Igniel. Ce résultat obtenu, elle se porta sur Beauvois ; elle y fut relevée, dans la soirée, par le détachement de la 5ᵉ colonne venant de Prémont ; elle marcha une partie de la nuit du 18 au 19 et vint à Robersart se réunir aux 6ᵉ et 7ᵉ colonnes pour former l'armée de siège avec ces troupes et les bataillons de la forêt de Mormal (1).

Opérations des Français. — Les divisions Balland et Goguet, rejetées le 17 avril sur Lesquielles et Tupigny, demeurèrent le lendemain dans ces positions sans faire de mouvements. La division Chapuis, à Cambrai, entreprit dès le matin quelques démonstrations que Cobourg

---

(1) « La sixième colonne fut attaquée par l'ennemi au point du jour. Elle évacua le poste de Crèvecœur qui n'était susceptible d'aucune résistance. Lorsque l'ennemi attaqua la septième colonne à Igniel, le général comte Hadik s'installa à Estourmel afin de menacer l'aile droite de l'ennemi. L'ennemi se retira alors sur Cambrai. Le général Hadik marcha alors sur les hauteurs de Beauvois. Là, il fut, le soir, relevé par une partie des troupes arrivant de Vaux, et se porta dans la nuit au camp de Robersart.

« L'ennemi s'était avancé avec 4,000 hommes d'infanterie et 1500 cavaliers, de Cambrai, contre la septième colonne. Il trouva une résistance résolue et se vit bientôt menacé sur ses deux ailes par les mouvements des sixième et huitième colonnes, et forcé à la retraite sur Cambrai. Le prince héritier d'Orange conduisit dès lors ses troupes au camp de Robersart, mais laissa le général comte Baillet avec sa brigade sur les hauteurs de Beauvois.

« La huitième colonne ne se rencontra pas immédiatement avec l'ennemi. Mais elle menaça l'aile gauche de la colonne française qui s'était avancée vers Igniel et contribua à sa retraite. Elle marcha ensuite sur les hauteurs de Beauvois et entra au camp de Robersart à minuit après qu'elle eût été relevée par les troupes arrivant de Prémont. Là, les trois dernières colonnes réunies formèrent l'armée de siège sous les ordres du prince héritier d'Orange. » (Extrait de l'*Œsterreichische militärische Zeitschrift*, op. cit., p. 99.)

qualifiait plutôt de « reconnaissances (1) ». Quant à la division Fromentin elle fut définitivement rejetée sur la rive droite de l'Helpe. « L'ennemi, écrit Fromentin, « s'est emparé du Nouvion et l'on dit même qu'il est à « couper la retraite de la Capelle (2) ». Tel était en effet l'objet du mouvement exécuté par le général major Keim sur la forêt du Nouvion ; sans les intercepter complètement, il avait rendu très précaires les communications par la ligne Laon-Vervins la Capelle-Avesnes-Maubeuge (3). Fromentin ajoutait que Soland allait peut-être se voir obligé « de battre en retraite, ainsi que Montaigu sur les Hayes d'Avesnes ». L'événement ne tardait pas à confirmer cette crainte. La correspondance des généraux Fromentin et Despeaux nous montre l'ennemi s'avançant en grand nombre et enlevant les positions de Favril et Priches que la brigade Soland avait occupées le 17 après son échec à Catillon ; elle va chercher sur la rive gauche de l'Helpe une nouvelle position de repli, jalonnée par Cartigny, le Petit et le Grand-Fayt et les retranchements de Maroilles ;

---

(1) *Relation* circonstanciée de Cobourg, 18 avril 1794. *K. u. K. Kriegs Archiv.*

(2) Le général Fromentin au général Duhesme (à Beugnies), du quartier général d'Avesnes, le 29 germinal (18 avril).

(3) Voir l'ordre du 29 au 30 germinal (18 au 19 avril) adressé par le général A. Dubois aux deux chefs de brigade faisant fonctions de généraux de brigade :

« D'après l'ordre que j'ai reçu du général Balland, tu voudras bien faire commander un détachement de 60 hommes de cavalerie pour escorter un convoi de 2,000 quintaux de farine, qui se rend à Avesnes en passant par la Capelle. Le commandant du détachement se rendra, en conséquence, demain, à 5 heures du matin, auprès du citoyen Chevalier, garde-magasin des vivres, pour y recevoir les instructions nécessaires.

« Activité ! surveillance ! amour de la patrie ! Voilà, mes camarades, comme nous défendrons bien la cause sacrée de la patrie qui nous est confiée et qui tient tous les yeux fixés sur nous. »

en cas de nécessité les Hayes d'Avesnes lui fourniront encore une position d'arrêt (1).

Pendant que ces événements se passaient autour de Landrecies, le commandant et les autorités de cette place complétaient les mesures prises dès le soir du 18 pour se préparer à subir un siège désormais inévitable.

Le 29, nos postes avancés vers Maroilles ayant été repoussés, la ville se trouva tout à fait cernée (2), en sorte qu'une partie des individus qui avaient évacué la commune furent obligés d'y rentrer avec des habitants des hameaux voisins. Les autorités civiles employèrent tous les moyens de conserver les vivres et de prévenir les habitants du danger dont la place était menacée, en les invitant à conserver l'ordre et la fermeté qui accompagnent toujours les vrais républicains.

Le même jour, le commandant de l'artillerie demanda du monde à la garde citoyenne pour faire des cartouches et des gargousses dont on manquait; le conseil général de la commune, désirant conserver les citoyens en état de résister à la fatigue pour des travaux plus importants, proposa aux vétérans de la garde nationale de faire les cartouches : la proposition ayant été acceptée, on a vu soixante-dix vieillards respectables se livrer à ce travail avec une assiduité sans exemple, jusqu'à ce qu'une bombe vînt écraser l'un d'eux et mettre le feu à la salle d'artifice.

Vers les 8 heures du soir du même jour, le conseil de guerre déclara la ville en état de siège (3).

Les membres des autorités civiles qui assistèrent à ce conseil de guerre y ouvrirent la proposition, qui avait été faite dans leurs séances (4), de brûler toutes les caisses publiques après

---

(1) Voir lettre du général Favereau au général Despeaux (de Maubeuge, 29 germinal-18 avril).

(2) Sur la rive droite de la Sambre.

(3) La date de cette décision, comme de l'investissement complet de Landrecies sur la rive droite, précède d'un jour celle qu'assigne Roulland. (Voir journée du 30 germinal, p. 285.)

(4) Voici comment raisonnaient les autorités civiles : « Si nous résis-

avoir constaté leur situation par des procès-verbaux en bonne forme ; mais cette proposition sage et prudente fut écartée par des gens qu'on a vus par la suite appuyer la proposition de la reddition de la place ou abuser de ces caisses (1).

Observations sur la journée du 18 avril. — On doit signaler l'art avec lequel l'armée combinée opéra ses mouvements du 18. A la fin de la journée précédente, elle avait réussi à masquer Cambrai, à rejeter sur Guise le gros des forces françaises ; l'investissement de Landrecies était seulement dessiné sur la rive droite de la Sambre et restait à faire sur la rive gauche entre la forêt de Mormal et la rivière.

De simples avant-gardes de surveillance, établies à Grand-Blocus, à Vaux, à Prémont et à Beauvois, devaient suffire contre les troupes de Guise et de Cambrai. Pour resserrer l'investissement sur la rive droite, les deux premières colonnes, soutenues par la troisième, s'efforcèrent de former le demi-cercle la Folie-Favril-Maroilles ; ces troupes devaient être couvertes en queue et sur les flancs, de façon à n'être point troublées dans leur mission principale ; ce rôle de protection fut dévolu aux détachements de Vaux et de Grand-Blocus en contact avec les postes avancés des troupes françaises de Guise, ainsi qu'au corps du F. M. L. Alvinzy occupant les hauteurs de Bergues et de la Louzy, envoyant des partis à travers la forêt du Nouvion jusqu'à Fontenelle, la Capelle et Leschelle. La protection de l'investissement du côté du

---

tons aussi longtemps que les circonstances le permettent, il nous faudra des bons de siège. Il vaut donc mieux commencer de suite ; nous nous assurons par là qu'en cas d'événement malheureux l'ennemi ou quelques fripons ne profiteront pas de ces caisses, et que la République ne perdra que la façon de la fabrication, ce qui dans les circonstances n'était rien. » (Note du *Mémoire.*)

(1) Extrait du *Mémoire* rédigé par la municipalité de Landrecies, le 14 nivôse an III (3 janvier 1795).

Sud-Ouest fut obtenue en rapprochant le gros de l'armée du duc d'York, en lui faisant occuper entre la Selle et l'Oise, une position de barrage suffisamment appuyée à des obstacles naturels s'étendant du Cateau à Catillon par Basuyau. Ces dispositions prises, il fallait encore réaliser l'investissement de la place sur la rive gauche : l'armée du prince d'Orange restant seule disponible pour cet objet, on dut la remplacer par de simples détachements devant Cambrai ; comme d'ailleurs les arrière-gardes de Vaux et de Prémont avaient peu d'utilité, puisqu'elles faisaient face au Catelet et à Saint-Quentin, tandis que le gros des forces adverses était autour de Guise, on les retira à la nuit pour les porter sur Beauvois ; ce mouvement permit de dérober toute l'armée du prince d'Orange à la faveur de l'obscurité, pour la concentrer vers Robersart : c'était là une des manœuvres favorites des armées du XVIIIe siècle, une de ces « jalousies » familières à Brunswick et à Cobourg. On doit remarquer que, par ce mouvement, les trois dernières colonnes firent, pendant la nuit du 18 au 19, une marche de 25 kilomètres environ, après avoir combattu, une partie de la journée, contre la division Chapuis. On voit ainsi combien il importe que les troupes soient entraînées à fournir des étapes aussi longues que le comportent les exigences de la situation tactique.

Journée du 19 avril.

Mouvements de l'armée combinée. — D'après les documents autrichiens, la garnison de Landrecies, aurait dans la journée du 19 tenté une attaque contre le poste de la Folie (1) ; elle aurait été repoussée par un bataillon

---

(1) Ce mouvement, qui est relaté par l'*Œsterreichische militärische*

de Wurtemberg, un détachement du colonel Botlon et les troupes hollandaises du prince de Hesse-Darmstadt qui occupaient cette localité.

A l'Est, la brigade Montaigu, de la division Fromentin, s'avança de Maroilles contre les avant-postes du général Kray. Celui-ci se porta avec des troupes des trois armes au-devant des Français et les rejeta vers Maroilles au delà de l'Helpe ; il parvint à conserver la rive gauche de cette rivière, malgré une très violente canonnade que fit l'artillerie française de l'abbaye de Maroilles et à laquelle les Autrichiens répondirent vigoureusement. En raison de ce succès et grâce à l'appui de l'armée principale, Kray se décida à porter ses troupes à Bas-Maroilles.

Dans l'armée principale, en effet, le général-major Kerpen avait fait avancer vers Favril les deux bataillons Wartensleben qui s'étaient déjà portés le 18 entre Priches et Favril, tandis que les deux bataillons Ulrich Kinsky, qui avaient été également dirigés sur ce point le 18, occupaient spécialement Priches avec le régiment de cuirassiers Kavanagh. Les troupes de cette armée, qui étaient le 18 à Catillon, y restèrent en réserve ; Mack leur recommanda spécialement le 19 d'occuper

---

Zeitschrift et par le *Rapport* de Cobourg (*K. u. K. Kriegs Archivs*), n'est pas mentionné par les documents français. Le récit du général Roulland semble même indiquer que cette affaire n'eut pas lieu.

Est-ce à cette sortie sur la Folie que Foucart et Finot feraient allusion dans les lignes suivantes : « Le 19 avril, les assiégés de Landrecies avaient fait une infructueuse sortie..... » (Foucart et Finot, tome II, page 353.)

Dans son *Rapport* du 19 avril, daté de la Groise, le prince de Hesse-Darmstadt dit à son tour : « L'ennemi ayant reconnu l'importance de cette position, l'a attaquée de nouveau ce matin avec beaucoup d'impétuosité, mais nous l'avons repoussé et le village est resté en notre pouvoir. »

les hauteurs en avant de Catillon en appuyant leur aile gauche à la Sambre (1).

A la 2ᵉ colonne, Alvinzy, qui avait établi le 18 un camp entre Bergues et la Louzy-Hainaut, poussa le 19 une forte patrouille vers Cartigny. Au débouché de la Haie Cartigny, à un quart d'heure du village, il interrogea un paysan qui lui répondit que la presque totalité des troupes françaises s'était retirée au delà de la petite Helpe : ces troupes comprenaient le 2ᵉ bataillon de la Meurthe, un régiment de cavalerie (Colonel général) et deux canons. Alvinzy put bientôt constater que Cartigny (2) était occupé, car ses éclaireurs reçurent quelques coups de feu sans d'ailleurs être atteints ; il n'essaya point de s'y établir, car, dit-il, « c'est un point très difficile à occuper : il est dominé par les collines de la rive droite de l'Helpe au pouvoir de l'ennemi ». Il se contenta donc d'établir un poste de Slavons à la lisière du bois de la Haie Cartigny et un autre plus fort à Fontenelle (3) ; ce petit détachement se mit en relations avec les avant-postes du général Keim. Alvinzy fit occuper aussi le nœud important de la Capelle par une division d'infanterie et un escadron de uhlans, auxquels servaient de soutien les forces du général Keim établies au Nouvion. De la Capelle des patrouilles se portèrent sur la Flamengerie vers Avesnes et sur la route de Rocroi où elles furent arrêtées par les nombreuses vedettes des Français.

Dans son rapport du 19, Alvinzy fait une remarque qui trouvera plus loin son application : « Si l'ennemi, « dit-il, prononçait une forte attaque sur la Capelle, nos « troupes, ne pouvant être soutenues, abandonneraient

---

(1) Ordre de Mack, 19 avril. *K. u. K. Kriegs Archivs.*
(2) *Rapport* d'Alvinzy, du 19 avril.
(3) C'est sur le même point que, dès le 18, le général Keim avait, de Nouvion, dirigé des partis de cavalerie.

« le village et se retireraient sur le bois du Nouvion qui « est aujourd'hui complètement nettoyé d'ennemis ». Il demandait en outre que cette forêt fût défendue par des abatis et des retranchements et se plaignait de l'état tellement boueux des chemins qu' « à l'exception de la « route de la Capelle ils étaient tous impraticables à « l'artillerie ». Il signalait enfin que les vedettes de l'ennemi se voyaient derrière le Noirieu et qu'au dire des habitants un corps de 20,000 hommes, pourvu d'une nombreuse artillerie, était rassemblé vers Lesquielles sous les ordres du général Balland. Comme le but n'était pas d'occuper les environs de la Capelle et du Nouvion, mais seulement d'y faire des incursions ; comme on était ainsi presque au contact des Républicains, Mack ordonna que les voitures lourdes et l'artillerie de réserve d'Alvinzy fussent laissées à Catillon (1).

Quant à l'avant-garde de la 3ᵉ colonne elle continuait à remplir sa mission d'observation, des hauteurs de Grand-Blocus. Un rapport de Bellegarde signalait que les Français travaillaient à améliorer leur camp retranché établi en avant de Guise, à cheval sur les deux grandes routes du Cateau et de Landrecies, appuyant sa droite aux hauteurs d'Yron et sa gauche aux retranchements de Lesquielles. Tupigny était également occupé. En raison de ce système de défense, l'avant-garde de la 3ᵉ colonne ne put rien savoir de positif sur les forces concentrées à Guise ; on la voit seulement estimer que le camp avancé était occupé par cinq bataillons et trois régiments de cavalerie (1).

L'incertitude était encore plus complète en ce qui concerne les troupes établies dans le camp principal de Guise derrière l'Oise ; Bellegarde ignorait les dispositions qu'elles avaient prises après l'abandon de la ligne

---

(1) Ordre de Mack du 19 avril. *K. u. K. Kriegs Archiv.*
(2) « 36ᵉ régiment, ci-devant Anjou, 1 bataillon allemand n° 42

Prémont-Mazinguet. Il savait que Pichegru était parti pour Lille depuis une dizaine de jours, mais non s'il était de retour. Dans la soirée du 18 il avait fait exécuter, à faible distance des positions ennemies, un fourrage pour se procurer le foin et l'avoine nécessaires à ses troupes. Alarmés par cette opération, les Républicains montrèrent sur les hauteurs de Lesquielles 600 à 700 cavaliers qui s'avancèrent en plusieurs détachements vers Hénappes et restèrent en position jusqu'au lendemain matin.

Dans la matinée du 19, l'envoi d'une patrouille d'officier n'avait fait découvrir, vers le moulin à vent d'Aisonville, qu'une faible reconnaissance française qui s'était aussitôt retirée sur Vadencourt (1). Dans ces conditions, l'avant-garde de Bellegarde se trouvait sous le coup d'une menace perpétuelle. La situation du général Keim était analogue au Nouvion et à la Capelle, par suite de la proximité des couverts que constituaient la forêt du Nouvion et les Hayes Catelaine et Cartigny se prolongeant presque jusqu'à la place d'Avesnes. D'autre part, Keim ne pouvait tenir au Nouvion qu'autant que Bellegarde se maintiendrait à Grand-Blocus. Aussi Mack leur recommandait-il à l'un et à l'autre d'être sur leurs gardes, de rester en constante liaison et d'agir de concert (2).

On a vu que, le 18, le duc d'York avait couvert l'investissement en occupant avec son gros le front Basuyau-

---

(sic) (a), bataillons de volontaires du Jura, de la Vienne, de la Haute-Marne, chasseurs à cheval de Landrecies, 3º dragons, 16ᵉ et 17ᵉ de cavalerie. » (*Rapport* de Bellegarde à Cobourg, de Grand-Blocus, 19 avril. *K. u. K. Kriegs Archiv.*)

(1) *Rapport* de Bellegarde à Cobourg, *loc. cit.*

(2) Ordre de Mack du 19 avril 1794. (*K. u. K. Kriegs Archiv.*)

(a) Il s'agit probablement du 1ᵉʳ bataillon du 62ᵉ d'infanterie, ex-régiment allemand de Salm-Salm.

Catillon et en lançant des avant-gardes sur Vaux et Prémont, puis vers Cambrai. Mais, à la fin de cette première journée, la colonne principale avait constitué une forte réserve à Catillon, les 6ᵉ, 7ᵉ et 8ᵉ colonnes s'étaient concentrées à Robersart ; entre ces deux points, la Folie était occupée. Il n'y avait donc qu'à tenir les débouchés du Bois-l'Évêque que commandait suffisamment l'occupation du Cateau. Aussi le duc d'York, laissant Catillon à la disposition de la réserve principale du général Kinsky, plaça-t-il sa colonne au Cateau en étendant sa gauche sur Saint-Benin et sa droite sur Neuvieslis le long de la Selle, c'est-à-dire en avant et sur toute l'étendue du vide qui existait entre Catillon et Robersart. L'occupation de la Folie assurait la communication entre les trois dernières colonnes (établies à Robersart) et la première. Dans la soirée, celle-ci, tout en occupant la Folie, se joignit aux précédentes pour former le futur corps de siège.

On pouvait dès lors considérer l'investissement de Landrecies comme absolument effectué. Il était, sur la rive gauche de la Sambre, placé sous les ordres du prince d'Orange qui devait commander le corps de siège proprement dit (1ʳᵉ, 6ᵉ, 7ᵉ et 8ᵉ colonnes). L'investissement sur la rive droite était confié : à l'avant-garde du général Kray, occupant Bas-Maroilles et couverte par le gros de la 2ᵉ colonne au Nouvion, Bergues et la Louzy-Hainaut ; à un détachement de la 3ᵉ, tenant Favril et couvert par le gros de cette colonne à Catillon, le Sart, Priches ; enfin les 4ᵉ et 5ᵉ étaient à Saint-Benin, le Cateau et Neuvieslis (1).

---

(1) Cette rédaction a été empruntée à l'*Œsterreichische militärische Zeitschrift*, au *Rapport* de Cobourg et à celui de Kray pour le 19. (*K. u. K. Kriegs Archiv.*) Voici en quels termes l'*Œsterreichische militärische Zeitschrift* relate la journée du 19 :

« Le 19, fut repoussée une sortie de la garnison sur le poste de la

Opérations de la garnison de Landrecies. — Avant que Kray ait eu le temps de fermer la communication entre Landrecies et Avesnes en occupant Bas-Maroilles et en rejetant la brigade Montaigu sur la rive droite de l'Helpe, le général Roulland, sentant l'imminence de cet investissement complet, voulut tout au moins faire sortir de la place les troupes qui lui étaient inutiles et ne conserver comme garnison que l'effectif strictement nécessaire. Il songea également à empêcher les bouches inutiles d'entrer dans la ville; mais il ne sut pas, pour mettre à exécution cette prescription si sage, montrer la fermeté d'âme dont firent preuve à Maubeuge le général Favereau et le représentant Laurent (1).

Folie. Le général Kray repoussa une colonne ennemie s'avançant de Maroilles. Dans l'armée principale les brigades des généraux baron Kerpen et prince Cobourg s'avancèrent contre Favril et Priches, ce qui permettait au général Kray d'appuyer vers Bas-Maroilles. Le soir de ce jour, la 1re colonne marcha sur la rive gauche de la Sambre vers l'armée de siège, et le général Kray entreprit avec sa brigade l'investissement complet de la forteresse sur la rive droite du fleuve, qui fut complètement achevé et tenu aussi serré que possible. Alvinzy reconnut l'ennemi qu'il trouva complètement au delà de la Petite-Helpe; il établit ses postes à Cartigny, Fontenelle, la Haye-Payenne jusque vers la Capelle, et envoya des partisans vers Avesnes et Rocroi. Le duc d'York choisit une position qui s'appuyait à sa gauche à Saint-Benin et à sa droite à Neuvieslis et qui barrait la route de Cateau à Cambrai. Le gros des forces ennemies s'établit au camp de Guise; son avant-garde, cinq bataillons d'infanterie, trois régiments de cavalerie, derrière le ruisseau du Noirieu, depuis Lesquielles jusque sur les hauteurs d'Yron. »

(1) « A la nouvelle des événements de Landrecies, l'émotion fut considérable à Maubeuge. Dès le 18 avril, la municipalité avait reçu du district d'Avesnes un arrêté ordonnant que les bouches inutiles seraient transférées dans le département de l'Aisne : elle en dressa la liste comprenant 416 noms ; et, aussitôt que les vingt-quatre heures accordées aux intéressés pour évacuer la place furent expirées, le conventionnel Laurent et le général Favereau se rendirent au conseil général de la commune pour arrêter les mesures de contrainte nécessaires..... »
(Foucart et Finot, tome II, page 353.)

Les dispositions prises par le général Roulland sont ainsi relatées dans son *Rapport* à la Convention :

Le 30 germinal, s'apercevant que l'ennemi voulait intercepter la route de Landrecies à Maroilles et manquant de fourrages, il envoya des éclaireurs s'assurer si la cavalerie pourrait se retirer sur Maroilles; lorsqu'il eut cette certitude et celle qu'il n'y avait pas un moment à perdre, il ordonna aux chefs des canonniers à cheval et de cavalerie de partir sur-le-champ avec leur troupe et de se retirer promptement sur Maroilles, ce qui fut exécuté. Peu de temps après la route fut interceptée (1).

La garnison de Landrecies se trouva alors composée du 1er bataillon de la Mayenne, du 2e du Gard, du 2e de l'Orne, du 4e de la Meuse, du 7e des fédérés, du 9e de la réserve, du restant de ceux de Saint-Denis et de la 123e demi-brigade, d'un détachement de 100 hussards du 4e régiment, de 47 canonniers du 1er régiment et de 40 canonniers habitants de Landrecies, formant en tout environ sept mille et quelques cents hommes.

Il fit avec des officiers municipaux et des officiers militaires la visite des greniers des particuliers en avant de la porte de France; ils firent enlever pour l'approvisionnement de la place tous les fourrages et grains qui excédaient les besoins des propriétaires.

Le 30 germinal, il assembla le conseil de guerre, composé des autorités civiles et militaires. Dans cette séance la ville fut déclarée en état de siège (2). Chaque membre en particulier et tous en général reconnurent qu'ils devaient travailler plus que jamais pour la même cause; il les assura que sa seule ambition était de bien défendre son pays, et de concourir avec eux

---

(1) D'après le *Mémoire* de la municipalité, l'investissement aurait eu lieu le 29. (Voir journée du 29 germinal, p. 276.)

(2) Il est à remarquer que le *Mémoire* de la municipalité de Landrecies met cette décision au 29. Mais il semble que cette dernière date soit erronée, comme le sera celle du 30 affectée par ladite municipalité à l'attaque du camp retranché, alors que ce dernier fut attaqué et pris le 1er floréal.

tous au bien de la République; il les invita à l'aider de leurs sages conseils, à lui rappeler tout ce qu'ils remarqueraient lui être échappé, en un mot à faire à son égard tout ce qui dépendrait d'eux pour le bien de la patrie, leur commune mère; il engagea les officiers municipaux à continuer leurs fonctions pour le maintien de la tranquillité publique.

Les habitants de la Folie et des environs se retirèrent sur Landrecies avec leurs effets, chevaux et bestiaux, dans la crainte d'être massacrés, pillés et incendiés par l'ennemi, ce dont ils avaient plus d'un exemple devant leurs yeux. Il se vit forcé, avec le plus grand regret, de déclarer à ces malheureux Français qui étaient sur les glacis, que, n'ayant rien tant à cœur que de conserver la place à la République à tout prix, il ne pouvait point recevoir de bouches inutiles dans la place, qu'il ne pouvait leur y donner asile, qu'ils eussent à s'en retourner chez eux, et que, s'ils ne s'en allaient point, il se verrait dans la cruelle nécessité de les y contraindre; ces infortunés, accablés sous le poids de leur peine, répondirent qu'ils préféraient plutôt périr par la main de leurs frères que par celle de leurs ennemis et qu'ils étaient résignés à tout sacrifice. L'humanité l'emporta : il permit qu'on introduisît les bestiaux dans les fossés et les chevaux dans la place; il s'assura par là qu'ils ne tomberaient point vivants au pouvoir de l'ennemi; et, sur les représentations des officiers municipaux au conseil de guerre, qui assurèrent que la Folie était une dépendance de la commune de Landrecies, le conseil arrêta que les malheureux réfugiés seraient reçus dans la place.

Mouvements des divisions Balland et Fromentin. — La journée du 19 avril eut pour résultat d'intercepter non seulement les communications de Landrecies à Maubeuge, mais celles de cette place avec Guise par la Capelle et Avesnes. Favereau ne pouvait guère plus correspondre avec Balland qu'au moyen d'émissaires largement rémunérés (1); de nouveaux détours allaient être

---

(1) Favereau à Balland, 30 germinal (18 avril).

imposés aux convois par suite de l'occupation de la Capelle, important gîte de la route d'étapes par laquelle Maubeuge tirait ses subsistances de Laon (1). En même temps, les relations des généraux Balland et Goguet avec Pichegru, qui se trouvait encore à Lille, devenaient très difficiles et précaires, puisque l'armée combinée de Cobourg tenait les chaussées de Guise à Landrecies et à Cambrai. Aussi le représentant du peuple Laurent décidait-il que le général Favereau ajouterait à son commandement des trois divisions de Maubeuge celui de la division Fromentin à Avesnes (2). En outre Pichegru annonçait à Favereau que Ferrand allait se porter sur Guise pour y prendre le commandement des divisions Balland et Goguet (3).

Après avoir remédié aux difficultés qu'opposait à l'exercice du commandement l'interruption des communications, on s'efforça de les rétablir. Dans ce but, le général Favereau prescrivit au général Duhesme, dont la brigade occupait Solre-le-Château (Solre-Libre) et Beugnies, « de marcher avec toute sa troupe, soudain le présent ordre reçu, sur Avesnes », pour mettre à Beaulieu-Basse cinq bataillons (4) à la disposition du général Fromentin ; le général Desjardin, commandant celle des trois divisions sous Maubeuge dont le quartier général était à Cerfontaine, recevait également de Favereau l'ordre d'envoyer trois bataillons (5) à Beaulieu-Basse au général Fromentin et de rem-

---

(1) Favereau à Fromentin, 30 germinal (18 avril).
(2) Favereau à Fromentin, 30 germinal (19 avril). « Toutes correspondances étant interceptées avec le général en chef, le représentant du peuple Laurent vient de me confier le commandement provisoire des troupes qui occupent cette partie. »
(3) Pichegru à Favereau, 30 germinal (19 avril).
(4) Favereau à Desjardin et à Balland, 30 germinal (19 avril).
(5) *Ibid.*

placer à « Solre-Libre et arrondissement » la brigade Duhesme. D'autre part, en prévision de l'attaque vigoureuse et imminente (1) des généraux Goguet et Balland, que celui-ci lui avait annoncée, le général Favereau, décidé « à faire l'impossible pour seconder ce mouvement », distrayait encore quatre bataillons des divisions sous Maubeuge pour les « faire marcher sur Grand-Fayt, Petit-Fayt et Maroilles (2) ».

La ligne de l'Helpe, qui était déjà défendue par la brigade Montaigu à Maroilles et par la brigade Soland à Grand-Fayt, Petit-Fayt et Cartigny, allait être renforcée de douze bataillons, représentant à peu près la valeur d'une division d'infanterie prélevée sur celles qui défendaient les abords de Maubeuge. Dans la pensée de Favereau, ces renforts étaient destinés non seulement à défendre l'Helpe, mais à aider par une attaque sur cette ligne celle qu'allait tenter le général Balland de son camp de Lesquielles.

Muni des forces que Favereau mettait ainsi à sa disposition, Fromentin prescrivit tout d'abord à Soland de défendre les trois localités qu'il occupait depuis le 18. En outre, pour parer à l'occupation de Fontenelle et de la Capelle par les troupes d'Alvinzy, qui lançaient même des partis au delà de la Flamengerie, Fromentin ordonna à Soland d'envoyer à Etrœungt un bataillon et deux escadrons. Au cas où l'ennemi continuerait à progresser de la Capelle et la Flamengerie vers Avesnes et tournerait ainsi la ligne de la Petite-Helpe, Soland se retirerait sur Avesnes, et Montaigu sur la Haye-d'Avesnes (3), en arrière de la Grande-Helpe.

---

(1) Favereau au général Fromentin et au représentant du peuple Laurent, 30 germinal (19 avril), et Fromentin à Favereau, 30 germinal (19 avril).
(2) Favereau à Balland, 30 germinal (19 avril).
(3) Fromentin à Duhesme, 30 germinal (19 avril).

Ayant ainsi paré au plus pressé, Fromentin envoya au général Duhesme, à Beaulieu-Basse, l'ordre d'y laisser ses bagages et de se porter avec la colonne de combat de sa brigade sur Étrœungt où il « se garderait militairement, donnerait des ordres pour faire rétablir le pont » et d'où « il pousserait des patrouilles jusqu'à la Rouillée (1) » en s'efforçant de communiquer avec la brigade Soland. Cette liaison devait s'opérer à Boulogne, dont l'occupation était laissée à Soland.

Succès du général Drut à Abscon. — On a vu précédemment que, pour relier le corps de Clerfayt à l'armée principale du prince de Cobourg, un corps de liaison de 5,500 hommes avait été établi à Denain sous les ordres du lieutenant général hessois de Wurmb. La majeure partie de ces troupes occupait un camp sur la rive gauche de l'Escaut entre Denain et Helesmes; seul un régiment occupait Douchy sur l'autre rive derrière la petite rivière de la Selle.

En avant de ce camp, les avant-postes passaient par Fenain, Somain, Abscon, Escaudain, Lourches, Roeulx, le moulin à vent de Douchy, Neuville-sur-Escaut, Noyelles-sur-Selle et Haspres.

On se rappellera, pour la relation qui va suivre, que : à Somain il y avait un bataillon de chasseurs hessois, une compagnie de tirailleurs autrichiens et un détachement de cavalerie; à Escaudain et à Abscon un escadron de hussards de l'archiduc Léopold; à Lourches le bataillon de fusiliers hessois et un escadron de cavalerie; à Roeulx une compagnie de tirailleurs autrichiens (2).

En avant de ces postes, la cavalerie du général de Wurmb, qui comprenait onze escadrons, dont huit hessois

---

(1) Fromentin à Duhesme, d'Avesnes, le 30 germinal (19 avril).
(2) Ditfurth, *Campagne de 1794 par les Hessois*, t. II, p. 39.

et trois autrichiens, inquiétait ceux du général Drut en se montrant dans les bois de Pecquencourt, en avant des villages de Montigny et de Lewarde. Dans la nuit du 18 au 19 avril, profitant d'un épais brouillard, le général Drut se proposa de surprendre le poste d'Abscon gardé par 70 hommes de cavalerie. La tentative eut un plein succès. « Trois colonnes de cavalerie (1) commandées par le général Bonnaud entourèrent ce village à 3 h. 30 du matin, y firent vingt prisonniers et égorgèrent le reste du poste (2) ». D'après le rapport de Wurmb à Cobourg, cette surprise aurait été facilitée aussi par ce fait que les « éclaireurs à cheval avaient été relevés la veille et ne connaissaient pas encore le terrain (3) ». Le général-

---

(1) Ces troupes comprenaient le 5e hussards, le 13e chasseurs, le 13e dragons, un escadron du 10e dragons et les chasseurs à cheval de Versailles.

Voir une lettre du représentant du peuple Bollet à la Convention, (de Douai, 2 floréal-21 avril) :

« La victoire a été complète. Nous avons tué à l'ennemi plus de 150 hommes, fait 130 prisonniers dans le nombre desquels se trouvent 60 blessés; mais le meilleur, c'est la prise de 120 chevaux de cavalerie et 40 de trait, 80 vaches ou bœufs et 800 moutons.

« Notre perte a été de 8 hommes, dont quelques-uns ont été faits prisonniers. Nous avons eu 15 blessés et nous n'avons perdu que 12 chevaux, tant tués qu'émigrés (sic).

« Le 5e régiment de hussards s'est signalé dans cette affaire. Une grande partie des chevaux pris sur l'ennemi ont été enlevés par eux, et, dans une seule compagnie, il n'y a eu que 8 hommes qui n'ont pas fait un prisonnier ou ramené un cheval. »

Bollet fait également l'éloge du 13e chasseurs, du 10e dragons et des chasseurs de Versailles. Il rend hommage à l'intelligence et à la bravoure de Bonnaud, qui « a développé de grands talents militaires ».

La lettre de Bollet, lue à la séance de la Convention du 4 floréal, a été imprimée au *Moniteur* du 5 (p. 874).

(2) Voir lettre du général Drut au Comité de Salut public, 4 floréal (23 avril) et *Journal* du général Bonnaud.

(3) *Rapport* de Wurmb à Cobourg (Denain, 19 avril).

lieutenant de Dallwigk accourut, pour soutenir ces avant-postes, avec un escadron de hussards de l'archiduc Léopold, un escadron de carabiniers hessois et trois escadrons du régiment Leib-Dragons (1). Mais cette cavalerie se vit tout à coup presque enveloppée, à la faveur du brouillard, par une cavalerie française de beaucoup supérieure (5e hussards, 13e chasseurs, 13e dragons, un escadron du 10e dragons et chasseurs à cheval de Versailles). En même temps l'artillerie du général Bonnaud, forte de six pièces, dirigeait sur la cavalerie du général de Dallwigk un feu meurtrier (2); culbutée par l'attaque des Français, elle fut forcée à la fuite, poursuivie vivement, et subit de grosses pertes au passage d'un chemin creux très encaissé, situé entre Abscon et Escaudain. Le général de Dallwigk lui-même, complètement entouré d'ennemis, était en danger d'être pris ou tué lorsque le maréchal des logis Hämel, des carabiniers, se lança contre les poursuivants à la tête d'un peloton rapidement rassemblé qui, avec la plus grande bravoure, parvint à délivrer le général. L'escadron des carabiniers à lui seul perdit 31 hommes et 29 chevaux, le Leib-Dragons 6 officiers et 40 hommes tués, blessés et prisonniers (3).

Devant Rœulx, l'offensive française fut moins heureuse. La première attaque échoua, mais une seconde pénétra dans le village. Le bataillon des fusiliers hessois accourut alors de Lourches pour secourir les avant-

---

(1) Ditfurth, *Campagnes de 1793, 1794, 1795 par les Hessois*, t. II, p. 61 et 62.

(2) Tandis que Ditfurth dit que le feu des six pièces d'artillerie de Bonnaud fut meurtrier, le général de Wurmb dans son *Rapport* au duc d'York, daté du 19 avril, et dans laquelle il semble atténuer beaucoup son échec, affecte de dire que « bien qu'il conduisît avec lui six canons, l'ennemi n'en fit que peu d'usage ».

(3) Ditfurth, *loc. cit.*

postes de Rœulx ; il força, par un feu violent, la cavalerie française à abandonner cette localité.

Le général Bonnaud prit alors une position d'observation devant la ligne Somain, Escaudain, Rœulx ; il « fit fouiller le village d'Abscon et conduire sur ses « derrières les bestiaux de toute espèce qui s'y trou- « vaient ». Lorsque cette opération fut terminée, il battit en retraite. La cavalerie ennemie choisit ce moment pour attaquer celle des Français. « Il en résulta un « combat acharné où des deux côtés on perdit beaucoup « de monde et on eut beaucoup de blessés (1). » D'après le général Bonnaud la cavalerie hessoise et autrichienne aurait compris 2,400 sabres, tandis que les siens n'étaient que 2,000 (2).

A la suite de cette affaire, le général de Wurmb, qui avait dû envoyer un escadron de carabiniers comme renfort à Naves, et qui disait ne plus disposer que de 630 cavaliers après ce détachement, réclamait à Cobourg

---

(1) Ainsi s'exprime le *Rapport* du général de Wurmb. Ditfürth dit simplement : « Après que l'ennemi eut chassé le poste de Rœulx et eut occupé cette localité, il l'abandonna l'après-midi, ce qui permit aux avant-postes de l'occuper de nouveau. »

Dans son *Rapport* à Cobourg (daté de Denain, 19 avril), Wurmb dit : « L'ennemi tombait à l'improviste sur les avant-postes d'Abscon et de Rœulx avec beaucoup de cavalerie et les forçait à reculer jusqu'à Escaudain. »

On remarquera que, d'après cette *Relation* comme d'après le *Rapport* de Drut et le *Journal* de Bonnaud, il n'y eut pas d'attaque de la cavalerie du général de Wurmb contre les Français à leur départ. Seul le *Rapport* du général de Wurmb en fait mention.

(2) Il semble résulter du *Rapport* du général de Wurmb et de l'ouvrage de Ditfurth que, dans l'attaque sur Abscon, les Français eurent une supériorité numérique incontestable. Le chiffre de 2,400 sabres donné par Bonnaud s'appliquerait à toute la cavalerie du général de Wurmb qui comprenait 11 escadrons ; d'autre part, de Wurmb dit dans son *Rapport* à Cobourg qu'il n'a que 700 cavaliers, qui seront réduits à 630 par l'envoi d'un détachement à Naves.

l'envoi d'un bataillon d'infanterie et le renforcement du poste de Douchy (1).

En dehors de cette surprise d'Abscon, il y eut encore le 19 de petites attaques tentées sans succès par les Français sur Auchy et sur Contiche, postes avancés du détachement d'Orchies.

Mouvements préparatoires du côté de Cambrai. — A défaut de renseignement précis sur les intentions de Pichegru, il semble que dès le 19 avril, et tout en étant « fort en peine sur la situation », il songea à préparer contre le flanc de l'armée ennemie le mouvement offensif qui devait quelques jours plus tard aboutir au désastre de Troisville, par suite de l'inexpérience de Chapuis. La situation décadaire de l'armée au 30 germinal, adressée par Pichegru au Comité de Salut public se termine, en effet, par ces mots : « Vingt mille hommes ont marché du côté de Bouchain et Cambrai pour presser l'ennemi par ses flancs ».

---

(1) *Rapport* de Wurmb à Cobourg. Il fait remarquer qu'étant donnée la position à défendre, il risque d'avoir des brèches dans sa ligne et ne pourra être rendu responsable des événements qui surviendraient.

IV. — LE SIÈGE DE LANDRECIES.

Journée du 20 avril : Le projet d'offensive de Balland. — Le camp retranché de Landrecies. — Attaque du camp retranché. — Dispositions prises après l'assaut du camp retranché.

Journée du 21 avril : Exécution du plan de Balland. — Attaque des divisions Balland et Goguet contre le front de Grand-Blocus. — Attaque des brigades Duhesme et Duvignot. — Attaque de la brigade Soland. — Attaque de la brigade Montaigu. — Siège de Landrecies.

Journée du 22 avril : Retraite des troupes françaises vers la Capelle et sur la rive droite de la Petite-Helpe. — Dispositions des alliés pour couvrir le siège de Landrecies. — Siège de Landrecies.

Journée du 23 avril : Diversion de Kaunitz sur la rive droite de la Sambre. — Offensive française contre le général de Wurmb. — Siège de Landrecies.

Journées des 24 et 25 avril : Intervention du F. M. L. Otto et du F. Z. M. Clerfayt. — Combats de Villers-en-Cauchies et d'Haspres. — Le plan de Pichegru. — Les instructions et le projet d'attaque de Ferrand. — Ordres donnés par Favereau en exécution des instructions et du projet d'attaque de Ferrand : *a)* à la **division Desjardin** ; *b)* à la **division Despeaux** ; *c)* aux troupes du camp retranché et de la garnison de Maubeuge. — Siège de Landrecies.

La brusque irruption des alliés à l'Ouest et au Sud de Landrecies paraît avoir été portée à la connaissance du Comité de Salut public dès le matin du 1er floréal (20 avril), par la lettre de Pichegru, datée de la veille (1). Bien qu'elle ne fournit pas de renseignements bien précis, il n'était pas douteux que le siège de Landrecies fût le premier objectif de l'ennemi. Mais cette

---

(1) Au reçu de la lettre de Pichegru, le Comité prend un arrêté (1er floréal, 20 avril), ordonnant l'arrestation et le jugement du chef d'escadrons de cavalerie, dénoncé comme ayant eu un colloque avec l'ennemi. (Voir p. 260.)

éventualité ne modifia pas les vues générales du Comité, toujours fidèle à sa devise de guerre à outrance, à sa ferme résolution de vaincre quand même. Dans la séance de la Convention du même jour, Billaud-Varenne prononça, au nom du Comité, un discours insistant sur la nécessité de donner à la lutte un caractère implacable ; Barère annonça la perte du poste de Catillon comme « un léger revers », que compensait amplement la prise d'Arlon par l'armée de la Moselle, succès dont on venait de recevoir la nouvelle (1). Sans modifier d'ailleurs le plan général de campagne, il fut décidé de faire à tout prix lever le siège de Landrecies.

Quelques jours plus tard, Saint-Just et Lebas reçurent mission de se rendre « à l'armée du Nord pour y suivre les vues du Comité de Salut public (2) » ; ils partirent de

---

(1) Les troupes françaises entrèrent à Arlon le 18 avril (29 germinal) à midi. Dans la journée, le représentant en mission Gillet annonça l'événement au Comité de Salut public par une lettre qui dut arriver dans la soirée du 30 germinal, ou dans la matinée du 1er floréal.

(2) Arrêté du 10 floréal (29 avril) ; une somme de 10,000 livres est allouée aux Représentants pour cette mission.

Si l'on s'en rapporte au *Bulletin* n° 21 (20 au 25 avril 1794), publié dans le recueil *The Manuscripts of J. B. Fortescue* (vol. II, p. 569), le départ de Saint-Just aurait eu lieu dès le 21 avril. Voici le document : « Le 19 au soir, le Comité de Salut public, après avoir écouté le rapport de Darçon, président du Comité de la Guerre, décida, qu'à quelque prix que ce fût, il fallait faire lever le siège de Landrecies. Le plan que le Comité de la Guerre présenta pour y parvenir fut adopté sans aucune contradiction par le Comité. Ce qui en souffrit infiniment davantage fut la demande que fit Lindet, que Saint-Just fût chargé de se rendre auprès des armées du Nord pour faire exécuter les décrets du Comité. Robespierre voulait que ce fût Couthon ; mais, pour cette fois, Saint-Just eut la pluralité des voix. Il est parti le 21, dans la nuit, pour l'armée du Nord. » Ce bulletin présente évidemment des erreurs de dates, comme on en rencontre du reste assez souvent dans les documents de même origine, erreurs que l'on peut supposer imputables à l'emploi, par le rédacteur initial, du calendrier républicain, puis à la

Paris dans la soirée du 29 avril et arrivèrent trois jours plus tard à Guise.

Journée du 20 avril.

Le projet d'offensive de Balland. — L'intérêt d'une prompte et énergique offensive n'avait pas échappé à Balland, le plus ancien des généraux commandant les divisions rejetées sur Guise le 17 avril ; et, sans se laisser décourager par l'échec subi, il n'hésita pas à assumer la responsabilité d'un vigoureux effort contre l'armée qui investissait Landrecies.

Pichegru paraît avoir, à ce moment, envisagé surtout les inconvénients d'une tentative prématurée. On voit, en effet, son chef d'état-major, Liébert, écrire à Balland (le 1er floréal-20 avril) :

> Le général en chef, mon cher Camarade, pense que vous n'avez projeté l'attaque que vous devez faire demain qu'après avoir pris une connaissance parfaite des forces de l'ennemi. Dans le cas contraire, il croit que l'attaque doit être différée, attendu que, si elle ne réussissait pas, elle enhardirait nos ennemis et en même temps découragerait peut-être nos troupes. Ces considérations doivent avoir lieu principalement dans le commencement d'une campagne. Il me charge enfin de te dire que, si tu n'as pas une connaissance exacte des forces de l'ennemi, tu dois donner contre-ordre, mais cependant de ne le

---

traduction inexacte en style grégorien par les agents de transmission, parfois aussi à des erreurs de copie. En tout cas, il est certain que Saint-Just a assisté aux séances du Comité du 21 au 29 avril inclus et que sa signature figure presque journellement sur des arrêtés. Le départ de Saint-Just et Lebas était un fait accompli le 11 floréal (30 avril), car le Comité de Salut public leur écrit à cette date une lettre qui sera citée ultérieurement. D'autre part, ils écrivent le 14 floréal (3 mai), de Guise, qu'à leur arrivée, ils ont appris la capitulation de Landrecies ; il est vraisemblable qu'ils étaient arrivés la veille.

faire que dans le cas où ton ordre pourrait être communiqué sur tous les points avant l'heure de l'attaque, car autrement une partie donnerait tandis que l'autre resterait dans l'inaction, ce qui deviendrait dangereux (1).

Il y a lieu de remarquer que, dès le 31 mars, après l'échec de l'attaque sur le Cateau, la décision de Pichegru était arrêtée : il voulait exécuter le plan d'offensive par Menin et Courtrai, que lui avait conseillé Colaud dans sa lettre du 27 pluviôse ; il entendait subordonner à cette opération les attaques dirigées sur d'autres points. Sa préoccupation d'assurer la concordance de ces divers mouvements offensifs est nettement indiquée dans la lettre qu'il adressa, le 21 avril (2 floréal), au Ministre de la guerre :

Depuis les attaques du 28, Citoyen Ministre, l'ennemi ne s'est point enfoncé dans la trouée, mais s'est jeté sur sa gauche jusqu'à la Capelle, en sorte qu'il intercepte toutes les communications de Landrecies et Maubeuge; la dernière de ces places communique pourtant encore avec moi, mais par le détour de Rocroy ; nos deux divisions, qui étaient contre le Cateau, sont maintenant au camp retranché en avant de Réunion, ce qui rend la position de l'ennemi un peu hasardée ; j'espère qu'il ne la tiendra pas longtemps. 20.000 hommes

---

(1) Liébert avait d'abord écrit, en termes encore plus catégoriques :
« Le général en chef me charge, mon cher Camarade, de te mander de ne point faire l'attaque que tu as projetée pour demain, à moins que tu ne sois bien assuré de la force de l'ennemi ; dans le cas où tu n'en serais pas sûr, donne sur-le-champ contre-ordre aux troupes qui sont sous tes ordres. C'est l'intention du général en chef. »
Cette lettre est barrée sur le registre de correspondance de l'armée du Nord (état-major général). On lit en marge : « *Annulée par la suivante.* » Rien n'indique positivement si la première lettre avait été ou non expédiée à Balland. Cependant comme la seconde ne fait aucune allusion à une précédente, on peut conclure que celle-ci a été annulée avant d'avoir été envoyée.

sont en marche pour le presser sur son flanc entre Cambrai et Bouchain et couper la retraite à ce qui vient de s'avancer ; ce mouvement sera secondé par les divisions de Maubeuge, tandis que celles de Réunion attaqueront de front. J'envoie le général Ferrand pour diriger cette opération et y mettre l'ensemble et l'accord qui doivent en assurer le succès.

Je vais faire ici une puissante diversion. J'espère, dans trois ou quatre jours, mettre en marche cinquante et quelques mille hommes pour se porter sur Ypres, Menin et Courtrai (1).

La division de Douai a fait, le 29, une excellente opération sur les avant-postes de l'ennemi, de laquelle il est résulté environ 100 prisonniers, dont 6 officiers, 160 chevaux armés et équipés, beaucoup de bestiaux et autres effets.

Cette lettre montre que Pichegru ne méconnaissait pas l'avantage d'une opération offensive dans la région Cambrai—Landrecies—Maubeuge pour favoriser l'action principale projetée dans la vallée de la Lys : la première servirait à détourner l'attention de l'ennemi, à le fixer pour ainsi dire, pour permettre de préparer et de mener à bonne fin la manœuvre décisive. Il y avait surtout entre Balland et Pichegru une différence d'appréciation en ce qui concerne le moment favorable. Peut-être aussi Pichegru estimait-il que Balland ne saurait pas conduire avec succès une opération aussi vaste et délicate, et préférait-il en retarder l'exécution jusqu'au moment où Ferrand serait arrivé à Guise et aurait pris le commandement des troupes chargées d'agir dans cette région. Ce fut donc l'initiative seule de Balland qui détermina les premières tentatives qui étaient destinées à secourir Landrecies, et que nous allons étudier. Malgré les échecs réitérés qu'il devait subir, il est juste de reconnaître que

---

(1) Cet alinéa est écrit, en interligne, de la main de Pichegru, qui l'a également ajouté dans sa lettre, identique, adressée le même jour au Comité du Salut public.

cette résolution offensive répondait, en principe, aux nécessités de la situation et qu'elle était de nature à favoriser les opérations ultérieures de Pichegru.

Autant qu'on peut en juger par les documents incomplets que possèdent les Archives historiques, le plan de Balland consistait tout d'abord à diriger, dans la nuit du 20 au 21 avril, la majeure partie de la cavalerie, commandée par le général de brigade provisoire d'Hautpoul, de Vervins sur la Capelle (1), où l'ennemi n'avait pas plus de 400 hommes. Le reste de la cavalerie, sous les ordres du général Dubois, devait être rassemblé à 3 heures du matin (2); il était chargé de précéder les divisions Balland et Goguet, qui devaient attaquer l'ennemi le 21 avril, dès 5 heures du matin. Ces troupes avaient ordre de marcher en trois colonnes respectivement sur Hénappes, la Neuville-les-Dorengt et Leschelle; elles avaient à exécuter une attaque de front que devait faciliter une puissante action sur le flanc gauche de l'ennemi, exercée par la cavalerie d'Hautpoul, débouchant de la Capelle (3) sur le Nouvion, — par la brigade Duhesme, marchant d'Étrœungt et de la Rouillée sur Fontenelle; — enfin, par la brigade Soland, de Cartigny sur Beaurepaire. Cette dernière brigade avait été déjà renforcée de trois bataillons par la division Desjardin; en vue de cette attaque, elle reçut de Favereau le 1er bataillon des chasseurs du Hainaut, prélevé sur la division Despeaux (4). L'attaque projetée par Balland devait d'ailleurs coïncider avec une tentative de la division de Cambrai contre le Cateau.

---

(1) Le général A. Dubois au général d'Hautpoul, Réunion-sur-Oise, 1er floréal (20 avril) à midi, et 1er floréal, à 6 heures du soir.
(2) Ordre du général Dubois aux deux généraux provisoires de brigade de cavalerie (même date).
(3) Ordre de Dubois à d'Hautpoul (du 1er floréal, 6 heures du soir).
(4) Favereau à Fromentin, de Maubeuge, 1er floréal (20 avril.)

Le camp retranché de Landrecies. — Tandis que s'élaboraient ces plans en vue de secourir Landrecies, le général Roulland se préparait à « faire une vigoureuse défense » (1) et à soutenir énergiquement un siège inévitable :

Il plaça le 4ᵉ bataillon de la Meuse à la porte de France, sur la droite et près de la Folie..... Les restes de ceux de Saint-Denis et de la 123ᵉ demi-brigade, il les plaça en avant de la porte de France, sur les routes de Réunion-sur-Oise et Maroilles ; ils eurent ordre de bivouaquer, crainte de surprise, et ils continrent par leur feu les tirailleurs de l'ennemi ; d'autres troupes furent disposées dans les palissades pour protéger la retraite ; les canonniers demeurèrent à leurs pièces sur les remparts ; le commandant d'artillerie disposa les bastions.....

Les deux pièces d'artillerie du bataillon de la Mayenne étaient placées à un retranchement sur la route du Cateau et les pièces des autres bataillons furent placées dans les demi-lunes en avant de la porte de France et sur un pâté (2).

En réalité le point d'attaque de la place de Landrecies n'était pas sur la rive droite, mais bien sur la rive gauche de la Sambre, où se trouvait un petit faubourg entouré d'un ouvrage à cornes, dont le centre était couvert par une demi-lune. Comme ces fortifications étaient elles-mêmes dominées par les hauteurs de la rive gauche, on avait occupé ces dernières par un camp retranché. D'après la *Relation militaire* autrichienne (3),

---

(1) *Rapport* du général Roulland.
(2) *Ibid.*
(3) Voir *Œsterreichische militärische Zeitschrift* (*op. cit.*, p. 101).
« La forteresse de Landrecies est placée sur la rive droite de la Sambre, son faubourg sur la rive gauche. Ce dernier est entouré d'une sorte d'ouvrage à couronne dont une demi-lune couvre le saillant. Les hauteurs de la rive gauche dominent la forteresse située sur l'autre rive. Les Français s'étaient couverts par un camp retranché, dont le front était

et le *Mémoire historique* de d'Arnaudin, l'organisation défensive de ce camp aurait été fort puissante. La première parle d'une « ligne continue d'ouvrages très solides, occupés par une artillerie nombreuse, rendus inabordables par des trous-de-loup, des pieux et autres défenses » ; elle ajoute que le camp était défendu par « la majeure partie de la garnison de 7,000 hommes que comprenait la place. » D'Arnaudin dit de son côté que le camp retranché était « excellent » et consistait « en plusieurs redoutes et redans réunis par des retranchements faisant courtine et couverts de trous-de-loup dans tous les endroits accessibles à la cavalerie, ce qui comprenait plus des trois quarts de son développement... (1) »

Ces appréciations, qui ne peuvent que rehausser la gloire des troupes qui ont triomphé de pareils obstacles, diffèrent notablement de celles que suggère un rapport

---

tourné contre la route du Quesnoy et la forêt de Mormal. Il s'étendait de Bas-Happegarde jusqu'au village d'Étoquis en traversant les routes du Cateau et du Quesnoy. Les villages ci-dessus nommés et leurs jardins étaient entourés de palissades, de parapets et de redoutes. Les deux ailes étaient protégées par les inondations de la Sambre. Le front était couvert sur des hauteurs à pente douce par une ligne continue d'ouvrages très solides qui, garnis d'une artillerie nombreuse, étaient rendus inabordables par des trous-de-loup, des pieux et autres défenses. Ils étaient en outre flanqués par une hauteur dominante, s'avançant en forme de bastion à gauche de la route du Quesnoy et appuyés par les canons de la forteresse. La forteresse avait une garnison de 7,000 hommes dont la majeure partie se trouvait dans le camp retranché. Il fallait enlever ce camp pour pouvoir commencer les travaux de siège, qui devaient être dirigés contre la partie de Landrecies, qui se trouvait sur la rive gauche, c'est-à-dire contre le faubourg fortifié, pendant que la forteresse proprement dite serait seulement étroitement bloquée sur la rive droite. On résolut de fixer au lendemain matin cette difficile entreprise contre le camp et le prince héritier d'Orange fut chargé d'en diriger l'exécution. »

(1) *Mémoire historique et militaire....*, par d'Arnaudin.

du 10 prairial an II (29 mai 1794) signé de deux capitaines du génie français (1). D'après ce document l'établissement du camp retranché fut ordonné, au mois de frimaire précédent, par Jourdan, qui commandait alors l'armée du Nord, et le général Lamy, commandant les ingénieurs belges. « Ils décidèrent que l'on ferait des redoutes sur les hauteurs pour protéger les avant-postes ». On devait profiter « des accidents du terrain pour protéger les avant-postes et assurer les retraites ». Le général Lamy ayant ordonné « de se servir des haies pour faire des retranchements en relevant la terre en arrière », ce fut la disposition des haies qui décida le tracé des premiers retranchements. Dix à douze jours plus tard, il fut ordonné de relier « les redoutes de la plaine par un retranchement dont le général Lamy apporta le profil avec lui, et de pousser les retranchements derrière les haies de droite et de gauche jusqu'à la Sambre » ; ce fut cet ensemble de retranchements que l'on appela *camp retranché*. « L'on voit d'après cela que le tracé, outre son immense étendue, ne devait pas manquer d'être défectueux. »

Le 13 pluviôse (1ᵉʳ février) Ferrand commandant provisoire de l'armée du Nord fit reprendre les travaux dans des conditions insuffisantes d'outils et d'argent. Il était d'ailleurs indispensable d'apporter au tracé d'importantes rectifications ; dans une visite à Landrecies, faite au milieu de mars, Pichegru put constater l'étendue exagérée de ces retranchements et la défectuosité de leurs profils ; par son ordre, Marescot fit arrêter le 30 ventôse (20 mars) les modifications nécessaires ; dès le lendemain un nouveau projet fut soumis au général en chef ; mais, celui-ci n'ayant pas voulu en assumer la

---

(1) *État de situation du camp retranché de Landrecies lors du blocus de cette place* signé par les capitaines du génie Deroüet et Poitevin.

responsabilité, il fallut en référer au Ministre dont la réponse, quoique datée du 13 germinal, arriva à Guise le 26 seulement. Cependant à la suite d'une nouvelle visite de Marescot le 20 germinal, Pichegru donna l'ordre d'entreprendre l'exécution et promit d'envoyer les ouvriers et les outils du camp d'Étreux, dont les travaux venaient d'être suspendus. Mais ce concours ne fut pas assuré et le service du génie se trouva réduit aux ressources insuffisantes de Landrecies et des communes voisines. Le 17 avril, la route fut interceptée alors qu'on attendait dix voitures d'outils envoyées d'Étreux ; le lendemain, la place fut bloquée et le 20 avril le camp fut attaqué et pris. Il convient d'ajouter, comme le fait remarquer Roulland dans son rapport, que les attaques de l'ennemi étaient facilitées par le rideau de la forêt de Mormal, distante « d'une forte portée de carabine », qui lui permettait de masquer tous ses mouvements.

D'autre part, l'artillerie qui armait ces retranchements était loin d'être aussi nombreuse que le dit la relation autrichienne : « Lors de l'attaque, les redoutes se trouvaient finies, mais elles n'étaient point garnies de toute l'artillerie nécessaire.... Les flancs [*du camp*] étaient ouverts entièrement et nullement défendus par le canon de la place.... »

Quant à l'effectif des troupes affectées au camp retranché, il ne put dépasser 3,000 à 4,000 hommes, alors que le triple eût été nécessaire pour occuper convenablement ces retranchements d'une étendue totale de 2,000 toises environ.

En définitive, au moment où se produisit l'attaque du prince d'Orange, on n'eut à lui opposer que des retranchements d'un tracé défectueux, d'un développement exagéré, dont la construction était inachevée et le flanquement sur les ailes non assuré, enfin qui n'étaient pas pourvus de l'artillerie et de la garnison nécessaires. Roulland sera donc fondé à dire que les ouvrages pouvaient être « aisément forcés à cause de leur défectuosité et de leur immense étendue (1) ».

L'attaque du camp retranché. — La garnison du camp retranché ne comprenait d'abord que trois bataillons à effectif complet : le 2ᵉ du Gard qui campait à droite et en avant de la porte du Quesnoy, près des glacis ; celui de la Mayenne à gauche et à même hauteur ; enfin le 2ᵉ de l'Orne, placé en avant et sur les flancs des deux premiers pour soutenir les avant-postes.

Plus tard, à la suite d'une première attaque de l'artillerie ennemie cherchant à démolir les embrasures d'un retranchement situé sur la route du Quesnoy, cette garnison fut augmentée de trois compagnies du 7ᵉ bataillon de fédérés qui reçurent, le 19 avril à 11 heures du soir, l'ordre d'aller se mettre à la disposition du commandant en chef du 2ᵉ bataillon du Gard, nommé par Roulland commandant provisoire du camp retranché.

L'artillerie des redoutes comprenait : deux pièces de 8 et les canons du bataillon de l'Orne à la droite de la route du Quesnoy ; ceux du bataillon du Gard pouvaient se porter éventuellement à un épaulement battant le chemin des Étoquis et empêchant de tourner les redoutes ; les deux pièces du bataillon de la Mayenne furent placées à un retranchement sur la route du Cateau. Craignant de voir tourner ou surprendre le camp par suite du voisinage de la forêt, le général Roulland n'y mit pas de pièces de 12 et se borna à laisser en réserve dans le corps de place ou dans l'ouvrage à cornes quelques pièces de position « nouvellement arrivées de Paris (2) ».

---

(1) *Rapport* de Roulland à la Convention. Voir aussi le *Mémoire* de la municipalité ; il qualifie ces ouvrages de « faibles retranchements ».
(2) *Rapport* de Roulland à la Convention.
Voir aussi le *Mémoire de la municipalité de Landrecies* du 14 nivôse an III (3 janvier 1795). Ce document dit que les lignes, dont les ailes

Telles étaient les dispositions prises par la défense quand, le 20 avril, à 5 h. 30 du matin, les sentinelles avancées signalèrent l'approche de l'ennemi (1). Le commandant provisoire du camp fit prendre aux troupes leurs postes de combat et rendit compte au général Roulland qui vint aussitôt reconnaître l'ennemi en se portant en avant des retranchements ; « il n'y fut pas plutôt qu'il essuya une fusillade nourrie ». Le combat se trouva dès lors engagé.

Avant de le décrire, il est nécessaire faire connaître les manœuvres préliminaires qui avaient amené l'ennemi au contact (2).

On a vu que, dès le 18 avril au soir, les 6e, 7e et 8e colonnes étaient concentrées à Robersart et que, le 19, elles y avaient été rejointes par la 1re. Ces troupes furent réparties en trois nouvelles colonnes, qui se mirent en marche le 20 dès l'aube (3). La colonne de droite était

---

étaient distantes d'une demi-lieue l'une de l'autre, n'étaient défendues que par une pièce de 12, une de 8, un obusier et six pièces de 4. Il ajoute que la garnison était forte de 7,000 à 8,000 hommes. Il restait encore dans la cour de l'arsenal huit pièces de 12 arrivées le 28 ventôse, qui, si elles eussent été placées, auraient répondu au feu de l'ennemi. Celui-ci en avait un bien plus grand nombre.

(1) Le *Mémoire de la municipalité* dit que l'attaque eut lieu entre 5 et 6 heures du matin. Il se trompe d'ailleurs de date (comme pour les autres journées) en plaçant cette attaque au 30 germinal.

(2) Le récit de l'attaque du camp retranché est rédigé, d'une part, d'après le *Rapport* de Roulland et, de l'autre, d'après les *Rapports* du prince de Cobourg et du F. M. L. comte Latour. (*K. u. K. Kriegs Archiv.*)

(3) « Le Prince héritier partagea, le 20 avril, son armée de siège, qui se composait des précédentes 1re, 6e, 7e et 8e colonnes, en trois parties. La 1re colonne d'attaque (6 compagnies légères, 11 bataillons et 2 escadrons) fut conduite par le général comte Baillet ; la 2e (5 bataillons, 4 escadrons) par le F. M. L. comte Latour ; la 3e (5 compagnies légères, 9 bataillons, 2 escadrons) par le général comte Kollowrat. Dix escadrons furent établis en soutien à Rosimbois. La

commandée par le général-major comte Baillet ; les généraux hollandais Constant et Hacke lui étaient adjoints. Elle comprenait : 3 compagnies de Varasdin et 3 de chasseurs de Bylandt ; 1 bataillon de la garde hollandaise, 1 de la garde suisse, 1 de la ville et pays d'Orange, 1 d'Orange-Nassau, 1 de Hesse-Darmstadt, 1 de Schröder et 1 de Callenberg ; 2 de Wurtemberg, 1 Dopf, 1 Petit ; soit en tout, 6 compagnies de troupes légères et 12 bataillons de ligne. Elle était suivie à distance par 2 escadrons Barco.

Les 2e et 3e colonnes marchèrent réunies sur la route du Quesnoy, sous les ordres du général-major comte de Kollowrat. Elles ne se séparèrent qu'à Rosimbois. La 2e, que suivirent le prince héréditaire d'Orange et le F. M. L. comte Latour (1), comptait un bataillon de Spleny, 2 archiduc Charles et 2 Deutschmeister ; elle était suivie de 2 escadrons de Karaczay et de 2 escadrons de gardes à pied ; au total, 4 bataillons et 4 escadrons. Enfin la 3e comprenait : 3 compagnies de Varasdin, 2 compagnies de chasseurs d'Anspach, 1 bataillon de Wartensleben, 1 de la Calmette, 1 de May, 1 de Gumoëns, 2 de Hirzel, 1 Plettenberg, 1 Wilcke ; elle était suivie de 2 escadrons de Karaczay ; soit au total, 5 compagnies légères, 9 bataillons et 2 escadrons. En outre de ces trois colonnes, une réserve de 10 escadrons fut établie à Rosimbois.

L'objectif du mouvement était d'investir tout d'abord la position en occupant par la 1re colonne la lisière orien-

---

cavalerie de chaque colonne la suivait à quelque distance. Le Prince héritier se tenait à la 2e colonne. » (Extrait de l'*Œsterreichische militärische Zeitschrift*.)

(1) Le *Rapport* de Cobourg dit que le prince de Cobourg marchait avec la 3e colonne. Au contraire, le F. M. L. comte Latour écrit : « S. A. R. le prince héréditaire d'Orange et moi suivions la 2e colonne. »

tale du bois l'Évêque et, par la 3ᵉ, la lisière Sud de la forêt de Mormal ; tandis que la 2ᵉ, s'avançant entre les deux avec la majeure partie de la réserve d'artillerie, fixerait l'ennemi de front. A cet effet, les itinéraires dans ces deux massifs boisés avaient été reconnus et déterminés autant que possible ; des passages avaient été pratiqués dans la nuit du 19 au 20 à travers les abatis du bois l'Évêque inoccupé par les Français.

Les troupes légères des 1ʳᵉ et 3ᵉ colonnes les précédèrent pour nettoyer les bois des quelques détachements qui pourraient encore s'y trouver ; elles vinrent en border la lisière, tandis que les colonnes elles-mêmes se subdivisaient en petites fractions, souples et maniables, pour traverser les coupures des abatis qui existaient dans le bois l'Évêque. Une fois que les troupes légères eurent bordé les lisières de ces deux couverts et les haies situées dans l'intervalle et que, d'autre part, les troupes françaises eurent occupé leurs positions de combat, la fusillade devint générale ; ce fut le signal du commencement du combat proprement dit ; il était environ 7 heures.

Dès que la réserve d'artillerie fut à bonne portée, les 30 bouches à feu (1) qu'elle comptait ouvrirent le feu sous la protection des troupes de la 2ᵉ colonne postées derrière les haies ; elles réduisirent bientôt au silence les deux pièces de 8 et les six pièces de 4 des trois bataillons du Gard, de la Mayenne et de l'Orne, et préparèrent aussitôt après l'attaque de la position « en battant en front et en flanc les redoutes et détruisant les retranchements ». De son côté, l'artillerie régimentaire de la 2ᵉ colonne « incommodait singulièrement l'infanterie française qu'elle prenait à dos et en flanc dans ses retranche-

---

(1) On peut évaluer cette artillerie à 30 pièces, d'après le *Rapport* de Roulland : « L'artillerie ennemie, dit-il, était au moins de 30 bouches à feu de gros et différents calibres..... »

ments ». Le général Roulland, reconnaissant « la supériorité de l'ennemi », fit venir promptement six nouvelles « compagnies du 7e bataillon des fédérés ». Plus tard il renforça encore les retranchements par quatre compagnies du bataillon de Saint-Denis (1).

Pendant que la 2e colonne se livrait à cette attaque de front, la 1re et la 3e portèrent respectivement tous leurs efforts sur les villages de Happegarde et d'Étoquis auxquels s'appuyait le camp retranché.

Du côté de Happegarde les Français furent forcés, par les troupes légères de la 1re colonne, de reculer jusque dans ce village ; mais là ils opposèrent une très vive résistance. Pour en triompher, il fallait renforcer l'avant-garde ; à cet effet, le général Baillet partagea la 1re colonne en deux détachements : le premier marcha de front sur Happegarde en débouchant de Fontaine-aux-Bois, tandis que le second (d'une force double), s'engageait sous le bois l'Évêque à partir de Montgarny pour en déboucher et prendre Happegarde de flanc et à revers ; cette attaque était d'ailleurs préparée par l'artillerie de la 1re colonne battant le village à portée efficace. Sous la protection d'une vive canonnade, les Français tentèrent bien un retour offensif en s'élançant hors d'une flèche qui commandait l'entrée du village, mais ils ne réussirent pas à refouler les Autrichiens qui les rejetèrent dans leurs retranchements.

A l'Est, les deux fortes redoutes d'Étoquis furent attaquées par les deux bataillons hollandais Hirzel et Gumoëns qui les emportèrent. Mais le feu à mitraille

---

(1) Les *Rapports* de Cobourg et de Latour parlent d'une attaque que les Français auraient faite en dehors de leurs retranchements et qui aurait eu pour but de « surprendre l'armée pendant sa marche, ou au moins de reconnaître sa force et ses dispositions ». Le *Rapport* de Roulland contredit cette affirmation.

exécuté par les deux canons du bataillon du Gard ne permit aux assaillants de se maintenir que dans l'une des redoutes. Il fallut alors renouveler l'attaque en faisant soutenir les deux bataillons hollandais par le régiment Deutschmeister tiré des troupes disponibles de la 2ᵉ colonne. Grâce à ce concours, et malgré la vive résistance des Français, la redoute emportée deux ou trois fois, non sans des pertes considérables, finit par rester aux mains du général Kollowrat.

Les Français étaient donc fixés de front par les avant-gardes de la 2ᵉ colonne qui avait pu prélever sur ses forces disponibles le régiment Deutschmeister et l'envoyer vers Étoquis au secours de la 3ᵉ colonne. Celle-ci s'était emparée d'Étoquis tandis que la 1ʳᵉ colonne enlevait Happegarde. La prise de ces deux localités resserrait le cercle d'investissement, lui donnait deux solides points d'appui en même temps qu'elle menaçait la retraite des défenseurs du camp retranché. Il n'y avait donc plus qu'à passer sur tout le front et sur les ailes à une vigoureuse offensive pour rejeter définitivement les Français dans la place ou pour les envelopper tout à fait.

Lorsque je remarquai, dit le F. M. L. de Latour, que les colonnes latérales étaient suffisamment avancées pour soutenir l'attaque décisive dont j'étais chargé, je fis à S. A. le prince d'Orange la proposition de faire avancer l'artillerie de réserve sous la protection des bataillons Spleny et Archiduc-Charles.

Je donnai au major Sonntag, de l'artillerie, l'ordre d'établir douze canons de 12 et quatre obusiers sur la hauteur en avant du camp retranché, en deux batteries, de telle sorte que, par leur feu croisé, aussi bien que par l'effet des batteries latérales des généraux-majors comtes de Baillet et Kollowrat, l'ennemi fût forcé d'évacuer ses retranchements (1).

---

(1) Rapport du F. M. L. comte Latour. (*K. u. K. Kriegs Archiv.*)

Cependant cette préparation fut encore insuffisante, et, malgré le feu très vif de cette artillerie, les Français se maintinrent dans les retranchements et repoussèrent une première attaque du bataillon de Spleny qui fut, peut-être, rompue aussi par les défenses accessoires (1).

Il fallut dès lors faire prendre à l'artillerie de réserve une troisième position qui fut *à portée de fusil*. En même temps les bataillons Spleny et Archiduc-Charles s'avancèrent à droite et à gauche par des thalwegs ; enfin toutes les troupes des 1re et 3e colonnes se tinrent prêtes à donner l'assaut. Dès qu'on jugea la préparation suffisante, une immense clameur des Autrichiens et Hollandais fut le signal de l'assaut (2). Les défenseurs ne purent tenir contre cette attaque et se précipitèrent vers l'ouvrage à cornes où le général Roulland avait déjà fait retirer l'artillerie du camp retranché par les grenadiers du 2e bataillon de l'Orne, à défaut des chevaux tués ou blessés (3).

---

(1) Les Autrichiens ont toujours insisté sur ces défenses, dont ne parlent ni le *Rapport* de Roulland ni celui des capitaines du génie. Le F. M. L Latour est très affirmatif : « Toutes les avenues étaient coupées, le parapet très fort et fraisé, le fossé large et profond. Un quadruple rang de trous-de-loup entoure la partie la plus faible de ce retranchement, placé sous le feu de la place. » Le silence des documents français permet de penser que les travaux de cette nature avaient été exécutés d'une façon incomplète et peu méthodique.

(2) Voir un document autrichien de l'époque, cité par Foucart et Finot (*op. cit.*, t. II, p. 353) :

« L'armée destinée au siège de Landrecies..... attaqua aujourd'hui (20 avril) l'ennemi sur la rive gauche de la Sambre, qui occupoit les villages d'Étoquis et de Happegarde, l'abattis formé dans le bois de l'Évêque et un camp placé devant l'ouvrage à cornes, entièrement fortifié par des redoutes qui se communiquoient par des lignes les unes aux autres. Les troupes combinées chassèrent entièrement les François de ces villages et parvinrent, avec des peines incroyables et au milieu d'un feu terrible et continuel de l'artillerie, qui tiroit à mitrailles, à percer cet abattis, et prirent ensuite le camp d'assaut, en chassant l'ennemi dans la ville, qui fut ensuite étroitement cernée. »

(3) *Rapport* du général Roulland.

Cette artillerie, jointe à celle de la place et aux feux de mousqueterie des défenseurs de l'ouvrage à cornes, empêcha les assaillants de sortir des retranchements proprement dits ; ils durent s'en servir comme de couverts contre le feu de la place ; ils s'installèrent « en partie contre le talus extérieur des retranchements, en partie dans le chemin creux qui court sur une certaine longueur parallèlement à l'ouvrage à cornes (1) ». Après avoir laissé sur cette ligne les avant-postes nécessaires, le gros des troupes retourna à son camp et toutes les dispositions furent prises pour que la tranchée fût ouverte dans la nuit du 20 au 21 avril (2).

Dans cette lutte, les jeunes troupes de la République, malgré leur infériorité numérique et l'insuffisance des retranchements qui les abritaient, avaient fait preuve d'une rare opiniâtreté à laquelle rendent hommage les

---

(1) *Rapport* du F. M. L. comte Latour. (*K. u. K. Kriegs Archiv.*)
(2) « Toute cette masse se rassembla sur la route qui conduit du Quesnoy à Landrecies. A Rosimbois, les colonnes se séparèrent ; la 1re et la 2e colonne traversèrent le bois le Comte, la 3e la forêt de Mormal. L'ennemi attaqua cette dernière dans sa marche, mais il fut rejeté vers Étoquis. Lorsque les colonnes furent arrivées devant le camp, la colonne du général comte Baillet commença à attaquer ce camp par la droite et celle du général comte Kollowrat par la gauche. Les villages de Haut-Happegarde et des Étoquis furent enlevés d'assaut par elles après une résistance opiniâtre de l'ennemi. Les Étoquis surtout avaient été enlevés trois fois par l'ennemi, qui avait dû les abandonner autant de fois. Tous les palissadements et les retranchements sur les deux ailes se trouvèrent enfin aux mains des braves assaillants. Les volontaires de ces colonnes essayèrent même de pénétrer dans le camp des deux côtés et par les villages enlevés ; mais les solides fortifications aussi bien qu'un feu destructeur rendirent vains leurs efforts. Les colonnes des ailes durent attendre le succès du centre. Il se trouva cependant à gauche une hauteur avantageuse pour l'établissement de quelques pièces avec lesquelles fut canonné le camp de l'ennemi.

« Aussitôt que le F. M. L. comte Latour fut certain du succès de la marche en avant des deux colonnes des ailes, il fit conduire son artillerie

rapports de Roulland et de l'état-major autrichien, et qui était du meilleur augure pour l'avenir. De son côté, la population avait donné à la défense un concours qui ne se démentit pas jusqu'au dernier jour du siège ; pendant l'attaque du camp retranché, elle prodigua ses soins aux blessés :

Les citoyennes de la commune de Landrecies, et particulièrement celles de la commune basse, se présentèrent aux postes d'avancée (sic) avec des chaises, des brancards et des couvertures pour porter à l'hôpital nos malheureux frères d'armes blessés ; elles les recevaient des mains des soldats qui les avaient portés et renvoyaient au combat ces derniers qui n'étaient point blessés (1).

---

devant le front de la colonne du milieu et bombarder le camp ennemi pendant une heure par le feu le plus vif. Alors l'infanterie s'avança à l'assaut en cheminant à couvert. Les Impériaux et les Hollandais s'élancèrent sur l'ennemi avec une égale bravoure, malgré toutes les défenses, pénétrèrent heureusement dans le camp, et les Français s'enfuirent dans la forteresse après avoir perdu plus de 2,000 hommes. Les pertes des alliés en tués, blessés et disparus furent de 47 officiers et 927 hommes. Pendant le combat, S. M. l'Empereur reconnut la forteresse sous le feu du canon ennemi et, par sa présence, incita les troupes aux plus brillants exploits.

« Les redoutes enlevées furent aussitôt occupées par notre artillerie ; on en ferma la gorge tournée vers la forteresse ; seules, les communications nécessaires restèrent ouvertes. L'établissement des postes terminé, les troupes gagnèrent les emplacements de camps qui leur avaient été désignés. Dans cette même nuit, les écluses furent ouvertes, de façon que beaucoup d'ouvrages enlevés purent être occupés avantageusement. L'ennemi fut si étourdi par la défaite qu'il essuya qu'il ne parut pas remarquer ces premiers travaux et, partant, ne les inquiéta pas le moins du monde. » (Extrait de l'*Œsterreichische militärische Zeitschrift.*, op. cit., p. 103.)

(1) *Rapport* de Roulland. Le *Mémoire de la municipalité* dit aussi : « Nos concitoyennes, dès l'instant de l'attaque et sur l'invitation de la municipalité, se placèrent derrière les rangs avec des civières, matelas et chaises, et rapportaient nos blessés ; plusieurs d'entre elles y furent

Du côté des troupes qui couvraient le siège, l'opération contre le camp retranché avait été accompagnée d'une escarmouche sans importance. Croyant que les Français attaqueraient à la pointe du jour le général de Bellegarde à Grand-Blocus, le colonel Devay (1) avait détaché sur Andigny une colonne de deux compagnies d'O'Donnell, un escadron de hussards Archiduc-Ferdinand et un demi-escadron anglais avec deux pièces d'artillerie à cheval. Tandis que son avant-garde engageait de là le combat avec les postes avancés des Français, le gros et l'artillerie prenaient une position avantageuse qui permit de les canonner. Sous cette double attaque les Français furent repoussés, et poursuivis jusqu'à Meupas par les deux compagnies d'O'Donnell et les hussards.

Dispositions prises après l'assaut du camp retranché. — Le général Roulland retira certains postes du côté de la porte de France pour les reporter sur le point d'attaque de l'ouvrage à cornes. A ce sujet, il fait remarquer que, même avec l'appui de ce renfort qui arriva seulement après la lutte, ses troupes eussent été encore insuffisantes. Elles n'eussent pas dépassé 4,400 hommes, tandis que le grand développement du camp retranché eût exigé de 10,000 à 12,000 défenseurs. Tout en constatant avec lui cette insuffisance numérique, qui rend encore plus honorable l'opiniâtre résistance opposée pendant six heures et demie, on peut faire observer que, l'effectif total de la garnison étant de 7,200 hommes, il aurait dû prendre des mesures pour disposer au moment

---

blessées. Comme elles étaient fatiguées, on leur fit donner du vin ; elles coururent aussitôt à travers le feu le distribuer aux canonniers. »

(1) *Rapport* de Devay sur « la diversion faite par lui, le 20, contre l'attaque tentée par l'ennemi à Grand-Blocus ». (De Vaux, 21 avril.)

voulu, sur le front d'attaque probable, d'une force égale aux trois quarts de cet effectif, soit 5,400 hommes au lieu de 4,400.

Le général s'occupa ensuite (un peu tard, semble-t-il) de mettre la place en état de soutenir un siège; il utilisa notamment les rares blindages qui existaient pour abriter les blessés; quelques souterrains permirent de loger les vivres, les foins, les pailles, les bois retirés des granges ou greniers. Roulland divisa le service en trois tours : aux palissades, aux remparts et batteries, et au piquet. Il fit élever, vis-à-vis la porte du Quesnoy et vers la fontaine de la commune basse, des traverses qui défilèrent l'entrée de la place aux vues de l'ennemi; cette même porte fut défilée par une flèche aux coups des batteries de Happegarde. Enfin les habitants furent invités à dépaver les rues en prévision du bombardement et durent verser à l'arsenal tous les plombs et fers utilisables pour fabriquer du matériel ou des munitions (1).

Pendant que Roulland organisait ainsi la défense, le général Favereau redoublait d'ardeur pour seconder le lendemain l'attaque de Balland. Malgré l'annonce de la prise du camp retranché, il persistait dans cette intention et annonçait à Fromentin son arrivée à Avesnes pour le 21. « Courage ! mon bon ami, lui écrivait-il ; en avant ! point de quartier; il faut un coup de collier et nous sauverons notre ville (Maubeuge) et Landrecies. Suis exactement le plan de Balland (2)..... » On voit ainsi qu'autour de Landrecies le commandement n'avait qu'une idée : reprendre au plus tôt l'offensive.

Quant aux alliés, la prise du camp retranché constituait pour eux un avantage capital. Elle leur assurait

---

(1) *Rapport* de Roulland.
(2) Favereau à Fromentin, 1ᵉʳ floréal (20 avril).

une place d'armes excellente puisque, par une faute grave commise dans le tracé, les retranchements n'étaient pas battus de la place sur presque toute leur longueur (1). Aussi l'ennemi s'empressa-t-il de profiter de cette circonstance pour ouvrir immédiatement la tranchée contre la place, bien qu'on n'eût encore préparé à cet effet ni gabions, ni fascines. Cobourg avait bien prescrit, dès le 20 avril, de travailler dans la nuit « aux fortifications commencées et aux communications »; mais il n'avait pas prévu que la prise du camp retranché pût être assez rapide pour permettre d'ouvrir d'emblée la première parallèle. Tout au plus espérait-il établir ses batteries de bombardement et pousser les premiers cheminements d'accès.

Dans la nuit du 20 au 21 avril (2), les alliés réussirent à transformer le fossé du camp retranché en une première parallèle mesurant 1100 toises de développement, 3 pieds de profondeur et 4 pieds de largeur. Ils employèrent à ce travail 2500 travailleurs militaires, hollandais et autrichiens, sur lesquels furent prélevés, pour le service des gardes extérieures, 200 hommes dont 100 étaient employés à la fois et relevés ensuite par les cent autres. Les travailleurs reçurent double solde par ordre de Cobourg (3) ; mais, comme les troupes qui fournissaient ce personnel s'étaient battues toute la journée, l'état de fatigue qui en résulta pour elles exerça une influence nuisible sur les travaux de cette première nuit, malgré l'encouragement pécuniaire accordé par le généralissime impérial.

---

(1) « A l'exception d'un bout de 400 toises à l'aile droite. » (*Journal de siège de la forteresse de Landrecies. K. u. K. Kriegs Archiv.*)

(2) « Jusqu'à 5 heures du matin. » (*Journal de siège de la forteresse de Landrecies.*)

(3) *Ordre* donné par Cobourg le 20 avril au soir.

Les boyaux de la communication principale allant du dépôt principal à la première parallèle furent aussi commencés ; mais ils durent être entrepris par parties à cause de l'insuffisance des travailleurs. En attendant, on se rendait à découvert à la tranchée et les travailleurs eux-mêmes furent obligés d'amener les canons de siège et les munitions à travers champs. Là encore l'ordre de Cobourg, daté du 20 au soir, qui prescrivait que l'artillerie fût au moins couverte le 21 au matin, ne put recevoir son exécution, tout au moins en ce qui concernait les communications. Ces cheminements devaient partir de la ligne de contrevallation passant par les abatis et retranchements de la forêt de Mormal, des bois le Comte et l'Évêque et les redoutes de Preux-aux-Bois, Montgarny et Ors ; ils étaient couverts à l'extérieur par la ligne de circonvallation jalonnée par Croix, Forest et le Cateau (1).

En même temps que Cobourg s'était préoccupé, dès le 20 au soir, de faire entreprendre ces premiers travaux, il prenait les mesures nécessaires pour couvrir les opérations du prince d'Orange contre les trois points dangereux de Cambrai, de Guise et d'Avesnes.

Contre la première de ces places, l'armée du duc d'York était déjà en position depuis la veille ; et Cobourg

---

(1) « L'armée de siège s'appuyait par son aile gauche à la Sambre, sur les hauteurs d'Étoquis, où elle avait derrière elle la forêt de Mormal ; puis le long de la chaussée du Quesnoy, entre les bois de Mormal et le Comte ; plus loin, à la lisière intérieure du dernier bois jusqu'à Montgarny ; son aile droite sur les hauteurs de Happegarde. Les abatis et les retranchements des bois de Mormal, le Comte et l'Évêque, les redoutes sur les hauteurs de Preux-aux-Bois, Montgarny, jusque vers Ors, formaient la ligne de circonvallation tournée contre la place. Les derrières étaient couverts par les positions fortifiées de Croix, Forest et le Cateau, qui étaient tournées à l'extérieur contre Cambrai. » (Extrait de l'*Œsterreichische militärische Zeitschrift*, op. cit., p. 104.)

se bornait le 20 à lui rappeler cette position du Cateau « avec l'aile gauche à la Selle et l'aile droite à la chaussée de Cambrai, et de forts avant-postes de cavalerie vers Cambrai et le long de la Selle ». Il ajoutait : « L'aile gauche des avant-postes s'appuie à Vaux, et les bois entre Vaux et Busigny sont occupés par l'infanterie légère. Les points importants de la position doivent être protégés en toute hâte par des retranchements fermés (1) »

Il semble que cette crainte de Cambrai et celle d'Avesnes aient plus éveillé les préoccupations de Cobourg, que l'éventualité de l'orage qui pouvait gronder du côté de Guise et qui allait éclater le 21 au matin. Il écrivait en effet, le 20, que les mouvements des Français vers Maroilles donnaient lieu de supposer que, le lendemain, ils chercheraient à forcer l'aile gauche de la position. Dans cette prévision, il prescrivait au général Alvinzy de se porter avec son corps de réserve vers Priches et Favril ; au général de Bellegarde d'aller renforcer vers le Sart le corps précédent, et au F. M. L. Kinsky de se tenir à Catillon, prêt à soutenir, lui aussi, les troupes d'Alvinzy en cas d'attaque (2).

Ces dispositions générales étant arrêtées, le prince de Cobourg indiquait dans un ordre particulier les dispositions à prendre pour l'armée d'observation impériale.

On se rappelle que, le 19, deux bataillons de Wartensleben, du corps de Kinsky, avaient été postés à Favril, et qu'à Priches se trouvaient les deux bataillons Ulrich

---

(1) Disposition pour les deux armées d'observation devant Landrecies. Le Cateau, le 20 avril 1794. Voir, aux Documents annexes, la *Relation* de d'Arnaudin pour le détail des dispositions prises dans l'armée du duc d York.

(2) *Ordre* donné par Cobourg le 20 avril au soir. (*K. u. K. Kriegs Archiv.*

Kinsky et les cuirassiers de Kavanagh, du même corps. A ces régiments, Cobourg ajoutait deux bataillons Stein et le petit corps de réserve du général Kray. Il affectait toutes ces troupes à la défense du front Est compris entre la Sambre en aval de Landrecies et le ruisseau de Priches. Il prescrivait d'ailleurs de fortifier ce front de la façon suivante : Une redoute principale devait être construite au sommet de la hauteur qui s'élève entre Landrecies et Maroilles ; de cet ouvrage partiraient à gauche une série de retranchements secondaires destinés à intercepter complètement la communication entre Landrecies et Maroilles et à couvrir la communication entre le corps de siège et l'armée d'observation. A droite de la redoute se trouverait une autre ligne de retranchements allant vers Priches où serait établi un autre ouvrage principal. Cette ligne fortifiée devait être occupée par les troisièmes rangs (1) des six bataillons Wartensleben, Ulrich Kinsky et Stein, tandis que les deux premiers (formant les bataillons proprement dits) étaient tenus en dehors des ouvrages et jouaient le rôle de réserves partielles destinées aux contre-attaques. Quant aux six escadrons de cuirassiers Kavanagh, ils devaient être campés en arrière de l'infanterie, par divisions, dans les intervalles des ouvrages, afin de pouvoir déboucher entre ces derniers, au moment voulu, et charger l'ennemi dont l'attaque aurait tout d'abord été rompue par le feu de l'infanterie. En arrière de cette position occupée par les six bataillons et les six escadrons mentionnés plus haut et, à peu près, à égale distance de Priches et de Favril, devait se tenir le petit corps de Kray dont les troupes légères avaient mission de combattre les Français aussi bien vers Landrecies que vers

---

(1) Voir p. 170 les *Instructions* de Mack au sujet de l'utilisation des troisièmes rangs.

Maroilles et jusqu'à Cartigny sans souffrir jamais qu'ils traversassent la Petite-Helpe ; mais elles-mêmes ne devaient pas s'aventurer non plus au delà de ce cours d'eau.

Telle était l'organisation défensive que projetait Cobourg pour le front Est de l'armée d'observation impériale. Quant au front Sud de cette armée, il s'étendait du ruisseau de Priches, sur lequel étaient jetés trois ponts pour faciliter les communications, jusqu'aux hauteurs de Fesmy en passant par celles du Sart. A Fesmy et au Sart devaient se trouver des redoutes principales, semblables à celles de Priches et de Favril ; leur action était complétée par des retranchements secondaires, notamment par des batteries et des flèches spécialement destinées à bien battre les vallées d'accès.

Pour occuper cette position, l'ordre du 20 désignait, encore dans le corps de Kinsky : 10 bataillons (dont 2 Carl Schröder, 2 Callenberg, 2 Brechainville, 2 Grand-Duc de Toscane, 2 Michael Wallis) et 12 escadrons de cavalerie (chevau-légers du duc Albert et de Cobourg ; 1 division Lobkowitz et 3 divisions Blankenstein). Ces deux armes étaient, comme on vient de le voir, affectées l'une à l'occupation des ouvrages, l'autre à la surveillance des intervalles dont elle devait déboucher par surprise au moment opportun (1).

---

(1) Extrait de l'*Œsterreichische militärische Zeitschrift*. (*Op. cit.*, p. 105.) « L'aile gauche de l'armée d'observation s'appuyait à Bas-Maroilles ; l'aile droite s'étendait jusqu'au delà de la chaussée de Cambrai. La circonférence de cette position mesurait environ 6 lieues.....

« Aussitôt après l'occupation des positions mentionnées plus haut, on en ordonna la mise en état de défense. Le retranchement principal était sur les hauteurs entre Landrecies et Maroilles. Une flèche interceptait la route d'Avesnes. Sept redoutes fermées s'étendaient à droite vers Priches, derrière lequel un retranchement principal avait été placé. De là, la ligne fortifiée se continuait sur les hauteurs en avant du

De même que le front Favril-Priches était soutenu par le petit corps de réserve de Kray, celui de Bellegarde était chargé d'appuyer le front Priches le Sart-Fesmy. A cet effet ce corps devait camper sur les hauteurs en arrière de Fesmy, combattre avec ses troupes légères les avant-postes le long de la Sambre depuis Fesmy jusqu'à Fontenelle inclusivement; enfin se tenir en liaison avec les troupes du général Kray. Il était expressément recommandé à la réserve de Bellegarde, aux dix bataillons mentionnés plus haut, de se tenir toujours prêts à passer la Sambre pour aller, le cas échéant, combattre l'ennemi qui, rassemblé à Guise, s'avancerait vers Catillon et le Cateau.

Enfin le grand corps de réserve du F. M. L. Alvinzy et les 12 escadrons de cavalerie, carabiniers Archiduc-Albert et dragons de Cobourg, placés à la droite devaient occuper provisoirement Catillon. En cas de danger, ils seraient renforcés par la moitié du corps de siège et prendraient une position entre la Sambre et la Selle, l'aile gauche vers Catillon et la droite vers Candelet (au Sud-Sud-Est du Cateau). Ils occuperaient seulement les retranchements en avant de Catillon, afin de laisser entre leur gauche et la Sambre la place nécessaire à 6 ou 8 bataillons, et entre leur droite et la Selle l'inter-

---

village de Sart, par Vieville, vers les hauteurs de Fesmy et par les Envaux vers Catillon. Dans ce dernier espace, il y avait une redoute principale sur les hauteurs en deçà du ruisseau de Priches, au moulin à vent; et plus loin à droite, sur les hauteurs qui s'inclinent doucement vers la Sambre, encore quatre redoutes et plusieurs petits retranchements. Catillon était solidement fortifié, et de là jusqu'au Cateau, on avait élevé encore dix redoutes pour battre les pentes. Sur la Selle jusqu'à la chaussée de Cambrai, en arrière des villages de Saint-Benin, Reumont et Troisvilles, se trouvaient encore quatre redoutes; une cinquième formait enfin le point extrême de l'aile droite de l'armée d'observation. »

valle voulu pour la moitié de l'armée de siège. Les troupes légères du grand corps de réserve devaient avoir leurs avant-postes dans les bois de Mazinguet ; ces avant-postes se tiendraient en liaison avec ceux de Bellegarde et s'étendraient à droite par Wassigny jusqu'à Moulins et Vaux où commençaient ceux du duc d'York.

En résumé, dans la journée du 20, le prince d'Orange avait été assez heureux pour conquérir d'emblée un retranchement qui lui fournissait sa première parallèle ; il avait commencé l'amélioration de cette parallèle et l'établissement des communications destinées à la relier avec les dépôts en arrière. L'armée d'observation devait former sur le front fortifié Favril-Priches-le Sart-Fesmy une ligne de bataillons et d'escadrons fournis par le corps de Kinsky (1re et 2e lignes de l'ordre de bataille de l'armée impériale). En arrière de cette ligne devaient se trouver en soutien : au Nord le petit corps de réserve de Kray, face à l'Est, en arrière de Priches-Favril ; au Sud celui de Bellegarde en arrière de Fesmy ; enfin le grand corps de réserve d'Alvinzy devait occuper Catillon, prêt à se porter sur l'une ou l'autre rive de la Sambre. Sur la rive gauche de cette rivière, l'armée du duc d'York se tenait au Cateau, face à Cambrai, avec des avant-postes qui se reliaient à Vaux avec ceux de l'armée impériale, et le long de la Selle avec ceux du corps de liaison du lieutenant général hessois de Wurmb.

Journée du 21 avril.

Exécution du plan de Balland. — Attaque des divisions Balland et Goguet contre le front de Grand-Blocus. — Le 21 avril, au point du jour, l'Empereur se mit en route pour Bruxelles où il devait faire une entrée solennelle et recevoir le serment de fidélité prêté par les autorités et les dignitaires des Pays-Bas.

Les ordres que Cobourg avait donnés le 20, pour l'organisation défensive des positions, nécessitaient un certain nombre de mouvements préliminaires qui, pour être dissimulés à l'ennemi, ne pouvaient se faire que dans la nuit du 21 au 22. Mais avant même qu'on ait pu se disposer à les exécuter, l'offensive des Français vint en ajourner la préparation.

Le corps de Bellegarde occupait, le 21 avril au matin, la position de Grand-Blocus : son aile droite s'appuyait à Mennevret ; sa gauche tenait le village d'Étreux sur la route de Guise ; entre ces deux points, le front des avant-postes était jalonné par Petit-Verly, Hénappes et Vénérolles.

Des hauteurs de Grand-Blocus Bellegarde remarqua, dès l'aube, des mouvements dans les bivouacs français (1) ; mais comme il s'en était manifesté de semblables les jours précédents, on ne pouvait en conclure à l'imminence d'une attaque. Cependant une colonne de 4,000 hommes, pourvue d'artillerie, s'avança vivement sur la route de Guise à Étreux et repoussa les avant-postes impériaux. Bellegarde, qui avait pour instructions de se replier, en cas d'attaque sérieuse, sur les hauteurs de Fesmy, ne voulut pas exécuter ce mouvement avant que ses avant-postes l'eussent rejoint. En attendant, il se borna d'abord à refuser son aile gauche face à Étreux pour couvrir sa ligne de retraite. Il envoya ensuite un bataillon Carl Schröder, et plus tard une compagnie Grand-Duc de Toscane sur la hauteur d'Étreux déjà occupée par une division de Carl Schröder.

Pendant ce temps, une deuxième colonne française

---

(1) Le récit qui suit est rédigé d'après le *Rapport* de Bellegarde et la *Relation* circonstanciée de Cobourg.

marchait sur Vénérolles, une troisième sur Hénappes ; et deux autres détachements menaçaient l'aile droite des Autrichiens en prenant pour objectifs Petit-Verly et Mennevret. L'attaque dirigée sur ces derniers points refoula une compagnie Carl Schröder et deux compagnies légères commandées par le colonel prince de Schwarzenberg ; ces troupes furent rejetées dans le bois d'Andigny, auquel s'appuyait la droite de Bellegarde.

La colonne d'Hénappes, après avoir forcé ce village, envoyait déjà des tirailleurs sur la route de Grand-Blocus, lorsqu'elle fut chargée et deux fois repoussée par les hussards impériaux. A plusieurs reprises les Français essayèrent de progresser sous la protection de leur artillerie, mais ils furent contenus par quatre canons de 12 installés sur les hauteurs d'Étreux. D'autre part, une batterie à cheval, établie près de Grand-Blocus, tenait en respect l'artillerie française qui tirait sur ce point.

Comme la colonne qui se dirigeait sur Vénérolles progressait toujours, les avant-postes autrichiens abandonnèrent en partie ce village. Déjà nos tirailleurs y pénétraient, lorsqu'ils furent repoussés par une compagnie de grenadiers Mallowetz envoyée par Bellegarde. Mais comme les fonds de Vénérolles facilitaient les progrès de l'attaque et exposaient la position très étendue de la défense à être coupée par son centre, Bellegarde dirigea sur Étreux tout le bataillon de grenadiers de Mallowetz ; il ne garda comme réserve à Grand-Blocus, pour défendre au besoin cette position et soutenir sa droite, qu'une division de uhlans et de hussards avec une pièce d'artillerie à cheval. La situation du corps de Bellegarde aurait été critique s'il n'avait été soutenu, aussitôt que possible, par le général Alvinzy, encore stationné entre Bergues et la Louzy, ainsi que par le général Heister du corps de Kinsky, placé à Catillon.

On verra qu'une partie des troupes d'Alvinzy se trouvaient à ce moment engagées contre les colonnes françaises attaquant par la Capelle. Il put cependant disposer de quelques forces pour appuyer spontanément l'aile gauche de Bellegarde.

J'envoyai, écrit-il, le bataillon de grenadiers Bideskuty au moulin de Boué, parce que j'entendis une violente fusillade du côté du général de Bellegarde et que je n'avais aucune notion précise de l'attaque ennemie qu'elle annonçait (1).

Quant au général Heister, il reçut à 7 heures du matin un officier envoyé par Bellegarde pour demander du secours; il porta aussitôt en avant, par Oizy (2), deux bataillons Grand-Duc de Toscane et Brechainville, et une division de carabiniers chevau-légers Albert (3).

En dehors de ces renforts, Bellegarde était avisé de la prochaine intervention du duc d'York avec les troupes britanniques. Mais le duc n'arriva sur le champ de bataille, avec cinq bataillons et une brigade de cavalerie, qu'après l'affaire terminée (4).

Lorsque les hauteurs d'Étreux furent suffisamment occupées par les renforts d'Heister, Bellegarde rappela aux Blocus le bataillon Schröder et la division de chevau-légers carabiniers impériaux. Pendant ce temps la pièce d'artillerie à cheval de Grand-Blocus arrêtait

---

(1) *Rapport* d'Alvinzy sur l'affaire du 21. (*K. u. K. Kriegs Archiv.*)

(2) *Rapport* du général Heister, daté du camp de Fesmy, le 21 avril, à 7 heures du matin. (*K. u. K. Kriegs Archiv.*)

(3) *Rapport* de Kinsky. Dans son *Rapport*, Heister parle de « deux divisions de Blankenstein ».

(4) « Le prince de Cobourg m'envoya demander de soutenir [le général-major Bellegarde]. En conséquence, je me suis immédiatement mis en marche avec cinq bataillons autrichiens et la brigade de cavalerie britannique du général-major sir Robert Lawrie. Cependant je n'arrivai que lorsque l'affaire fut déjà finie, le général de Bellegarde ayant repoussé l'ennemi avec grand courage et lui ayant pris quatre pièces de canon avec un obusier. » (*Le duc d'York à Dundas*. Le Cateau, 22 avril 1794.)

par son feu la colonne française qui s'avançait dans le bois d'Andigny à la poursuite du détachement du colonel prince de Schwarzenberg (1) ; l'entrée en ligne du bataillon de Schröder permit à Bellegarde de reprendre l'offensive dans ce bois. D'autre part, il reçut des renforts de cavalerie, qui chargèrent l'infanterie française menaçant son flanc droit. A cet effet, il fit avancer la division de hussards impériaux et celle de uhlans, appuyées en arrière par les deux divisions de chevau-légers carabiniers. Pour favoriser leur attaque, qui devait traverser un ravin difficile séparant les deux adversaires, Bellegarde fit charger le flanc droit des républicains par un escadron de hussards. Ceux-ci s'avancèrent par un ravin difficile que défendaient 300 volontaires nationaux, soutiens des tirailleurs lancés en avant. Malgré les obstacles du terrain et la résistance des Français, cette charge combinée réussit et décida du sort de la journée dans cette partie du champ de bataille. Deux régiments de cavalerie française, qui se portèrent alors en avant, auraient eu l'avantage sur les hussards et les uhlans autrichiens, s'ils n'eussent été repoussés par les deux divisions de carabiniers chevau-légers qui arrivaient derrière (2). Le général de Bellegarde resta ainsi maître de la position de Grand-Blocus, qu'il conserva jusqu'au moment où il reçut l'ordre de rejoindre, le lendemain 22, l'armée principale avec ses troupes. Dans cette affaire, les Français perdirent 500 tués, 1 obusier et 3 canons (3) ; parmi les morts était le général Goguet,

---

(1) Une compagnie Carl Schröder et deux compagnies légères.
(2) *Relation* détaillée de Cobourg. (*K. u. K. Kriegs Archiv.*)
(3) La perte de ces pièces, et celle encore plus importante que subit quelques jours plus tard la division Chapuis à Troisville, motivèrent l'ordre du jour du 10-11 floréal (29-30 avril) au sujet de la protection de l'artillerie par les troupes des autres armes.
Dans son *Rapport*, Bellegarde dit que, parmi les 500 tués des

frappé par une balle française (1). Les Autrichiens ne comptèrent que 78 tués ou blessés (2).

L'effort tenté par Balland et Goguet, avec leurs 18,000 hommes, sur le front Petit-Verly, Hénappes, Vénérolles, Étreux, ne constituait qu'une partie de l'attaque générale; celle-ci embrassait encore tout le périmètre Leschelle, la Capelle, Étrœungt, Maroilles.

Attaque des brigades Duhesme et Duvignot. — On se rappelle que, d'après les ordres donnés par le général

---

troupes françaises, et d'après les papiers trouvés sur eux, se trouvait le chef de l'état-major de l'armée du Nord, *Pille*. En lisant les ordres donnés par Pille (qui était alors à la tête de la commission de l'organisation et du mouvement), Bellegarde a cru qu'il était chef d'étatmajor de l'armée du Nord. Il ignorait donc (et probablement le commandement autrichien avec lui) que ce poste était occupé par le général Liébert.

(1) Voir aux *Documents annexes* les circonstances de l'assassinat de Goguet.

(2) Le combat soutenu par Bellegarde est ainsi relaté par l'*Œsterreichische militärische Zeitschrift* :

« L'ennemi tenta, le 21, des attaques contre ces positions différentes. Le général comte Bellegarde se tenait, comme on l'a dit, sur les hauteurs de Grand-Blocus. Son aile droite s'appuyait au bois d'Audigny ; son aile gauche occupait Étreux, sur la route de Guise, et en outre Vénérolles, Hénappes et Mennevret. L'ennemi se montra, vers 5 heures du matin, en grandes forces devant ses retranchements de Lesquielles. Bientôt, une colonne de 4,000 hommes marcha sur Étreux, une seconde sur Vénérolles et une troisième sur Hénappes, une quatrième et une cinquième par Verly et Mennevret contre l'aile droite de cette position. La force totale de l'ennemi pouvait s'élever à 18,000 hommes. Son attaque sur les hauteurs d'Étreux fut repoussée. De Vénérolles, où il avait déjà pénétré, il fut rejeté. Cependant il prit Hénappes et Mennevret, et une forte colonne s'avança droit sur le chemin vers Grand-Blocus. Deux attaques résolues d'une division de hussards de l'Empereur et le feu vif d'une batterie de 12 et de l'artillerie à cheval retardèrent les progrès de l'ennemi. A ce moment, le général comte Heister arriva de l'armée principale avec un secours de trois bataillons

Dubois, le général d'Hautpoul devait être rendu avec sa brigade le 1er floréal (20 avril) à midi à Vervins, et dans la nuit du 1er au 2 à la Capelle ; il avait ordre de s'emparer dès l'aube de cette localité et de marcher ensuite vers la colonne dirigée sur Leschelle « pour protéger le flanc » de l'attaque menée contre le front Hénappes, Étreux.

L'attaque se produisit sur ce point comme il avait été convenu. On a vu que, le 18 avril, Alvinzy avait occupé Nouvion avec toutes ses troupes légères, le bataillon de Beaulieu et 3 escadrons de cavalerie ; le 19, il avait détaché, de ce gros, à la Capelle une division d'infanterie et un escadron de cavalerie.

Dès le point du jour, le poste de la Capelle fut attaqué de front par la brigade Duvignot (1) qui en chassa la garnison. Cependant, pour se conformer au plan de Balland, le général Duhesme avait déjà disposé ses troupes au-

---

et quelques escadrons. Les trois compagnies, rejetées de Mennevret, revinrent à la charge, appuyées par l'artillerie à cheval. Le général comte Bellegarde fit attaquer deux fois par la cavalerie, maintenant renforcée, la colonne ennemie placée sur le ruisseau de Noirieu..... Son infanterie fut dispersée et de même deux régiments de cavalerie, qui s'empressaient à son secours, furent rejetés. Après avoir perdu un obusier, trois canons et 500 tués, l'ennemi se sauva derrière le ruisseau de Noirieu et ses retranchements à Lesquielles. Notre perte en tués et blessés fut de 78 hommes. »

(1) Malgré des recherches réitérées, nous n'avons pas trouvé quelles circonstances avaient amené la brigade Duvignot à exécuter l'ordre donné au général d'Hautpoul par A. Dubois. Les documents des Archives administratives nous apprennent que Duvignot (précédemment capitaine de grenadiers au 98e d'infanterie) avait été nommé général de brigade le 29 ventôse et annonçait, le 18 germinal, qu'il se rendait « avec toute la célérité possible » à l'armée du Nord. En outre, la situation de l'armée du 5 floréal (24 avril) indique qu'il fait partie de la division Dubois. Le 14 floréal an II (3 mai), il avait son quartier général à Lesquielles. Duvignot figure encore sur diverses situations de mai.

dessus de Larouillée, derrière un rideau qui les masquait : « l'infanterie légère et un peu de cavalerie à la gauche...; l'infanterie au centre; le reste de la cavalerie et l'artillerie légère à la droite ». Aussitôt qu'il entendit l'attaque sur la Capelle, Duhesme lança son infanterie légère sur Fontenelle et Garmouset et en débusqua l'ennemi en lui faisant subir « un grand carnage ». La brigade Duhesme, marchant avec la plus grande vigueur, attaqua la forêt par Garmouset, tandis que la brigade Duvignot, s'étant reliée à la précédente par la voie la Capelle-Fontenelle, attaquait la même forêt par le chemin qui va de la Capelle au Nouvion. Enfin une troisième colonne française marchait de Leschelle sur le Nouvion.

Pour empêcher le poste de la Capelle d'être coupé, il eût fallu que les Hanovriens, placés le 19 à Fontenelle par Alvinzy, eussent tenu ferme devant l'attaque de Duhesme; mais au grand désespoir d'Alvinzy, ils firent une « retraite trop précipitée (1) », et ce ne fut guère qu'à « coups de plat de sabre » et à force d'insultes qu'il parvint à les arrêter. Il les fit, en même temps, appuyer par la division Antoine Esterhazy qui était au Nouvion, ce qui permit de maintenir libre la retraite des troupes de la Capelle.

Cependant la brigade Duhesme, marchant avec la plus grande vigueur, s'emparait de la redoute que les Autrichiens avaient établie près de Malemperche. Elle réussit ainsi à faire sa jonction avec la brigade Duvignot à la sortie Ouest de la forêt. Toutes deux se trouvèrent alors en présence des troupes d'Alvinzy qui, chassées de Fontenelle et de la Capelle, s'étaient réunies à celles du Nouvion. « Voyant, dit Alvinzy, la colonne ennemie de Leschelle arrivée à la lisière de la forêt, celle de la Capelle marchant sur le Nouvion, et celle de Fontenelle arrivée à Malemperche, je retirai mes troupes en

---

(1) *Rapport* d'Alvinzy sur l'affaire du 21.

arrière. » Ces troupes comprenaient le bataillon Beaulieu, la division Esterhazy, des uhlans et de l'infanterie légère. D'après Duhesme elles appuyaient leur droite au Nouvion, leur centre à une redoute et leur gauche à un hameau. Alvinzy les renforça encore du bataillon Adorian qu'il fit venir de Malassise ; du bataillon de Briey et d'une division de hussards qu'il porta sur la hauteur du Nouvion, vers le chemin de Leschelle (1).

D'après Duhesme, ces troupes furent « chargées et repoussées en peu de temps » malgré leur vive résistance ; elles allèrent reprendre une nouvelle position « en avant de Barzy ». Alvinzy affirme, au contraire, que le feu des Autrichiens empêcha l'artillerie de la colonne de Leschelle de se mettre en batterie et la força à se retirer sur cette route ; il reconnaît cependant que les brigades Duhesme et Duvignot étaient parvenues à déboucher de Malemperche (2) ; que leurs tirailleurs s'étaient glissés le long des jardins du Nouvion, et qu'il avait fallu pour les repousser deux bataillons qui subirent de grandes pertes ; mais il donne, comme raison de sa retraite, la menace que produisait pour son flanc gauche l'apparition, à Beaurepaire, de la brigade Soland débouchant de Cartigny. Cette retraite se fit en plusieurs colonnes : celle de droite comprenait Beaulieu en tête, puis la division Esterhazy ; ensuite une division de hussards impériaux, le bataillon de grenadiers Adorian ; une division de uhlans et un détachement de hussards formaient l'arrière-garde. Cette colonne opéra sa retraite entre la Haye-Long-Prez et Malassise, et traversa la Sambre sur

---

(1) On a vu précédemment qu'au bruit de la fusillade de Grand-Blocus, Alvinzy avait envoyé à tout hasard un bataillon Bideskuty sur Boué.

(2) « Ils poussaient de Malemperche vers le moulin de Nouvion de l'artillerie et beaucoup de cavalerie. » (*Rapport* d'Alvinzy sur l'affaire du 21 avril. — *K. u. K. Kriegs Archiv.*)

les ponts préparés à Barzy, sous la protection de son arrière-garde qui fit tête plusieurs fois et empêcha les Français de la serrer de trop près. La cavalerie, notamment, manœuvrait avec succès et, avec l'appui de quelques pièces de réserve, arrêtait à différentes reprises la marche en avant de l'artillerie française. D'un autre côté le bataillon de Briey, une division de hussards impériaux et une division de chevau-légers Kinsky battaient en retraite en laissant à droite Malassise et en se dirigeant sur les ponts de Bergues. La cavalerie de cette colonne en protégeait le flanc gauche ; elle exécuta plusieurs charges et refoula dans la forêt du Nouvion la tête de la colonne de Leschelle qui s'efforçait d'en sortir.

Cette position de repli Barzy—Bergues, sur la rive Nord de la Sambre, avait été du reste garnie par les soins du général Kinsky, qui avait reçu l'ordre de Cobourg de « faire avancer un peu d'infanterie et de cavalerie pour faciliter la retraite du F. M. L. Alvinzy (1) ». En entendant la canonnade, il s'était porté de sa personne en avant ; et, après avoir renforcé Bellegarde, comme on l'a dit plus haut, il avait dirigé sur les hauteurs, entre Barzy et Bergues, deux bataillons Brechainville et Callenberg ; quant aux chevau-légers de la division Cobourg, il les avait envoyés de leur position du Sart sur la Haye-Long-Prez. Enfin Alvinzy lui-même avait dirigé le bataillon Bideskuty sur Boué ; et ses troupes légères, encadrant son artillerie, avaient été envoyées d'avance sur la position de repli Barzy—Bergues, pour tenir à distance l'infanterie française au moment du passage de la Sambre.

Dès qu'il eut franchi le cours d'eau, Alvinzy reforma et rassembla ses troupes au centre et en arrière de celles

---

(1) *Ordre* général du 21 avril au soir, signé Cobourg. (*K. u. K. Kriegs Archiv.*)

de Kinsky, qui bordaient la position de repli. De son côté, Duhesme, craignant de s'aventurer, rassembla ses troupes sur la rive Sud de la Sambre, « sur la hauteur qui domine Barzy où il bivouaqua ». Tandis que la brigade Duhesme s'arrêtait ainsi, la brigade Duvignot continuait son mouvement : « Après s'être emparée du Nouvion, elle passa elle-même la Sambre à Bergues, poussa sur Fesmy d'où elle pénétra par des corps avancés jusque dans le bois l'Évêque, après avoir culbuté quelques corps de cavalerie autrichiens qui, en cette occasion, manquèrent un peu de fermeté (1) ».

Attaque de la brigade Soland. — Pendant que Duhesme et Duvignot réussissaient ainsi à refouler Alvinzy, la brigade Soland avait, de son côté, débouché de Cartigny sur Beaurepaire et avait même poussé jusqu'à Malgarnie. Ce n'est pas que l'intention de Soland eût été d'attaquer; il ne pensait qu'à défendre sa position et tout au plus à

---

(1) *Mémoire historique* d'Arnaudin. Voir aussi la *Relation* de l'*Œsterreichische militärische Zeitschrift* (*op. cit.*, p. 107) :

« En même temps, l'ennemi avait attaqué avec une forte colonne le poste de la Capelle, pendant qu'une seconde s'avançait d'Étrœungt contre Fontenelle, une troisième de Leschelle contre le Nouvion. Le général Keim, qui commandait l'avant-garde du corps de réserve du F. M. L. Alvinzy, s'avança de la Capelle contre le Nouvion. La 2e colonne française, qui avait pris Fontenelle, se réunissait ensuite à la 1re et s'avançait jusqu'à Malemperche, et la 3e jusqu'au bois du Nouvion. Le F. M. L. Alvinzy rassembla ses troupes sur les hauteurs du moulin à vent de Nouvion. Il arrêta là le mouvement en avant des trois colonnes ennemies jusqu'à ce qu'une quatrième colonne sortit de Cartigny par Beaurepaire. Alors la retraite sur la Sambre fut nécessaire. Elle fut exécutée avec le plus grand ordre. Le colonel prince Jean de Lichtenstein repoussa très énergiquement l'ennemi à plusieurs reprises avec ses chevau-légers. Le corps fut recueilli sur la rive droite de la Sambre par les troupes de l'armée principale. Il se plaça entre Bergues et Barzy; les batteries établies sur la rive mirent un terme aux progrès de l'ennemi. Une grande partie de ses troupes s'était jetée à droite; l'autre s'était réunie avec la 4e colonne et s'était établie sur les

empêcher Duhesme d'être tourné. En effet, bien qu'il ait été informé par l'aide de camp de Duhesme de la prise du Nouvion et du mouvement des Français sur le Sart, Fesmy et le Chapeau-Rouge ; bien qu'il pût compter sur le 1ᵉʳ chasseurs du Hainaut, de la division Despeaux (à qui Favereau avait prescrit le 20 avril de se porter à Grand-Fayt), Soland, qui disposait ainsi de sept bataillons, ne crut pouvoir en distraire que deux, « le 2ᵉ de la Meurthe et le 3ᵉ de l'Eure, en laissant le 1ᵉʳ de chasseurs du Hainaut et le 1ᵉʳ de l'Orne à la garde du pont de Petit-Fayt et les trois autres pour border la ligne de Petit-Fayt jusqu'à près de Maroilles ». Il comptait laisser « le 10ᵉ de Paris (1) à Cartigny pour la défense de ce village » et comme soutien des autres bataillons en cas de retraite. Quant aux deux bataillons de la Meurthe et de l'Eure, il se proposait de les envoyer sur Beaurepaire « pour empêcher Duhesme d'être tourné (2) ». Enfin il ne voulait employer la cavalerie qu'en cas de succès bien net et pour donner une dernière « poussée » à l'ennemi.

Ce fut malgré lui qu'il se vit obligé d'attaquer avec « les deux seuls bataillons » de la Meurthe et de l'Eure et « une poignée de troupes à cheval contre des forces immenses (3) » de toutes armes. Cette attaque lui fut désastreuse, et aboutit à un mouvement de retraite en

---

hauteurs de Malgarnie. Le général Fink vint de l'armée principale, avec deux bataillons et six escadrons, par Pas-de-Vache, s'opposer à l'ennemi. L'engagement débuta par une vive canonnade. Une attaque résolue de notre cavalerie, répétée trois fois, força l'ennemi à la retraite. Le F. M. L. Alvinzy prit avec son corps position, dans la nuit, entre Priches et Favril. Son corps avait perdu dans ce combat 16 officiers et 365 hommes. Les pertes ennemies étaient au moins aussi fortes. »

(1) On a vu que ce bataillon avait lâché pied à l'affaire du Cateau (p. 177).

(2) Soland à Fromentin, 2 floréal (21 avril).

(3) Soland à Favereau, 3 floréal (22 avril).

mauvais ordre sur la rive droite de la Petite-Helpe. Dans une lettre adressée le lendemain à Favereau (1), il accuse le 47ᵉ d'infanterie et le 5ᵉ bataillon de la Somme d'avoir trop précipité leur retraite en abandonnant la cavalerie; il se plaint de sa « détresse » et signale l'erreur commise par les chasseurs du Hainaut qui ne l'ont pas rejoint la veille et dont il ignore encore la position.

Quelles avaient été les causes de cet insuccès ? On a dit précédemment qu'en voyant le corps d'Alvinzy battre en retraite, Kinsky lui avait envoyé des renforts sur la position de repli Barzy-Bergues. Une fois qu'Alvinzy eut franchi la Sambre, Kinsky se porta alors vers l'aile gauche de la position ; il chargea le général Fink d'occuper Pas-de-Vache par deux bataillons Murray (2) avec mission de menacer le flanc droit de l'ennemi, c'est-à-dire des deux bataillons de la Meurthe et de l'Eure qui s'avançaient de Malgarnie sur la gauche de Pas-de-Vache. De son côté, Alvinzy envoyait aussi les chevau-légers sur cette gauche où se trouvaient déjà, dans un fond de terrain, une division de Blankenstein et une de Lobkowitz ; en outre, le F. M. L. Kinsky y envoya deux bataillons pour la garde du front Barzy-Bergues et leur adjoignit un bataillon de grenadiers en soutien. Il en résulta que les deux seuls bataillons de volontaires de la Meurthe et de l'Eure, avec une « poignée » de cavaliers, eurent à subir le choc de cinq bataillons et d'une nombreuse cavalerie. Soland était donc fondé à dire qu'il avait dû résister à des forces « immenses ».

---

(1) Soland à Favereau, de la ferme Foyot, 3 floréal (22 avril). Voir encore les lettres de Schlachter à Favereau (2 floréal) et de Favereau à Soland (3 floréal).

(2) Le troisième rang de ces deux bataillons était, comme on l'a vu plus haut, affecté à la défense des retranchements.

A ce moment, le chef d'état-major Mack arriva sur le champ de bataille. Comme les Français n'avaient presque pas de cavalerie, ordre fut donné à tous les escadrons autrichiens de les charger : à la suite de ce choc, près de cent volontaires restèrent sur le terrain. Un escadron de chevau-légers de Cobourg se trouva alors en présence et à une centaine de pas de deux escadrons français immobilisés en arrière d'une crête, à proximité desquels étaient « des bataillons d'infanterie avec cinq canons ». Devant ces forces, les chevau-légers de Cobourg se placèrent près du bataillon de la garde Wallis. L'affaire se termina sur ce point par une canonnade (1). Il en résulta que la brigade Soland ne put déboucher de Malgarnie dont elle occupa les abords par ses tirailleurs, tandis que son gros ne dépassait pas Beaurepaire. En définitive, la situation de cette brigade n'était pas aussi mauvaise que l'indiquent les lettres de son chef. Deux de ses bataillons avaient échoué dans leur attaque, et après avoir subi la charge des chevau-légers de Cobourg, avaient dû se retirer en arrière du ruisseau de Priches, vers Cartigny. Mais les autres bataillons gardaient assez bonne contenance pour rendre circonspecte la cavalerie autrichienne.

Après que l'attaque de Soland eut échoué, Alvinzy porta ses forces pendant la nuit, à Pas-de-Vache, puis à Favril comme le lui avait indiqué l'ordre de Cobourg daté du 19 avril.

Attaque de la brigade Montaigu. — On a vu que la ligne de l'Helpe, à la droite de la brigade Soland, était tenue par la brigade Montaigu, de la division Fromentin. Conformément au plan de Balland, elle attaqua, dès l'aube,

---

(1) *Rapport* de Kinsky sur l'affaire du 21 avril. (*K. u. K. Kriegs Archiv.*)

les avant-postes de Kray à Bas-Maroilles et le long du cours d'eau jusqu'à Grand-Fayt. Elle parvint à les repousser et, vers 10 heures du matin, s'empara du village de Priches occupé seulement par une compagnie de chasseurs, une compagnie du régiment d'Ehrbach et deux pelotons (un de uhlans, un de hussards) (1).

Quand il s'aperçut du dessein de Montaigu, qui était de tourner sa gauche, le général Kray fit avancer contre Priches une division d'Ulrich Kinsky avec un canon. Lui-même, avec une division de hussards, une de Royal-Allemand, une division de grenadiers et quatre canons il marcha sur Grand-Fayt et attaqua sur son flanc droit la brigade Montaigu. Ainsi menacée, celle-ci abandonna Priches et se retira sur l'Helpe. Kray fit alors canonner les deux villages de Fayt (2) ; puis, lorsque la préparation de l'attaque lui parut suffisante, il lança contre eux une division de Stein, une division de grenadiers Rousseau et un détachement de hussards et de uhlans. Les deux villages furent enlevés et la brigade Montaigu rejetée au delà de l'Helpe. Malgré le feu de l'artillerie française établie de l'autre côté de la rivière, le général Kray fit détruire le pont de Fayt (3).

---

(1) *Relation* circonstanciée de Cobourg sur l'attaque entreprise le 21 avril par l'ennemi sur les corps de réserve de l'armée d'observation. (*K. u. K. Kriegs Archiv.*)

(2) La *Relation* de Cobourg parle aussi de Cartigny ; elle dit même qu'on prit Cartigny. Le fait semble difficile à admettre puisque, le lendemain matin (22), la brigade Soland occupait Beaurepaire et Malgarnie.

(3) « L'ennemi avait aussi rejeté de bon matin les avant-postes de Bas-Maroilles jusqu'à Grand-Fayt. Vers 10 heures du matin, il s'avança avec de forts détachements d'infanterie et 1500 cavaliers contre Priches, qui n'était occupé que par deux compagnies et un escadron, et s'empara de cette localité. Le général Kray fit attaquer de nouveau le village de Priches ; lui-même s'avança contre Grand-Fayt et se jeta contre l'aile droite de l'ennemi. L'ennemi fut repoussé avec de grosses pertes de tous

L'attaque de Kray avait été appuyée par Alvinzy ; sur l'ordre de Kinsky, il avait envoyé vers Cartigny deux bataillons d'infanterie et deux divisions de cavalerie sous les ordres de Werneck ; mais, d'après le rapport adressé par Alvinzy à Cobourg, le 22 avril, Kray aurait utilisé ce renfort pour repousser les Français de Priches. Un bataillon Michael Wallis aurait encore été dirigé contre ce même village par le général Fink.

Fromentin attribua tout d'abord à l'échec de Montaigu une gravité qu'il n'avait pas ; et, se méprenant sur les intentions de l'ennemi, il prescrivit à ce général de se retirer sur le front Noyelle-la Haye d'Avesnes, c'est-à-dire de reculer de la Petite-Helpe sur la Grande. En même temps, il chargeait le général Schlachter de demander à Favereau le prompt envoi de renforts et de deux pièces d'artillerie (dont un obusier) (1).

L'échec de la brigade Soland inquiéta aussi la brigade Mayer, sur laquelle avait été prélevé le bataillon des chasseurs du Hainaut et qui était placée, en majeure partie, derrière le ruisseau de Taisy, entre Saint-Aubin, Saint-Remy-Chaussée et Saint-Vaast-lès-Monceau. Le général Mayer demanda des instructions en cas de retraite à son général de division, Despeaux. Il lui fut répondu, par le chef d'état-major, l'adjudant général Rouvin, qu'il devrait dans cette éventualité, prendre la direction de Fontaine en ayant soin de longer les bois sur sa gauche pour que les troupes stationnées sur « la Sambre ne soient pas tournées ».

Enfin Favereau, avisé de ce mouvement de retraite, envoyait comme renfort à Montaigu le 5ᵉ bataillon de

---

les points occupés par lui, rejeté sur l'Helpe et ses ponts furent détruits. Il perdit environ 600 hommes, et la brigade de Kray 285. » (Extrait de l'*Œsterreichische militärische Zeitschrift, op. cit.*, p. 108.)

(1) Le général Schlachter, commandant à Avesnes, au général Favereau. Petit-Fayt, le 2 floréal (21 avril).

l'Yonne qu'il prélevait sur les troupes du camp retranché de Maubeuge et qu'il dirigeait, avec une pièce de 8 et un obusier, sur Le Val-sous-Berlaimont, c'est-à-dire à hauteur même de la gauche de la brigade Mayer.

Mais, sur ces entrefaites, reconnaissant l'exagération de ses premiers ordres, et devant l'attitude passive des troupes de Kray qui ne voulait pas s'aventurer au delà de la Petite-Helpe, Fromentin fit réoccuper par Montaigu la ligne de cette rivière entre Maroilles et Grand-Fayt ; on s'étendit même au delà jusqu'au Petit-Maroilles. De son côté Favereau, informé après 9 h. 30 du soir de cette dernière opération, écrivit le 3 floréal à Montaigu que, dans ces conditions, le 5ᵉ bataillon de l'Yonne, son canon et son obusier lui seraient peut-être inutiles ; dans ce cas, il l'invitait à faire passer ces secours au général Soland, ou, si ce dernier ne les jugeait pas indispensables, à les renvoyer à Maubeuge, car lui-même en avait « le plus grand besoin » ; il ajoutait : « Peut-être serai-je attaqué dans cette partie-là aujourd'hui (1). »

Pendant que se produisait l'offensive des divisions Balland, Goguet, Dubois et Fromentin, une partie des troupes de Douai se préparait à jouer le rôle démonstratif que le plan de Balland assignait à celles de Cambrai ; elle effectuait dans ce but les mouvements préliminaires qu'annonçait la situation décadaire de Pichegru datée du 30 germinal (19 avril).

Le 2 de ce mois (2), d'après l'ordre du général en chef, écrit le général Bonnaud, le général Drut (3) donna ordre au général Proteau de partir avec environ 5,000 hommes d'infan-

---

(1) Favereau à Montaigu. De Saint-Vaast-lès-Monceau, 3 floréal (22 avril).
(2) Floréal (21 avril).
(3) Commandant la division de Douai.

terie pour aller prendre position au camp de César, derrière l'Escaut. Je marchai avec 1500 chevaux et 4 pièces d'artillerie légère à la tête de cette colonne, qui fut mise le même jour sous les ordres du général Chapuis, commandant la division de Cambrai, actuellement 5e du Nord (1).

Tels avaient été les efforts de l'armée française sur le vaste périmètre Douai, Cambrai, Guise, Avesnes. On doit constater, dès maintenant, qu'ils n'avaient abouti qu'à la prise de la Capelle et au rétablissement de ce gîte d'étapes sur la route de Vervins à Avesnes. Le résultat était d'importance médiocre. Pichegru semble l'avoir présenté sous un jour plus favorable en l'annonçant au Comité de Salut public (2) :

Les divisions sous Réunion, Landrecies et Maubeuge ont attaqué le 2, Citoyens Représentants, et ont repoussé l'ennemi des villages d'Étreux, Vénérolles, Hénappes; et il a de lui-même évacué ceux de Bohain, Prémont et autres. Le général Balland, qui me fait part de ce petit avantage, m'annonce nos communications rétablies (3), mais sans m'en donner l'assurance positive. Il m'informe en même temps de l'assassinat du général de division Goguet, à qui un lâche a passé une balle au travers du corps au moment où il voulait le faire retourner à l'ennemi. J'ai ordonné que ce scélérat fût recherché, arrêté et puni comme il le mérite.

Contre ce crime, Pille réclamait immédiatement un châtiment impitoyable :

---

(1) Extrait du *Journal* du général Bonnaud, communiqué à la Section historique par M. Cottreau.

(2) De Lille, 4 floréal (23 avril). Pichegru adresse à Pille une lettre semblable à laquelle il ajoute : « Je ne te félicite pas, mon cher Camarade, sur ta nomination à la Commission des armées. C'est une justice que l'on a rendue à ton mérite et un service à la République. »

(3) En réalité, les communications par la Capelle étaient seules rouvertes. Voir lettre de Favereau à Pichegru, de Maubeuge, 2 floréal (21 avril.)

Fais part à la Convention, écrivit-il à Carnot (1), de l'affreux assassinat de Goguet et songe combien il importe, à l'ouverture d'une campagne, de faire un exemple terrible d'une pareille atrocité.

Le siège de Landrecies. — Pendant que l'armée d'observation impériale repoussait les efforts des divisions Balland, Goguet et Fromentin, l'armée de siège du prince d'Orange s'efforçait de hâter par tous les moyens les travaux de sape contre le front d'attaque. Toutefois, bien qu'il eût été commandé 2,500 travailleurs pour la deuxième nuit, il n'en arriva que 1889, soit que le lieu de rassemblement ne fût pas encore assez connu des détachements et qu'ils rejoignissent en retard, soit encore parce que 613 soldats hollandais ne vinrent pas. Il ne fut donc pas possible de faire plus que « d'élargir la première parallèle et de commencer un retour en arrière des boyaux de communication de 150 toises de long (2) ».

Pour compléter la protection de ces travaux, confiée à l'armée impériale d'observation et au corps du duc d'York, 8 escadrons hollandais furent prélevés sur le camp de Catillon et postés sur les hauteurs de Forest, où ils établirent entre la Selle et l'Écaillon un camp dont l'aile gauche devait s'aligner sur la droite de celui du duc d'York. Une division de Karaczay poussait aussi loin que possible des avant-postes entre ces deux ruisseaux. En cas d'attaque sur la position Catillon—le Cateau, le prince d'Orange devait ne laisser que 6 ou 8 bataillons à la garde des tranchées et se rendre avec la majeure partie de son armée à Forest, où il tiendrait jusqu'au dernier homme.

De la place assiégée on s'était aperçu, le 2 floréal au matin, des travaux de siège en cours d'exécution; on

---

(1) Le 5 floréal (24 avril).
(2) *K. u K. Kriegs Archiv.*

constatait la rapidité avec laquelle l'ennemi avait ouvert la première parallèle et s'en était couvert. Le même jour la ville était déclarée en état de siège. On continuait à s'occuper, sans relâche, « à mettre le plus à couvert les poudres, vivres et boissons, en général tous les approvisionnements (1) ». Le général Roulland s'efforça vainement de communiquer avec l'extérieur et de faire connaître sa situation aux Représentants du peuple. Au général en chef et aux troupes environnantes il envoya des émissaires qui devaient se rendre à Maroilles « en côtoyant le long de la Sambre », prêts à se jeter à la nage s'ils étaient découverts. Mais la surveillance de l'ennemi obligea ces émissaires à rebrousser chemin ; et, quand ils voulurent rentrer la nuit dans la ville, ils furent fusillés par les avant-postes des chemins couverts.

Journée du 22 avril.

Retraite des troupes françaises vers la Capelle et sur la rive droite de la Petite-Helpe. — Le 2 floréal (21 avril) au soir, les brigades Duhesme et Duvignot tenaient les hauteurs de Barzy. La brigade Soland s'était avancée par Cartigny, Beaurepaire, Malgarnie, sur Pas-de-Vache, où elle avait échoué ; puis elle s'était retirée sur Beaurepaire, n'occupant Malgarnie que par des tirailleurs. La brigade Montaigu tenait la rive droite de la Petite-Helpe et même Bas-Maroilles sur l'autre rive. Au Sud, les divisions Balland et Goguet avaient été refoulées dans leur camp retranché de Lesquielles et d'Étreux ; la brigade Gaudin, de la division Dubois, à Leschelle, maintenait la liaison entre les forces de Barzy et celles d'Étreux,

---

(1) *Rapport* du général Roulland.

tandis que la brigade d'Hautpoul assurait les communications du côté de la Capelle ; elle était dans ce but renforcée par les soins du général Dubois, de deux bataillons et de deux pièces d'artillerie (1).

Du côté des Autrichiens, Bellegarde occupait Grand-Blocus ; Kinsky était en face de Malgarnie ; Alvinzy avait gagné le 21 au soir les hauteurs de Priches ; enfin Kray se trouvait opposé à Montaigu. Les forces adverses étaient donc au contact vers Malgarnie, et les tirailleurs français qui s'y trouvaient inquiétaient les avant-postes autrichiens dès le point du jour.

Dans ces conditions, le prince de Cobourg prescrivit (2) de reprendre en trois colonnes l'attaque des postes de Malgarnie et de Beaurepaire tenus par la brigade Soland. La première colonne, à droite, sous les ordres de Bellegarde, marcha sur la Louzy-Hainaut ; la deuxième, au centre, commandée par Kinsky et comprenant deux bataillons Michel Wallis, un bataillon Callenberg et deux divisions de hussards de Blankenstein, dirigea son attaque sur Malgarnie, en laissant Pas-de-Vache à droite ; la troisième, à gauche, commandée par Alvinzy, marcha de même sur Beaurepaire (3). Dès que Duhesme vit cette dernière colonne se diriger sur Beaurepaire, il y envoya

---

(1) Le général A. Dubois à d'Hautpoul, 3 floréal (22 avril).
(2) Cobourg à Wallis, quartier général de Catillon, 22 avril 1794.
(3) « Le 22 avril, l'ennemi inquiéta nos avant-postes de la position prise par lui à Malgarnie et à Beaurepaire. Les alliés attaquèrent celle-ci en trois colonnes pour mettre fin aux escarmouches. Le général comte Bellegarde rejeta, avec la 1re de ces colonnes, l'ennemi de la Louzy-France et de Malgarnie, sur la Sambre, vers le Nouvion. Le F. M. L. comte Kinsky, avec la 2e, attaqua Beaurepaire, coopéra à l'attaque de Malgarnie et chassa l'ennemi jusqu'à la Haye-Catelaine. Le F. M. L. Alvinzy s'avança avec la 3e colonne vers Beaurepaire et chassa l'ennemi de Pesan dans le bois de Cartigny et jusque vers Fontenelle. Les Français perdirent dans ces combats 500 hommes, tant en tués qu'en blessés. » (Extrait de l'*Œsterreichische militärische Zeitschrift*.)

sur-le-champ un bataillon et trois escadrons de renfort non seulement pour secourir la brigade Soland mais surtout pour empêcher la prise de ce village qui compromettrait sa ligne de retraite sur Étrœungt par Fontenelle. Comme il entendait aussi une attaque du côté de Fayt, il mit ses troupes en mouvement pour prendre l'ennemi en flanc.

Mais à ce moment même, et tandis qu'Alvinzy couvrait son flanc gauche et menaçait Beaurepaire, Kinsky faisait tout d'abord refouler par ses troupes légères les tirailleurs français qui occupaient les haies et abatis organisés aux abords de Malgarnie ; puis, opposant à la faible artillerie des Français trente pièces (1) d'un calibre supérieur s'avançant par échelons, il obtint rapidement la supériorité du feu. Une fois l'artillerie française réduite au silence et l'attaque suffisamment préparée, les Autrichiens enlevèrent le village de Beaurepaire. Les troupes de la brigade Duhesme avaient opposé une résistance sérieuse, qui n'avait pas duré moins de six heures.

L'occupation de Beaurepaire par l'ennemi menaçait la retraite de Duhesme. En même temps, celui-ci apprenait que l'ennemi se présentait en grandes forces devant les Fayt, et que Balland n'avait pu déboucher par Étreux et Boué pour opérer la jonction prévue. Craignant dès lors de se voir tournés par le Nouvion, les généraux Duhesme et Duvignot se décidèrent à battre en retraite, l'un sur Fontenelle, l'autre sur la Capelle. Ce mouvement s'opéra « dans le plus bel ordre possible (2) », sans que l'ennemi osât poursuivre.

---

(1) *Rapport* de Duhesme. D'après lui, il y avait comme artillerie de position 6 pièces (4 de 8 et 2 obusiers) du côté français et 30 (de 17 et de 13) du côté autrichien. Dans ses *Mémoires*, Duhesme a reproduit ce *Rapport* avec quelques variantes ; il attribue aux pièces autrichiennes les calibres de 7 et de 13.

(2) *Rapport* du général Duhesme sur la journée du 3 floréal (22 avril).

Ce mouvement se trouva, d'ailleurs, motivé par une autre circonstance. On a vu que Duhesme n'avait envoyé sur Beaurepaire qu'une partie de sa brigade ; le reste était à Barzy. Ces dernières troupes furent attaquées par Bellegarde qui dirigea contre elles de l'infanterie légère et une division de Karaczay. Tandis que cette attaque forçait les Français à évacuer Barzy, Bellegarde marchait avec le gros de sa colonne contre la Louzy-France ; en combinant habilement sa marche avec celle de la colonne de Kinsky, il enleva d'abord la Louzy-Hainaut, malgré le feu de l'artillerie française que celle des Autrichiens, plus puissante, réduisit au silence. Ensuite, pour rendre possible le passage de la Sambre, Bellegarde fit attaquer la Louzy-France par deux divisions de Carl Schröder ; après une vive et courte fusillade les Français furent rapidement délogés (1). Dès lors la retraite dans la forêt du Nouvion s'imposait aux troupes de Duhesme et de Duvignot, qui furent poursuivies jusqu'à la lisière par l'infanterie légère et les hussards.

Voyant les Républicains ainsi refoulés, Kinsky fit reprendre et continuer le travail des retranchements destinés à fortifier la position d'observation de l'armée impériale sur la rive Sud de la Sambre. Cobourg lui écrivait du reste le même jour que « le but de la marche étant seulement d'empêcher l'ennemi de dépasser la ligne Beaurepaire-vallée de la Sambre,.... il fallait se retirer sur la position sans se laisser entamer par l'ennemi.... » Cette position était d'ailleurs définie au Sud par la ligne de ses avant-postes qui devaient passer par Oizy et la Louzy-Hainaut, et à l'Est par la ligne Priches-Favril (2). Dès le 20 avril, Cobourg avait donné les instructions nécessaires pour l'occupation de cette position ; elles

---

(1) *Rapport* de Kinsky. (*K. u. K. Kriegs Archiv.*)
(2) Cobourg à Kinsky. Catillon, 22 avril.

n'avaient pu être suivies d'exécution par suite de l'offensive de Balland. Dès que celle-ci eut échoué, Cobourg revint à ces instructions. Mais, comme les attaques des 21 et 22 démontraient clairement que les Français voulaient « disputer aux Autrichiens le siège et la prise de Landrecies (1) », il réitéra ses ordres du 20 en s'attachant à supprimer tout détachement inutile, à concentrer toutes les forces sur des positions choisies et fortifiées à l'avance, enfin à faire les recommandations les plus expresses pour la défense de ces ouvrages ; tel fut l'objet de la « Disposition » du 22 avril 1794 (2).

Dispositions des alliés pour couvrir le siège de Landrecies. — Aux termes de ce document, la position que devait occuper l'armée impériale entre la Petite-Helpe et la Sambre (3) était divisée en deux parties ou ailes : la première, ou aile gauche, passait par Favril et Priches et avait sa droite au ruisseau de Priches ; sa gauche était appuyée à la Sambre et à quelques redoutes de contrevallation faisant face à la rive gauche de cette rivière ; ces dernières étaient occupées par deux bataillons de Wartensleben. A la défense de cette première partie, ou aile gauche de la position, étaient affectés 15 bataillons et 32 escadrons de cavalerie (4), savoir :

---

(1) Cobourg à Wallis. Catillon, 22 avril. (*K. u. K. Kriegs Archiv.*)

(2) Disposition principale pour les armées d'observation. Catillon 22 avril. (*K. u. K. Kriegs Archiv.*)

(3) *Mémoires* de d'Arnaudin. Tout le texte de notre description est tiré de ces *Mémoires* et de la disposition de Cobourg en date du 22 avril.

(4) Extrait de l'*Œsterreichische militärische Zeitschrift* :

« L'ensemble des troupes de l'armée d'observation et des trois corps de réserve était établi, le 22 avril, dans les positions suivantes :

« Les troupes sur la rive droite de la Sambre, ou l'aile gauche, en deux parties : la première, de la Petite-Helpe jusqu'au ruisseau de Priches, sous les ordres des F. M. L. Alvinzy et Bruglach, 15 bataillons

3 bataillons et 6 escadrons, formant le petit corps de réserve du général Kray; 6 bataillons et 14 escadrons, formant le grand corps de réserve du F. M. L. Alvinzy; 2 bataillons Ulrich Kinsky, 2 de Stein et 6 escadrons Kavanagh, de la première ligne de l'armée; enfin 2 bataillons de Kaiser, arrivant à l'armée et ne devant être rendus à destination que le 23 au soir. A ces deux bataillons s'en joindraient encore deux autres, Antoine Esterhazy, qui devaient arriver le 23 à midi. Le F. M. L. Alvinzy avait le commandement en chef de cette aile; le F. M. L. Bruglach lui était adjoint.

La deuxième partie, ou aile droite de la position, s'étendait du ruisseau de Priches à Fesmy. Elle était défendue par les 15 bataillons et 18 escadrons dont la nomenclature suit : 2 bataillons Carl Schröder, 2 Callenberg, 2 Brechainville, de la première ligne de l'armée; 2 bataillons Grand-Duc de Toscane, 2 Michel Wallis, de la deuxième ligne de l'armée; 3 bataillons du petit corps de réserve de Bellegarde; 2 bataillons de Giulay, qui devaient être arrivés le 23 au soir. Les 18 escadrons de cavalerie comprenaient : 2 escadrons de chacun des régiments chevau-légers du duc Albert, Lobkowitz, chevau-légers de Cobourg; 6 escadrons de hussards de Blankenstein; 6 escadrons du petit corps de réserve de Bellegarde. Enfin, comme les 18 escadrons étaient un peu insuffisants pour l'étendue de la position, l'ordre leur en adjoignit 6 des chevau-légers de Kinsky qui durent camper en arrière de l'aile gauche de cette deuxième partie de la position. Le F. M. L. Kinsky avait le commandement de cette partie, ayant sous ses ordres le F. M. L. comte de Lilien.

---

et 32 escadrons; la deuxième partie, 15 bataillons et 18 escadrons, sou les ordres des F. M. L. comte Kinsky et Lilien, occupait la zone comprise entre le ruisseau de Priches et les hauteurs de Fesmy et de la Sambre. »

La répartition de ces forces, qui rappelait, à peu de modifications près, celle du 20 avril, était suivie de prescriptions détaillées et rigoureuses pour l'observation des instructions tactiques données au début de la campagne et pour la défense opiniâtre des retranchements : dès qu'ils seraient construits, il était prescrit de les armer de canons ; les troisièmes rangs des bataillons, seuls affectés à l'occupation des ouvrages, devaient être placés immédiatement en arrière d'eux ; quant aux deux autres rangs, qui constituaient les bataillons proprement dits, ils devaient camper plus en arrière et dans les intervalles.

Les trois corps de réserve étaient destinés non pas à l'occupation des retranchements mais à la défense mobile avec le concours desdits bataillons, voire même de leurs troisièmes rangs. Les retranchements devaient être défendus jusqu'au dernier homme et n'être abandonnés que sur l'ordre exprès du général en chef. L'oubli de cette prescription entraînerait la cassation pour les officiers et la décimation pour la troupe. Si malgré cette défense opiniâtre, la fortune, contrairement à toute attente, favorisait l'ennemi, la retraite devait s'effectuer partie par Ors et partie par Catillon.

Les avant-postes devaient être fournis par le grand corps de réserve d'Alvinzy et par le petit corps de réserve de Kray, de la Sambre jusqu'à Bergues exclusivement ; par le petit corps de réserve de Bellegarde, de Bergues par Oizy jusqu'au bois de Mazinguet, où ils se reliaient à ceux de l'armée d'observation du duc d'York, qui passaient par Vaux, Busigny, Escaufourt, Marets, Clary, Bertry, le Tronquoy, le Coquelet, Audencourt, Caudry, Bethencourt, etc. (1).

---

(1) Extrait de l'*Œsterreichische militärische Zeitschrift* (*op. cit.*, p. 12) :

« De Bas-Maroilles à Bergues, sur la Sambre, étaient les avant-postes

Comme l'armée impériale, le corps du duc d'York était aussi divisé en deux parties :

L'aile gauche s'étendait de la rive gauche de la haute Sambre à la rive droite de la Selle et comprenait 9 bataillons et 36 escadrons, savoir : 2 bataillons de Ligne et 2 de Jordis venant, le 23 avril, de l'armée impériale; 3 bataillons de Kaunitz et 2 de Hessois, à tirer le 23 de l'armée anglaise. Les 36 escadrons étaient les suivants : 6 des carabiniers de l'archiduc Albert; 6 des dragons de Cobourg; 6 des chevau-légers de Karaczay; 6 de Kaiser chevau-légers; 4 de Lobkowitz chevau-légers; enfin 8 escadrons de cavalerie hollandaise (1). Les 6 escadrons de carabiniers devaient être placés derrière l'aile droite de l'armée d'observation, non loin de la Selle; les 6 escadrons de dragons de Cobourg, derrière l'aile gauche, non loin de la Sambre; les 16 escadrons de chevau-légers devaient être distribués en divisions dans les intervalles des redoutes; enfin les 8 escadrons hollandais en réserve derrière le centre.

A l'aile droite (qui s'étendait de la rive gauche de la

---

des corps de réserve du F. M. L. Alvinzy et du général Kray; de Oizy jusqu'au bois devant Mazinguet étaient ceux du général comte Bellegarde. Là ils se reliaient avec les avant-postes du duc d'York qui, de Vaux, passaient par Busigny, Escaufourt, Marets, Clary, Bertry, le Tronquoy, le Coquelet, Audencourt, Caudry, Bethencourt, etc. Les trois corps de réserve ne fournissaient aucune troupe pour l'occupation des retranchements, afin d'être prêts à rompre à tout instant. De même, la moitié seulement de l'artillerie de réserve était dans les retranchements; le reste restait prêt à être employé instantanément, suivant ce qu'exigeraient les circonstances. »

(1) D'après le *Mémoire* de d'Arnaudin, ces huit escadrons furent détachés le 25 « sur les hauteurs de Forest, entre la Selle et l'Écaillon, avec deux escadrons de chevau-légers de Karaczay pour occuper les avant-postes dans cette partie, qui joignait la droite des armées d'observation avec l'armée de siège ».

Selle en amont, à la rive gauche du même ruisseau en aval du Cateau, étaient affectés 17 bataillons et 40 escadrons : 4 bataillons des gardes anglais ; 3 bataillons hessois ; 3 bataillons de grenadiers hongrois ; 2 bataillons de Wenzel Colloredo ; 2 bataillons Joseph Colloredo ; les 14e, 37e et 53e régiments d'infanterie anglaise.

Les 40 escadrons comprenaient : 6 escadrons de hussards de l'archiduc Ferdinand ; 6 des cuirassiers de Zeschwitz ; 6 de la brigade du général sir R. Lawrie ; 6 de la brigade du général Mansel ; 2 du 11e régiment de dragons légers ; 6 des 7e, 15e et 16e régiments de dragons légers ; 6 de la brigade du colonel Vyse ; 2 du 6e régiment de dragons gardes.

Cette aile, comme la précédente, s'appuyait à un certain nombre de redoutes placées aux points importants de la position. Ces redoutes étaient armées par l'artillerie de réserve anglaise, tandis que celles de l'aile gauche l'étaient par l'artillerie de réserve hollandaise.

Enfin la « Disposition » de Cobourg appelait tout spécialement l'attention sur la mobilité dont devait faire preuve l'armée d'observation. Il faisait remarquer tout d'abord combien le terrain dans cette partie était favorable à l'action de la cavalerie ; ce qui expliquait la grande proportion de cette arme affectée à cette armée et la facilité avec laquelle elle pourrait déboucher de l'intervalle des retranchements pour charger. Cobourg montrait ensuite l'importance de Catillon, qui assurait aux alliés la communication de la Sambre et leur permettait de se porter rapidement d'une rive à l'autre. Dans cet ordre d'idées, il rappelait que, le cas échéant, l'armée de siège pourrait prêter la moitié de son infanterie à celle d'observation du duc d'York. Enfin ce prince devait tenir toujours 10 bataillons et 10 escadrons prêts à être immédiatement mis en marche vers Denain, Saint-Amand, Tournai, pour renforcer le corps de liaison de Wurmb et l'armée d'observation de Clerfayt ; ou vers

Bavay et Bettignies, pour jouer le même rôle par rapport à celle de Kaunitz (1).

En face des troupes ennemies ainsi réparties se trouvaient les divisions Balland et Goguet dans leur camp retranché de Lesquielles; les brigades Duhesme rejetées sur Fontenelle, Duvignot sur la Capelle, Soland sur Cartigny; enfin Montaigu occupait Maroilles après avoir abandonné dès le matin Bas-Maroilles. Bien qu'il eût alors écrit à Fromentin que « l'ordre était donné pour chasser ces gueux-là (2) », Montaigu paraît s'être borné à se garder « militairement » sur la rive droite de la Petite-Helpe ; il assista, de loin et sans pouvoir l'appuyer, à une infructueuse sortie de la garnison de Landrecies (3). Dans cette situation purement défensive, il jugea pouvoir se passer du 5ᵉ bataillon de l'Yonne et de l'artillerie que lui

---

(1) Extrait de l'*Œsterreichische militärische Zeitschrift* :
« Puis suivait sur la rive gauche de la Sambre, dans la plaine de Cateau, l'aile droite de ces troupes, sur lesquelles le duc d'York avait le commandement en chef. Cette aile fut également divisée en deux. La première, ou aile droite, entre la Sambre et la Selle, sous les ordres du prince héritier d'Orange et du F. M. L. impérial et royal Schmerzing, se composait de 36 escadrons, 9 bataillons de l'armée impériale et royale, 5 bataillons de l'armée du duc d'York, qui étaient établis comme réserve en arrière du point de Catillon si important pour la liaison de tous les corps alliés. La deuxième partie, ou l'aile gauche, fut formée de 17 bataillons, 40 escadrons de l'armée du duc d'York. Cette partie s'étendait de la Sambre jusqu'à la grande route de Cambrai. De cette partie, 10 bataillons et 10 escadrons étaient constamment prêts à être envoyés, suivant les besoins, sur Denain, Saint-Amand, Tournai ou contre Bavay et Bettignies. La position des hauteurs de Forest était occupée par 10 escadrons. En cas d'attaque, le prince héritier d'Orange, après avoir laissé 8 bataillons de l'armée de siège dans les tranchées, avait à occuper cette hauteur avec le reste de cette armée et de la partie de l'armée d'observation placée sous ses ordres, et à la défendre de la façon la plus opiniâtre. »

(2) Montaigu à Fromentin, 3 floréal (22 avril).

(3) Montaigu à Favereau, de Maroilles, 3 floréal (22 avril).

avait proposés Favereau; par ordre de ce dernier, ces troupes revinrent à leur camp de Falise à la disposition du général Mayer.

Le siège de Landrecies. — La sortie que signale Montaigu fut exécutée, le 3 floréal, à 4 heures du matin, par le 2ᵉ bataillon de l'Orne, débouchant par la porte de France. Ce corps avait pour mission d'opérer une diversion contre les forces qui avaient, la veille, livré combat à la brigade Montaigu et que l'on supposait devoir reprendre l'offensive le lendemain. Pour stimuler l'ardeur de la garnison et en exalter le moral, Roulland lui adressait une proclamation vigoureuse, dans laquelle il blâmait les négligences constatées dans le service et rappelait la nécessité de la « discipline, cette vertu des braves ».

Du côté de l'armée de siège, le travail de la nuit du 22 au 23 (la troisième du siège) se ressentit de l'envoi à l'armée principale de 14 bataillons (1), de toute la cavalerie à l'exception d'un escadron de 150 hussards Barco, et de l'artillerie de réserve. Il ne resta plus qu'environ 5,000 hommes disponibles, pour les opérations proprement dites du siège. Sur ce nombre, la moitié fut employée aux travaux et à la protection des tranchées ; l'autre se tint en arrière de la première parallèle pour relever les premiers ou parer à une attaque.

Il ne put être affecté au travail plus de 1,000 hommes, qui servirent à établir et armer des plates-formes pour canons de campagne en face des principales avenues de la place, afin d'en repousser les sorties. Des banquettes furent organisées et des gradins taillés dans le parapet de la première parallèle. Enfin, le 23 au matin, on fixa

---

(1) 9 bataillons hollandais et 5 bataillons impériaux.

dans cette parallèle les points où devaient être placées les batteries (1).

C'est au milieu de ces événements que le général Ferrand arriva à Guise pour prendre le commandement de la partie de l'armée du Nord opérant entre Cambrai et Maubeuge inclusivement. Il se disposa aussitôt à « faire reattaquer (sic) incessamment d'une manière vigoureuse » (2). Cette idée d'offensive était partagée par le représentant du peuple Laurent qui recommande à Favereau une « attaque vive et bien combinée » pour sauver Landrecies et « couper la retraite aux esclaves d'Autriche (3) ». Il songe même à compléter cette opération par un mouvement sur les communications de l'ennemi :

> Il faudrait alors écrire à Pichegru de tenter une attaque générale ; et nous nous acheminerions vers Beaumont pour l'enlever de vive force, et les cerner de plus près et plus en grand (4).

Il est peut-être permis de voir là la première idée de la manœuvre que devaient combiner Desjardin et Charbonnié le 26 avril, et qui devait aboutir ultérieurement à leur jonction et à la manœuvre de Fleurus. Mais au moment même où le commandement français songe à cette diversion, Cobourg en prescrit sur le même point une analogue, que doivent exécuter les troupes de Kaunitz. Laurent signale, en effet, une colonne ennemie

---

(1) Preux-aux-Bois, 23 avril 1794. G.-M. Froon.
(2) Le général de division A. Dubois au général de brigade provisoire d'Hautpoul, 3 floréal (22 avril).
(3) Laurent à Favereau, 3 floréal (22 avril).
(4) Autre lettre de Laurent à Favereau, de Maubeuge (même date).

filant sur Beaumont. Ainsi Kaunitz prendra les devants sur Charbonnié, mais il sera arrêté, dans ses succès, par les forces de ce dernier apparaissant vers Walcourt et Bossus.

Journée du 23 avril.

La diversion de Kaunitz sur la rive droite de la Sambre. — L'armée d'observation, satisfaite d'avoir repoussé les brigades Duhesme, Soland et Montaigu derrière la Petite-Helpe, et d'avoir repris la forêt du Nouvion, se borna à occuper solidement les hauteurs de Favril et de Priches, tout en confiant au détachement de couverture de Kaunitz une mission dont il sera parlé plus loin.

Cette attitude de l'ennemi fut diversement appréciée par Soland et par Montaigu. Le premier croyait la division Balland « extraordinairement avancée sur les derrières et sur les flancs de l'ennemi (1) », et espérait que celui-ci serait coupé de ses communications. Voyant d'ailleurs des forces adverses considérables réunies en arrière de Priches et de Favril, il prêta à l'armée d'observation le dessein de forcer le passage entre Landrecies et Maroilles ou par le Grand-Fayt pour aller franchir la Sambre à Berlaimont. Il craignait de ne pouvoir faire face à cette irruption et exprimait ainsi à Favereau son inquiétude (2) :

.... Les forces que nous avons à leur opposer dans tous les points ne sont pas suffisantes contre leurs nombreuses cava-

---

(1) Soland à Favereau, de la ferme du Foyot, 3 floréal (22 avril).
(2) Soland à Favereau, de la ferme du Foyot, 4 floréal (23 avril). Lettre écrite à 8 heures du matin.

lerie et artillerie. Pour cela, ils n'ont qu'à mettre la nuit leur artillerie de position en battant vis-à-vis Grand et Petit-Fayt, où je n'ai que deux pièces de 12 et de 8 et deux obusiers de 6 pouces à leur opposer. Ils chasseront facilement ou démonteront cette artillerie et forceront la cavalerie à se mettre à couvert derrière le coteau. Dès lors, leur infanterie filera le long de la rivière et attaquera la nôtre ; ils amèneront des pièces vis-à-vis le pont et balayeront ce qui le garde et qui fuira sans ordre, et sans qu'on puisse les arrêter. Dieu sait ensuite, avec des troupes aussi insubordonnées et peu accoutumées au feu, comment se fera la retraite. Ce que je te marque n'est pas consolant, je le sais ; mais je te dois dire la vérité. Puisse-t-elle parvenir aux oreilles de nos Représentants et puissent-ils y remédier.....

Montaigu restait plus calme et rendait compte que tout était tranquille pour le moment et que l'ennemi se bornait « à faire des redoutes auprès du moulin de Favril ».

Cette appréciation correspondait bien à l'exacte situation sur la Petite-Helpe. Mais des menaces plus graves allaient surgir du côté de Beaumont. Favereau apprenait, en effet, par Desjardin (dont le quartier général était à Cerfontaine) que ses avant-postes étaient attaqués et qu'il était nécessaire d'envoyer à Ferrière un bataillon de renfort (1). Bientôt Schlachter annonçait que les troupes qui défendaient Solre-le-Château étaient obligées de se retirer sur Avesnes.

Au même moment, Ferrand, qui venait de prendre son commandement, songeait à renouveler du côté de Guise un effort offensif combiné avec une diversion de l'armée des Ardennes. Il demandait donc à Favereau le nombre de bataillons qu'il pourrait fournir « sans trop dégarnir les points défensifs de la Sambre ». Il lui pres-

---

(1) D'après le *Journal* de Favereau, la division Desjardin compre-

crivait même de lui renvoyer Desjardin. A cet ordre, Favereau répondit en lui signalant les périls de sa situation et l'inconvénient grave de la mutation projetée dans le commandement (4 floréal-23 avril) :

> En tirant cet officier de cette partie, c'est totalement la délabrer. Depuis un an que ce général occupe cette position, il s'en est fait une étude bien précieuse aux intérêts de la République et au salut de nos armes.....
>
> J'apprends par le général Desjardin, qui m'écrit, que l'ennemi attaque nos avant-postes..... Je lui envoie un de mes aides de camp pour avoir des renseignements plus circonstanciés et lui envoie un bataillon pour prendre position sur les hauteurs de Ferrière-la-Grande (1).
>
> ..... La communication d'Avesnes avec la Capelle interceptée par l'ennemi nous avait forcé de faire marcher la brigade du général Duhesme, forte de 5 bataillons et 7 escadrons de cavalerie et de chasseurs, et 5 autres bataillons que j'ai pris, savoir : 4 dans la division de Desjardin (2) et 1 de la division de droite (3), pour renforcer les positions des généraux Soland, tenant le Petit et le Grand-Fayt, et Montaigu, à Maroilles.....
>
> Fais en sorte, mon Camarade, de nous envoyer des moyens de défense. Le temps presse..... Nous sommes attaqués du

---

nait au 1er floréal (30 avril), comme présents sous les armes : 276 officiers et 9,704 hommes d'infanterie ; 26 officiers et 461 hommes d'artillerie ; 55 officiers et 894 hommes de cavalerie. Elle était formée des deux brigades Richard et Brucelle (par intérim) et occupait la zone : bois de Solre-sur-Sambre, Jeumont, Rocq, Requignies, Cerfontaine, Ferrière-la-Petite, Damousies, Quievelont, Aibes, Colleret, Hestrud.

(1) Le 6e bataillon de l'Yonne, partant du camp de Falise (ordre de Favereau du 4 floréal-23 avril).

(2) Voir *supra* ordre de Favereau à Desjardin, du 30 germinal (19 avril).

(3) Ordre de Favereau du 1er floréal (20 avril) prescrivant l'envoi du 1er bataillon des chasseurs du Hainaut (division Despeaux) au secours de Soland, et ordre du lendemain envoyant le 5e bataillon de l'Yonne à Saint-Vaast.

côté de Solre-Libre; je prends toutes les mesures pour m'opposer à ce que l'ennemi n'avance. Quant à toi, mon Camarade, ne perds pas de temps; attaque vigoureusement.....

L'ennemi se fortifie au-dessous de Priches, en avant du Petit-Fayt..... Le général Soland a aperçu une colonne qui peut être forte de 18,000 à 20,000 hommes de toutes armes et surtout de la cavalerie.....

Je t'adresse copie d'une lettre du général en chef de l'armée des Ardennes. Il serait urgent qu'il attaque vigoureusement Beaumont et qu'il s'en empare; car, si nous ne coupons pas à l'ennemi cette trouée entre lui et moi, il aurait toutes les facilités à marcher en forces dans cette partie et par ce moyen nous inquiéterait beaucoup.....

Il est impossible que Desjardin parte dans ce moment..... Si tu veux, je t'enverrai le général de division Muller, qui n'a exactement que le camp de Falise.....

Favereau venait de recevoir, par l'intermédiaire de Fromentin (à qui elle était adressée, le 2 floréal-21 avril), la lettre de Charbonnié dont il est question. Il s'était empressé de faire connaître au commandant de l'armée des Ardennes l'attaque exécutée par Kaunitz contre les avant-postes de Desjardin. Exagérant les desseins de l'ennemi, il expliquait que celui-ci voulait percer sur la Capelle pour donner la main à l'armée d'observation. A ce propos, on peut remarquer avec quelle facilité Soland, puis Favereau entrevoyaient, de la part des Autrichiens, des mouvements tournants d'envergure excessive. Quoi qu'il en soit, la conclusion de Favereau est inspirée, cette fois, par une idée pleine de justesse et d'opportunité :

En conséquence, écrit-il à Charbonnié (1), je crois qu'il serait intéressant, Général, que tu fasses porter en forces une colonne sur Beaumont pour s'en emparer vigoureusement,

---

(1) Le 4 floréal (23 avril).

sûr moyen de leur (*aux ennemis*) couper toutes ressources. Quant à moi, je tiendrai les positions de Grandrieux, Hestrud et la partie du Bois-sur-Sambre, pour qu'au moment que tu attaqueras, je fasse filer du renfort pour te seconder sur la gauche.

Toute la genèse de la future manœuvre de Fleurus est bien dans cette phrase. Mais au moment même où Favereau l'écrivait et se faisait fort de tenir à Grandrieux et à Hestrud, les troupes de Kaunitz enlevaient ces localités.

Comme on l'a vu précédemment, Kaunitz commandait un corps d'observation d'environ 27,000 hommes qui surveillait l'espace compris entre Bettignies et Rochefort ; il se reliait, par un détachement de 5,000 hommes placé entre Rochefort et Dinant, avec les 8,000 hommes de Beaulieu dont le centre d'opérations était Arlon.

Dès le 21 avril, le prince de Cobourg avait appelé l'attention de Kaunitz sur le rôle qu'il pouvait jouer pour fixer les Français du côté d'Avesnes et de Maubeuge et les empêcher d'attaquer, tout au moins de ce côté, l'armée d'observation devant Landrecies avant qu'elle ait pu mettre en état les retranchements sur lesquels elle devait s'appuyer (1).

Maintenant, lui écrivait-il, que le siège de Landrecies est commencé, il est de la plus haute importance d'inquiéter l'ennemi de toutes parts, afin qu'il ne puisse concentrer ses efforts sur la levée du siège et repousser l'armée d'observation..... Aussi Votre Excellence voudra-t-elle se hâter de faire une puissante diversion de Beaumont sur Solre-le-Château en utilisant une partie de ses troupes postées sur la rive gauche de la Sambre, en s'avançant autant que possible sur la communication entre Avesnes et Maubeuge, et en

---

(1) Lettre de Cobourg à Kaunitz, du Cateau, 21 avril 1794. (*K. u. K. Kriegs Archiv.*)

s'éclairant par des patrouilles vers Landrecies et Maubeuge. Sa Majesté elle-même vous recommande d'apporter la plus grande diligence à l'exécution de cette diversion.

En conformité de ces instructions, Kaunitz prit, dès le 22 avril, des dispositions en vue d'exécuter le lendemain une vigoureuse diversion (1). Dans la journée du 22 il concentra à Beaumont 9 bataillons et 10 escadrons. Cette troupe fut divisée en trois colonnes. La 1re, sous

---

(1) Voir l'*Œsterreichische militärische Zeitschrift* (op. cit., p. 109). Cet ouvrage dit que les combats livrés au Sud et à l'Est de Landrecies avaient éloigné les Français et permis de poursuivre avec sécurité les travaux d'attaque. « Pour protéger encore plus le siège, le F. Z. M. comte Kaunitz reçut l'ordre de faire une diversion sur le flanc droit de l'ennemi avec 9 bataillons et 10 escadrons. Ces troupes se rassemblèrent à Beaumont et furent partagées en trois colonnes. A droite, le général Degenschild marcha avec la 1re colonne sur Coursolre, rejeta, de la position entre Aibes et Austregnies, l'ennemi qu'il trouva devant lui fort de 3,000 hommes avec huit canons; il le repoussa vers Colleret et s'établit à la cense de Fauquemont et à Aibes. A gauche, le général prince de Reuss, avec la 2e colonne, se dirigea sur Cour-Tournante, chassa l'ennemi, fort de 3,000 à 4,000 hommes, du bois et de la position de Xivry, et le força à se retirer dans ses retranchements à Solre-le-Château. Là, vivement attaqués et canonnés, les Français continuèrent leur retraite vers Beugnies. La cavalerie les poursuivit presque jusqu'au bois d'Avesnes ; l'infanterie resta à Solre-le-Château. Le F. Z. M. comte Kaunitz conduisit la colonne du centre, ou 3e colonne, par Grandrieux et Hestrud, fit chasser les ennemis des bois voisins et se réunit à Solre-le-Château avec la 2e colonne. Il fit raser les retranchements ennemis; après quoi, il se retira, en raison des mouvements menaçants que faisait l'ennemi, contre Walcourt et Bossus. Les trois colonnes avaient perdu 56 hommes, tant tués, blessés que disparus.

« Pendant ces combats, les travaux de siège et les retranchements autour de Landrecies avaient été mis en état. L'armée de siège du prince héritier d'Orange se composait de 24 bataillons et 2 escadrons, en partie Impériaux, en partie Hollandais. Dans la première parallèle, on travaillait à onze batteries, qui devaient être armées avec 46 canons lourds et 18 petits mortiers. »

les ordres du G. M. de Degenschild, comprenait 8 compagnies d'infanterie de Vierset, 4 compagnies de la légion de Bourbon, 1 escadron de Nassau, 1 escadron de Barco, 1 escadron de Béon et 120 chasseurs de Mahony. La 2e colonne, à gauche, sous les ordres du général prince de Reuss, comprenait 2 bataillons Klebeck, 1 bataillon de grenadiers hollandais, 1 bataillon hessois Philippsthal, 4 escadrons de Barco sous le commandement du colonel baron Kienmayer, chef de l'avant-garde ; 2 escadrons de la légion de Bourbon, 2 compagnies de chasseurs de Mahony, commandées par le capitaine Schott qui marchait avec l'avant-garde, 50 chasseurs de Le Greaux et 200 Volontaires armés du Hainaut ; cette colonne s'avança le 22 à la tombée de la nuit vers Cour-Tournante. La 3e colonne, intermédiaire entre les précédentes, se composait de 2 bataillons Hohenlohe, 1 de Reuss (hollandais), 1 escadron de Barco, 1 de Nassau, 1 de Béon, 1 compagnie Mahony, 1 escadron de la légion de Bourbon, 1 compagnie de pionniers avec des ponts volants, sous le commandement du F. Z. M. comte Kaunitz.

Les mouvements préparatoires prescrits par Kaunitz n'échappèrent pas à la vigilance de Favereau. Dès le 21 avril (2 floréal), à 10 heures du matin, il fait savoir à Desjardin qu'une colonne autrichienne de 5 bataillons, 12 pièces de canon et 1 régiment de cavalerie, venant de Bavai, était passée par la Glisoelle et Grandreng et paraissait se diriger sur Beaumont. Il lui prescrivait, en conséquence, en cas d'attaque supérieure, de diriger sa retraite sur Maubeuge. « Les chefs de corps et le lieutenant-colonel Liénard, commandant à Solre-le-Château, furent prévenus des craintes que l'on avait (1) ». Le même jour, à 11 heures du soir, le général de bri-

---

(1) Extrait des *Mémoires* du général Desjardin.

gade Richard fit savoir qu'il était arrivé beaucoup de cavalerie à Merbes-le-Château (1).

Le général Desjardin s'attendait donc à être attaqué. Aussi, dès le 22 avril, il prit ses dispositions en conséquence :

..... Il ne lui restait plus que 9 bataillons, 8 escadrons et 1 compagnie d'artillerie légère, déduction faite des détachements de Landrecies et Solre-le-Château.....

La Sambre, depuis Maubeuge jusqu'à l'abbaye de la Thure, fut gardée par un bataillon d'infanterie légère A, trois bataillons d'infanterie de bataille A, deux escadrons de dragons, une division d'artillerie légère C et deux pièces de 12 B (2).

Ce corps de troupe fut mis aux ordres du général de brigade Richard et formait la gauche de la division.

La droite, forte de trois bataillons d'infanterie de bataille, un bataillon d'infanterie légère, trois escadrons de dragons, trois de chasseurs à cheval, une division d'artillerie légère, de deux pièces de 8 et un obusier d'artillerie de position, fut mise sous les ordres du général Poncet.

La réserve I, composée d'un bataillon du 18e régiment d'infanterie, sept compagnies de grenadiers, une compagnie de cavalerie de bataille et quatre pièces de 12, fut placée dans les lignes de Cerfontaine I.

La gauche resta sans quitter ses cantonnements afin d'en maintenir le cordon de défense et de partout pouvoir faire tête à l'ennemi ; les deux pièces de 12 furent seulement placées dans la redoute l'*Audacieuse* ; et les deux escadrons et l'artillerie légère se tinrent en bataille dans la plaine en arrière de Marpent afin de pouvoir de là tout voir et se porter rapidement sur les points menacés.

A l'exception du 6e d'infanterie légère et d'un escadron de

---

(1) Point de passage sur la Sambre de la route de Beaumont à Binche.

(2) Les lettres de renvoi se rapportent à une planche accompagnant les *Mémoires* de Desjardin, d'après laquelle a été établi le croquis : *Affaires de Colleret et de Solre-le-Château*, que l'on trouve à la fin du présent volume.

chasseurs qui gardaient Hestrud D et le bois de Berelles D, la droite fut réunie E et placée à cheval sur la chaussée de Maubeuge à Beaumont. Cette position était sur une éminence douce et semblait indiquée par la nature ; deux taillis impraticables et un ravin escarpé en appuyaient la gauche ; un bois et des marais en assuraient parfaitement la droite ; le front couvert par les ravins de Fauquemont et la rivière de la Thure, n'était accessible aux assaillants que par le pont de Coursolre.

Dans cette position, le général Desjardin attendit l'ennemi, passa la nuit sous les armes et indiqua à ses généraux de brigade comme point de retraite les lignes de Cerfontaine, où deux bataillons d'élite et de l'artillerie de 12 les protégeraient.

4 floréal (23 avril). — L'adjoint aux adjudants généraux Ameil part à 4 heures du matin pour reconnaître l'ennemi à la tête de 25 dragons et rapporte qu'il a déjà rencontré les éclaireurs ; que les Impériaux s'avancent sur deux colonnes ; que l'une F, dont il n'a pu reconnaître la force, se dirige sur Hestrud et que l'autre G, forte d'environ 5,000 hommes d'infanterie et 1,800 chevaux, marche sur Coursolre par la chaussée de Maubeuge ; cet officier, sur ces considérations, avait fait évacuer tous les bestiaux de Coursolre. Sur le rapport de cette reconnaissance, deux escadrons H, commandés par le capitaine Lavelaine, et une division d'artillerie se portent en avant de la ferme de Fauquemont (1).

Les renseignements fournis par l'adjoint Ameil étaient exacts en ce qui concernait la colonne de Degenschild et celle de Kaunitz (2). L'avant-garde de la colonne de Degenschild s'avançait en effet vers Coursolre d'où elle repoussait un fort piquet français ; elle délogea également celui qui était placé dans le bois au Nord du village. En débouchant ensuite, à 5 heures du matin, de

---

(1) Extrait des *Mémoires* de Desjardin.
(2) Quant à la colonne qui marchait de Beaumont par Xivry sur Solre-le-Château, il semble qu'elle ait échappé à la reconnaissance de l'adjoint Ameil.

Coursolre, Degenschild découvrit la droite de Desjardin établie dans une position qui, suivant les termes mêmes de ce général, « semblait indiquée par la nature » et que Cobourg déclare en effet être une position « avantageuse » : c'étaient les hauteurs de Colleret, en avant desquelles la cense de Fauquemont était occupée ; l'aile droite s'appuyait au village d'Aibes, la gauche au bois de Houstère.

Pour déloger les Français de leur position, Degenschild se couvrit dans la direction d'Aibes au moyen d'un rideau de cavalerie constitué par un escadron des hussards de Barco, que soutenait un escadron de Nassau. En même temps les chasseurs et les volontaires de Vierset se glissaient le long d'un défilé vers la cense de Coulmy, d'où ils repoussaient les chasseurs français malgré leur opiniâtre résistance.

Dès que Desjardin vit déboucher ces troupes, il les « foudroya » de la division d'artillerie légère envoyée en avant de la cense de Fauquemont ; mais les démonstrations de la cavalerie ennemie attirèrent son attention sur sa droite et lui dérobèrent les mouvements que fit avec succès l'artillerie impériale pour franchir la Thure et venir prendre des positions fort avantageuses en avant des hauteurs de Colleret. Cette artillerie put dès lors prendre la supériorité sur celle de la cense de Fauquemont. Elle prépara ensuite l'attaque de cette localité que les Français évacuèrent au moment où s'avançait contre elle une compagnie de Vierset. Bientôt, celle-ci fut elle-même renforcée par une seconde et par une pièce d'artillerie, car Degenschild avait reconnu que le pays était trop couvert et trop difficile pour permettre à la cavalerie d'exercer une action décisive. Les escadrons de Barco et de Nassau continuèrent cependant à manœuvrer contre Aibes et réussirent, par leurs menaces, à faire évacuer ce village. En définitive, à la fin de la journée, la colonne de Degenschild s'était emparée de la cense de Fauquemont et du village d'Aibes, tandis que Desjardin concentrait ses forces sur Colleret (1).

Le prince de Reuss, qui commandait la colonne de gauche, envoya, le 23 à 6 heures du matin, les chasseurs de Le Greaux, les Volontaires armés et 50 volontaires dans le bois de la Haye de Xivry, pour le nettoyer des tirailleurs ennemis et pour attaquer le poste de Hanaut ainsi que les villages de Clerfait et d'Angolies. Ces points ayant été l'objet d'une résistance assez vigoureuse, le prince de Reuss fit avancer en soutien une compagnie d'infanterie : l'ensemble de ces forces avait pour effet de couvrir le flanc gauche des troupes dirigées sur Beugnies. Le reste de l'infanterie et de la cavalerie de la colonne se rassembla vers Xivry. Là, une partie traversa le défilé et attaqua vivement les Français, au nombre de 3,000 fantassins et 400 cavaliers. La défense opposa au début une vive résistance, mais le major Barco parvint à isoler un bataillon, le sabrer et lui faire de nombreux prisonniers. Une seconde attaque, très vivement menée par un escadron de Barco, força les Français à se retirer sur Solre-le-Château. Cette petite ville était défendue par trois bataillons sous les ordres du lieutenant-colonel Liénard ; on avait construit en avant quelques redoutes armées de trois canons. L'infanterie impériale, sous les ordres du major Bayer (de Klebeck) et du prince de Hesse-Philippsthal, marcha à l'attaque de ces redoutes. Elle était soutenue par un feu bien dirigé d'obusiers et de canons qui répondait à celui des trois pièces françaises et obtint bientôt la supériorité. Aussi put-elle progresser rapidement. En même temps le bataillon du colonel Kienmayer opérait un mouvement enveloppant contre les redoutes.

---

(1) Favereau constate que « l'impétuosité » des Autrichiens « les a fait avancer jusqu'à la hauteur de Colleret ».

Cette menace et les progrès rapides de l'attaque de front déterminèrent les défenseurs à une prompte retraite qu'ils effectuèrent en abandonnant Solre-le-Château. Kienmayer les poursuivit avec quatre escadrons de Barco, deux escadrons de la légion de Bourbon et quatre pièces d'artillerie à cheval jusque devant Beugnies ; cette cavalerie s'arrêta là, craignant de s'aventurer dans les épaisses forêts entourant Avesnes (1) et de venir se buter à la forteresse ; elle se contenta de faire canonner l'ennemi avec son artillerie à cheval pour le disperser. Quant à l'infanterie elle se rassembla en avant de Solre-le-Château.

La colonne intermédiaire, commandée par Kaunitz, s'avança par Grandrieux sur Hestrud et attaqua de front cette localité tout en cherchant à la tourner par les bois environnants. Les postes qui défendaient ces bois furent chassés par les chasseurs de Mahony et 200 volontaires de Hohenlohe. Ceux qui bivouaquaient sur la Thure suivirent ce mouvement de recul en utilisant chaque accident de terrain. Les uns et les autres se retirèrent par Eccles et Berelles, où le 10e bataillon d'infanterie légère arrêta l'assaillant jusqu'à 10 heures du matin. Berelles fut enfin débordé par la colonne de Kaunitz, tandis que Kienmayer (qui avait dépassé Solre-le-Château) faisait passer le pont de Solrinnes à un parti de 300 hussards. Craignant de voir cette cavalerie envelopper le 10e d'infanterie légère, le général Poncet lui ordonna d'abandonner Eccles et Berelles et de se retirer sur Ferrière-la-Petite pour s'y défendre jusqu'à la dernière

---

(1) Un *Rapport* sommaire de Kaunitz (daté de Rouvroy, 24 avril) porte que les Français furent mis en désordre ; leur cavalerie s'enfuit à toutes brides le long de la chaussée d'Avesnes ; l'infanterie se jeta dans les bois d'Avesnes ; les hussards de Barco poursuivirent les fuyards « jusqu'à la barrière qui se trouve dans ces bois ». (*K. u. K. Kriegs Archiv.*)

extrémité (1). La colonne de Kaunitz continua alors sa marche sur Solre-le-Château où elle opéra sa jonction avec celle du prince de Reuss. Alors, le gros de la colonne centrale s'arrêta comme l'avait fait celle de gauche ; elle se contenta également de lancer quelques fractions à la poursuite de l'ennemi : un escadron de hussards de Barco et une pièce d'artillerie à cheval jusqu'à Obrechies ; une partie de la légion de Bourbon et l'escadron de Béon jusqu'à l'Épine. Enfin ordre fut donné aux pionniers de raser la grande redoute élevée devant Solre-le-Château.

La diversion de Kaunitz sur la rive droite de la Sambre avait été facilitée par des démonstrations des postes établis au Nord de cette rivière en aval de Maubeuge. Les *Mémoires* de Desjardin en signalent l'importance.

Une fusillade très vive se fait entendre vers Jeumont ; le bruit de l'artillerie lui succéda, et bientôt un cri, suivi de mille cris, annonce que les Impériaux campés à Merbes ont passé la Sambre et se portent sur Jeumont. Alors le général Desjardin ordonne au général Poncet de s'abandonner [*subordonner*] ses mouvements à ceux de la brigade de gauche et de se porter avec deux escadrons H et l'artillerie légère pour renforcer et protéger la retraite des troupes repoussées des bois de la Thure. A son arrivée, le général Richard lui annonce que les revers sont réparés. La valeur du 2º bataillon du Haut-Rhin avait arraché le succès à l'ennemi et repris des postes que la foudre défendait.

En dehors de l'effet moral qu'elle s'était proposé, la diversion de Kaunitz avait donc eu pour résultat l'occupation de la cense de Fauquemont et de Solre-le-Château par l'infanterie, tandis que la cavalerie poursuivait

---

(1) *Mémoires* de Desjardin.

les Français jusqu'à Obrechies, Beugnies et l'Épine. En outre, comme le général Poncet ordonnant la retraite sur Ferrière-la-Petite, avait « oublié de faire occuper Quiévelont, seul débouché par où l'ennemi pût le tourner, les Autrichiens y étaient entrés et s'étaient emparés du bois des Cailleux (1) ».

Il était de grande importance de réparer l'échec subi par la brigade Poncet. Aussi le général Desjardin s'empressa-t-il de revenir de la brigade Richard avec les deux escadrons et l'artillerie légère qu'il lui avait amenés quand il avait appris le passage de l'ennemi à Merbes ; il fit venir également de Maubeuge « un obusier et un bataillon pour renforcer les lignes de Cerfontaine (2) ». Après s'être assuré une retraite honorable, il se prépara à reprendre les positions perdues par le général Poncet.

Il donna l'ordre au 10e bataillon d'infanterie légère de s'emparer de Solrinnes pour couper à l'ennemi sa communication par Solre-le-Château. Cet ordre ayant été exécuté, l'infanterie et la cavalerie se portèrent en avant pour prendre la position d'Aibes. L'ennemi s'y défendit longtemps et se retira en mettant le feu au village.

A 4 heures du soir, la retraite des Impériaux est complète. Le général détache 150 grenadiers et autant de dragons pour les inquiéter et éclairer le pays. Plusieurs Autrichiens en se retirant sont tués ou blessés grièvement. Les Français, outragés de la barbarie féroce qui l'avait porté à incendier un village et les habitations du paisible cultivateur, s'acharnent à la poursuite de l'ennemi et ne font aucun quartier. Des hussards hongrois font volte-face ; une compagnie de grenadiers du 1er bataillon du 49e régiment les reçoit à la baïonnette, leur envoie une décharge qui leur jette plusieurs hommes sur le carreau et leur prend deux chevaux.

---

(1) *Mémoires* de Desjardin.
(2) *Ibid.*

Sur le soir, de part et d'autre, on rentre dans ses positions respectives et on passe la nuit sous les armes.

Le lieutenant-colonel Liénard, renforcé d'un bataillon de la garnison d'Avesnes, avait aussi repris poste à Solre-le-Château. En rentrant dans ce bourg, il trouve partout les marques de la férocité autrichienne ; toutes les maisons avaient été pillées, plusieurs hussards et grenadiers hongrois qui, pris de vin, étaient restés dans l'endroit, furent pris ou massacrés (1).

Après le peu de solidité qu'avait montrée la brigade

---

(1) *Mémoires* de Desjardin. Voir lettre de Favereau à Ferrand (4 floréal, 23 avril). Après avoir sommairement rendu compte des combats de la journée, il ajoute : « En fermant ma lettre, j'apprends par Fromentin qu'il a rentré (*sic*) dans Solre-Libre. »

Un peu plus tard, dans une lettre à Desjardin datée de minuit, Favereau dit : « Le général Fromentin écrit de 7 heures du soir qu'il vient d'entrer dans Solre-Libre et qu'il va faire bivouaquer toute la troupe sur les hauteurs en avant de la ville. Il y a conduit un escadron de cavalerie qu'il m'invite à lui renvoyer, mais que je garderai. »

La lettre de Fromentin, dont nous avons seulement la copie transcrite sur un registre de Favereau, y est portée à la date inexacte du 5 floréal. Elle est ainsi conçue :

« Je t'annonce, mon cher Général, que je viens de rentrer dans Solre-Libre. Je vais faire bivouaquer toute la troupe sur les hauteurs en avant de la ville. Si tu as de nouveaux ordres à donner, fais-les passer directement au commandant. Je vais rentrer à mon poste pour savoir et voir tout ce qui s'est passé dans l'étendue de ma division pendant mon absence.

« Je t'observe encore que je vais faire reprendre les mêmes postes que nos troupes occupaient avant de se retirer.

« Tu voudras bien aussi donner des ordres pour que l'eau-de-vie et le pain leur soient envoyés sur-le-champ.

« Je laisse ici un escadron du 22ᵉ régiment de cavalerie avec lequel je suis entré ici. Comme je l'ai pris dans ma division, tu voudras bien me le faire remplacer demain, car j'en ai bien besoin. »

Voir encore une lettre de Fromentin à Favereau datée d'Avesnes (5 floréal, 24 avril) : « Lorsque je sus hier que le cantonnement de Solre-Libre était évacué, je me portai de ce côté, je ralliai les troupes et j'avançai sur Solre-Libre, où il n'y avait plus personne. »

Poncet contre les colonnes de Degenschild, de Kaunitz et du prince de Reuss, il est difficile d'admettre que leur retour offensif ait pu déterminer la retraite des Autrichiens. La *Relation* de Cobourg attribue ce mouvement aux menaces de l'armée des Ardennes. Au moment même où il faisait poursuivre les défenseurs de Solre, après la prise de ce bourg, Kaunitz apprenait que « l'ennemi marchait avec 16,000 hommes de Walcourt et de Bossus. » Le colonel de Gottesheim, du régiment des hussards de Saxe, qui depuis quatre jours se maintenait en face de Walcourt malgré les attaques de l'ennemi, « réclamait des secours ». Ces nouvelles décidèrent Kaunitz à ordonner la retraite pour préparer une attaque sur Bossus et Silenrieux où l'ennemi avait déjà pris position (1). Il paraît bien certain que telle fut en effet la cause de la retraite de Kaunitz. Il faut d'ailleurs considérer que celui-ci ne faisait qu'une diversion et avait atteint son but. Il ne pouvait aller plus loin sans se heurter en tête contre Avesnes et s'exposer de flanc aux attaques des divisions de Maubeuge, dont une seule, celle de Desjardin, lui avait été opposée de front. Enfin, si Kaunitz avait voulu faire une véritable attaque, il l'aurait com-

---

(1) Ainsi s'exprime la *Relation* de Cobourg. De son côté, Kaunitz dit, dans un rapport sommaire, daté de Rouvroy, le 24 avril : « J'étais depuis quelques heures dans la position Beugnies—Dimechaux—Aibes, lorsque j'appris que l'ennemi attaquait toutes les positions occupées par le colonel Gottesheim des hussards royaux à Walcourt, et que ce colonel s'opposait avec sa faible troupe aux progrès d'un ennemi fort de 16,000 hommes. L'ennemi avait déjà occupé Silenrieux, Daussoy et quelques postes vers Yves ; je considérai cette situation trop dangereuse pour Bossus et Walcourt. Aussi décidai-je de battre en retraite de Solre-le-Château sur Beaumont, et dans la nuit même je pris de nouvelles dispositions pour attaquer Bossus et Silenrieux ; dans ce but j'ordonnai au général-major de Degenschild d'entreprendre l'attaque de ces postes, le 24 avril, avec deux bataillons d'infanterie et trois divisions de cavalerie. »

binée avec l'action de l'armée d'observation sur la Petite-Helpe pour fixer les brigades Montaigu et Soland pendant qu'il les aurait attaquées de dos. Il y avait là un danger, que l'existence même des forteresses de Maubeuge et d'Avesnes rendait peu redoutable, mais qui avait cependant préoccupé Favereau et Fromentin. « Le moins de retraite possible ! » écrit le premier au second, qui réclame « de prompts secours » en rendant compte que « les troupes qui étaient à Solre-le-Château battant en retraite sont maintenant dans les bois dits la Haye-d'Avesnes ». Eu égard à la faiblesse des troupes de la brigade Poncet et en dépit de la place d'Avesnes, il n'eût pas été impossible aux Alliés de produire un important effet moral et peut-être d'obtenir des résultats considérables, au moyen d'une vigoureuse attaque exécutée à ce moment par l'armée d'observation débouchant de Priches sur Cartigny.

En même temps qu'ils attaquaient la division Desjardin, les Impériaux cherchaient à donner de l'inquiétude aux troupes françaises en amont de Maubeuge.

L'ennemi, qui ne s'était pas encore montré en face de la division du général Despeaux, sur la Sambre à gauche de Maubeuge, y paraît assez en force. Les bonnes dispositions de défense qu'il y trouve lui prouvent qu'il ne serait pas plus heureux sur cette ligne que sur les autres. Il en est pour ses frais ; néanmoins, comme il ne faut pas se laisser surprendre, le général Favereau ordonne une surveillance scrupuleuse (1).

En effet, le 4 floréal à minuit (nuit du 23 au 24 avril), Favereau recommande à Despeaux de « prendre toutes les mesures qu'il trouvera prudentes » en cas d'attaque. « Redouble tous tes postes, lui écrivait-il, et aie la plus grande surveillance. » Il lui annonçait sommairement le

---

(1) *Journal* du général Favereau.

résultat de la diversion de Kaunitz, ajoutant qu'à l'exception d'Hestrud, tous les postes enlevés par les Impériaux avaient été repris.

Offensive française contre le corps du général de Wurmb. — Tandis que le corps de Kaunitz exécutait une simple diversion et non une attaque susceptible de produire les plus grands résultats grâce au concours de l'armée d'observation, les Français s'étaient proposé, le même jour, de couper les communications du lieutenant général de Wurmb avec l'armée d'observation (1).

On a vu précédemment le rôle assigné au corps détaché sous les ordres de ce général. Il était composé de 4 compagnies, 2 bataillons et 3 escadrons autrichiens, et de 6 bataillons et 8 escadrons hessois. Sauf deux postes détachés à Escaudain et à Douchy, ces forces étaient réunies dans un camp entre Denain et Hellesmes. Le front de ce camp était couvert par cinq flèches et trois redoutes. Des avant-postes étaient établis sur la rive gauche de l'Escaut, à Fenain, Somain, Abscon, Rœulx, Lourches ; sur la rive droite, à Neuville, au moulin de Douchy, à Noyelles, à Haspres (2).

---

(1) Dans ses *Mémoires* (*Der Feldzug von 1794*, p. 200), l'archiduc Charles dit : « Le 23, les Français tentèrent une diversion par la rupture de la liaison ennemie avec Denain. 30,000 hommes s'avancèrent du camp de César sur la Selle, s'emparèrent des localités situées dans la vallée de ce cours d'eau et se seraient avancés encore plus loin si, le 24, un détachement envoyé de la position du Cateau ne les eût repoussés. »

(2) Voir *Œsterreichische militärische Zeitschrift*, (*op. cit.*, p. 112) : « Les Français avaient résolu de faire tous les efforts possibles pour secourir Landrecies..... A ce moment, l'ennemi avait rassemblé, dans le camp de César, 30,000 hommes, avec lesquels il voulait, avant d'exécuter la principale attaque contre les forces alliées devant Landrecies, séparer celles-ci du corps du général de Wurmb à Denain. » La répartition de ce corps est ainsi indiquée : quatre bataillons, sept escadrons dans le camp principal ; deux bataillons dans le camp de Douchy ; qua-

Toutes les troupes disponibles de Cambrai et de Bouchain concoururent à cette action offensive qui devait isoler le petit corps ainsi posté près de Denain. Elles furent renforcées par une colonne que le général Drut avait envoyée du camp de César, le 21 avril, et qui comprenait : 5,000 hommes d'infanterie, sous les ordres du général Proteau ; 1500 cavaliers et 4 pièces d'artillerie légère, sous les ordres du général Bonnaud. L'ensemble de ces forces atteignait 15,000 fantassins et 4,500 cavaliers (1). Elles passèrent l'Escaut, le 23 avril (4 floréal), en quatre colonnes : l'une se dirigea de Bouchain sur Douchy ; la seconde de Hordain sur Noyelles ; la troisième d'Iwuy sur Avesnes-le-Sec et Haspres ; la dernière de Cambrai sur Iwuy (2). Elles débouchèrent sur la hauteur de Douchy et chassèrent le poste détaché de Haspres sur Avesnes-le-Sec.

Le poste du moulin de Douchy était occupé par une compagnie de tirailleurs I. et R., deux compagnies de Kospoth, un demi-escadron de hussards I. et R., et un escadron de carabiniers ; il fut aussitôt renforcé d'une compagnie et d'un escadron ; mais le major Begany, qui commandait le poste d'Haspres (fort d'une compagnie de tirailleurs, un demi-escadron de hussards I. et R. et un escadron de carabiniers) fut bientôt forcé d'évacuer cette

---

torze compagnies et quatre escadrons dans les postes de Prouvy, Sommaing, Haspres, Noyelles, moulin à vent de Douchy, Neuville, Lourches, Rœulx, Abscon, Escaudain et Fenain. Dans les cinq flèches couvrant le camp étaient des détachements d'infanterie ; dans les trois redoutes, dix détachements de la réserve d'artillerie lourde.

« Le 19, l'ennemi avait reconnu le front de ce corps depuis Abscon jusqu'à Rœulx, avec beaucoup de cavalerie et six canons. Un brouillard épais lui facilita la prise de ces deux localités et d'une redoute à Rœulx ; mais il fut obligé d'abandonner aussitôt le terrain conquis. »

(1) *Journal* du général Bonnaud.
(2) *Rapport* du F. M. L. Otto sur l'affaire du 24 avril à Villers-en-Cauchies. (*K. u K. Kriegs Archiv.*)

localité, que sa situation au fond de la vallée de la Selle rendait difficile à défendre (1). Il ne fut d'ailleurs pas poursuivi et se retira sur la hauteur au Nord du village, d'où il put couvrir le flanc gauche des trois compagnies de Kospoth établies entre Douchy et Rouvegny. Les Français occupèrent encore Saulzoir, Montrecourt et Haussy, d'où ils firent « des excursions vers l'Écaillon »; ils traversèrent cette rivière près de Bermerain et lancèrent de petits détachements d'un côté vers le Quesnoy, de l'autre vers Valenciennes, lesquels réussirent à pénétrer jusqu'à Famars (2).

Ce mouvement offensif avait ainsi pour résultat d'intercepter la communication directe entre le Cateau et Denain; un nouveau progrès aurait forcé le détachement de Douchy à se retirer au Nord de l'Escaut. Mais au même moment, le général de Wurmb reçut des secours envoyés par les deux corps entre lesquels il était chargé d'établir la liaison.

Appréciant le danger que pouvait entraîner ce mouvement des Français sur Valenciennes, Clerfayt accourut du camp de Marquain à Denain avec neuf bataillons et treize escadrons (3). Il crut d'abord que les Français

---

(1) Voir Ditfurth (*Campagnes de 1793, 1794 et 1795 par les Hessois*, t. II, p. 61 à 63). *Relation* de Cobourg sur l'affaire du 24 avril 1794 et *Rapport* du lieutenant général de Wurmb sur les événements du 20 au 26 avril. (*K. u. K. Kriegs Archiv.*)

(2) *Mémoires* de d'Arnaudin.

(3) Le *Rapport* de Cobourg dit que Clerfayt était, le 23 avril, au camp de Marquain avec six escadrons de Latour, deux de Blankenstein, deux du 2º régiment de cavalerie hanovrienne, deux bataillons de Starray, deux de grenadiers hanovriens, deux compagnies de chasseurs de Leloup; il partit pour Denain.

Ditfurth (*op. cit.*, p. 63) dit que Clerfayt quitta le 23 le camp de Marquain devant Tournai avec neuf bataillons et treize escadrons. Voir encore le *Rapport* de Clerfayt daté de Denain (25 avril). (*K. u. K. Kriegs Archiv.*)

voulaient envelopper Denain en débouchant, par Haspres, sur Trith, Saint-Léger et Fontenelle ; il envoya donc successivement quatre bataillons et huit escadrons, sous les ordres du général hanovrien Maydel, pour renforcer la position de Douchy. Ayant ensuite reconnu que ce mouvement n'était pas à craindre, il rappela à Denain deux bataillons et quatre escadrons ; cependant un bataillon fut détaché la nuit à Douchy. En définitive, l'envoi de quelques troupes à Douchy, au Sud de l'Escaut, arrêta de ce côté l'offensive des Français ; et leur action « se borna dès lors à quelques canonnades et tirailleries (1) ».

D'autre part, dès qu'il apprit la nouvelle d'un combat près de Villers-en-Cauchies, le duc d'York envoya le F. M. L. von Otto dans cette direction pour reconnaître l'ennemi (2). Ayant constaté que les Français s'étaient postés dans les environs de Villers-en-Cauchies avec une force de cavalerie considérable, Otto en rendit compte au duc d'York et réclama de la cavalerie pour pouvoir attaquer. Le prince lui envoya alors une

---

(1) *Relation* de Cobourg. (*K. u. K. Kriegs Archiv.*)

(2) « Le F. M. L. Otto, découvrant un détachement de la cavalerie française signalée vers Douchy, le suivit par Villers-en-Cauchies, en le côtoyant, et prit position le soir à Saint-Python ». (Ditfurth, *Campagnes des Hessois, op. cit.*, p. 63).

Au début de son *Rapport* sur l'affaire du 24 avril à Villers-en-Cauchies, le F. M. L. Otto s'exprime ainsi : « Déjà, le 23 avril dans l'après-midi, lorsque je partis vers Saint-Hilaire avec mon aide de camp, le capitaine Mecsery, pour reconnaître le camp de César, je fus averti à mon arrivée que l'ennemi était avancé au delà de Villers-en-Cauchies avec une forte colonne et avait pris position devant cette localité. Quelques-uns de ses flanqueurs même avaient échangé des coups de feu avec nos hussards ; quelques tirailleurs ennemis avaient même été chargés et dix hussards ennemis avaient été pris. La reconnaissance pouvait d'autant moins s'effectuer qu'on remarquait une autre colonne ennemie s'avançant vers Avesnes-le-Sec..... »

division de cuirassiers de Zeschwitz, la brigade anglaise du général Mansel et deux escadrons de dragons légers anglais; mais ces renforts n'ayant pu arriver que tard, il fallut remettre l'attaque au lendemain. En attendant, cette cavalerie fut placée en soutien de deux escadrons de hussards Archiduc-Léopold et de deux escadrons légers de dragons anglais établis en avant-postes et observant l'ennemi vers Haussy, Saint-Aubert, Saint-Hilaire (1). Enfin Saint-Pithon et Romeries furent occupés par deux escadrons de chevau-légers que le G. M. Dundas y envoya (2).

---

(1) *Relation* de Cobourg *au sujet de l'attaque faite le 24 avril 1794 sur l'ennemi à Haspres*. D'après ce *Rapport* et celui du F. M. L. Otto, les forces envoyées par le duc d'York à cet officier général étaient : deux escadrons de cuirassiers Zeschwitz; la brigade du général Mansel, qui comprenait six escadrons de dragons lourds; enfin deux escadrons de dragons légers et non le 11e régiment de chevau-légers, ainsi que le dit la *Relation* de Cobourg « sur l'attaque faite par Kaunitz le 23 avril sur Solre-le-Château ».

(2) L'*Œsterreichische militärische Zeitschrift* relate ainsi les événements du 23 avril :

« Le 23, l'ennemi attaqua sur la Selle les postes de Douchy, Haspres, Saulzoir et Montrecourt. Il s'empara des trois derniers, qui n'étaient que faiblement occupés, rejeta les avant-postes au delà du cours d'eau et interrompit ainsi la communication la plus proche entre Denain et l'armée principale. Le même jour, le F. Z. M. Clerfayt arriva avec neuf bataillons et treize escadrons au secours de Denain et s'établit à Douchy; cependant il n'échangea que quelques coups de canon avec l'ennemi. Le duc d'York, aussitôt qu'il apprit les mouvements de l'ennemi, envoya le F. M. L. Otto avec quelques escadrons reconnaître l'ennemi et l'observer. Il trouva 15,000 Français établis en trois grands corps ou colonnes entre Villers-en-Cauchies et Avesnes-le-Sec. Il renforça aussitôt les avant-postes vers Haussy, Saint-Aubert et Saint-Hilaire avec douze escadrons (quatre légers, six escadrons lourds anglais, deux escadrons de cuirassiers impériaux) et appela du Cateau à lui, dans la nuit, avec le consentement du duc, la brigade de cavalerie lourde anglaise et le 11e régiment de chevau-légers anglais afin d'attaquer l'ennemi dès l'aube. »

De leur côté, les généraux français Chapuis, Proteau et Bonnaud, bien que disposant de 15,000 fantassins et de 4,500 cavaliers, et n'ayant devant eux que 4,000 cavaliers, crurent que la position était « très dangereuse » et n'osèrent pousser plus avant en raison des craintes que leur inspiraient les rassemblements ennemis qu'ils supposaient très nombreux sur leur gauche, à Denain et à Valenciennes, et sur leur droite à Solesmes.

Siège de Landrecies. — Au milieu des luttes qui se déroulaient à l'Ouest de Beaumont et à l'Est de Cambrai pour protéger ou rompre l'investissement de Landrecies, le gouverneur de cette place continuait à en organiser la défense.

Le 4, il envoya à chaque corps et détachement un règlement militaire ; il en fit donner connaissance aux citoyens en les invitant à ne point y contrevenir ; la plus grande régularité possible fut recommandée pour le service et l'exécution des ordres, la surveillance la plus active fut très strictement ordonnée.

Le général donna un ordre provisoire d'adjudant général chef de bataillon au citoyen Frémont, capitaine des grenadiers du 2ᵉ bataillon de l'Orne, dont les talents et la bravoure ne lui paraissaient point douteux ; il le fit reconnaître à l'ordre en cette qualité (1).

Le zèle des habitants ne se démentit pas ; ils apportèrent avec entrain leur concours aux divers travaux que nécessitait la défense :

On continuait les blindages en prenant, comme nous l'avons déjà dit, les bois des charpentes des habitants. Tous les papiers des administrations furent encaissés et mis en lieu de sûreté. Sur l'observation faite aux corps constitués qu'il man-

---

(1) *Rapport* du général Roulland.

quait des papiers et mitraille à l'artillerie et sur l'invitation faite aux habitants, ceux-ci portèrent à l'arsenal tous les papiers dont ils pouvaient disposer, les fers, plombs et étains qui étaient en leur pouvoir pour en charger les canons et les envoyer aux satellites des tyrans; la commune même, qui avait un baril de gros sols à se partager, les a offerts pour le même usage (1).

Du côté de l'ennemi, dans la nuit du 23 au 24 avril, on ne disposa que de 2,250 travailleurs, au lieu de 3,000 qui avaient été demandés. Le déficit qui se produisit ainsi résulta d'un détachement fait par l'armée de siège à l'armée principale. La moitié des travailleurs fut employée à élargir et à perfectionner la première parallèle; l'autre à continuer le retour en arrière de la communication principale de droite, et à construire les batteries à démonter n°s 3, 6, 8, chacune de huit canons de 24, et n° 11 de quatre canons de 18; puis les batteries n° 5 de six mortiers de 60 livres, n° 7 de six mortiers de 30 livres et n° 9 de six mortiers de 60 livres.

Les documents autrichiens disent qu'un détachement de 20 tirailleurs de Varasdin se glissa jusqu'aux maisons situées sur la rive Sud de la Sambre, dont les occupants inquiétaient beaucoup par leur tir l'aile gauche des tranchées de siège. Le piquet français qui y était établi en fut délogé, et les maisons incendiées. A l'arrivée du soutien envoyé par la place, les tirailleurs de Varasdin se retirèrent sans pertes. Le *Journal* de Roulland et le *Mémoire* de la municipalité sont muets sur cette petite affaire.

---

(1) *Mémoire historique des événements qui ont précédé, accompagné et suivi le siège de Landrecies par les tyrans coalisés*, par la municipalité de Landrecies. (*Arch. nat.* A D. XVIII^c—304.) Le texte conservé aux *Archives nationales* présente quelques légères différences avec celui qui a été publié par Foucart et Finot.

Journées des 24 et 25 avril.

Intervention du F. M. L. Otto et du F. Z. M. Clerfayt; Combats de Villers-en-Cauchies et d'Haspres. — Les craintes préconçues qu'inspiraient aux généraux Chapuis, Bonnaud et Proteau les camps de Solesmes et de Denain leur avaient donné dès le 23 avril l'infériorité morale et fait manquer le bénéfice de la surprise ; le peu de solidité de leur infanterie devait, le lendemain, consommer leur défaite.

Comme il fallait s'y attendre, à la suite de l'occupation de la Selle par les Français et de l'intervention tardive de Clerfayt et d'Otto, le combat interrompu par la nuit recommença le 24 avril au matin.

Sur le rapport des patrouilles, que les Français occupaient les mêmes positions que la veille à l'exception d'Haussy (1) et que déjà leurs colonnes se portaient en avant, le F. M. L. Otto prit aussitôt la résolution de les attaquer. A cet effet, il répartit ainsi ses troupes ; une avant-garde composée de deux escadrons de hussards Archiduc-Léopold et de deux escadrons du 15ᵉ dragons légers anglais, sous les ordres du colonel Szentkereszti, et guidée par le capitaine Mecsery, aide de camp d'Otto, qui connaissait parfaitement le terrain non seulement par la reconnaissance faite la veille mais encore par toutes celles qu'il y avait déjà exécutées et par les nombreuses affaires auxquelles il avait pris part ; en soutien de cette avant-garde, venaient, sous le commandement

---

(1) Les *Rapports* autrichiens disent que Haussy était occupé le 23. D'autre part, le 24, Otto dira que ses troupes s'avancent par la vallée de la Selle sur Montrecourt. Il faut donc en conclure que Haussy n'était plus occupé le 24.

du général anglais Mansel, six escadrons (dont deux de cavalerie des gardes bleus ; deux du 1er et deux du 3e régiment de dragons-gardes) ; enfin la division de cuirassiers de Zeschwitz et deux escadrons de dragons légers anglais étaient en réserve.

A 7 heures du matin, l'avant-garde se dirigea de Saint-Pithon par la vallée de la Selle sur Montrecourt afin de tourner la droite ennemie. Le capitaine Mecsery, qui la guidait, aperçut dans les broussailles 300 chasseurs français et 400 à 500 hussards de l'ex-régiment Esterhazy (1). Il arrêta alors l'avant-garde, et, étant monté sur une colline, il aperçut, plus en arrière, le gros de la cavalerie ennemie dissimulé également dans les broussailles. Laissant alors devant elle un rideau d'éclaireurs, il s'éleva sur sa droite avec l'avant-garde que son soutien suivait à 600 pas. Ce mouvement força la cavalerie française à monter sur le plateau et à venir se former face à l'avant-garde et à 400 pas d'elle. Les deux adversaires restèrent un moment à cette distance en s'observant, puis la cavalerie française se retira peu à peu en bon ordre et vint se former près et à l'Est des six bataillons d'infanterie rassemblés entre Villers-en-Cauchies et Avesnes-le-Sec. L'avant-garde des alliés entreprit alors de charger la cavalerie française sur son flanc gauche ; elle se mit en mouvement, mais, quand elle fut arrivée à 60 pas, les escadrons français firent demi-tour et entraînèrent dans leur fuite ceux qui se trouvaient derrière les six bataillons. Se voyant ainsi découverte, cette infanterie forma le carré et fit une décharge générale sur l'avant-garde ennemie. Après un moment d'hésitation, celle-ci fut enlevée par d'énergiques paroles du colonel Szentkereszti et du capitaine Mecsery ; elle chargea le carré oblong formé par les six bataillons fran-

---

(1) 3e régiment de hussards.

çais, parvint à le rompre et s'empara de quatre canons (1). Une partie de l'infanterie prit la fuite; le reste continua le feu. Il y eut quelques instants de confusion générale dont l'avant-garde ennemie profita pour exécuter une nouvelle charge, malgré la violente canonnade que dirigèrent contre elle deux colonnes (dont il sera parlé plus loin) qui flanquaient à droite et à gauche les six bataillons attaqués. Cette dernière charge réussit à rompre les fractions encore intactes, et l'infanterie française se retira sur le camp de César poursuivie pendant 800 pas par la cavalerie (2). Il était environ 9 heures du matin.

Le général Bonnaud fait ressortir les circonstances qui facilitèrent le succès de l'ennemi (3) :

..... Il nous attaqua sur tous les points et jeta beaucoup de cavalerie sur notre droite qui, appuyée sur rien, fut d'abord forcée. L'infanterie mise en déroute, la cavalerie et surtout les carabiniers, le 13e de dragons, le 5e et le 6e de hussards firent bien leur devoir et réparèrent le peu d'énergie que nous montra l'infanterie. Nous fûmes obligés de revenir prendre la position de César, notre perte ne fut que de 100 hommes environ, l'ennemi en perdit davantage ; le 13e de dragons prit à lui seul 80 chevaux et presque autant d'hommes à un régiment de dragons légers anglais.

On aurait de la peine à croire à quel point était porté le découragement de certains bataillons, si on n'était informé que c'étaient presque les mêmes corps qui, à l'affaire du 12, commandés par le général Declaye avaient été si maltraités dans les mêmes plaines (4).

---

(1) Une de ces pièces ne put être emmenée faute d'attelages.
(2) Les incidents de ce combat sont exposés d'après les *Relations* de Cobourg et d'Otto. (*K. u. K. Kriegs Archiv.*)
(3) *Journal de la 5e division*, par le général Bonnaud.
(4) Il s'agit d'une désastreuse tentative faite le 12 septembre 1793 par le général Declaye, commandant la place de Cambrai, contre l'ennemi posté entre Bouchain et Valenciennes. La colonne française

Ce succès avait été obtenu par les seuls escadrons de l'avant-garde anglo-autrichienne, et le général Otto en attribuera l'honneur au capitaine Mecsery. Il fait remarquer que, s'ils eussent été soutenus dans leur charge, « la destruction entière de l'ennemi en aurait dû être la suite ; mais, par suite de quelque méprise la brigade du général Mansel n'arriva pas à temps (1) ».

Dans le mouvement offensif des Français, deux colonnes de 5,000 hommes chacune servaient de flanc-gardes de droite et de gauche au corps principal dirigé sur Villers-

---

avait été surprise entre Avesnes-le-Sec et Iwuy par une nombreuse cavalerie et mise en déroute. (Voir la *Défense nationale dans le Nord*, par Foucart et Finot, *op. cit.*, t. I, p. 653 à 656.)

(1) Voir lettre du duc d'York à Dundas (25 avril 1794).

L'*Œsterreichische militärische Zeitschrift* (*op. cit.*, p. 114) relate ainsi l'affaire du 24 avril :

« Le F. M. L. Otto partagea sa cavalerie en une avant-garde de quatre escadrons, un soutien de six escadrons et une réserve de quatre escadrons. A 7 heures du matin, l'avant-garde (deux escadrons de hussards Archiduc-Léopold et deux escadrons du 15e régiment de dragons anglais) s'avança dans la vallée de Montrecourt. Cette avant-garde était commandée par le colonel Szentkereszti. L'adjudant du F. M. L. Otto, le capitaine de cavalerie Mecsery, qui, la veille, avait reconnu l'ennemi et les environs, reçut la mission de conduire cette avant-garde. Un régiment de cavalerie ennemi, les hussards d'Esterhazy, de 700 chevaux, dès qu'il aperçut l'avant-garde, se replia sur l'infanterie forte de six bataillons, rassemblée à Villers-en-Cauchies, et se tint devant elle. Le colonel Szentkereszti et le capitaine Mecsery s'élancèrent avec l'avant-garde sur la cavalerie ennemie de beaucoup supérieure. Celle-ci prit la fuite quand la charge arriva à 60 pas, et entraîna avec elle un autre détachement de cavalerie qui se tenait derrière l'infanterie. L'infanterie française avait formé un carré oblong et reçut notre cavalerie par une décharge générale ; malgré cela, nos braves cavaliers avancèrent sur l'ennemi. Une partie de l'infanterie s'enfuit, l'autre fit encore feu ; un désordre général s'ensuivit et cette colonne ennemie fut en grande partie détruite. 900 Français restèrent morts, et 400 blessés, sur le champ de bataille ; il n'y eut que dix hommes sans blessures faits prisonniers ; on enleva cinq canons. La cavalerie alliée compta 95 tués, blessés ou disparus. »

en-Cauchies. Devant la déroute de ce dernier, elles s'empressent de se retirer sur Cambrai en se couvrant par une nombreuse cavalerie (1).

Après son succès, l'avant-garde d'Otto se retira sur Saint-Aubert pour s'y reformer; mais la cavalerie française s'étant de nouveau avancée, les Autrichiens lui opposèrent des troupes de renfort comprenant trois escadrons (un Archiduc-Ferdinand hussards et deux Karaczay) et deux pièces d'artillerie à cheval. Ces forces canonnèrent la cavalerie française, la menacèrent de flanc, et la forcèrent ainsi à se retirer définitivement.

Tandis qu'Otto rétablissait la communication du duc d'York avec Denain, Clerfayt en faisait de même pour celle de cette place avec Valenciennes. On a vu qu'accouru le 23 à Denain avec 9 bataillons et 13 escadrons, il en avait détaché 3 bataillons et 4 escadrons à Douchy, sous le commandement du général hanovrien Maydel. Le 24 au matin, les Français, qui s'étaient avancés la veille vers Douchy et Noyelles, en venant de Bouchain et de Hordain, repoussèrent le bataillon de fusiliers hessois de Lourches et s'avancèrent en même temps contre le poste fortifié du moulin de Douchy. Clerfayt fit aussitôt renforcer le général Maydel par 2 bataillons et 6 escadrons (2) qui passèrent l'Escaut; en sorte que l'ensemble des troupes rassemblées en ce point sous les ordres du général Maydel s'éleva à 7 bataillons, 2 compagnies et 13 escadrons; laissant une partie de ces

---

(1 L'*Œsterreichische militärische Zeitschrift* note :

« Deux colonnes ennemies, chacune de 5,000 hommes, qui s'étaient avancées à droite, accélérèrent leur retraite sur Cambrai, que leur nombreuse cavalerie protégea efficacement. »

(2) Le régiment de Latour, un escadron de hussards, Archiduc-Ferdinand, le 3ᵉ bataillon de grenadiers hessois, un bataillon de Starray. (*Rapport* du général de Wurmb sur les événements du 20 au 26. K. u. K. *Kriegs Archiv*.)

forces à Douchy, il marcha avec le reste (1) sur Haspres (2) pour favoriser l'attaque du général Otto par cette diversion. Au même moment, celui-ci détachait vers Haspres les 6 escadrons de la brigade Mansel (3). Ce double mouvement menaçait de couper la retraite sur Bouchain des Français qui s'étaient avancés jusqu'à Douchy et Lourches. Ils se hâtèrent donc de se replier. Mais un incident vint bientôt transformer en déroute le mouvement de la colonne :

Déjà même, dit Pichegru, elle était presque sous le canon de cette place (*Bouchain*) dans le meilleur ordre possible, lorsque des charretiers d'artillerie, lâches ou malveillants, sont venus se jeter au milieu d'elle, en galopant, en jetant des cris de frayeur, ce qui l'a entièrement débandée. Je viens de donner des ordres pour que ces charretiers soient recherchés et punis sous 24 heures. Déjà un sous-lieutenant du 1er bataillon de la 71e demi-brigade a été condamné et mis à mort le 4, pour avoir jeté l'épouvante dans les rangs en criant : *Sauve qui peut!* (4). Comme ces exemples sont nécessaires pour contenir ceux qui voudraient imiter leur lâcheté, les jugements seront imprimés et distribués (5).

---

(1) Les troupes précédentes, plus les chasseurs de Leloup, les tirailleurs placés vers Haspres, le 4e bataillon des grenadiers hanovriens, de l'artillerie anglaise et hanovrienne. (*Rapport* du général de Wurmb.)

(2) Difurth, *op. cit.*, t. II, p. 64.

(3) *Rapport* du F. M. L. Otto sur l'affaire du 24. (*K. u. K. Kriegs Archiv.*)

(4) « Dans l'affaire du 28 (germinal), à l'armée du Nord, la 72e demi-brigade fut attaquée par onze bataillons ennemis et une nombreuse cavalerie. Un officier eut la lâcheté de crier : *Sauve qui peut!* Un caporal sort du rang, lui arrache ses épaulettes et l'arrête. Pas un volontaire ne quitta le rang et la retraite se fit dans le meilleur ordre. Cet officier a été fusillé à la tête du camp..... » (Compte rendu fait par le représentant Goupilleau à la Convention, séance du 13 floréal. *Moniteur* du 14 floréal, p. 909.)

(5) Pichegru au Comité de Salut public. (Lille, 6 floréal, 25 avril.) Dans cette lettre écrite d'après un *Rapport* de Chapuis, Pichegru

Maître du village d'Haspres, Clerfayt franchit la Selle avec 2 bataillons et 8 escadrons, fit attaquer l'arrière-garde française par le régiment de Latour et la poursuivit, de concert avec Otto, jusqu'à Iwuy, c'est-à-dire jusqu'aux bords mêmes de l'Escaut(1). Ensuite Clerfayt, trouvant les postes de Villers-en-Cauchies et d'Avesnes-le-Sec trop exposés, ramena ses troupes en deçà de la Selle après y avoir occupé le poste d'Haspres. Quant au F. M. L. Otto, il dut laisser un poste à Saulzoir, puis replia le soir même ses troupes sur Fontaine-au-Tertre, et le lendemain sur le camp du Cateau à Troisvilles (2).

---

exagère la vigueur de résistance des troupes françaises. Il dit qu'elles ont « fait éprouver de grandes pertes à l'ennemi »; que le 2ᵉ régiment de carabiniers « a taillé en pièces le régiment de Latour »; qu'un seul escadron du 6ᵉ hussards a « sabré 200 hussards hongrois », et qu'on a fait une soixantaine de prisonniers.

Extrait de cette lettre fut publié dans le nᵒ 218 du *Moniteur* (8 floréal, 27 avril, p. 886).

D'après Foucart et Finot (*op. cit.*, t. II, p. 354), Pichegru fit fusiller à Cambrai les charretiers coupables d'avoir semé la panique.

(1) Voir le *Rapport* de Clerfayt, daté du camp de Denain (25 avril). D'après ce document, les deux bataillons et huit escadrons avec lesquels Clerfayt passa la Selle pour poursuivre les Français sont : le 4ᵉ bataillon de Hanovriens, un bataillon Starray, le régiment de Latour à six escadrons et une division de Blankenstein.

Au sujet de l'abandon des postes d'Avesnes-le-Sec et de Villers-en-Cauchies, il dit : « Comme les postes de Villers-en-Cauchies et d'Avesnes-le-Sec sont au delà de la Selle et trop exposés, mon avis serait de faire occuper convenablement Haspres et Saulzoir avec de l'infanterie légère et quelque cavalerie. Haspres est déjà occupé par nous. Le F. M. L. Otto pourrait occuper Saulzoir et la communication serait ainsi assurée. »

Voir aussi le *Rapport* du F. M. L. Otto. (*K. u. K. Kriegs Archiv.*)

(2) « Une autre colonne, qui s'était avancée sur Douchy et Noyelles, se retira de même lorsqu'elle aperçut les six escadrons que le général Otto avait envoyés vers Haspres après le combat.

« Le F. Z. M. Clerfayt s'avança de même, enleva Haspres, porta cinq bataillons et huit escadrons au delà de la Selle et poursuivit

Le même jour, le prince d'Orange s'était avancé avec sa cavalerie et une division du régiment de Karaczay de la position de Catillon vers les hauteurs de Forest, prêt à seconder le F. M. L. Otto. Après la décision de cette affaire, il poussa ses avant-postes jusqu'à Solesmes (1).

Le plan de Pichegru. — En résumé, dans cette rencontre, comme dans les précédentes, les troupes ne tenaient pas, « manquant d'énergie » et « découragées ». Cependant, malgré ces défaillances, qui causeront encore, le 26 avril, le désastre de Troisvilles ; malgré l'indiscipline des charretiers d'artillerie, qui au moment critique coupent les traits des chevaux et abandonnent leurs pièces (2), Pichegru, fidèle à la devise de l'offensive qui était à l'ordre du jour, avait décidé de recommencer le 26 l'attaque vainement tentée dès le 21 pour débloquer Landrecies. Mais il allait, cette fois, la reprendre sur une plus vaste échelle en la combinant avec une attaque par les Flandres et une autre par la vallée de la Sambre à l'Est de Maubeuge ; il allait ainsi fixer l'ennemi de front sous Landrecies et chercher à l'envelopper par les deux ailes.

On se rappelle qu'il s'était définitivement arrêté, dès le 31 mars, à cette idée que Colaud lui avait suggérée la première fois. Si l'on peut lui reprocher ses hésitations du début et faire des réserves sur sa valeur comme chef d'armée, on doit lui accorder la ténacité et le sang-froid, qui semblent être ses qualités dominantes. On ne peut, en effet, surprendre dans sa correspondance la

---

l'ennemi jusqu'à Iwuy. La liaison entre Denain et l'armée fut dès lors rétablie et le F. M. L. Otto put, dans la soirée, ramener ses troupes à Troisvilles. » (*Œsterreichische militärische Zeitschrift, op. cit.*, p. 115.)

(1) Le prince d'Orange à Cobourg, quartier général de Bousies, 25 avril 1794.

(2) Le fait se reproduira de nouveau à Troisvilles.

moindre trace d'émotion ou de découragement. En dépit des échecs subis le 29 mars, les 17, 21 et 24 avril, il va poursuivre avec une indomptable opiniâtreté le plan qu'il s'est tracé et qu'il expose d'ailleurs avec beaucoup de netteté le 5 floréal (24 avril) au général Ferrand :

J'envoie, mon cher Général, un renfort de 10,000 hommes au général Chapuis, de sorte que l'ennemi va avoir 30,000 hommes sur ses derrières, tandis que l'armée des Ardennes, opérant sa jonction avec la division de Desjardin, le prendra en flanc avec une armée de la même force Quant à toi, je crois qu'il est à propos que tu agisses sur son front avec les divisions de Goguet, de Balland et Fromentin qui font une armée de près de 45,000 hommes ; de sorte que l'ennemi se trouvera cerné de tout côté par 100,000 hommes. Tu penses comme moi qu'en divisant toutes les forces que tu commandes en plus de trois parts, ce serait s'affaiblir sur tous les points d'une manière dangereuse. Il est important d'opposer à l'ennemi de grandes masses, et il est bien difficile qu'avec ton courage, les mesures que je propose et la puissante diversion que je vais opérer, il ne se repente de la pointe hardie qu'il a osé faire. Te donner des secours autrement que par des diversions, ce serait augmenter la difficulté des mouvements et principalement celle des subsistances qui paraît être le plus grand objet de l'ennemi. Au reste, il est impossible qu'il soit en mesure avec toi. Rassure donc l'armée. Communique-lui ton ardeur et sois persuadé que je ne tarderais pas à l'aller rejoindre si je croyais qu'une mission aussi importante pût être confiée à quelqu'un plus en état de la remplir que toi.

P.-S. — Je crois indispensable, mon cher Général, d'exécuter le mouvement sur Courtrai, tant pour la diversion que pour nous procurer des ressources qui nous manquent. Tâche donc de tirer parti des forces que tu as. Agis dès après-demain, s'il est possible ; au moment où nous marcherons, que Chapuis presse l'ennemi sur Solesmes et le Cateau, et que les attaques soient si soutenues, si renouvelées, qu'il n'ait pas le temps de respirer.

Sa principale force est en cavalerie ; en la harcelant sans cesse, on la réduit à l'impossibilité de servir. Courage, mon cher Camarade, et de l'ensemble. Le citoyen Abbatucci, porteur de ma lettre, te donnera verbalement les renseignements qui ne sont pas détaillés ici (1).

Ces instructions, qui dénotent une résolution si fermement arrêtée, peuvent cependant donner lieu à quelques observations. Tout d'abord, il est impossible d'admettre qu'un mouvement stratégique puisse se motiver par la nécessité de se « procurer des ressources ». Quant à l'idée fondamentale du plan d'opérations ainsi exposé, nous voyons que Pichegru veut fixer l'ennemi devant Landrecies et Avesnes pour le manœuvrer par la vallée de la Lys. Mais, tandis qu'on cherche généralement à fixer l'ennemi avec le minimum de forces possible pour en consacrer le maximum à la manœuvre décisive, dans le cas actuel la proportion est renversée.

---

(1) Lettre datée de Lille, le 5 floréal (24 avril). Elle existe aux *Archives de la guerre*, transcrite sur le registre de Favereau, d'après une copie conforme certifiée par l'adjudant général Barbou.

La pensée de Pichegru est encore nettement formulée dans la lettre du 6 floréal (25 avril) au Comité de Salut public, dont le début a été reproduit précédemment (p. 381). Après avoir dit que la communication d'Avesnes et Maubeuge reste libre, mais que Landrecies est investi, Pichegru ajoute : « Le camp retranché de cette place a été forcé, ce qui nécessite qu'on lui porte de prompts secours ; je viens d'écrire au général Ferrand d'attaquer vigoureusement l'ennemi sur tous les points, pendant que j'opérerai ici la diversion. La gauche a commencé son mouvement aujourd'hui ; et demain les 50,000 hommes seront tous en marche sur Courtrai. J'espère que cela produira un bon effet.

« Il serait bien nécessaire d'augmenter un peu les forces de l'armée des Ardennes qui jusqu'ici ne m'a été d'aucun secours, malgré les seize bataillons que je lui ai envoyés et qui m'eussent été bien nécessaires dans ce moment-ci. J'ai donné ordre au général Charbonnié de rassembler ses forces sur la gauche de Vedette-Républicaine (Philippeville) pour se porter sur Beaumont et tâcher de faire jonction avec les divisions de Maubeuge ; si cette jonction s'opère et que Landrecies soit débarrassé, je me trouverai à même de porter des forces sur Mons et d'intercepter les communications de l'ennemi. »

Pichegru fera agir sur la Sambre les 100,000 hommes des divisions Chapuis, Goguet, Balland, Fromentin, Desjardin et de l'armée de Charbonnié ; au contraire, la diversion sur Courtrai ne sera faite le 25 avril qu'à l'aide de la division Souham et d'une partie de la division Michaud, soit 30,000 hommes environ (1).

Cette diversion par les Flandres était-elle bien justifiée ? Elle était, il est vrai, imitée de la manœuvre du maréchal de Saxe et de la pointe de Luckner en 1792. Mais les circonstances n'étaient pas les mêmes. Le Maréchal avait pris cette position pour couvrir les sièges des places fortes de la Flandre, puis en vue de maintenir l'ennemi dans les Pays-Bas pendant que Louis XV porterait le gros de ses forces sur le Rhin. L'entreprise de Luckner avait abouti à une prompte retraite, imputable autant à son hésitation qu'à la position aventurée de son armée exposée à voir couper ses communications. Si ce même danger, qui se reproduisit en 1794, put être évité, si toute l'aile gauche de l'armée du Nord put échapper à une destruction totale par enveloppement, ce fut grâce à l'activité de Souham, à l'abnégation de Moreau et au coup de vigueur de Bonnaud sur Tourcoing ; mais la solution stratégique de Pichegru n'en est pas moins condamnée par le « plan de destruction » qu'elle suggéra aux ennemis, et que fit seul échouer l'heureux hasard de l'indiscrétion commise la veille par un émigré prisonnier.

C'est autrement que doit être conçue la solution du problème. Certes Pichegru avait raison d'écrire à Ferrand que l'ennemi avait fait « une pointe hardie » ;

---

(1) La répartition des forces devait être basée, d'ailleurs, sur la connaissance approximative des effectifs ennemis. Pichegru possédait sans doute, à ce sujet, des renseignements. Mais ses instructions à Ferrand ne disent rien sur cet important objet.

la discussion du plan de campagne a mis en évidence les défauts de l'opération de Landrecies. Pichegru avait encore raison de vouloir faire « une puissante diversion ». Mais ce n'était pas sur Menin et Courtrai qu'elle devait être dirigée, car elle frappait dans le vide, ou se heurtait au corps d'observation de Clerfayt. Il fallait frapper sur le gros des forces ennemies, préalablement fixé, en ayant soin de conserver une liaison suffisante avec le corps destiné à maintenir l'ennemi. Étant donné, au surplus, que l'on fixait le duc d'York au Cateau par une avant-garde venant de Cambrai, il fallait déboucher immédiatement au Nord de cette place avec la masse de manœuvre, afin de menacer au plus près la ligne de communications du corps de siège qui passait par le Quesnoy et Valenciennes. Cette menace ne pouvait s'exécuter au Sud du Quesnoy sans se heurter à la forêt de Mormal. Il fallait donc que la masse aboutît entre le Quesnoy et Valenciennes, assez puissante pour masquer ces deux places et pour culbuter toutes les troupes de campagne qui s'opposeraient à cette opération. Le corps de siège était déjà fixé par la place de Landrecies et celui du duc d'York l'était par l'attaque débouchant de Cambrai ; il n'y avait donc à craindre que les forces peu importantes du général de Wurmb et celles de Clerfayt qui viendraient à son secours. En attaquant les premières à Denain avec un effectif suffisant pour les vaincre ainsi que celles de Clerfayt, on résolvait le problème et l'on renouvelait la manœuvre victorieuse du maréchal de Villars à Denain. En cas d'insuccès, la retraite ne risquait pas d'être compromise ; elle s'effectuait derrière l'Escaut entre Cambrai et Bouchain, ainsi qu'elle l'avait été après l'attaque malheureuse des 23 et 24 avril.

Les instructions et le projet d'attaque de Ferrand. — En même temps qu'il adressait à Ferrand la lettre qui vient d'être discutée, Pichegru répondait à Favereau qui, sur la nouvelle du succès remporté le 21 par la colonne Duvignot et la brigade de Duhesme, lui avait annoncé que la communication d'Avesnes était ouverte. Quand cette lettre de Favereau était arrivée à Lille, l'ennemi avait occupé de nouveau la forêt du Nouvion, et Pichegru semblait l'ignorer. Il profitait toutefois de sa réponse pour appeler l'attention de Favereau sur la nécessité de secourir Landrecies par une offensive combinée de Ferrand et de Charbonnié; Favereau avait bien senti l'importance d'une intervention de l'armée des Ardennes à Beaumont (1) mais uniquement au point de vue de la défense de Maubeuge et non comme un moyen de diversion combinée pour concourir à une attaque générale et à la délivrance de Landrecies. Cette nécessité de faire converger tous les efforts est nettement affirmée dans les instructions que Ferrand adressa à Favereau, le 5 floréal (24 avril), en conformité du plan de Pichegru (2) :

J'attaque l'ennemi sur tous les points le 7 au matin, mon cher Général. Tu disposeras, en conséquence, les forces disponibles pour opérer une forte diversion sur Coursolre, Solre-le-Château et autres points que tu jugeras nécessaires dans cette partie. L'armée des Ardennes se portera le même jour sur Beaumont. Cette réunion doit nous donner un avantage considérable sur l'ennemi, l'obliger à abandonner les

---

(1) Voir *Journée du 23 avril*.
(2) Lettre datée de Réunion (*Guise*). D'après l'avant-dernier alinéa, on voit que Ferrand l'a écrite après 7 heures du soir; mais il n'avait pas reçu la lettre de Pichegru envoyée le matin, de Lille, puisque le lendemain il dit qu'il *vient* de la recevoir, et en transmet copie à Favereau et à Fromentin. On peut en conclure soit que Ferrand avait reçu de Pichegru des premières instructions, qui n'ont pas été conservées, soit qu'il agissait en vertu d'un plan arrêté avant son départ de Lille pour Guise. (Voir p. 298 et 351.)

postes qu'il occupe et rétablir la communication avec Philippeville.

La division de Bachant (1) se tiendra sous les armes et fera filer de différents points un corps de 2,000 hommes sur Maroilles pour renforcer la division du général Montaigu, la soutenir en cas de besoin et pousser sur Landrecies si nous réussissons.

Fais toutes les dispositions sur-le-champ ; et, qu'à la pointe du jour, le 7, les troupes de la partie de Bachant soient à Maroilles, et l'ennemi attaqué du côté de Beaumont.

Le général en chef fait son mouvement dans la nuit du 6 au 7 ; il veut qu'on attaque partout en même temps.

Envoie-moi quelques courriers pendant l'action pour m'instruire de ce qui se passera. Ils pourront se diriger sur le Nouvion, où on leur indiquera le point où je serai.

Je reçois ta lettre du 4 de ce mois à 7 heures du soir. Rien ne change mes dispositions, excepté que je t'engage à porter le plus de forces possible sur la partie de Maroilles. C'est l'endroit où nous communiquerons le plus facilement avec Landrecies. Ainsi, il faut que tu y fasses passer au moins 4,000 à 5,000 hommes. Communique-moi les dispositions que tu prendras, ainsi qu'à Fromentin.

Je t'envoie copie (2) de la lettre écrite au général en chef de l'armée des Ardennes.

On voit que Ferrand ne songe pas à l'avantage que pouvait assurer le débouché de Maubeuge pour marcher sur Bavai en contournant la forêt de Mormal et menacer ainsi la ligne de communications de l'ennemi attaqué.

---

(1) Division Despeaux.
(2) Ferrand annonce que l'armée du Nord attaquera sur tous les points, dans la nuit du 6 au 7 : « En conséquence, il devient essentiel que tu secondes nos mouvements. Le général Favereau doit recevoir l'ordre d'opérer une diversion sur Coursolre ; je t'engage à en opérer une sur Beaumont en attaquant ce poste..... Le général en chef Pichegru doit se diriger sur Courtrai à la même époque..... il compte que tu opéreras une puissante diversion. » (Réunion, 5 floréal—24 avril.)

C'est par Maroilles qu'il entend exercer, vers Landrecies, l'effort direct des troupes qui dépendent de Maubeuge. Dans ce but il prescrit d'envoyer à Montaigu au moins 4,000 à 5,000 hommes de renforts : c'est autant de perdu pour la jonction sur Beaumont. Le lendemain, en adressant à Fromentin copie de l'instruction de Pichegru, Ferrand insiste encore sur l'importance de l'attaque sur Maroilles, d'où « dépend le succès de l'entreprise » ; il lui recommande de porter 10,000 hommes sur ce point, si la chose est possible. Toujours circonspect, Fromentin répondait qu'il ferait pour le mieux, mais réclamait l'envoi de renforts importants pour agir sur Maroilles, par crainte que l'ennemi ne fasse une trouée sur ce point ou au Grand et au Petit-Fayt. Il disait que les Impériaux avaient construit des « redoutes formidables » sur les hauteurs de Priches et de Favril. Il signalait les difficultés d'une attaque, à laquelle ne pouvait concourir la brigade Duhesme (destinée à marcher sur Baurepaire) et que les brigades Soland et Montaigu étaient trop faibles pour mener à bonne fin.

Dans son désir de renforcer ce point de Maroilles qu'il jugeait si important, Ferrand s'empressait de communiquer à Favereau la lettre de Fromentin, en lui réitérant de ne pas hésiter à porter des forces suffisantes sur la Petite-Helpe. Il lui renouvela même, dans la journée, en les accentuant, ses premières recommandations :

> Je te réitère les ordres que je t'ai donnés de la conduite des forces qui doivent agir sur Maroilles, dont dépend le succès de l'entreprise. Ainsi, je compte que tu déployeras tes forces et que tu agiras avec toute la vigueur possible. Je ne te dissimule pas que je fonde tout mon espoir sur l'activité que doivent mettre les troupes que tu dirigeras sur Maroilles. Ne redoute pas de dégarnir ton camp retranché, ainsi que ta place. Ce n'est jamais dans une action générale que tu dois craindre le passage de la Sambre. Tu ne m'as pas marqué le nombre de troupes que je pouvais disposer. Je t'avais demandé

10,000 hommes. Par ton état de situation, ta force est de 34,000 hommes. Dans le temps où j'ai commandé ces divisions, elles étaient bien moins considérables, et l'ennemi n'a pas augmenté en forces.

Je compte sur toi. C'est t'en dire assez.

On peut donc reprocher à Ferrand de n'avoir pas vu qu'il suffisait aux brigades Montaigu, Soland et Duhesme de faire des attaques démonstratives à Maroilles, Grand et Petit-Fayt et Cartigny pour fixer l'ennemi, pendant que l'effort principal de Favereau se porterait sur Beaumont. On n'avait pas à craindre que les Impériaux entreprissent de franchir l'Helpe : ils se borneraient à repousser les attaques et à maintenir leurs positions couvrant le siège de Landrecies.

Ainsi que l'indique l'instruction adressée le 24 avril à Favereau, Ferrand avait fait connaître à Charbonnié les dispositions prises ; il insistait sur l'appui que l'armée des Ardennes pouvait fournir, grâce à une puissante diversion sur Beaumont (1).

Il resterait à exposer ici les instructions données par Ferrand à Chapuis qui, d'après le plan de Pichegru, devait porter « 30,000 hommes sur les derrières » de l'ennemi et « le presser sur Solesmes et le Cateau ». Mais ce document n'a pas été conservé. On en retrouve seulement trace dans le *Projet d'attaque*, ci-dessous reproduit, que Ferrand adresse à Favereau le 6 floréal (25 avril) (2) :

Projet d'attaque.

Le général Montaigu se montrera sur les hauteurs de Maroilles pour inquiéter l'ennemi et faire connaître à la garnison de Landrecies qu'on vient à son secours.

---

(1) Voir p. 389.
(2) Il accompagne la première lettre adressée par Ferrand à Favereau à la date du 6 floréal (de Réunion-sur-Oise).

Division de Fromentin. — La brigade du général Soland, placée au Grand-Fayt et au Petit-Fayt, se portera sur Favril et attaquera avec beaucoup de prudence en observant d'avoir au moins un tiers de ses troupes en seconde ligne, soit pour renforcer les points où nous serions dans le cas de faiblir, soit pour assurer la retraite sur les mêmes positions en cas de non-réussite. La deuxième brigade de Fromentin, aux ordres du général Duhesme, attaquera, s'il y a lieu, la pointe du bois de Cartigny et se présentera en avant de Priches.

Division de Balland. — Cette division attaquera sur différents points la forêt du Nouvion, se portera ensuite en avant du bois sur les villages du Nouvion et de Beaurepaire, et se disposera, en cas de réussite, à attaquer les hauteurs de Barzy dans le même moment où la brigade de Duhesme attaquera le poste de Priches. En cas de malheur, la retraite sera sur la forêt, qu'il faudra tenir autant que possible.

Division de Goguet. — Cette division sera partagée en deux colonnes. Celle de droite se portera par Étreux, la Neuville-lès-Dorengt, sur Boué, où elle se joindra à la division de Balland. La seconde colonne attaquera le bois d'Arrouaize, laissera un corps d'observation en avant du Grand-Blocus et l'éclairera par des patrouilles continuelles sur la gauche du côté d'Andigny et de Vaux.

Le *camp de Bouchain* se portera sur celui de Troisvilles, l'attaquera de vive force et tournera le Cateau, de manière à essayer une jonction avec la gauche de nos colonnes. Il laissera un corps d'observation vis-à-vis Solesmes et une partie des garnisons de Bouchain et Cambrai serviront à assurer la gauche de l'attaque.

Maubeuge devra opérer une diversion sur Coursolre et Solre-le-Château, qui, réunie à l'attaque sur Beaumont par l'armée des Ardennes, doit forcer l'ennemi à se porter dans cette partie et à ne point inquiéter nos derrières. Les troupes le long de la Sambre, depuis Maubeuge jusqu'à Maroilles, harcèleront l'ennemi autant que possible.

Ce projet d'attaque ne mentionne pas la place du général Ferrand; mais, dans ses instructions à Favereau, il avait dit qu'on lui adressât les courriers au Nouvion, où on leur indiquerait le point où il serait.

On remarquera que Ferrand semble mettre la brigade de Montaigu en dehors de l'action de Fromentin et lui assigner un rôle tout spécial consistant non à attaquer l'ennemi mais à l'inquiéter par sa seule action de présence. Telles les « jalousies » de Clerfayt devant l'Argonne qui n'empêchèrent pas Dumouriez de se dérober à l'étreinte de Brunswick ; telles les forces que Lafayette avait déployées, immobiles en avant de Maubeuge, pour empêcher les Autrichiens de tourner Luckner aventuré dans la vallée de la Lys. Était-il donc si nécessaire d'avoir « au moins 10,000 hommes » à Maroilles pour en arriver à cette timide « jalousie » ?

D'autre part, des deux autres brigades de Fromentin, celle de Soland recevait l'ordre d'attaquer « avec beaucoup de prudence » ; celle de Duhesme ne devait le faire que « s'il y avait lieu ». Ces timidités et ces réticences étaient peu faites pour imprimer à l'action démonstrative de la division Fromentin la vigueur nécessaire pour tromper l'ennemi sur le véritable point d'attaque et lui ôter toute liberté de manœuvre. En outre à la division Balland on avait soin de désigner d'avance la ligne de retraite « en cas de malheur ».

Il était difficile d'être moins audacieux ; et cependant Soland, dès qu'il eût reçu le projet d'attaque, se répandit en vives doléances déclarant ses forces tout à fait insuffisantes pour remplir la mission que lui assignait Ferrand (1) :

Sait-il que j'ai en tête 35,000 hommes au moins, 40 pièces

---

(1) Lettre de Soland à Fromentin. De la cense de Foyot, 6 floréal (25 avril). Mars, aide de camp de Fromentin, en transmet copie à Favereau, en ajoutant que ces observations « paraissent infiniment réfléchies. »

de canons de position, une cavalerie formidable, et sait-il, enfin, que je n'ai que 7,000 hommes d'infanterie et cavalerie (1) dans une étendue de plus de deux lieues de plaine, que l'ennemi a 20 escadrons pour me chasser dans ma retraite qui sera longue et sur trois défilés....

Non seulement il oubliait que, dans cette position, il pouvait faire appel au concours de Montaigu à sa droite et de Duhesme à sa gauche ; mais encore il entrevoyait l'ennemi profitant « d'une déroute inévitable » pour bloquer d'un seul trait Maubeuge et Avesnes. Il concluait par cette supplication :

Je te conjure donc, au nom de la Patrie, de faire changer l'ordre d'attaque qui me concerne, car tout est perdu dans le ci-devant Hainaut si on y persiste.

C'étaient en définitive les mêmes doléances que le même général avait exposées le 23 avril. A ces craintes exagérées (dont la seule excuse était la médiocrité des troupes commandées par Soland) Favereau se bornait à répondre « qu'il ne pouvait rien changer aux dispositions du général Ferrand ».

On doit faire observer à ce propos que Ferrand paraît s'être un peu écarté de la pensée de Pichegru qui entendait le faire « agir sur le front » de l'ennemi, c'est-à-dire maintenir celui-ci pendant que s'exécuteraient les manœuvres sur les ailes, par Courtrai et par Beaumont. Prenant à la lettre les paroles encourageantes de son chef (dont le rôle était en effet de lui exalter l'importance de sa mission) Ferrand rapporta tout à l'attaque dont lui-même était chargé avec les divisions Chapuis, Goguet, Balland et Fromentin ; il la regarda comme

---

(1) Plus loin, Soland dit qu'il a 8,000 hommes, point de cavalerie, une seule pièce d'artillerie légère et un obusier.

l'action principale, tandis qu'il ne considéra l'intervention de Charbonnié que comme une action secondaire destinée seulement à écarter l'ennemi des derrières de la division Fromentin. D'après le *Projet* du 6 floréal celle-ci devait faire l'attaque démonstrative. Ainsi s'explique l'importance attachée à Maroilles, dont la perte eût détruit l'inviolabilité du front sur l'Helpe ; de là aussi le rôle attribué à l'armée des Ardennes pour protéger ce front en arrière.

Ordres donnés par Favereau en exécution des instructions et du projet d'attaque de Ferrand. A) *A la division Desjardin.* — Favereau, qui sentait toute l'importance de conserver auprès de lui le général Desjardin, s'était tout d'abord fait autoriser par le représentant du peuple Laurent à ne pas envoyer cet officier général à Ferrand malgré sa demande du 3 floréal (22 avril). Dès que les instructions de Ferrand pour l'attaque du 7 lui furent parvenues, il commença tout d'abord par convoquer Desjardin pour lui communiquer « des objets de la plus grande conséquence », et peut-être pour prendre conseil de ce général qui lui était si « précieux ». Il réunit ensuite tous ses divisionnaires en un conseil de guerre tenu chez le représentant du peuple Laurent. C'est sans doute à la suite de ces préliminaires que Favereau donnait à Desjardin l'ordre suivant, daté du 6 floréal (25 avril) « pour être exécuté le 7 à la pointe du jour » :

Le général Desjardin fera garder les bords de la Sambre depuis et y compris Requignies jusque et y compris l'abbaye de la Thure, ainsi que le bois sur Sambre par le nombre de troupes suffisantes. Quant au reste de l'infanterie qu'il commande et à sa cavalerie, il en fera un ou plusieurs corps avec lesquels il se portera sur Coursolre, Solre-le-Château et Bersilly, pour y opérer une diversion, faciliter et soutenir l'attaque de Beaumont que l'armée des Ardennes doit faire demain 7 à la pointe du jour, et faire sa jonction avec cette armée pour s'emparer de Beaumont et forcer l'ennemi à abandonner ses postes, et établir la communication avec Philippeville.

En cas de retraite forcée, il fera filer deux bataillons qui se réuniront aux trois qui doivent tenir et garder le poste de Solre-le-Château. Ces troupes tiendront ferme et défendront les Hayes d'Avesnes jusqu'à la dernière extrémité, et le reste de la troupe se retirerait par les bois de Berelles, par Aibes et Quiévelont pour soutenir la trouée de Coursolre. Il me tiendra sur les avis (*sic*) de ce qui se passera (1).

On remarquera que ces instructions ne donnent aucune indication sur le rôle assigné aux autres divisions de Maubeuge.

En exécution de ces ordres et, après avoir fait reconnaître le terrain par des officiers d'état-major, Desjardin répartit ainsi les forces dont il disposait :

La Sambre, depuis Rousies jusqu'au bois de la Thure, est gardée par le 2º [bataillon] du Haut-Rhin (2), le 3º de la Haute-Marne et le 4º bataillon de chasseurs francs et deux pièces de 12 placées dans l'*Audacieuse*.

Le reste de la division est divisé en trois colonnes agissantes. Celle de droite, composée du 16º régiment de chasseurs à cheval, trois escadrons du 7º régiment de dragons et une division d'artillerie légère, fut rassemblée à la gauche de Bérelles, en avant du chemin qui conduit de ce village à Aibes.

---

(1) Favereau à Desjardin, 6 floréal (25 avril). Le soir du même jour, Favereau compléta ainsi cet ordre :

« Dans l'ordre que je t'ai donné ce matin, mon Camarade, l'intention du général Ferrand n'y était pas assez détaillée. Voici son expression : « Fais toutes tes dispositions sur-le-champ et qu'à la pointe du « jour, le 7, les troupes de la partie de Bachant soient à Maroilles et « l'ennemi attaqué du côté de Beaumont. » Ainsi, l'intention du général Ferrand relatée ci-dessus te servira de conduite. »

(2) Desjardin a écrit *6º* bataillon ; c'est évidemment un *lapsus*, ce bataillon ne faisant point partie de la division Desjardin.

La colonne du centre, composée d'une compagnie de sapeurs, de huit compagnies de grenadiers du 10ᵉ bataillon d'infanterie légère, 1ᵉʳ du 89ᵉ régiment et 1ᵉʳ du 18ᵉ, fut rassemblée à la gauche de la colonne [précédente], à la droite d'Aibes, en avant du chemin de ce village à Bérelles, et mise aux ordres du général Poncet, ainsi que la droite.

La colonne de gauche, forte des 2ᵉ bataillon de Mayenne et Loire, 2ᵉ du Calvados, un escadron du 7ᵉ régiment de dragons, une division d'artillerie légère et la compagnie des carabiniers du 4ᵉ bataillon franc, fut rassemblée près la ferme Fauquemont, à la gauche de la chaussée de Maubeuge à Philippeville. Elle fut aux ordres du général Richard, ainsi que les bataillons répartis sur la Sambre.

La réserve, composée de 200 hommes d'infanterie tirés des corps, un escadron du 7ᵉ de dragons et le parc d'artillerie (consistant en quatre pièces de 12, deux obusiers de 6 pouces et quatre pièces de 8), fut placée sur la chaussée en avant de Colleret et commandée par l'officier supérieur de jour (1).

Les troupes prirent, dès le soir même, les positions qui leur étaient ainsi assignées, se couvrirent par des avant-postes et passèrent la nuit au bivouac. Des sapeurs travaillèrent à établir des communications dans les bois de Berelles et du Foyaut et à jeter deux passerelles sur la Thure.

En dehors de cette position, la division Desjardin continuait à fournir la garnison de Solre-le-Château, composée du 2ᵉ bataillon du 68ᵉ, du 1ᵉʳ de l'Oise, du 2ᵉ de la Nièvre et d'un escadron du 6ᵉ régiment de cavalerie, commandée par le lieutenant-colonel Liénard.

---

(1) *Mémoire* de Desjardin sur les campagnes de 1793 et 1794.
Sur le registre de correspondance de Favereau on trouve un *Etat des forces du général Desjardin* adressé à Ferrand le 6 floréal (25 avril). D'après les termes de cette lettre (citée p. 402), on ne peut affirmer d'une façon absolument certaine s'il s'agit des cantonnements arrêtés dans la conférence entre Favereau et Desjardin ou de ceux que les

Dans la nuit du 25 au 26 avril, Desjardin reçut diverses nouvelles, manquant d'ailleurs de précision, sur les mouvements des Autrichiens. Ceux-ci auraient jeté deux ponts sur la Hantes, entre Coursolre et Beaumont; ils marcheraient au nombre de 9,000 à 10,000 vers Solre-le-Château et paraîtraient vouloir le tourner pour se porter sur Wattignies ; de la cavalerie aurait été vue en bataille derrière Leugnies. D'autre part, il fut instruit, le 26 de très bonne heure que l'ennemi se portait en forces sur la Sambre et particulièrement sur l'abbaye de la Thure.

Pour faire face aux dangers qui pouvaient surgir de ces différents côtés, Desjardin fit avancer sur Cousolre une partie des troupes de Bérelles ; il détacha, le 26 à 4 h. 30 du matin, « à la droite des Hayes du Sars, sur les hauteurs de Leugnies, » l'escadron du 6ᵉ régiment de

---

troupes aux ordres de ce dernier occupaient effectivement et d'où elles devaient être mises en mouvement pour exécuter les dispositions projetées pour le lendemain.

Troupes qui tiendront les cantonnements sur la Sambre.

	Hommes	
A Requignies et à Rocq, le 4ᵉ bataillon franc...	825	
A Marpent et Jeumont, le bataillon de la Haute-Marne	804	4,987
A Bois de Solre-sur-Sambre, 2ᵉ bataillon du Haut-Rhin	912	
A Solre-le-Château, 6ᵉ de l'Oise, 2ᵉ de la Nièvre et 2ᵉ du 68ᵉ	2,446	

Disponibles.

10ᵉ d'infanterie légère	748	
1ᵉʳ du 18ᵉ	813	
1ᵉʳ du 49ᵉ	887	5,083
2ᵉ du Calvados	931	
2ᵉ de Mayenne et Loire	843	
Forces totales, ci	10,070	

cavalerie qui était à Solre-le-Château. D'autre part, il provoqua et reçut l'ordre de Favereau de ne pas entrer dans Beaumont avant l'arrivée en ligne de Charbonnié, bien que cette ville parût faiblement occupée ; mais il devait se tenir prêt à tout événement et s'emparer du poste de Bousignies.

B) *A la division Despeaux.* — Pendant que la division Desjardin était poussée sur Beaumont pour donner la main à l'armée des Ardennes, la division Despeaux avait mission d'agir à l'Ouest de Maubeuge et d'appuyer la brigade Montaigu à Maroilles. L'ordre qui la concerne ne se bornait pas à indiquer le but à atteindre, il fixait encore en détail les emplacements à occuper par les troupes, empiétant ainsi, d'une façon abusive, sur les attributions du commandant de cette division.

Ordre au général Despeaux à exécuter le 7 floréal.

6 floréal an II (25 avril 1794).

	Hommes.	
A Hautmont, 3 compagnies du 6ᵉ bataillon du Pas-de-Calais ; au bois du Quesnoy, 5 compagnies (les grenadiers n'en sont pas) ; à la Bussière, 4 compagnies du 1ᵉʳ du Loiret		800
A Bachant, les fermes de la Puissance et Aymeries, 5 compagnies dudit bataillon.....	795	
Plus les grenadiers du 6ᵉ du Pas-de-Calais..	80	1,742
Vis-à-vis Berlaimont, le 3ᵉ bataillon de la Meurthe.	867	

Troupes à la disposition du général Mayer pour se porter sur Maroilles :

4ᵉ bataillon du Nord......................	824	
1ᵉʳ bataillon du 17ᵉ (1)....................	930	3,492
1ᵉʳ bataillon du 25ᵉ	789	
11ᵉ des Vosges venant du camp	949	
TOTAL..................		6,034

---

(1) Voir lettre de Favereau à Soland (6 floréal, 25 avril) : « Tu don-

Conformément aux ordres du général Ferrand, le général Despeaux fera filer de différents points un corps de 4,000 à 5,000 hommes sur Maroilles pour renforcer la brigade du général Montaigu (1); la soutenir en cas de besoin et pousser sur Landrecies si nous réussissons.

Ces troupes doivent être rendues à Maroilles avant la pointe du jour; le général Mayer tiendra le général Despeaux sur les avis de ce qui se passera, et ce dernier en instruira le général Favereau. Il fera suivre le nombre de voitures nécessaires pour le transport des blessés qui seront conduits à Avesnes par Maubeuge.

FAVEREAU.

C) *Aux troupes du camp retranché et de la garnison de Maubeuge.* — Il restait enfin à fixer le rôle de la garnison de Maubeuge dans cette opération. On doit reconnaître que le « *Projet d'attaque* » ne le prévoyait pas; il avait simplement assigné aux « troupes » de Maubeuge le double but de faire diversion sur Coursolre et Solre-le-Château d'une part, et de l'autre de harceler l'ennemi autant que possible le long de la Sambre, entre Maroilles et Maubeuge.

Favereau avait satisfait à cette double condition par les instructions qu'on vient de lire adressées aux généraux Desjardin et Despeaux ; mais il disposait encore de

---

neras l'ordre, mon Camarade, au 1er bataillon du 17e régiment d'infanterie, que tu as pris dans la brigade du général Mayer, d'être rendu une heure avant le jour à Maroilles. Cette disposition est la suite des ordres du général Ferrand, commandant en chef les divisions de droite de l'armée du Nord. »

(1) Cette brigade coopérait avec les troupes du général Fromentin, qui adressa à ce sujet à Favereau la demande suivante (d'Avesnes, 6 floréal, 25 avril) : « J'ai l'ordre d'attaquer demain, et le général Ferrand me dit que tu m'enverras 5,000 hommes sur Maroilles. Je te prie de leur recommander de prendre leur pain et les munitions dont ils ont besoin. Donne l'ordre aussi qu'on me renvoie l'escadron et la pièce de canon que j'ai envoyés à Solre-le-Château. »

LA CAMPAGNE DE 1794 A L'ARMÉE DU NORD.   401

la garnison de Maubeuge ; il sut lui donner une destination de nature à faciliter les opérations de Desjardin sur la rive gauche de la Sambre en attirant sur elle le maximum de forces ennemies de la rive droite.

La garnison de Maubeuge, écrit Favereau (1), et les troupes du camp retranché sortiront et attaqueront l'ennemi sur les deux flancs de la place et dans le faubourg de Mons. Deux pièces de 8 et un obusier de 6 pouces seront en position en avant de la redoute d'Assevent, et les cavaliers de la place en action pour soutenir le mouvement de nos troupes ainsi que la flèche en avant de la porte de Mons.

Cette attaque n'avait d'autre but que de fixer l'attention de l'ennemi et empêcher qu'il ne se portât soit sur la division du général Desjardin, soit sur la ligne de l'attaque réelle qui agissait pour dégager Landrecies.

Ce fut dans cet esprit que Favereau adressa, le 6 au soir, l'ordre suivant au général Muller, dont la division occupait le camp de Falise :

Tu voudras bien, mon cher Camarade, donner les ordres pour que toutes les troupes que tu commandes soient demain sous les armes à 3 heures du matin. Elles se porteront aux palissades ; celles de la garnison s'y tiendront jusqu'à ce que de nouveaux ordres les en fassent retirer ; les canonniers seront à leurs batteries. Tu recommanderas aux troupes qui occupent Rousies la plus grande surveillance. Tu observeras et feras observer de ce côté-là tous les mouvements de l'ennemi et tu tâcheras de l'inquiéter de manière à le fixer et à ce qu'il ne se porte pas ailleurs. Tu feras porter en avant et sur la droite de la redoute du Loup un bataillon avec ses deux pièces ; il se formera sur deux rangs, se divisera par demi-bataillon, présentera le plus grand front possible et manœuvrera de

---

(1) *Journal* du général Favereau *sur les opérations des divisions de Maubeuge en 1794.*

manière à se multiplier aux yeux des ennemis qu'il fera en sorte d'occuper et de fixer. Pour cela il prendra une position d'où il puisse voir lui-même ce qui se passera sur les bords de la Sambre. Si nos cantonnements y étaient attaqués, il les soutiendrait; s'ils étaient forcés, il protégerait et faciliterait leur retraite de tous ses moyens. Le commandant se fera informer par des éclaireurs de ce qui se passera du côté de l'ennemi et agira d'après ce qu'il saura.

Enfin en prévision des opérations du lendemain, Favereau prescrivit au commissaire ordonnateur Drolanvaux, à Maubeuge, de veiller à ce que le parc des voitures fût en ordre à sa place ordinaire dès 4 heures du matin; que l'eau-de-vie fût distribuée au premier instant ; que les hôpitaux fussent prêts et dans le plus grand ordre ; enfin que deux chirurgiens fussent envoyés à Limont-Fontaine.

Après avoir ainsi préparé l'exécution des ordres et assuré leur transmission, Favereau rendit compte à Ferrand des dispositions qu'il avait prises (6 floréal-25 avril) :

Je t'adresse, Général, copie des ordres que j'ai donnés relativement à l'attaque qui doit avoir lieu demain à la pointe du jour. Tu y verras les postes que j'occupe, qui sont bien faiblement gardés; mais il le faut pour que je puisse exécuter ton ordre. Mes forces eussent été bien plus majeures sans la route coupée à la Capelle qui nous a forcés à faire diversion en faisant marcher sur ce point la brigade du général Duhesme ainsi que cinq bataillons que j'ai fait passer à Fromentin pour qu'il puisse soutenir le Grand et le Petit-Fayt et Maroilles. Néanmoins, j'espère que nous seconderons les intentions qui sont le succès de nos armes. Nos troupes sont bonnes, mais j'ai très peu de cavalerie.

Tu verras par la disposition des cantonnements de Desjardin que nous tenons le bois de Solre-sur-Sambre et même Coursolre, ce qui nous donne un avantage bien réel. Au reste, tous nos moyens seront employés.

Je t'adresse copie de la lettre que j'ai écrite au général en chef de l'armée des Ardennes; je me suis permis quelques observations, qu'il ne mettra en usage qu'autant qu'il les croira avantageuses.

Je te ferai passer des courriers toutes les fois que les circonstances pourront t'éclairer.

La lettre au général Charbonnié, dont parle Favereau, avait pour but d'établir le concert entre les opérations de la division Desjardin et celles de l'armée des Ardennes ; elle complétait les indications, forcément très sommaires, données par Ferrand. Ce document était de nature à bien éclairer Charbonnié sur les mouvements des troupes françaises à l'Est de Beaumont et sur le concours qu'il pouvait en attendre (1).

Au général en chef de l'armée des Ardennes.

6 floréal an II (25 avril 1794).

Le général Ferrand m'a fait part, mon cher Camarade, de la lettre qu'il t'a écrite hier, par laquelle il te marque que l'armée du Nord doit attaquer, dans la nuit du 6 au 7, sur tous les points de la ligne, et qu'en conséquence il devient essentiel que tu secondes les mouvements qui se feront. Il te prévient que je dois opérer une diversion sur Coursolre, et

---

(1) L'adjoint aux adjudants généraux Lempérière fut chargé de porter cette lettre à Philippeville, ainsi que la lettre de Favereau (du 5 floréal, 24 avril), que ce général avait fait passer par Maubeuge :

De Maubeuge, 6 floréal.

« Il est ordonné au citoyen Lempérière, adjoint aux adjudants généraux, de partir sur-le-champ en poste pour se rendre à Vedette-Républicaine (ci-devant Philippeville) pour remettre une dépêche au général en chef de l'armée des Ardennes et, en son absence, à celui qui commande en chef. Il mettra toute la célérité possible.

« Il est ordonné aux maîtres de postes sur la route de lui fournir des chevaux, les rendant responsables du retard qu'ils apporteraient. Ils en feront de même à son retour.

« FAVEREAU. »

t'engage à en opérer une sur Beaumont en attaquant ce poste. L'attaque doit commencer à la pointe du jour.

En conséquence des ordres que j'ai reçus du général Ferrand, j'ai fait les dispositions suivantes, dont je t'informe et qu'il est bon que tu saches, pour diriger plus sûrement ton attaque sur Beaumont.

Le général divisionnaire Desjardin fera garder les bords de la Sambre avec des forces suffisantes, depuis et compris Requignies jusqu'à l'abbaye de la Thure ; et il aura en outre à sa disposition, pour défendre Coursolre, Solre-le-Château et Bersilly, faciliter et soutenir ton attaque de Beaumont, 7,500 hommes d'infanterie et environ 900 hommes de cavalerie; il se tiendra dans les bois de Berelles ou de la commune de Coursolre, qui se trouvent sur la hauteur en arrière de Leugnies, jusqu'à ce qu'il entende le commencement de ton attaque ; et, aussitôt que tu auras engagé l'action, il se chargera de forcer Leugnies ; le village forcé, comme il espère y réussir, il agira de concert avec toi. Il aura six pièces d'artillerie légère, deux pièces de 8 et un obusier et quatre pièces de 12. Il enverra de fortes découvertes à cheval sur Solre-Saint-Gery, pour connaître tes mouvements, les suivre et les seconder.

Il serait peut-être à propos, mon cher Camarade, que tu fasses filer une colonne par Silenrieux, Bossus, Barbençon, qui viendrait se placer et se déployer sur les Récolets, si cela est possible ; et une autre par Sanzeille, Cerfontaine, qui traverserait le bois du Four et se porterait sur Renlies; elle aurait soin de faire fouiller Froide-Chapelle et Rance par des troupes légères qui auraient leur point de réunion à Renlies ; cette dernière colonne marcherait sur Solre-Saint-Géry et se déploierait entre cet endroit et Barbençon ; tu pourrais alors attaquer et enlever les Récolets, Buze, Bonaire, et tâcher de gagner les hauteurs du Pachot, en veillant bien et en fouillant les bois de ta droite. Pendant ce temps le général Desjardin attaquerait Leugnies, Chaudeville, le pont Castellain et tâcherait de forcer Malegueme pour que tu ne sois pas inquiété sur ta gauche ; alors Beaumont ne manquerait pas de tomber en notre pouvoir.

Si tu commandes les troupes de Rocroy, tu peux en faire porter sur Beaumont par Chimay, Rance, etc., et Renlies. Je dois l'observer que Froide-Chapelle, Rance et environs sont pleins de brigands qui ont pris les armes contre nous.

Tu conçois bien, mon cher Camarade, que tout ceci ne sont que des idées que me dictent mes désirs de voir réussir notre entreprise, et que je te soumets en te priant de n'y avoir que le peu d'égards qu'elles te paraîtront mériter. Je m'en remets bien plus à tes lumières qu'aux miennes et j'espère que tu ne verras dans mes observations que du zèle et nullement l'envie de te dire ce que tu sais sûrement mieux que moi.

Dès qu'il sera possible au général Desjardin de te faire passer des ordonnances il le fera, comme je te prie de tâcher de lui en envoyer aussitôt que cela te sera possible pour que vous vous concertiez.

FAVEREAU.

On peut relever, comme observation de détail, que les ordres de Favereau n'indiquent pas l'emplacement où on le trouverait pendant l'opération du 7 floréal. C'est seulement à Fromentin qu'il dit incidemment devoir se tenir « sur la position au-dessus de Coursolre jusqu'à Grandrieux »; il sera accompagné par le représentant du peuple Laurent. Ce point particulier avait pu d'ailleurs faire l'objet d'une communication verbale dans la réunion des généraux tenue à Maubeuge le 25 avril.

Siège de Landrecies. — Le 24 avril (5 floréal) fut constituée la commission militaire chargée de juger les actes d'indiscipline et de défaillance devant l'ennemi. Comme le bombardement de la place était imminent, le commissaire des guerres reçut l'ordre de mettre à l'abri les farines et autres subsistances que pouvaient posséder les habitants. Enfin Roulland organisa des compagnies de siège, au moyen de cent hommes de bonne volonté demandés dans chaque corps.

Il fit sentir qu'il fallait qu'ils fussent tous décidés à vaincre; qu'il voulait les réunir aux compagnies de grenadiers pour s'en servir dans l'occasion aux endroits les plus périlleux, ... lorsqu'il s'agirait de soutenir un assaut, si l'ennemi parvenait jamais à le rendre praticable. Ces compagnies assemblées promirent au général, au nom de l'honneur, au nom de la République, qu'elles rempliraient valeureusement les devoirs qu'elles venaient de s'imposer volontairement.....

A peine formées, ces compagnies participèrent à une sortie dans la matinée du 25 avril (1). La place de Landrecies n'ayant pu être informée du plan arrêté pour le 26, cette tentative se trouva ainsi prématurée. Elle paraît d'ailleurs avoir eu pour objet de bousculer les travaux que les assiégeants poussaient avec activité et leurs batteries qui seraient bientôt prêtes à faire feu, plutôt que d'attirer vers la place les forces ennemies pour faciliter une tentative quelconque des troupes de secours.

L'adjudant général Frémont, ayant de 1200 à 1500 hommes sous ses ordres, fut chargé de commander cette sortie, qui eut lieu le 25 avril à 4 heures du matin. Elle fut dirigée contre les deux ailes de la première parallèle. Du côté gauche, les compagnies françaises reculèrent après avoir essuyé quelques coups de feu de l'ennemi. La droite réussit au contraire à s'avancer, sous le couvert de haies, jusqu'à cent pas de la tranchée. Mais c'était précisément le moment de relèvement des gardes, de sorte que les Français eurent à combattre une force double ; ils essuyèrent un feu redoutable de mitraille (2) et de mousqueterie qui se prolongea pendant

---

(1) Le *Mémoire* de la municipalité de Landrecies commet une erreur en plaçant cette sortie au 5 floréal (4 heures du matin). Il dit qu'elle fut exécutée par 1400 hommes « pris parmi ceux de bonne volonté ».

(2) Voir lettre de Mars (aide de camp de Fromentin) à Favercau (Avesnes, 6 floréal, 25 avril). Il transmet copie d'une lettre de Soland (voir p. 393) et ajoute : « La canonnade que tu as entendue ce matin a été causée par une sortie de la garnison de Landrecies sur son ancien

une heure et demie (1). Finalement ils durent battre en retraite dans la place, abandonnant une quarantaine de morts et de blessés, sans avoir réussi à endommager les travaux de l'assiégeant.

Ces travaux continuaient à être poussés avec rapidité, sans être entravés d'une façon bien appréciable par les rares et faibles tentatives de la défense.

Dans la nuit du 24 au 25, la majeure partie de la première parallèle fut terminée ; les batteries commencées la nuit précédente furent continuées le plus activement possible ; la plupart furent presque complètement terminées ; leurs plates-formes réglementaires furent construites, et des rampes pratiquées de distance en distance dans la parallèle pour en faciliter l'armement. A tous ces travaux, l'ennemi employa 3,000 travailleurs.

La nuit suivante, ce nombre ne put être atteint, car trois bataillons hollandais et six bataillons impériaux reçurent l'ordre de se mettre en marche pour renforcer Clerfayt, et les travailleurs furent réduits à 1000. Toute l'artillerie des batteries n°s 3, 5, 7, 10 et 11 fut amenée ; seule la batterie n° 8, dont les travaux avaient toujours été en retard à cause de la défectuosité du sol, ne put être armée que d'un canon de 24. On commença aussi la construction de trois batteries à ricochet n°s 2, 4 et 9 et les communications en arrière. A l'aile droite, près de l'inondation de la Sambre, fut élevée une flèche pourvue de plates-formes, aussi bien pour servir contre les sorties que pour soutenir l'attaque auxiliaire confiée

---

camp. Voyant qu'elle n'était pas secondée, elle s'est retirée en bon ordre suivant toute apparence. C'est ce que marque le général Montaigu qui commande à Maroilles. »

(1) Voir *Rapport de Tranchée* du G. M. Froon (de Preux-au-Bois, 25 avril). (*K. u. K. Kriegs Archiv.*)

au lieutenant-colonel du génie marquis du Chasteler, au delà de la Sambre derrière le ruisseau de la Riviérette ; cette flèche comprit une batterie à ricochet contre la courtine du front d'attaque principal, et une batterie de mortiers.

V. — LE DÉSASTRE DE TROISVILLES.

Journée du 26 avril : Attaque de la division **Chapuis**. Le désastre de Troisvilles. — Attaque de la brigade Montaigu contre Bas-Maroilles et les retranchements de Favril. — Attaque des brigades Duvignot, Duhesme et Soland contre Priches. — Attaque de la division Balland contre Barzy, La Louzy et Malgarnie. — Attaque de l'ancienne division Goguet. — Démonstrations de la garnison de Maubeuge et de la division Despeaux sur la Sambre. — Siège de Landrecies. — Observations sur la journée du 26 avril.

Journée du 26 avril.

La journée du 26 avril est pour ainsi dire la date décisive de la campagne de 1794. Elle nous montre une armée, immobilisée devant une place forte, se laisser manœuvrer et tourner par un adversaire actif, entreprenant, poussé par le souffle invincible de l'offensive. Les échecs partiels subis sur certains points (si désastreux qu'ils soient comme celui de Troisvilles) ne seront que des arrêts momentanés dans la marche offensive de tout un peuple, mené par la volonté implacable de son gouvernement, volonté qui s'affirmera définitivement le 26 avril. Les Alliés ne se trompèrent pas sur les résultats de cette journée mémorable. D'Arnaudin la caractérise avec beaucoup de justesse :

Nous voici parvenu à l'époque de cette grande et mémorable expédition, où l'on voit les armées de la République naissante agir en même temps sur tous les points de la vaste étendue de pays comprise entre les bords de la Meuse et ceux de l'Océan, et dans laquelle l'attaque de l'armée d'observation de Landrecies ne figurait que comme une fausse attaque ;

expédition qui eut pour les alliés l'effet désastreux de leur faire perdre l'offensive qu'ils ne recouvrèrent pas de toute la campagne. On chercherait en vain l'exemple d'une pareille transaction dans l'histoire des peuples modernes depuis que la guerre est réduite en principes; et cela n'est pas étonnant. L'entreprise gigantesque dont il s'agit ici ressemble moins à une opération militaire qu'à l'irruption subite d'un peuple nombreux qui s'élance à la fois de tous les points de sa frontière contre des forces ennemies réellement considérables, mais délayées sur une trop grande surface (1).

Quelles que soient les réserves qu'on doive faire et que nous avons déjà indiquées sur l'importance des forces et la puissance des moyens dont aurait disposé l'armée française d'après d'Arnaudin, il est incontestable que, sans « s'élancer de *tous les points* de la frontière », les divisions françaises échelonnées de Dunkerque à Givet surent se grouper : à Lille pour envahir la vallée de la Lys et tourner l'aile droite des alliés; à Cambrai, à Guise, à Avesnes, à Maubeuge pour fixer leur masse principale; à Beaumont pour tourner par Thuin, puis par Charleroi, leur aile gauche. D'un autre côté, les alliés, comme le dit d'Arnaudin, étaient délayés sur une trop grande surface; ou pour parler plus exactement, et comme nous l'avons montré dans la discussion du plan de campagne, ils avaient voulu tenter une attaque centrale avec des forces insuffisantes; dès lors « la nécessité de voler au secours des parties faiblement gardées, par où les Français pénétraient sur les flancs, devait infailliblement faire perdre le fruit des succès qu'on aurait pu obtenir au centre ». C'est ce qui arriva effectivement après la prise de Landrecies; les armées des alliés quoique victorieuses « se virent obligées d'abandonner le cours de leurs conquêtes et de

---

(1) *Mémoires* de d'Arnaudin.

se partager pour marcher d'un côté au secours de la West-Flandre, dont on ne put pas empêcher l'invasion, et de l'autre au secours de Charleroi et des bords de la Sambre (1)... ».

L'histoire de la guerre de 1877 nous montre les mêmes causes imposer le même sort à l'armée russe après le passage du Danube. Au contraire, on voit Napoléon, lorsqu'il attaque par le centre, comme en 1808 en Espagne et en 1815 en Belgique, se mettre toujours en mesure de manœuvrer en lignes intérieures pour écraser l'une des parties avant de tomber sur l'autre.

La manœuvre du 26 avril comporte quatre actions distinctes : 1° l'invasion par la Lys ; 2° l'attaque dirigée de Cambrai vers Landrecies ; 3° celle de Guise et d'Avesnes vers le même objectif, à laquelle peut se rattacher la démonstration des divisions Despeaux et Muller sous Maubeuge ; 4° la marche combinée de Desjardin et de Charbonnié sur Beaumont, où ils firent leur jonction effective le 27 au matin.

Dans ce chapitre, on se bornera à examiner les opérations qui se déroulent entre Cambrai et Maubeuge, c'est-à-dire l'offensive entreprise par les divisions Chapuis, Balland et Fromentin pour fixer l'ennemi aux environs de Landrecies pendant que Pichegru allait faire exécuter contre ses ailes une double manœuvre, d'un côté par Menin et Courtrai, de l'autre par Beaumont.

Attaque de la division Chapuis. Le désastre de Troisvilles. — Après avoir, le 24 avril, repoussé les Français à Villers-en-Cauchies, le F. M. L. Otto avait regagné le soir même Fontaine-au-Pire et était rentré le lendemain

---

(1) *Mémoires* de d'Arnaudin.

dans son camp de Troisvilles à l'Ouest du Cateau. Ses avant-postes tenaient les localités de Béthencourt, Caudry, le Coquelet, le Tronquoy et Maurois : chacun de ces postes était défendu par deux compagnies d'infanterie, quelques chasseurs à pied et un canon de bataillon.

Ce fut contre ce front que se dirigea l'attaque de Chapuis, le 26 avril entre 5 et 6 heures du matin. D'après les *Instructions* de Pichegru, les forces disponibles de Cambrai comprenaient environ 30,000 hommes (1), avec 70 à 80 pièces d'artillerie, tant canons de campagne et de bataillons qu'obusiers. Cette masse sortit de Cambrai le 25 avril, à 11 heures du soir. Chapuis la répartit en trois colonnes.

La colonne principale, forte d'au moins 18,000 hommes, devait suivre la route du Cateau. A sa droite, une seconde colonne, de 7,000 à 8,000 hommes, comprenant une forte proportion de cavalerie, fut dirigée sur Wambaix et Ligny. A gauche, une colonne beaucoup moins importante eut mission d'observer et d'inquiéter les troupes du camp de Solesmes (2).

Favorisée par un brouillard épais, la colonne du

---

(1) L'archiduc Charles dit dans ses *Mémoires* :
« Le 26, au point du jour, 30,000 Français s'avancèrent partie sur la route de Cambrai, partie à gauche d'elle, et refoulèrent les avant-postes ennemis. Pourtant, lorsqu'ils arrivèrent à sa hauteur, la cavalerie des alliés s'ébranla, repoussa d'abord la cavalerie française, puis culbuta complètement l'infanterie qui résistait et lui enleva ses canons. »

(2) Voir aux *Documents annexes* un *Mémoire* adressé par Chapuis à Pille (de Paris, le 21 vendémiaire an IV, 13 octobre 1796). Il évalue les forces de la colonne du centre à 10,000 hommes d'infanterie et 1200 de cavalerie ; la colonne de droite aurait été à peu près égale ; la colonne dirigée sur le camp de Solesmes aurait compté 4,000 hommes. En se reportant aux autres documents, il semble falloir majorer très notablement l'effectif de la colonne du centre et réduire celui des deux autres.

centre put s'avancer sans encombre jusqu'en avant de Beauvois et s'y mettre en bataille sous la protection de son artillerie qui entama la lutte contre trois batteries ennemies placées à l'Ouest et sur la gauche d'Audencourt (1). Cette artillerie de position avait sans doute pour objet de battre les intervalles qui séparaient les grand'gardes de Béthencourt, de Caudry, du Coquelet et du Tronquoy. Lorsque l'artillerie de Chapuis l'eut réduite au silence, elle prépara l'attaque de l'infanterie française qui, grâce à cette protection, au brouillard et à sa supériorité numérique, chassa l'ennemi des postes de Béthencourt et de Caudry; les défenseurs durent encore abandonner Audencourt et se retirèrent sur Beaumont et Troisvilles.

La colonne de Chapuis déboucha alors de Beauvois par Caudry sur Audencourt, en laissant ce village au Nord et en prenant ainsi sa direction générale vers le Sud-Est pour attaquer Troisvilles. Dans ce mouvement Chapuis commit la faute de ne pas jeter une flanc-garde au Nord de Beaumont-Inchy pour couvrir son flanc gauche et surveiller la vallée de l'Ereclin (2) par laquelle

---

(1) Le début de l'affaire est ainsi relaté par l'*Œsterreichische militärische Zeitschrift* (p. 116) :

« Le corps du général Chapuis, d'environ 30,000 hommes avec 80 canons, s'avança le 26, à la pointe du jour, en deux colonnes contre l'aile droite de l'armée du duc d'York. Un brouillard épais couvrait les environs et cachait les mouvements et les forces de l'ennemi. Les avant-postes de Caudry, le Coquelet, le Tronquoy et Maurois furent culbutés vers 6 heures. La première colonne ennemie, forte de 26,000 à 27,000 hommes, s'avança sur la route de Cambrai par Beauvois vers le Cateau ; la deuxième, de 3,000 à 4,000 hommes, par Ligny vers Bertry. Avant même que le brouillard se dissipât, l'ennemi avait réussi, par un rapide mouvement en avant, à s'emparer des villages d'Inchy, Beaumont, Troisvilles, Bertry et Maurois. »

(2) La carte de Cassini ne porte ce ruisseau que sur une faible partie de son cours ; il y est dénommé ruisseau d'Herclain.

il pouvait être tourné. Il se borna à laisser à gauche du village d'Audencourt « deux bataillons, un régiment de cavalerie, quelques pelotons de hussards, le 5e bataillon franc et deux pièces d'artillerie à cheval ». Bien que la place de cette flanc-garde eût dû être fixée au Nord d'Inchy, elle pouvait, même de cette position près d'Audencourt, éclairer le plateau au Nord et à l'Est de cette localité ; mais la surprise qui va suivre montre que cette cavalerie ne sut pas jouer le rôle qui lui incombait. Quoi qu'il en soit, le reste de la colonne de Chapuis, contournant Audencourt par le Sud et se défilant dans les fonds, chemina sur Troisvilles tandis que son artillerie de position et à cheval s'établissait sur les hauteurs pour préparer l'attaque de cette localité défendue par des redoutes.

Tandis que la colonne principale s'était avancée de Cambrai sur Beauvois par la grande route, la colonne de droite, forte de 7,000 à 8,000 hommes, sous les ordres du général Bonnaud, avait été dirigée par Wambaix, Ligny et Clary. Dès que le général Chapuis l'aperçut, il lui fit porter l'ordre de précipiter sa marche pour faire sa jonction avec lui et concourir à l'attaque de Troisvilles. Pour se conformer à cette invitation, Bonnaud se dirigea sur Bertry qu'il enleva et, tout en opérant sa jonction avec Chapuis à hauteur d'Audencourt, poussa des partis contre Troisvilles « derrière lequel l'ennemi avait un camp de cavalerie qui, obligé de fuir à la hâte, laissa ses équipages ». L'infanterie française s'avança alors si près que le duc d'York, placé sur le moulin à vent de la hauteur en arrière de Troisvilles, entendit ses cris de : « Vive la Nation ! »

La nécessité de lier ses opérations à celles de Chapuis et l'aspect « des fortes redoutes de Troisvilles » arrêtèrent l'offensive de Bonnaud. Les deux colonnes réunies envoyèrent contre les retranchements un fort détachement d'infanterie dont l'artillerie continuait de protéger la marche. Troisvilles, qui n'était pas occupé plus fortement que les postes déjà enlevés, dut à son tour être abandonné.

Dès lors, les Français dirigèrent tous leurs efforts contre la batterie n° 2 du camp anglais faisant face à Troisvilles. Mais malgré leur feu très vif qui dura près de deux heures, ils ne réussirent point à l'emporter; et le lieutenant-colonel Congrève, qui y commandait, leur riposta avec tant de succès de deux pièces de 6 chargées à mitraille, que, loin de réussir à pousser plus avant, ils se virent même obligés d'abandonner le village (1).

La situation était donc à ce moment la suivante : les deux colonnes de Chapuis et de Bonnaud étaient rassemblées entre Audencourt et Bertry, sur un front insuffisant pour cette masse de 25,000 hommes, sans avoir eu la précaution de surveiller la dangereuse vallée de l'Ereclin, sans s'être réservé la possession des points d'appui d'Inchy, du château de Clermont et de Béthencourt qui leur eussent permis de faire face à une attaque de flanc.

Au lieu d'employer une partie de leurs forces à soutenir leur gauche, tout à fait à découvert du côté de Béthencourt, non seulement la colonne arrivée par la grande route, mais encore la plus grande partie de celle qui s'était dirigée sur Ligny, étaient venues s'entasser entre Caudry, le Coquelet, Audencourt et la cense du Tronquoy avec leur nombreuse artillerie dont une partie, placée au hasard, servait plus à les embarrasser qu'à les défendre (2).

Tel fut le spectacle qui, au moment où le brouillard se dissipa, s'offrit à la vue du duc d'York et du F. M. L.

---

(1) *Mémoire* de d'Arnaudin.
(2) *Ibid.*

Otto (1), montés tous deux dans le moulin de Troisvilles et explorant le terrain à l'aide d'une lunette. Otto s'aperçut immédiatement que les Français n'avaient pas couvert leur aile gauche et qu'il serait possible à sa cavalerie de les attaquer à revers avant qu'ils pussent faire face de ce côté. Le duc d'York s'empressa d'accepter ce plan (2).

Pour l'exécuter, il fallait d'abord attirer l'attention de l'ennemi sur son front et le fixer dans cette direction. Le duc d'York obtint ce résultat par une violente canonnade dirigée contre les troupes qui, après l'occupation momentanée de Troisvilles, s'étaient retirées entre Audencourt et Bertry ; cette canonnade appuyait un essaim de tirailleurs fournis par l'infanterie légère, et la cavalerie légère (15ᵉ et 16ᵉ dragons anglais et 9ᵉ hussards) qui voltigeaient dans la plaine sur le front du gros de l'armée française. Ces troupes eurent même l'ordre

---

(1) *Relation* du F. M. L. Otto. « Je montai sur le moulin à vent et S. A. R. eut la bonté de me donner une bonne lunette. » (*K. u. K. Kriegs Archiv.*) L'*Œsterreichische militärische Zeitschrift* dit également : « Le duc d'York se trouvait en ce moment avec le F. M. L. Otto près du moulin à vent derrière Troisville. »

(2) Extrait de l'*Œsterreichische militärische Zeitschrift* (op. cit., p. 117) :

« Le F. M. L. Otto remarqua que l'ennemi avait négligé de couvrir son aile gauche. Sur sa proposition, le duc d'York ordonna de porter contre cette aile le régiment I. et R. de cuirassiers Zeschwitz, ainsi que neuf escadrons faisant partie des brigades anglaises de grosse cavalerie du général Mansel et du colonel Vyse, puisque le terrain de ce côté favorisait les mouvements de la cavalerie et que l'utilisation de la faute commise par l'ennemi promettait des résultats décisifs. Lorsque cette cavalerie, passant rapidement derrière l'infanterie pour marcher en avant, eut atteint l'extrémité de l'aile droite, le duc d'York ordonna à la cavalerie légère, placée en avant de Troisvilles, de se retirer afin d'attirer encore plus l'ennemi dans la plaine libre. Le F. M. L. Otto donna la direction de l'attaque au colonel prince Charles de Schwarzenberg, commandant le régiment I. et R. de

de céder peu à peu le terrain devant l'ennemi afin de l'attirer dans la direction de Troisvilles et d'en rendre l'enveloppement plus facile.

Pendant qu'il trompait Chapuis par cette démonstration, le duc d'York mettait à la disposition du F. M. L. Otto, pour l'attaque décisive : six escadrons de cuirassiers de Zeschwitz sous les ordres du colonel prince de Schwarzenberg; la brigade du général anglais Mansel comprenant deux escadrons de gardes bleus, deux escadrons du 3e dragons-gardes et deux du 1er; enfin la brigade du colonel Vyse composée de trois escadrons du 1er régiment de dragons-gardes et de trois du 5e.

Le colonel prince de Schwarzenberg, avec ses cuirassiers de Zeschwitz, tenait la tête de la colonne. Le F. M. L. Otto confia à son aide de camp, le capitaine Mecsery, la délicate mission de guide. Après avoir fait occuper le village d'Inchy par l'infanterie légère d'O'Donnel et les chasseurs, Mecsery conduisit les dix-huit escadrons autrichiens et anglais en les défilant par le fond de la vallée qui s'étend entre Inchy et Béthencourt.

Quelles que fussent les précautions et la célérité qui présidèrent à ce mouvement, il ne put échapper entièrement à l'attention des Français. « Le général Bonnaud et moi » dit Chapuis, « nous aperçûmes une colonne de

---

cuirassiers Zeschwitz, qui tenait la tête de la colonne. Il prescrivit en même temps à son aide de camp, le capitaine de cavalerie Mecsery, qui était très familiarisé avec les terrains environnants, de conduire l'avant-garde de cette cavalerie à travers le thalweg situé derrière Inchy et qui échappait aux vues de l'ennemi. Le village d'Inchy fut à ce moment occupé par quelque infanterie pour couvrir le flanc de la cavalerie. Le capitaine Mecsery, après avoir suivi le profond thalweg qui se trouve entre Inchy et Béthencourt, déboucha dans la plaine au delà de la route, mit en fuite l'avant-garde de la cavalerie française et fit prisonnier, dans la poursuite, le général Chapuis, commandant en chef des troupes ennemies. »

cavalerie ennemie qui débouchait d'un ravin éloigné sur notre gauche. Quoiqu'elle ne parût pas capable de pouvoir beaucoup nous inquiéter, nous eûmes la précaution de faire passer à la gauche (1) d'Audencourt un renfort de deux bataillons et d'un régiment de cavalerie (2) et de placer aux deux extrémités de ce village quatre pièces d'artillerie légère qui découvraient entièrement la plaine située à gauche d'Audencourt (3). » Bonnaud couvrit ce mouvement en lançant les 3e et 10e de hussards contre la cavalerie légère ennemie.

Le feu de cette artillerie envoyée par Chapuis au Nord d'Audencourt n'eut d'autre effet que d'accélérer la marche de la cavalerie austro-anglaise qui s'éloignait de plus en plus vers le Nord-Ouest et obliquement à la chaussée de Cambrai de façon à atteindre les derrières de la colonne française. Cette fois Chapuis, qui tout d'abord ne croyait pas devoir être « beaucoup inquiété » comprit le péril en voyant cette cavalerie se prolonger sur sa gauche « avec le dessein apparent de vouloir lui couper la retraite ». A l'en croire, il aurait alors prescrit au régiment de carabiniers dont il disposait de se porter au secours des 7e et 13e de cavalerie déjà envoyés sur « la gauche » d'Audencourt.

Si l'on s'en rapporte au *Journal* de Bonnaud, celui-ci se trouvait à la gauche de sa colonne avec les 5e et 6e hussards et le régiment de carabiniers; et ce serait lui qui aurait pris l'initiative de se porter avec ce corps d'élite au secours de la colonne de Chapuis.

---

(1) Au Nord d'Audencourt.
(2) Cela faisait deux avec celui qui y était dès le début; ces deux régiments sont sans doute les 7e et 13e de cavalerie commandés par le chef de brigade Baillot, dont parle Bonnaud. (Voir *Documents annexes*.)
(3) Le général Chapuis au Comité de Salut public. Le Cateau, 9 floréal (28 avril 1794).

Il était malheureusement trop tard. Déjà le prince de Schwarzenberg (1) qui tenait la tête de la colonne avait débouché de la vallée de l'Ereclin sur le plateau ; il avait formé ses six escadrons de cuirassiers sur trois lignes et les avait lancés, parallèlement à la chaussée de Cambrai, à l'attaque du détachement que Chapuis avait placé au Nord d'Audencourt pour éclairer et couvrir sa gauche. Loin de résister aux cuirassiers de Zeschwitz, les 7e et 13e de cavalerie se sauvèrent à toute bride par la chaussée vers Cambrai ; les charretiers des pièces que Chapuis avait « établies en avant et aux deux extrémités d'Audencourt, ainsi que ceux des pièces des bataillons qui étaient à gauche (*au Nord*) du village, s'enfuirent à toute bride, criant à l'infanterie de couper les traits

---

(1) Extrait de l'*Œsterreichische militärische Zeitschrift* : « Lorsque le prince Schwarzenberg arriva dans la plaine avec le gros, il trouva l'infanterie ennemie de la première colonne établie en ordre de bataille, de la cense du Tronquoy jusqu'à Audencourt, et qui le reçut avec un feu très vif d'artillerie et de nombreuses salves de fusils. Sous ce feu, le Prince forma sa cavalerie en deux lignes et une réserve avec la plus rapide décision et s'élança avec elle sur l'ennemi si supérieur sous tous les rapports. Cette attaque de cavalerie est une des aventures les plus brillantes de l'histoire des guerres. L'attaque fut exécutée avec le plus grand courage et l'ordre le plus admirable...... En peu de minutes, les lignes de l'ennemi furent traversées et rompues : plus de 3,000 Français hachés, 300 prisonniers, toute la colonne ennemie, forte de 27,000 hommes, dans la fuite la plus désordonnée. 22 canons et 29 voitures de munitions furent enlevés.

« La cavalerie se déployant vers le Tronquoy contre la deuxième colonne française, qui s'avançait contre l'aile gauche du duc d'York, avait pris réellement pour une fuite la retraite simulée ordonnée à la cavalerie légère derrière Troisvilles ; et cette ruse réussit pleinement. L'ennemi fut poursuivi rapidement et sans lui donner le temps de se remettre. Les carabiniers se sabrèrent avec les hussards et les chevau-légers des Alliés sans amener aucun résultat. Pendant ce temps, cette colonne française, qui avait appris la défaite de la première, commença à se retirer aussi sous une faible canonnade. »

de leurs chevaux (1) ». Les 3ᵉ et 10ᵉ de hussards étaient également mis en déroute par les 15ᵉ et 16ᵉ régiments de dragons anglais et quelques hussards sous les ordres du général Dundas qui, après les avoir attirés, fondirent ensuite sur eux au moment où se produisit la surprise d'Audencourt.

C'est à ce moment qu'arriva le général Bonnaud avec son régiment de carabiniers. Voyant les 15ᵉ et 16ᵉ dragons à la poursuite des 3ᵉ et 10ᵉ de hussards, il les chargea de flanc (2) et les obligea à « se retirer avec quelque précipitation ». Cette cavalerie légère anglaise « fut cependant ralliée le moment d'après par ses officiers et ramenée à la charge des mêmes ennemis, qui alors furent culbutés. Les carabiniers s'étaient même déjà emparés de trois pièces de canon qui leur furent reprises par un escadron de dragons légers (3) ».

L'échec des carabiniers entraîna la retraite de la colonne Bonnaud, qui avait alors à sa gauche les 5ᵉ et 6ᵉ de hussards, à sa droite le 13ᵉ de dragons, et en seconde ligne son infanterie appuyée à quelques petits bois. Cette retraite s'effectua sur Ligny « avec plus de désordre que de pertes » en laissant quelques prisonniers aux mains de l'ennemi. La cavalerie de Dundas essaya encore de charger cette colonne, mais la présence des carabiniers lui en imposa, et « à la faveur d'un grand ravin, cette retraite s'exécuta en bon ordre (4) ».

On ne pouvait malheureusement en dire autant de celle de Chapuis. Poursuivant leur marche victorieuse après la dispersion de la flanc-garde française d'Audencourt, les cuirassiers de Zeschwitz et les brigades de

---

(1) Chapuis au Comité de Salut public. Le Cateau, 28 avril 1794.
(2) *Journal* de Bonnaud.
(3) *Relation* du duc d'York. (*K. u. K. K. A.*)
(4) *Journal* de Bonnaud.

Mansel et de Vyse vinrent prendre à revers le gros de la colonne de Chapuis formée en bataille sur deux lignes au Sud d'Audencourt. Ces troupes « ne surent pas tenir contre une attaque aussi vigoureuse, faite sur leur flanc gauche et par derrière, en même temps qu'elles entendaient tirer en avant du côté de Troisvilles (1) ». La fuite des charretiers d'artillerie acheva de les rompre, et ce fut le signal d'une véritable panique. En un clin d'œil le désordre fut tel, dans la colonne, que « toutes les puissances humaines eussent vainement tenté de la rallier ». A ce pénible aveu, Chapuis ajoute :

> Au premier aspect du désordre, j'étais accouru pour l'arrêter; mais, au milieu des cris de : « Sauve qui peut! » ma voix n'était plus entendue. Tous mes efforts furent inutiles et la confusion était à son comble.
>
> L'ennemi, dont la très nombreuse cavalerie serrait notre flanc droit, notre tête et notre queue, passa au galop dans la colonne dispersée. Seul au milieu d'elle, dans ce cruel instant, avec un aide de camp, abandonné de mes ordonnances, je m'arrachais les cheveux de désespoir de l'inutilité des efforts presque surnaturels que j'avais faits pour la rallier. Plût au Ciel qu'un coup mortel m'eût ôté le spectacle déchirant qui s'offrit à mes regards! Mais, me portant à la tête de la colonne, en longeant son flanc droit, je tombai, après avoir été blessé de deux coups de sabre, au pouvoir d'un régiment de cavalerie ennemie, que je prenais pour un des nôtres, qui était en bataille à la tête de la colonne à laquelle il faisait face, et je fus conduit au Cateau (2).

L'infanterie de Chapuis, ainsi maltraitée, s'écoula en deux torrents de fuyards par les deux têtes du ravin de Ligny, dont la plus méridionale passe au pied du Tronquoy; elle y laissa huit pièces de canon. Une partie des

---

(1) *Mémoires* de d'Arnaudin.
(2) Lettre précitée de Chapuis au Comité de Salut public.

fuyards gagna le village de Ligny où ils furent sabrés par les cuirassiers de Zeschwitz. Les autres atteignirent le Tronquoy, où ils furent recueillis par une réserve qui parvint à les rallier grâce à la protection des quatorze pièces d'artillerie dont elle disposait. Le général Mansel, qui arrivait de la direction d'Audencourt, voulut traverser le ravin de Ligny pour charger les troupes appuyées à la cense du Tronquoy. Mais il fut accueilli par le tir à mitraille de ces quatorze pièces qui culbuta son premier rang. La cavalerie anglaise n'en continua pas moins sa marche, arriva en bon ordre de l'autre côté du ravin, attaqua vivement les bataillons français qu'elle dispersa et s'empara de leur artillerie. Ce fut dans cette charge brillante que le général Mansel trouva une mort glorieuse.

Aussitôt que le général Bonnaud, qui avait rétrogradé sur Ligny, eut mis sa colonne en sûreté, et qu'il eut appris que le général Chapuis était prisonnier, il se porta de sa personne, avec « le chef de brigade Baillot, sur la route de Solesmes où avait marché une faible colonne commandée par le chef d'escadron Rigaud (1) ». Le duc d'York l'avait tenue en respect en lui montrant « à quelque distance un peu de cavalerie sur une hauteur (2) ». Comme elle n'était point en danger et se retirait en bon ordre, Bonnaud se porta sur la route de Crèvecœur où il trouva le plus grand désordre. Il parvint enfin, avec le concours de son aide de camp, à rassembler quelques bataillons et environ 1200 hommes à cheval avec lesquels il rentra à Cambrai à 4 heures du soir, « après s'être assuré que tout était hors de danger ».

En dehors des trois colonnes dont il vient d'être question, l'armée du duc d'York eut encore à repousser l'at-

---

(1) *Journal* de Bonnaud.
(2) *Relation* du duc d'York.

taque de quelques troupes paraissant venir du Catelet ou même des environs de Saint-Quentin, et qui devaient assurer la liaison, au Nord de Bohain, entre les deux importantes opérations offensives dont Cambrai et Guise étaient le point de départ. Les documents français ne fournissent malheureusement aucun détail sur cette action intermédiaire ; à leur défaut, nous devons en indiquer les incidents et les résultats, d'après les seules relations des Alliés.

Tandis que ces succès s'obtenaient à la droite de l'armée britannique, écrit d'Arnaudin, on n'était pas moins heureux à la gauche. Les corps avancés de l'armée française qui débouchaient par Prémont et Maretz avaient déjà pénétré jusqu'à Maurois et Honnechy. Les deux escadrons du 7e régiment de dragons légers, avec quelques compagnies franches, qui s'étaient crus obligés d'abandonner ces postes, se repliaient sur la gauche du camp entre 8 et 9 heures du matin. Ils rencontrèrent d'abord dans leur retraite les deux escadrons du 11e régiment de dragons légers qui venaient les relever, conformément à l'ordre habituel du service journalier. Bientôt après ils furent joints par deux autres escadrons des hussards de l'archiduc Ferdinand, que le duc d'York détachait pour les aider à arrêter les progrès de l'ennemi dans cette partie, où il n'était plus qu'à un quart de lieue du camp (1).

---

(1) Le général Bonnaud dit que sa droite fut attaquée par des forces de cavalerie ennemie qui auraient dû être contenues « par la division de Saint-Quentin qui, après maints accidents, ne donna point comme elle devait le faire ».

D'après des situations au 1er et 10 floréal (20 et 29 avril), on voit qu'il y avait à Saint-Quentin quelques petits détachements d'infanterie et de cavalerie formant un effectif d'un millier d'hommes. Ces forces, (augmentées peut-être de certaines fractions rejetées au delà du Catelet les 17 et 18 avril) durent concourir à l'offensive générale du 26 avril. Il n'est pas impossible qu'elles aient été renforcées par quelques éléments de l'ancienne division Goguet, dont l'aile gauche était dirigée contre la forêt d'Arrouaize et qui avait intérêt à se couvrir du côté de Bohain et de Busigny pour parer à une attaque de flanc et se lier aux troupes de Cambrai.

Le major Stephaicz (1), des hussards de l'archiduc Ferdinand, prit le commandement de ces six escadrons et marcha à la rencontre des Français qui avaient occupé Maurois et Honnechy, et établi leur artillerie au moulin d'Honnechy. Afin de les tourner il dirigea ses six escadrons par le ravin qui de Saint-Benin va vers Busigny, puis s'étend entre cette localité et Honnechy. Voyant leur retraite menacée, les Français se retirèrent en bon ordre sur Maretz et Élincourt. Mais bientôt, le major Stephaicz arriva, avec sa cavalerie, à portée de la colonne française.

Il ne balança pas un moment, attaqua son arrière-garde et la culbuta sur le gros de la colonne. Après avoir soutenu une décharge de celle-ci, il la culbuta de même et la poursuivit jusqu'à Walincourt, où on lui prit 8 canons, 2 obusiers, 15 caissons et plusieurs chevaux, faisant prisonniers après l'affaire (2), au nombre de 120, ceux qui s'étaient cachés dans les blés; car pendant la mêlée, on ne s'amusa point à en faire. On compte que plus de 1000 ennemis furent sabrés, tant dans

---

(1) Extrait de l'*Œsterreichische militärische Zeitschrift* (*op. cit.*, p. 119) : « Le major I. et R. Stephaicz avait tenu les avant-postes de Maurois et d'Honnechy avec deux escadrons de hussards Ferdinand et quatre escadrons de chevau-légers anglais. Le mouvement en avant de l'ennemi l'avait forcé à abandonner ces deux localités et les hauteurs voisines. A peine eut-il appris la défaite de la première colonne et su la retraite de l'ennemi, qu'il prit rapidement la décision de profiter du moment pour tourner à gauche la colonne française qui lui était opposée et pour exécuter une attaque contre son flanc droit. Il marcha en hâte entre Honnechy et Busigny, et trouva l'ennemi battant en retraite avec ordre et sans intervalles entre Maretz et Élincourt. Avec la rapidité de l'éclair, il fondit sur l'arrière-garde ennemie, la rejeta sur le gros, mit toute la colonne en désordre et en fuite, la poursuivit jusqu'à Walincourt, sabra plus de 1000 ennemis, fit 120 prisonniers et enleva 10 canons et 22 voitures de munitions.

(2) Voir *Rapport* du major Stephaicz : il dit avoir pris 88 chevaux. (*K. u. K. Kriegs Archiv.*) Voir aussi *Œsterreichische militärische Zeitschrift*.

ces attaques que pendant la poursuite. Après ceci, l'ennemi disparut entièrement, se retirant en toute hâte vers Cambrai et Crèvecœur (1).

C'est à la cavalerie des alliés que revenait tout l'honneur de ce combat de Troisvilles qui coûta aux Français 5,000 tués ou blessés, 350 prisonniers (dont le général Chapuis), 30 canons, 2 obusiers et 44 caissons. L'infanterie n'avait pris aucune part à l'action et était restée dans son camp sans tirer un seul coup de fusil (2).

En dehors des pertes matérielles subies par les Français, ce désastre eut encore pour eux la très grave conséquence de révéler aux ennemis le plan de Pichegru. Après la capture de Chapuis, on trouva en effet sur lui un billet, fort mal écrit au crayon, dans lequel Pichegru annonçait qu'il s'avancerait le 7 floréal avec 50,000 hommes dans les Flandres, ayant Courtrai pour objectif principal (3). Aussitôt qu'il eut ce précieux renseigne-

---

(1) *Relation* de l'attaque soutenue par le corps du duc d'York. (*K. u. K. Kriegs Archiv.*)

(2) « Cette superbe victoire fut gagnée sur les deux points par la cavalerie. L'infanterie était restée dans son camp et n'avait pas trouvé l'occasion de prendre part au combat. La cavalerie alliée perdit, en tués, blessés et disparus, 16 officiers, parmi lesquels le général anglais Mansel et 380 hommes ; l'ennemi, en tués et blessés, 5,000 hommes ; en prisonniers, seulement 350, dont le général commandant en chef Chapuy ; enfin 30 canons, 2 obusiers et 44 caissons. » (*Œsterreichische militärische Zeitschrift, op. cit.,* p. 119.)

Dans son *Journal*, Bonnaud évalue les pertes seulement à 1200 tués ou prisonniers et 40 pièces.

(3) Par le billet de Pichegru, Cobourg savait encore que Maubeuge devait opérer une diversion sur Coursolre, Solre-le-Château, tandis que l'armée des Ardennes devait attaquer Beaumont ; enfin que les troupes françaises réparties le long de la Sambre, de Maubeuge à Maroilles, devaient simplement harceler l'armée d'observation. Il en concluait que le camp de Silenrieux et de Daussois se composait des troupes de Maubeuge et que, par suite, Kaunitz n'avait pas beaucoup à craindre de cette place. (*K. u K. Kriegs Archiv.*)

ment, et pendant que la cavalerie du duc d'York poursuivait encore les fuyards vers Cambrai, Cobourg décidait que Clerfayt, renforcé de 12 bataillons et de 10 escadrons, abandonnerait immédiatement le camp de Denain, où il s'était porté au secours du général de Wurmb le 5 au soir, pour revenir sur Tournai; de là il marcherait avec toutes ses forces à la rencontre de Pichegru pour l'attaquer partout où il le rencontrerait. Les renforts qui, dans ce but, furent mis, dès le 26 avril au soir, à la disposition du F. Z. M. Clerfayt comprenaient : 6 bataillons de l'armée de siège déjà portés sur Saint-Amand ; 6 bataillons et 10 escadrons de l'armée anglaise qui, sans perdre un instant, devaient dans la soirée marcher vers le même point sous les ordres du général Erskine. Il ne restait plus ainsi que 18 bataillons et 54 escadrons au duc d'York pour occuper ses positions devant le Cateau et Catillon (1).

Le *Journal* du général Bonnaud fait ressortir, avec justesse, les principales causes du désastre : « 1° La fausse manœuvre de la colonne du centre..... ; 2° le défaut d'énergie des troupes (non seulement leur moral

---

(1) « Comme on avait trouvé dans la poche du général Chapuis le plan d'une invasion dans les Flandres que devait exécuter Pichegru avec 50,000 hommes, on fit partir aussitôt après la bataille 12 bataillons et 10 escadrons, prélevés sur l'armée de Landrecies, pour se rendre à marches forcées dans les Flandres. Le F. Z. M. Clerfayt reçut la mission de rappeler de nouveau à lui les troupes avec lesquelles il avait renforcé le corps de Denain, et de se diriger en hâte avec son corps entier vers les Flandres. A Denain, l'armée d'observation envoya deux bataillons et six escadrons pour renforcer le général de Wurmb; deux bataillons furent aussi détachés du corps de siège. Dans les positions du Cateau et de Catillon restèrent seulement 18 bataillons et 54 escadrons.

« La victoire du Cateau décida du sort de Landrecies. On a déjà dit que, vers midi, le 26, commença le bombardement de la forteresse. » (Extrait de l'*Œsterreichische militärische Zeitschrift*, op. cit., p. 125.)

était affaibli par la durée (de leurs revers, mais encore leur physique par leurs excessives fatigues) ». Bonnaud a fait remarquer, en effet, que les troupes avaient dû prendre les armes le 6 floréal (25 avril), à 3 heures de l'après-midi, « pour aller attaquer l'ennemi à 7 lieues de là avec le mauvais temps, après avoir bivouaqué, marché trois jours et s'être battues deux ». Il ajoute enfin : « 3° Le défaut d'organisation et principalement le manque de chefs, que le soldat ne connaissait point et dont dépend la confiance si nécessaire pour les succès. »

La nouvelle du désastre de Troisvilles, apportée à Cambrai par les fuyards, suscita une vive émotion dans la ville. Les autorités municipales se concertèrent aussitôt avec le représentant en mission Bollet pour les mesures à prendre. Des rumeurs malveillantes circulaient, incriminant non seulement les talents, mais la loyauté des chefs qui avaient conduit l'opération ; on accusait même le général Chapuis d'être passé à l'ennemi de propos délibéré. Quoi qu'il en soit, le représentant Bollet prit, le jour même, un arrêté pour conférer au général de brigade Proteau le commandement provisoire de la place de Cambrai et des troupes qui en formaient la garnison (1). Quatre jours plus tard, ce com-

---

(1) Voir dans Foucart et Finot (*op. cit.*, t. II, p. 357) le texte de l'arrêté pris le 7 floréal (26 avril) par Bollet :

« Nous, Représentant du peuple près l'armée du Nord,

« Attendu l'urgence et l'absence du général de division Chapuis, sur le sort duquel on est encore incertain, soit par la mort, soit par la captivité, conférons provisoirement au général de brigade Proteau le commandement de la place de Cambrai, de son arrondissement et des troupes qui y sont attachées, sauf à lui à faire confirmer par mon collègue Choudieu et le général en chef Pichegru.

« BOLLET. »

Proteau vint immédiatement présenter cet arrêté au Conseil général de la commune de Cambrai et prêta séance tenante le serment exigé par la loi.

mandement fut attribué définitivement au général Bonnaud (1).

Le général Chapuis avait été conduit au Cateau, où il rédigea, le 28 avril, une relation du combat de l'avant-veille, adressée au Comité de Salut public. Il ne put d'ailleurs envoyer ce document que le 7 mai, de Bruxelles, où il venait d'être transféré; il en profitait pour solliciter la faveur d'être échangé et de pouvoir justifier sa conduite. Bien qu'il n'ait pas été fait droit à cette demande, les accusations portées trop légèrement contre le général Chapuis (2) firent l'objet d'une enquête approfondie et consciencieuse, dont les conclusions furent favorables à l'intégrité et au courage personnel de ce général. Par arrêté du 3 prairial (22 mai), les représentants du peuple près l'armée du Nord reconnurent que Chapuis n'avait été fait prisonnier qu'après avoir reçu une blessure au bras, qu'il s'était toujours « conduit en brave républicain » et avait « servi constamment la patrie avec zèle et courage ». Ils ordonnèrent en conséquence la mise

---

(1) Cette nomination fut faite par arrêté des représentants Florent Guiot et Bollet (Cambrai, 11 floréal-30 avril) :

« Nous, Représentants du peuple près l'armée du Nord,

« Vu l'absence du général de brigade Chapuis chargé du commandement de la division de Cambrai,

« Nommons, par mesure de salut public, pour commander cette division, le général de brigade Bonnaud qui, à l'instant, est tenu de prendre le commandement en chef de cette division.

« Enjoignons au général de brigade commandant provisoirement la division de Douai de le faire reconnaître par les différents corps composant cette division comme général de division commandant la division de Cambrai. »

(2) Six semaines auparavant, Chapuis avait été déjà dénoncé par les « Patriotes » de Cambrai; les représentants Choudieu et Richard avaient d'ailleurs jugé ne pas devoir donner suite à ces accusations et décidé que Chapuis conserverait son commandement. (Arrêté du 24 ventôse an II-14 mars 1794.)

en liberté et la réintégration dans leurs grades des proches parents du général Chapuis, qui avaient été mis en état d'arrestation préventive, le 30 avril, comme pouvant être complices du crime de trahison qui lui était reproché (1).

Attaques à l'Est et au Sud de Landrecies. — Tandis que la division Chapuis venait se heurter au corps du duc d'York et se voyait rejetée en déroute sur Cambrai, une offensive analogue des troupes françaises d'Avesnes et de Guise se produisait sur le vaste périmètre dessiné par la Petite-Helpe, la forêt du Nouvion et le cours supérieur du Noirieu. Cette opération se compose, en réalité, d'actions partielles qui furent loin de se lier ensemble autant qu'il eût été nécessaire et que le prévoyaient les instructions générales de Ferrand.

Attaque de Montaigu contre Bas-Maroilles et les retranchements de Favril. — Pour se conformer aux instructions de Ferrand prescrivant d'envoyer « le plus de forces possible sur Maroilles », Favereau, qui avait déjà dirigé sur ce point quatre bataillons de la division Despeaux, en fit encore filer deux autres qu'il prit dans le camp retranché. Toutefois, comme le général Muller ne reçut ce nouvel ordre que le 26, à 6 h. 30 du matin, ces deux bataillons ne purent être rendus à destination qu'à 2 heures de l'après-midi.

Montaigu n'attendit pas ce dernier renfort pour commencer son attaque (2). Dès le point du jour, sa brigade,

---

(1) Voir aux *Documents annexes* cet arrêté qui fut mis à l'ordre du jour de l'armée du Nord du 13 au 14 prairial (1er au 2 juin).

(2) L'*Œsterreichische militärische Zeitschrift* relate ainsi le combat entre Maroilles et Cartigny :

« A l'aile gauche, l'armée principale I. et R. avait été attaquée au point du jour par une masse ennemie de 40,000 hommes. Une colonne renforcée de quatre bataillons, se porta en avant avec impétuosité et repoussa les avant-postes autrichiens

---

chassa les avant-postes de Bas-Maroilles et, favorisée par les couverts des buissons, s'avança jusqu'à portée de canon des retranchements situés derrière, où elle s'arrêta. Une deuxième colonne s'avança de Cartigny sur les hauteurs de Beaurepaire, rejeta les avant-postes sur Priches et pénétra dans ce village ; mais elle ne réussit pas à s'y maintenir. Dans cet instant, la garnison de Landrecies fit une sortie contre les tranchées. Le général baron Kerpen, qui commandait les troupes qui s'y trouvaient, soutint si bien tous les postes d'investissement que l'ennemi se retira vers la forteresse sans avoir obtenu aucun avantage et après avoir éprouvé une forte perte. Le feu commençant dans les tranchées avait été un signal pour inciter la première colonne à une nouvelle attaque sur Bas-Maroilles. Pendant ce temps, quatre bataillons et six escadrons étaient venus en soutien, partie dans les retranchements, partie entre ceux-ci et la position principale. Le combat le plus furieux se prolongea longtemps sans résultat. Bien que l'ennemi eût été repoussé plusieurs fois à la baïonnette, il réussit enfin à s'avancer jusqu'aux retranchements. Alors le F. Z. M. Alvinzy, intervenant lui-même avec de nouveaux renforts, repoussa l'ennemi du terrain conquis jusqu'à la Petite-Helpe. Alvinzy fut blessé au pied. L'archiduc Charles prit le commandement à sa place.

« Il semblait déjà que l'ennemi, fatigué de l'insuccès de ses efforts, renonçait à tenter une nouvelle attaque de ce côté, quand, tout à coup, des colonnes fraîches s'élancèrent des deux villages de Fayt contre le flanc gauche de Priches. Aussitôt l'artillerie française, placée sur la hauteur de Beaurepaire canonna l'infanterie impériale sur le côté droit de ce village. En même temps, la colonne ennemie de Cartigny tourna son attaque contre ce point important, dont la perte aurait ouvert à l'ennemi le chemin pour s'avancer dans la vallée de Priches et séparer les deux ailes de l'armée I. et R. L'archiduc Charles envoya le général Werneck avec deux bataillons de grenadiers dans ce village et fit rassembler deux divisions de cuirassiers à gauche avec ordre de tomber sur le flanc droit de l'ennemi aussitôt qu'il se déploierait sur les hauteurs environnantes. Le général Keim devait soutenir cette attaque de Bas-Maroilles avec son infanterie. Cependant la vigueur et l'opiniâtreté des forces supérieures de l'ennemi épuisèrent enfin la défense courageuse de nos troupes. Le général Werneck abandonna le village. Le F. Z. M. Alvinzy qui, bien que trois fois blessé, n'avait pas cependant abandonné le champ de bataille, rassembla les troupes qui avaient cédé et

placés devant Maroilles. Sous la protection d'une très vive canonnade, l'infanterie française put progresser à travers les jardins et les buissons, que faute de travailleurs et d'outils, les Autrichiens n'avaient pas abattus. Elle arriva jusqu'à portée de canon des retranchements de l'armée d'observation ; elle semblait même devoir gagner encore du terrain. Devant cette menace, le F. M. L. Alvinzy fit avancer sur Bas-Maroilles des détachements du régiment d'Erbach. Du reste, l'attaque de Montaigu s'arrêta bientôt d'elle-même. On doit se rappeler, à ce propos, que le *Projet d'attaque* de Ferrand prescrivait seulement à cette brigade de *se montrer sur les hauteurs de Maroilles* dans le double but *d'inquiéter l'ennemi* et *de faire connaître à la garnison de Landrecies qu'on venait à son secours.*

Cependant, Roulland n'avait pas attendu ce renseignement ; au moment même où Montaigu s'avançait de Maroilles, il s'était mis en marche à sa rencontre,

---

les quatre compagnies tenues en réserve, en vue d'une nouvelle attaque. Celle-ci fut conduite avec la plus brave résolution. Un bataillon du corps du F. Z. M. Kinsky y coopéra à l'instant décisif. De son côté, le général comte Bellegarde avait eu la supériorité à Malgarnie. Tout cela favorisa la reprise du village de Priches, et l'ennemi battu se retira sur l'Helpe.

« Pendant ce temps, les colonnes ennemies, dont l'attaque à Bas-Maroilles avait été repoussée, avaient reçu de Maubeuge huit bataillons de renforts et renouvelèrent leurs attaques sur ce point avec une hardiesse extraordinaire. Le long combat avait épuisé les forces des défenseurs. Bientôt les munitions manquèrent et la baïonnette resta pour les braves le seul moyen de défense ; pourtant, aussi souvent que l'ennemi réussit à conquérir un léger avantage, il fut toujours repoussé avec perte. Ce combat indécis, quoique menaçant d'un grand danger, dura jusqu'à ce que l'archiduc Charles, avec une partie de l'infanterie, manœuvra sur le flanc gauche de l'ennemi et par ce moyen décida la victoire sur cette aile. Cette colonne française se hâta alors de fuir et fut vivement poursuivie jusqu'à l'Helpe, qu'elle franchit au début de la nuit. »

avec les compagnies de siège « pour protéger le feu des troupes de la République qui ne cessaient de ce côté de se battre vaillamment ». En voyant ce mouvement, Montaigu reprit son attaque avec une nouvelle ardeur. Malheureusement les troupes du général baron Kerpen défendirent leurs retranchements avec succès contre les compagnies de Roulland, et forcèrent celles-ci à rentrer dans la place. Montaigu resta seul contre les Autrichiens qui s'empressèrent de détacher contre lui un bataillon Ulrich Kinsky et un bataillon Kaiser jusqu'aux retranchements avancés de Bas-Maroilles. En outre, le bataillon de Benjovsky et les grenadiers de Rousseau avec deux divisions de hussards de l'Empereur furent placés face au thalweg qui, de Maroilles, se dirige vers la position autrichienne. Plus loin le régiment Antoine Esterhazy et une division de hussards de l'Empereur furent disposés vis-à-vis du Grand et du Petit-Fayt, d'où se préparaient à déboucher des troupes françaises.

Cependant, à Bas-Maroilles, le combat devenait de plus en plus vif; Montaigu faisait attaques sur attaques; malgré une résistance vigoureuse et plusieurs charges à la baïonnette, les Autrichiens ne pouvaient l'empêcher d'atteindre les haies les plus rapprochées de leurs retranchements; mais, enfin, la ténacité avec laquelle le général Kray sut alimenter le combat, força les Français à abandonner ces haies et à reculer sur l'Helpe sous la protection de leur artillerie. Dans cette action, Alvinzy fut blessé et remplacé par l'archiduc Charles.

Le combat resta alors traînant. Il se réduisait à un échange de coups de fusil, lorsque les deux bataillons envoyés par Muller (1) rejoignirent la brigade Montaigu.

---

(1) Voir lettre de Muller à Favereau :

« Maubeuge, le 7 floréal (26 avril). — Les ordres sont donnés, Général, conformément aux instructions que tu m'as données. Le 1er ba-

Aussitôt celle-ci reprit vivement la lutte qui demeura indécise jusqu'au moment où l'infanterie postée face au thalweg venant de Maroilles et aux deux Fayt reçut de l'archiduc Charles l'ordre de tomber dans le flanc des Français et d'occuper Bas-Maroilles. Cet ordre fut ponctuellement exécuté et, malgré le tir de l'artillerie placée sur la rive droite de l'Helpe, les Autrichiens parvinrent à repousser la brigade Montaigu au delà de la rivière.

D'après un compte rendu adressé le jour même à Favereau, de la part de Montaigu, cet échec était imputable au manque de solidité des troupes placées sous ses ordres (1).

Le général Mayer, son aide de camp et le général Montaigu me chargent de répondre à ta lettre. Ils se battent ; malheureusement ils ne sont pas secondés dans l'entreprise qu'ils avaient commencée ce matin. Plusieurs bataillons ont fui ; et, sans la ferme contenance de nos braves généraux, une déroute complète nous faisait présager les plus funestes suites. La position qu'occupent les esclaves est presque inexpugnable (*sic*) ; ce n'est que du courage qu'il faudrait pour les en chasser. C'est de quoi bien des volontaires manquent ; trois fois la droite a été sur leurs redoutes, trois fois elle a été repoussée parce que des lâches restaient derrière. Nous avons beaucoup de blessés. Priches et la Basse-Maroilles en partie sont brûlés. L'ennemi

---

taillon du Nord et celui de la Haute-Vienne vont partir et suivront tes ordres dans leur route à Maroilles. »

Voir encore lettre de Favereau à Desjardin (même date) :

« Si tu n'as pas d'obstacle et que tu t'empares de Beaumont, et que ta jonction se fasse avec l'armée des Ardennes, je tirerai peut-être au moins deux bataillons pour les faire marcher sur Maroilles. Je viens encore d'en faire partir deux du camp..... »

Et lettre de Favereau à Coliny :

« Tu voudras bien, mon Camarade, commander le 56ᵉ régiment d'infanterie de se tenir prêt à marcher au premier ordre. »

(1) Lettre adressée à Favereau par « le secrétaire du général Montaigu ». Maroilles, 7 floréal (26 avril).

a commencé à bombarder Landrecies vivement à 10 heures du matin. La basse ville est en feu avec une partie de la ville. Le feu continue toujours. Aussitôt la rentrée des généraux, ils te donneront des détails plus circonstanciés.

Attaque des brigades Duvignot, Duhesme et Soland contre Priches. — Au moment même où la brigade Montaigu débouchait de Maroilles, chassait les avant-postes autrichiens et s'avançait à portée de canon de leurs retranchements, la brigade du général Duhesme, partant de Cartigny, s'élevait sur les hauteurs de Beau-repaire, où elle se réunissait à la brigade Duvignot chargée d'établir la liaison avec la division Balland. Les troupes françaises, ayant repoussé les avant-postes autrichiens, se préparèrent à attaquer le village de Priches.

D'après la disposition de mes troupes, écrit Duhesme (1), le 32ᵉ bataillon d'infanterie légère, le 1ᵉʳ bataillon du 56ᵉ régiment et le 2ᵉ de la Vienne étaient à l'aile gauche; un escadron du 12ᵉ de chasseurs pour les soutenir; l'artillerie légère au centre, soutenue par les trois escadrons du 22ᵉ régiment de cavalerie; à mon aile droite, le 5ᵉ bataillon des Vosges et le 10ᵉ de Seine-et-Oise, avec deux autres escadrons du 12ᵉ régiment de chasseurs.

Les Autrichiens étaient rangés en bataille devant Priches et dans une belle position formée (*sic*) par une artillerie bien plus forte que la nôtre. Le combat fut violent et dura plus de deux heures; l'infanterie du général Duvignot ayant tourné Priches par le vallon et le chemin de Beaurepaire, l'ennemi

---

(1) *Mémoires militaires.* Duhesme reproduit le *Rapport* qu'à la suite de l'affaire il adressa au général Fromentin. Il avait précédemment indiqué les directions générales prescrites pour les différentes attaques : la brigade Montaigu sur Bas-Maroilles; la brigade Soland du Grand-Fayt sur Favril; la brigade Duhesme d'Étrœungt sur Priches; la brigade Duvignot sur Beaurepaire; la division Balland du Nouvion sur Barzy et le Sart. La brigade Duhesme suivit deux chemins « qui traversent le bois entre Beaurepaire et Cartigny. »

fut chassé de la position et poursuivi jusqu'au delà de ce premier village.

Retiré dans ses retranchements sous Favril, il fit jouer, comme à son ordinaire, des pièces de 17 et de 13 ; malgré ce désavantage, nous tînmes ce village pendant plus de quatre heures et repoussâmes trois attaques faites par des grenadiers hongrois ; mais ceux-ci, rafraîchis par des troupes toujours nouvelles et soutenus par une artillerie si supérieure à la nôtre, forcèrent nos tirailleurs et attaquèrent notre infanterie avec tant de fureur qu'elle fut obligée de quitter Priches. D'ailleurs l'infanterie de Duvignot ayant été forcée par le vallon, nous étions à notre tour menacés sur notre flanc gauche, ainsi que les feux de l'ennemi nous l'indiquaient.

Ayant repris avec ordre notre première position de bataille, et nos tirailleurs rappelés à leurs corps, nous nous préparâmes à bien recevoir l'ennemi; il ne dépassa pas Priches et n'osa reprendre sa première position en avant de ce village.

D'après la *Relation* autrichienne, la brigade Duhesme eut à repousser une division de Stain établie en avant de Priches ; elle s'empara de la moitié du village, mais en fut bientôt délogée par cette division de Stain et par les renforts qui étaient venus l'appuyer. A la suite de ce retour offensif le combat se ralentit et se réduisit à une fusillade peu nourrie. Il en était de même à ce moment du côté de Maroilles, de sorte que les Autrichiens purent croire l'affaire terminée.

Sur ces entrefaites, le commandant Prohaska, de l'état-major, aperçut une colonne qui débouchait de Grand et Petit-Fayt sur Priches. C'était la brigade Soland, dont l'attaque se produisait avec un retard d'environ deux heures (1) par rapport à celles de Montaigu

---

(1) Voir lettre de Despeaux à Favereau. (Limont-Fontaine, 8 floréal, 27 avril) :

« ..... La division de Maroilles a bien attaqué au point du jour, mais celle de Solaud n'attaqua que sur les 7 à 8 heures. A 2 heures après-midi, il ne s'est plus fait entendre..... »

et de Duhesme : regrettable circonstance qu'il faut peut-être attribuer au peu de confiance que dénote la correspondance de Soland.

Pour parer au danger qui menaçait le village de Priches, l'archiduc Charles y envoya deux bataillons de grenadiers, sous les ordres du général Werneck.

Comme le terrain au Nord-Est du village était favorable à la cavalerie, le général-major prince de Cobourg reçut mission, avec deux divisions Kavanagh, de tomber sur le flanc droit des Français dès que ceux-ci commenceraient à se déployer sur les hauteurs de Priches. Cette attaque devait être couverte du côté de Maroilles par l'infanterie du général Keim.

Ces ordres furent aussitôt exécutés; Werneck se porta rapidement sur Priches avec les bataillons Bideskuty et Adorian. A ce moment l'attaque contre le village redoublait; la brigade Soland et la brigade Duhesme y participaient, de sorte que la division Stain, menacée d'être enveloppée par ce mouvement convergent, dut céder le terrain et abandonner la moitié du village. Alors, le bataillon Bideskuty s'élança sur les Français qui s'étaient avancés jusqu'à l'église; il les repoussa et vint réoccuper la position qu'avait tenue la division Stain en avant de Priches; il fut soutenu dans cette attaque par le bataillon Adorian.

Mais les deux colonnes réunies de Soland et de Duhesme renouvelèrent une vigoureuse offensive. Elles étaient appuyées par une artillerie nombreuse qui, des hauteurs de Beaurepaire, canonnait l'infanterie autrichienne placée à droite de Priches; leur infanterie refoula partout les troupes légères placées sur les flancs du village, de sorte que le bataillon Bideskuty se vit obligé d'abandonner sa position. A quatre reprises, le général Werneck manda qu'il ne pouvait continuer à tenir, s'il ne recevait des renforts; à la fin, il dut se retirer avec ses troupes en arrière du village.

L'abandon de Priches pouvait avoir pour les Autrichiens de graves conséquences. Maîtres de ce point, les Français avaient la facilité de s'avancer à la faveur des bosquets, des jardins et des vallons de Priches jusqu'à portée du camp ennemi ; il leur devenait également possible de déboucher sur l'aile gauche du corps de Kinsky. L'archiduc Charles envoya donc au général Werneck l'ordre formel de reprendre le village. En même temps il invita Kinsky à faire, avec son aile gauche, une démonstration vers Beaurepaire pour menacer le flanc gauche des Français et à soutenir le flanc droit de Werneck avec un ou deux bataillons (1) et un peu de cavalerie. D'autre part, le major Prohaska reçut, du F. M. L. Alvinzy, ordre de rassembler l'infanterie autrichienne qui se retirait du côté gauche de Priches et de la disposer près de la division Antoine Esterhazy qui s'y trouvait en position.

Ces dispositions étant prises, ordre fut donné à Werneck de s'avancer avec ses grenadiers pour occuper la partie droite du village ; son attaque devait être appuyée par la division Antoine Esterhazy, placée à gauche de Priches, qui était elle-même soutenue, plus à gauche, par les troupes légères et les uhlans. Le capitaine comte Esterhazy, qui commandait cette division, tomba si résolument sur les Français qu'il les força à reculer ; ce mouvement facilita les progrès des grenadiers et bientôt le village fut entièrement repris par les Autrichiens. Ils s'y maintinrent malgré plusieurs retours offensifs des Français qui durent enfin se replier vers les bords de l'Helpe. La cavalerie autrichienne, qui avait été envoyée dans la direction des Fayt, fut empêchée, par les accidents du terrain, de concourir à l'action qui se déroulait aux abords de Priches.

---

(1) D'après le *Rapport* de Kinsky, il n'y envoya qu'un bataillon Michael Wallis. (*K. u. K. Kriegs Archiv.*)

D'après les documents autrichiens eux-mêmes, ce ne fut pas avant la nuit que les Français eurent complètement évacué la rive gauche de l'Helpe et que les troupes d'investissement purent reprendre leurs avant-postes du matin. Duhesme revendique pour sa brigade l'honneur d'avoir tenu le plus longtemps et de s'être repliée dans le meilleur ordre possible (1) :

> La nuit étant venue, je me trouvais très en l'air par suite de la retraite des généraux Soland et Duvignot. Le chef de brigade d'Hautpoul, qui commandait la cavalerie de ce dernier, m'assurait que l'ennemi interceptait le chemin de la Capelle; on n'avait pas le moindre vent de la division du général Balland qui devait nous seconder par Barzy.
>
> Je me décidai donc à la retraite, que je fis en colonnes renversées par les routes que j'avais tenues pour venir, après avoir simulé un mouvement d'attaque pour la masquer.
>
> Le 22e régiment de cavalerie et le 1er bataillon du 56e régiment se sont supérieurement conduits; c'est à leur imposante fermeté que l'on doit notre belle retraite. Nous n'avons pas eu 100 hommes tant tués que blessés, et l'ennemi en a perdu au moins 300 (2).
>
> Le général Duhesme pouvait souffrir beaucoup plus et être très inquiété dans sa retraite, car le général Duvignot, trompé par de faux rapports, prit un grand détour pour faire la sienne sur Cartigny, au lieu de la faire sur la Capelle, dont on lui disait le chemin intercepté, laissant notre flanc absolument découvert, et nous exposant seuls à toutes les forces de l'ennemi; néanmoins la brigade se rendit à Étrœungt en bon ordre.

Attaque de la division Balland contre Barzy, la Louzy et Malgarnie. — A 5 h. 30 du matin, au

---

(1) *Mémoires militaires.*
(2) Ici se termine la citation du *Rapport* adressé à Fromentin.

moment même où Montaigu débouchait de Maroilles, la brigade de cavalerie et les chasseurs de la division Balland se montraient près du moulin à vent de Nouvion. Derrière ce premier rideau s'avançaient deux colonnes pourvues de huit canons. Elles mirent aussitôt quatre pièces en batterie dans le vieux retranchement situé près du moulin à vent et commencèrent à battre les avant-postes autrichiens de la Louzy-Hainaut et de Barzy (1) pour assurer la marche en avant de leur infanterie. Dans le village de la Louzy se trouvaient 20 chasseurs tyroliens et une compagnie du 4e bataillon de Slavons ; dans celui de Barzy, 60 chasseurs, une compagnie de Slavons et une de Callenberg-Infanterie. Sous l'action de la canonnade et de la fusillade de la division Balland, les avant-postes autrichiens que commandait le colonel de Siegenheld furent repoussés. Les Français occupèrent la Louzy-Hainaut mais ne purent enlever Barzy, dont la garnison fut renforcée par une division de Murray. Vers 1 heure, Balland amena quelques troupes nouvelles en face de Barzy et tenta encore d'enlever le village en appuyant l'attaque avec deux canons et deux obusiers. Mais les Autrichiens envoyèrent sur ce même point 1000 volontaires de Brechainville et 50 de Carl Schröder. Après une violente fusillade, les Français furent rejetés sur la forêt du Nouvion.

---

(1) Dans ses *Mémoires*, l'archiduc Charles expose ainsi l'offensive des Français dans cette partie :

« Ils prirent d'abord Barzy et la Louzy, puis attaquèrent en vain le poste de Malgarnie, qui se trouvait en avant de la position principale de l'ennemi, mais était soutenu par elle. Alors parvint la nouvelle de la victoire de Cateau aux alliés, qui sortirent de leur position et repoussèrent les Français jusque derrière le Nouvion. Entre Priches et la Sambre, le combat fut des plus violents et dura jusqu'à la nuit. Les Français escaladèrent les hauteurs occupées par l'ennemi, arrivèrent jusqu'à ses retranchements et ne furent obligés à la retraite qu'au prix des plus grands efforts. »

En même temps que s'effectuait cette attaque de front, Balland avait poussé le long de la Haye-Catelaine quelques bataillons et escadrons de cavalerie qui attaquèrent les avant-postes autrichiens à Malgarnie et les repoussèrent jusqu'à la cense de Pas-de-Vache. Comme cette colonne menaçait ainsi de se relier à l'attaque de Duhesme et de Soland sur Priches, le F. M. L. Kinsky prescrivit au G. M. comte de Bellegarde de se porter avec son corps de réserve devant Pas-de-Vache. Bellegarde ne se borna pas à défendre énergiquement cette ferme ; il prononça une vigoureuse offensive contre Malgarnie et en chassa les troupes de Balland (1). Ce mouvement eut pour conséquence de faciliter l'enlèvement de Priches qu'entreprenaient alors les efforts combinés de l'archiduc Charles et du colonel Pachta avec un bataillon Michaël Wallis.

Sur ces entrefaites arrivèrent les bataillons que le F. M. L. Kinsky avait fait venir de son aile droite. Il

---

(1) « En même temps qu'il prononçait ses attaques principales sur les ailes de l'armée alliée, l'ennemi avait inquiété le milieu de la ligne par plusieurs colonnes. A la pointe du jour, une colonne s'avançant d'Étreux repoussa les avant-postes du général Bellegarde devant Oizy et hors du bois d'Arrouaize. Un peu plus tard, un deuxième détachement ennemi en avait fait autant des avant-postes du Nouvion. La dernière colonne attaqua les villages de Barzy et de la Louzy-France ; le général Bellegarde la fit attaquer par le régiment wallon Murray. Cependant un corps ennemi de 12,000 hommes était rassemblé au Nouvion. Un fort détachement de ce corps s'avança rapidement le long du bois de Catelaine, repoussa les avant-postes I. et R. de Malgarnie jusqu'à la ferme de Pas-de-Vache et parut vouloir se relier avec la colonne qui attaquait Priches. Le général comte Bellegarde rejeta l'ennemi de Malgarnie par une attaque impétueuse, s'avança entre les colonnes ennemies, et pendant qu'il menaçait les flancs et les derrières de la colonne attaquant Priches à gauche, contribua parfaitement à une heureuse issue du combat livré autour de cette localité. » (Extrait de l'*Œsterreichische militärische Zeitschrift. Op. cit.* p. 123.)

résolut alors de franchir la Sambre et d'attaquer la division Balland dont il estimait la force à 12,000 ou 13,000 hommes ; il fut confirmé du reste dans cette idée par la nouvelle que l'ennemi était aussi battu à l'aile droite et que l'Empereur ordonnait de prendre une offensive générale. A cet effet, Kinsky forma ses troupes en trois colonnes : l'une du corps de réserve de Bellegarde renforcé d'un bataillon Giulay et d'une division de Blankenstein ; l'autre, que lui-même devait commander, comptait 1 bataillon 1/2 Schröder, 1 Grand-Duc de Toscane, 1 Callenberg, 1 division 1/2 de hussards de Blankenstein et 3 divisions de chevau-légers de Kinsky ; enfin, le général Fink reçut le commandement d'un bataillon de Brechainville, 1 escadron de Blankenstein et un demi-escadron de uhlans.

Le passage de la Sambre fut assuré au moyen d'une batterie d'artillerie lourde qui nettoya le plateau compris entre Barzy et le Nouvion. Bellegarde franchit la rivière à la Louzy-France ; Kinsky le suivit ; Fink dut s'établir au Sud de la Sambre entre Barzy et Bergues tant pour couvrir l'aile droite que pour inquiéter les Français sur leur gauche.

Dès qu'il eut débouché de la Louzy-France, le G. M. de Bellegarde, appuyé par son artillerie et sa cavalerie, poursuivit rapidement l'ennemi ; Kinsky, après avoir atteint les hauteurs du Nouvion, détacha le général Riesch avec un bataillon Callenberg et trois escadrons de chevau-légers Kinsky, à gauche vers Malemperche, avec ordre de poursuivre les Français vers la Capelle ou au moins de les tenir en respect de ce côté. Le général Riesch, s'acquitta complètement de cette double mission ; quant à Bellegarde il poursuivit les troupes de Balland jusqu'à Grand Houé, et Fink les harcela jusqu'à la Neuville-lès-Dorengt.

A la suite de cet échec, qui se termina en véritable

déroute (1), la division Balland se retira sur l'Échelle. En face d'elle, Kinsky occupait le village du Nouvion, couvert par les trois détachements poussés vers la Capelle, le Grand Houé et la Neuville (2).

Attaque de l'ancienne division Goguet. — Cette division avait débouché, au point du jour, d'Étreux sur Oizy, d'où

---

(1) Voir lettre de Ferrand à Favereau (de Réunion-sur-Oise, 8 floréal, 27 avril) : « ..... La division de Balland a éprouvé la déroute la plus complète ; elle s'est retirée sans ordre sur les hauteurs de l'Échelle et a fait perte de plusieurs pièces d'artillerie. »

(2) L'offensive de Kinsky est ainsi relatée par l'*Œsterreichische militärische Zeitschrift* (op. cit., p. 123) : « Le F. Z. M. Kinsky avait, pendant ce temps, rappelé à lui le général Petrasch avec ses trois bataillons de grenadiers. Il renforça alors le général Bellegarde avec un bataillon et deux escadrons. Lui-même se réserva une colonne de trois demi-bataillons et quatre demi-escadrons, et donna au général Fink une troisième colonne d'un bataillon et d'un demi-escadron. Pendant que le F. Z. M. était occupé de cette répartition de troupes, arriva, avec l'heureuse nouvelle d'une brillante victoire sur l'aile droite, l'ordre de Sa Majesté l'Empereur de marcher de tous les points sur l'ennemi. Favorisés par la grosse artillerie installée sur les hauteurs, le général comte Bellegarde, d'abord, puis le F. Z. M. Kinsky traversèrent la Sambre à la Louzy-France. — Le général Fink passa le cours d'eau entre Bergues et Barzy. — Le général comte Bellegarde atteignit l'arrière-garde ennemie derrière le moulin de Nouvion, l'attaqua avec les hussards de Blankenstein, le rejeta au delà des maisons malgré deux décharges et la canonnade la plus vive, enleva huit canons et six caissons à poudre, et poursuivit l'ennemi jusque sur les hauteurs derrière Grand Houé, en deçà de l'Échelle. Le F. Z. M. Kinsky établit sa colonne sur les hauteurs du Nouvion et fit poursuivre l'ennemi par le général Riesch vers la Capelle, et par la colonne du général Fink vers Neuville, où le colonel du régiment Kinsky-chevau-légers, prince Jean Lichtenstein enleva encore un canon et quatre caissons de munitions Le soir, toutes les troupes reprirent leurs anciennes positions.

« La perte totale des alliés dans cette journée glorieuse fut de 196 tués, 1163 blessés, 91 disparus ; celle de l'ennemi en tués, blessés et prisonniers fut de plus de 7,000 hommes, et de 37 canons, 3 obusiers, 50 caissons de munitions. »

elle avait chassé les avant-postes du F. M. L. Lilien. Elle avait ensuite pris position en avant de cette localité et à la lisière de la forêt d'Arrouaize. De là, elle entama contre les hauteurs de Fesmy une canonnade peu efficace, à laquelle répondirent quelques pièces de positions autrichiennes.

Cependant Lilien, ayant reçu trois bataillons de renforts, les envoya sur sa gauche ; et vers le soir, les troupes de Catillon se préparèrent à intervenir pour attaquer le flanc droit des Français. Mais au même moment, ceux-ci commençaient à battre en retraite, mouvement déterminé peut-être par l'échec de la division Balland et par la marche de Fink de Bergues sur la Neuville-les-Dorengt.

L'affaire s'était donc réduite, de ce côté, à une démonstration stérile et à un échange de coups de canon, sans que l'infanterie fût jamais engagée.

Démonstrations de la garnison de Maubeuge et de la division Despeaux sur la Sambre. — On a vu que la garnison de Maubeuge et la division Despeaux devaient exécuter le long de la Sambre, des démonstrations pour maintenir sur la rive gauche de cette rivière le plus grand nombre possible de troupes ennemies et faciliter ainsi l'attaque des divisions Fromentin, Balland et Goguet.

Ces opérations sont ainsi relatées dans le *Journal* du général Favereau :

Mouvement de Maubeuge et du camp; renfort de l'ennemi. — La garnison et le camp de Maubeuge ne pouvant pas faire de grands mouvements, étant fortement rétrécis en terrain, montrèrent plusieurs têtes de colonnes (1) sur les hauteurs d'As-

---

(1) Voir lettre de Favereau à Ferrand (7 floréal, 26 avril) : « Le camp retranché a fait sortir plusieurs fois des demi-bataillons sur deux rangs, qui se sont mis en évidence..... »

sevent sans pouvoir aller plus loin, à cause des redoutes multipliées qu'avait établies l'ennemi dans cette partie. Il en fut fait autant du côté du Tilleul, sur le flanc gauche de la place. Il se tira quelques coups de canon de 16 et de 24 sur les ouvrages de l'ennemi en arrière du faubourg de Mons, et nos tirailleurs les en chassèrent pour un instant à cause du renfort que l'ennemi reçut. Il fut harcelé tout le jour dans cette partie, ce qui l'obligea non seulement à ne pas se dégarnir, mais il fait arriver de Mons deux bataillons d'infanterie et plusieurs escadrons qui, sur le soir, se dirigèrent du côté de Berlaimont. Le général Favereau prévient le général Despeaux du renfort que porte l'ennemi dans sa partie. A l'attaque de Maubeuge nous avons eu environ 12 hommes blessés.

Mouvement de la division du général Despeaux sur la Sambre. — Le général Despeaux, n'ayant que très peu de troupes, ne pouvait pas opérer une forte diversion. Il ne put donc que harceler (1) l'ennemi sur la Sambre, simuler quelques passages et canonner les postes ennemis ; ce qu'il fit, et ce qui empêcha qu'il [*l'ennemi*] se portât sur nos colonnes qui tentaient de délivrer Landrecies.

Cette diversion des forces de Maubeuge devait se

---

(1) Voir lettre de Favereau à Ferrand (7 floréal, 26 avril) : « Le général Despeaux a tenu toute la journée l'ennemi en haleine. »

Favereau avait adressé à Despeaux l'ordre suivant (du 7 floréal, 26 avril) :

« L'intention du général en chef est que les troupes, le long de la Sambre, depuis Maubeuge jusqu'à Maroilles, harcèlent l'ennemi autant que possible. D'après cela, tu voudras bien les faire inquiéter sur tous les points que tu commandes. Tu me rendras compte de tous ces mouvements ; et communique beaucoup avec Maroilles. Cette position dans ce moment est très intéressante. »

Dans la soirée, il lui adresse encore ces recommandations :

« Tu continueras, mon Camarade, à faire le même service ; inquiète toujours l'ennemi ; cela est nécessaire, pour l'empêcher de porter toutes ses forces sur Landreciés et les positions qui le bloquent. La division de Desjardin a bien fait. Nous avons tué à l'ennemi 150 hommes et nous n'avons eu que 12 tués et environ 50 blessés. Nous sommes presque sous les murs de Beaumont. »

renouveler au moins le lendemain, si l'on s'en rapporte à la correspondance de Favereau (1) et de Ferrand (2).

Le siège de Landrecies. — a) *La sortie des compagnies de siège.* — A ces démonstrations s'ajoutait encore la sortie de la garnison le 7 floréal. On a vu que Roulland avait cherché à favoriser l'attaque de Montaigu en marchant à sa rencontre avec les compagnies de siège. Cette sortie fut provoquée par la canonnade très vive qui se fit entendre du côté de Maroilles, par l'apparition des troupes de Montaigu sur les hauteurs en deçà de l'Helpe et les mouvements que faisait l'ennemi pour s'opposer à ces progrès (3). Roulland fit aussitôt sortir ses compagnies de siège avec ordre de s'approcher autant que possible des tirailleurs de Montaigu et « de leur dire la position dans laquelle était la place ». Mais cette sortie se heurta au régiment de Wartensleben, et le général Kerpen sut renforcer à propos ses postes d'investissement qui forcèrent les compagnies de siège à battre en retraite. Elles n'éprouvèrent que des pertes légères et rapportèrent comme renseignements, que l'ennemi avait établi un pont sur la gauche, entre Maroilles et Landrecies. Roulland assure même que quelques soldats des compagnies « avaient parlé de très loin à des tirailleurs de Maroilles, sans cependant avoir pu s'expliquer sur la situation de Landrecies (4) ».

---

(1) Voir lettre de Favereau à Ferrand (7 floréal-26 avril). « ..... On l'inquiétera encore [*l'ennemi*] demain pour conserver une partie de ces forces, et ce jusqu'à ce que tu me marques de m'arrêter..... »
(2) Voir lettre de Ferrand à Favereau (8 floréal-27 avril) : « ..... Cherche toujours à inquiéter l'ennemi en répétant différents mouvements, mais sans agir offensivement jusqu'à nouvel ordre de ma part. »
(3) *Mémoire* de la municipalité de Landrecies.
(4) *Rapport* de Roulland.

Un rapport du F. M. L. comte de Baillet, daté de Robersart, note, de son côté, qu'une petite troupe s'était, pendant l'attaque de Montaigu, glissée le long de la Sambre jusqu'aux dernières maisons et tirait de là sur l'aile gauche du corps de siège. Il suffit d'un seul boulet tiré par une pièce de 3 hollandaise pour la faire battre en retraite ; quelques coups de canon venant de la tranchée l'accompagnèrent jusqu'aux remparts (1).

b) *Les travaux de siège et le bombardement.* — On a vu que, dans la nuit du 25 au 26 avril, les assiégeants avaient suffisamment développé leurs travaux et assuré l'armement des batteries de siège pour pouvoir commencer le bombardement.

Ce fut le 26 avril, à midi (2), que les batteries de siège déjà prêtes ouvrirent le feu, sans sommation préalable. La batterie à démonter n° 3 tira sur la courtine du corps de place et sur le flanc droit du bastion d'où faisait feu l'assiégé. La batterie à démonter n° 6 canonna la face droite du ravelin et la face droite de l'ouvrage à cornes. La batterie à démonter n° 11 canonna de même la face gauche et la porte de l'ouvrage à cornes. Les batteries de mortiers 5, 7 et 9 bombardèrent pendant le jour l'ou-

---

(1) *Rapport* du F. M. L. Baillet à Cobourg. Robersart, 26 avril 1794. (*K. u. K. K. A.*)

(2) Voir lettre du prince d'Orange aux États-Généraux de Hollande (de Bousies, 26 avril) : « Le bombardement de Landrecies ayant commencé aujourd'hui à midi avec tant de succès que peu après la ville était en feu en différents endroits sans que nous ayons essuyé aucune perte par le feu violent de la place ou qu'il ait été fait le moindre dommage à nos travaux, je m'empresse d'en faire mon rapport à Vos Hautes Puissances, ainsi que de l'agréable nouvelle, que j'ai reçue en ce moment, que l'armée de S. A. R. le duc d'York a pris à l'ennemi 36 pièces de canon et a fait prisonnier le général français nommé Chapuis qui était venu avec 25,000 hommes de Cambrai et du Camp de César pour secourir Landrecies, qu'il a mis son armée totalement en déroute et l'a forcée à se retirer à Cambrai. »

vrage à cornes, le ravelin situé en avant, les deux bastions, la courtine ; pendant la nuit, les mortiers tirèrent sur la ville et y allumèrent un incendie.

Le bombardement fut terrible ; des maisons furent écrasées ; le feu éclata dans divers endroits et causa de grands dégâts. L'incendie ayant éclaté près des magasins à poudre et de l'arsenal, il fallut, pour protéger ces bâtiments, abattre les maisons voisines. Afin de relever le moral de la troupe et de la population, Roulland, accompagné de plusieurs membres de la municipalité et du Comité de surveillance, prit le drapeau national et le promena dans la ville et sur les fortifications.

Il exhorta partout le soldat au courage, à l'énergie, lui ordonna de monter sur les remparts, de rester à son poste. Il dit partout à la troupe : « Les voilà, mes amis, mes camarades, ces couleurs tricolores; je vais les planter sur le parapet au front d'attaque. N'est-ce pas que vous les soutiendrez au péril de votre vie, jusqu'à la dernière goutte de votre sang et que nous ne capitulerons jamais avec les tyrans? » Tous répondirent par serment qu'ils les soutiendraient, qu'ils ne parleraient jamais de capituler, et firent retentir l'air des cris de : « Vive la République ! » Le général leur répartit : « Mes camarades, mes amis, et moi, si je vous en parle, brûlez-moi la cervelle. » Il fit aussitôt planter le drapeau sur le parapet à la gauche de la porte du Quesnoy de la haute commune en face de l'ennemi, et un caporal fit un trou en terre avec son sabre pour mieux enfoncer le bâton et le faire tenir. Le général posa un sous-officier à la garde de ce drapeau et ordonna qu'il y en eût toujours un (1).

Ces serments solennels devaient malheureusement être bientôt oubliés et nous verrons trois jours plus tard la garnison elle-même, indisciplinée et démoralisée, réclamer la reddition de la place et exercer sur Roulland

---

(1) *Journal* de Roulland.

une pression à laquelle il n'eut pas l'énergie de résister.

Dans la nuit du 26 au 27 avril, en raison du départ des renforts destinés à Clerfayt, il ne put être fourni, pour les travaux d'attaque, que 1000 hommes, au lieu de 1800 qui avaient été prévus. On se contenta d'améliorer la parallèle et les batteries ; on compléta l'armement de quelques-unes qui se trouvèrent le matin en état de concourir au bombardement et de le continuer avec plus de violence.

Observations sur la journée du 26 avril. — Au lendemain de ces combats si malheureux, le général Ferrand rendit compte au Comité de Salut public de leurs tristes résultats (1) :

Ayant quitté, d'après les ordres du général en chef Pichegru, le quartier général de Lille pour prendre le commandement des divisions de droite au moment où celles en avant de Réunion-sur-Oise ont été repoussées, j'étais loin de présumer la situation où je trouverais les choses à mon arrivée à Réunion-sur-Oise, qui a eu lieu le 2 du présent mois.

J'ai trouvé une division dont le chef venait d'être tué au milieu de ses soldats.

Mes premiers moments ont été employés à vérifier la situation de ces divisions, les réorganiser et tout préparer pour une attaque générale que j'avais concertée avec le général en chef.

Mes moyens d'attaque combinés, et après avoir donné les instructions les plus étendues aux généraux de division, l'attaque a eu lieu sur toute la ligne le 7 à la pointe du jour.

La division de Cambrai, qui devait faire une puissante diversion et appuyer ma gauche, a éprouvé une déroute complète. Le général de division a même été fait prisonnier.

Il en a été de même sur ma droite.

On ne peut se dissimuler que la malveillance de l'étranger

---

(1) De Réunion-sur-Oise, le 8 floréal an II (27 avril 1794).

jette parmi nous des hommes qui, dans toutes les actions, répandent la terreur et causent un grand désordre.

Je croyais que le jugement rendu contre un officier convaincu du crime de lâcheté et d'avoir crié : « Sauve qui peut ! » aurait intimidé les lâches qui oublient qu'ils ont une patrie. Cet exemple n'a produit aucun fruit ; le désordre a continué et la journée d'hier a été sans succès pour la République.

Je vous fais passer les dispositions que j'avais prises pour ce jour (1). Au moment où je me proposais une nouvelle attaque, et que même les ordres venaient d'être donnés en conséquence, une lettre dont je vous envoie copie m'annonce la prise de Landrecies (2). La fin de la lettre, n'étant pas très affirmative, me laisse encore quelque espoir.

Un événement heureux au milieu de ces malheurs est la jonction de l'armée des Ardennes avec celle du Nord, laquelle a eu lieu à Beaumont.

J'ai cru vous devoir ces détails et ne pas vous déguiser la vérité. Ce n'est qu'un accroissement de force qui ranimera le courage abattu de nos volontaires ; leur âme a besoin d'être de nouveau électrisée pour procurer à la République les succès qu'elle a droit d'attendre de ses enfants.

Ferrand ne dissimulait pas l'étendue des échecs subis, échecs qui, au point de vue tactique, étaient des plus graves. On a déjà vu les observations, très judicieuses, formulées par Bonnaud au sujet du désastre de Troisvilles. On peut en rapprocher celles que Carnot expose, à un point de vue plus général, dans une lettre adressée le 11 floréal (30 avril) aux représentants Saint-Just et Lebas qui venaient d'être désignés pour se rendre en mission à Guise (3).

---

(1) C'est le *Projet d'attaque* du 6 floréal (25 avril), publié page 391.

(2) Il s'agit d'une lettre de Fromentin, auquel Montaigu avait adressé ce renseignement dans la matinée du 27 avril.

(3) Lettre écrite au nom du Comité de Salut public. Les *Archives de la guerre* possèdent la minute, tout entière de la main de Carnot.

Carnot reproche à Pichegru d'avoir fait exécuter l'attaque principale du côté du Cateau, et non en débouchant en avant de la forêt du Nouvion. « Il est cependant évident, ajoute-t-il, que c'est de ce côté qu'il fallait attaquer en masse ».

Il en donne pour raisons la difficulté d'enlever les postes de Solesmes et du Cateau pour aller ensuite se buter à l'obstacle irréductible de la forêt de Mormal.

Du côté de la rive droite de la Sambre, au contraire, les secours ne pouvaient arriver aux ennemis que difficilement par des ponts; et en cas de défaite ils se trouvaient tellement acculés entre la rivière d'Helpe et celle de la Sambre qu'ils risquaient d'y périr tous avec leur artillerie; ou plutôt ils n'auraient pas attendu s'ils eussent cru qu'on se disposait à les attaquer en force. Il aurait donc fallu se borner à une fausse attaque du côté du Cateau et porter la grande masse des forces entre Priches et les Fayt et agir en masse.....

S'il est exact de dire que l'attaque par le Cateau se serait finalement butée à la forêt de Mormal, il n'en eût pas été autrement de celle du Sud si elle eût réussi. D'autre part, les faits permettent de penser que, si Chapuis avait mieux manœuvré et si ses troupes avaient été meilleures, il aurait eu des chances sérieuses d'enlever le Cateau et Solesmes. Rien ne prouve, au contraire, que l'ennemi, qui avait assuré, au moyen de ponts, les communications de l'armée d'observation et de celle de siège, eût conçu la moindre inquiétude sur sa retraite et eût aussitôt décampé devant une attaque en masse; d'ailleurs, après la délivrance de Landrecies, cette attaque ne se serait-elle pas butée à la Sambre, au camp retranché occupé par l'armée de siège et à la forêt de Mormal ? La vérité était que les deux attaques ne pouvaient être ni l'une ni l'autre décisives; Carnot commettait la même erreur que Ferrand en ne voyant comme objectif que la prise ou la délivrance de la petite place de Landrecies, alors que le problème était de plus haute envergure et devait être celui de vaincre la masse ennemie et d'en obtenir la retraite. Pour atteindre ce but, le général en chef devait ne regarder les attaques par le Cateau, le Nouvion, Maroilles, que comme des démonstrations, et concentrer tous ses efforts sur le point qui mettait en péril les communications de l'ennemi. L'opération décisive ne devait être dans ce but que la répétition de la manœuvre de Villars ; il fallait reprendre le mouvement esquissé les 22 et 23 avril, mais avec une masse formidable et non au moyen de petites colonnes semblables à celles que Chapuis et Bonnaud avaient conduites sur Douchy et Haspres.

De son côté, l'archiduc Charles fait observer que le point d'attaque pour atteindre Landrecies était Maroilles et que par conséquent c'est là qu'il fallait grouper les forces au lieu de les éparpiller sur tout le périmètre (1). Mais si cette observation est juste en ce qui concerne l'objectif géographique de Landrecies, l'attaque sur Maroilles ne pouvait avoir aucun effet destructeur contre les masses ennemies puisqu'elle les refoulait seulement sur leur ligne de retraite ; — cette retraite pouvait s'effectuer sans grande difficulté à la faveur des ponts construits sur la Sambre, d'autant mieux que toutes les troupes établies au Sud de la rivière constituaient non une armée de siège mais une armée d'observation n'ayant que de l'artillerie de campagne (1).

---

(1) Extrait des *Mémoires* de l'archiduc Charles : « Le 26, enfin, les Français, pour secourir Landrecies, s'avancèrent à l'attaque de la position ennemie avec 90,000 hommes. Les alliés avaient établi leur aile droite de telle sorte qu'elle s'étendait de la Selle en avant du Cateau jusqu'à Catillon sur la Sambre. De là son centre allait vers le Sart par Fesmy ; puis l'aile gauche formait un flanc derrière Priches jusqu'à la Sambre sur les hauteurs, devant lesquelles coule l'Helpe. Le front entier de la position était fortifié par des redoutes isolées, et la réserve se tenait à Catillon. Avant tout le point de le Sart apparaît comme la plus faible de cette position parce que par soi-même tout saillant est

Toutefois, dans cette journée du 26 avril, il y a autre chose à considérer que les échecs, si graves qu'ils soient, subis aux environs de Landrecies. Pour les alliés, qui envisageaient avant tout la prise de la ville, le résultat obtenu semblait les pleinement réjouir; ils manifestaient leur joie et leurs espérances par un *Te Deum* célébré le 27 au matin, en présence de l'Empereur, qu'escortait le régiment de Cobourg en grande tenue, devant toute l'armée en armes et au bruit d'une triple salve d'artillerie. Pour un officier du génie, tel que Marescot, qui considérait la perte de Landrecies comme « un grand malheur », la situation provoquait de vives lamentations et de pressants appels au général en chef « pour aller au secours » de la place. Mais pour celui qui, au lieu de rapporter tout le plan de la journée à la seule délivrance de Landrecies, voulait y chercher la destruction des forces ennemies, les échecs partiels subis étaient peu importants eu égard au but atteint : fixer l'ennemi et détourner son attention de la manœuvre dirigée contre ses deux ailes.

Si, comme on l'a vu, cette manœuvre donne lieu à des

---

impuissant, qu'il offre une faible capacité de résistance et que son enlèvement conduit aussitôt aux flancs de chacune des deux lignes qui le forment. Mais toute l'aile gauche manquait de force puisqu'elle était resserrée entre l'Helpe et Landrecies dans un trop étroit espace pour pouvoir déployer une capacité de résistance considérable dans la profondeur de son ordre de bataille. Elle constituait encore le chemin le plus court pour atteindre la forteresse et le moyen le plus facile de vaincre ; en outre, le terrain complètement coupé favorisait le mode de combat des troupes non formées des Français et agissait défavorablement sur celui des alliés. En avant du Cateau, le terrain ouvert ne permettait pas de pouvoir résister avec des novices à une cavalerie nombreuse et bien exercée. Cependant les Français attaquèrent la position de tous les points à la fois et se privèrent, par la répartition de leurs troupes, de la force nécessaire pour triompher au point décisif. La perte de la bataille fut aussi la suite irrémissible d'une disposition aussi défectueuse. »

critiques ; si, à la marche sur Courtrai, Pichegru eût dû substituer une opération analogue à celle de Villars, il n'en est pas moins certain que l'assaillant s'était buté dans la poursuite d'un objectif géographique, négligeant de détruire le défenseur et que celui-ci, placé désormais en forces sur les deux ailes du premier, allait l'obliger à s'arrêter pour faire face à cette double menace.

La puissance d'expansion des alliés était arrivée à sa limite ; elle avait atteint ce « moment psychologique » dont parle Clausewitz, où « l'assaillant hors d'état de continuer à se porter en avant est obligé d'adopter la forme défensive ». Il était désormais interdit aux alliés de faire un pas en avant sans avoir détruit les masses, sans cesse grandissantes sur leurs flancs. Devant un pareil résultat la prise de Landrecies n'allait mériter ni le *Te Deum* de Cobourg, ni les lamentations de Marescot.

VI. — LA CAPITULATION DE LANDRECIES.

Nouveau projet d'offensive de Ferrand. — Démonstration aux environs de Maubeuge. — Démonstration du côté de Cambrai. — Préparatifs pour l'attaque sur l'Helpe et au Nord de Guise. — Attaque des brigades Duvignot, Duhesme, Soland et Montaigu. — Les derniers jours de la défense de Landrecies; la capitulation. — Mesures prises par les deux adversaires après la capitulation de Landrecies : *a)* Mesures prises par les Alliés ; *b)* Mesures prises par Ferrand et Pichegru.

Nouveau projet d'offensive de Ferrand. — Dans la matinée du 27 avril, les Alliés célébrèrent les succès qu'ils avaient obtenus la veille par une triple salve d'artillerie. Au bruit de cette réjouissance, suivant de près l'interruption du bombardement (qui avait été arrêté vers 9 heures du matin), le général Montaigu crut que Landrecies venait de se rendre ; il en fit part à Soland et à Fromentin, dont cette nouvelle éveilla la vive inquiétude.

Nous voilà maintenant dans la position la plus cruelle, écrivit Fromentin à Ferrand. L'ennemi va se porter sur Avesnes et Maubeuge..... Indiquez-moi au plus vite ce que je dois faire et sur quel endroit je dois faire ma retraite (1).

En réalité, les Alliés avaient simplement interrompu

---

(1) Lettre de Fromentin à Ferrand (d'Avesnes, 8 floréal-27 avril). Il écrivit en termes presque identiques à Favereau ; mais il dut différer l'envoi de cette seconde lettre, car on y lit en *post-scriptum* que la nouvelle de la capitulation était fausse et que la ville vient de répondre à la sommation en redoublant la vivacité de son feu.

le feu pendant trois heures pour adresser à Roulland une sommation, qui fut énergiquement repoussée (1). A midi le bombardement reprit avec une nouvelle violence ; l'artillerie de la place y riposta vigoureusement.

De leur côté, les Français n'avaient point, malgré leurs échecs, abandonné la pensée d'offensive qui avait dirigé leurs attaques de la veille. Ils songeaient à tenter de nouveaux efforts. Dès le 27 au matin, Favereau se rendit à Beaumont avec le représentant Laurent pour conférer avec Desjardin et Charbonnié ; les uns et les autres sentirent la nécessité de voler au secours de Landrecies, tout en se maintenant solidement à Beaumont. Jugeant que la jonction opérée sur ce point mettait Maubeuge à l'abri d'un coup de main analogue à celui que Kaunitz avait tenté le 23 avril ; « connaissant », d'autre part, « l'importance de la position de Maroilles », Favereau ordonna aux troupes qui occupaient Solre-le-Château (un bataillon du 68ᵉ, 6ᵉ de l'Oise, 2ᵉ de la Nièvre, détachements des 6ᵉ et 22ᵉ de cavalerie) de se rendre à Avesnes, pour être à la disposition du général Fromentin et être dirigés par lui « sur la partie qui en aura le plus besoin (2) ».

Ces renforts, qui comptaient environ 2,700 hommes d'infanterie et 300 de cavalerie (3), n'arrivèrent que le

---

(1) On reviendra plus loin sur cet épisode du siège.
(2) Lettre de Favereau à Ferrand (de Maubeuge, 8 floréal-27 avril). Dans cette lettre, Favereau ne parle pas des détachements de cavalerie. L'ordre de mise en marche fut adressé, un peu plus tard, de Beaumont au commandant des troupes cantonnées à Solre-Libre ; il fait mention de la cavalerie. Voir aussi deux lettres de Favereau à Fromentin, l'une de Maubeuge, l'autre de Beaumont (même date).
(3) D'après le *Journal* de Favereau, le bataillon du 68ᵉ avait un effectif (y compris les officiers et la compagnie de canonniers) de 863 hommes ; celui de l'Oise, 1017 ; celui de la Nièvre, 916. D'après la situation générale de l'armée du Nord au 5 floréal (24 avril), l'escadron du 6ᵉ de cavalerie comptait 9 officiers et 152 hommes présents.

28 avril à Avesnes, où Fromentin les attendait avec impatience. Il les répartit aussitôt de la façon suivante : le bataillon du 68ᵉ et le 6ᵉ de l'Oise à Maroilles, sous les ordres de Montaigu ; le 2ᵉ de la Nièvre et les deux détachements de cavalerie à Grand et Petit-Fayt sous les ordres de Soland (1).

En présence des succès obtenus sur la droite, par Charbonnié et Desjardin, et devant la continuation de la résistance de Landrecies, objectif de ses efforts, le général Ferrand n'hésita pas à faire une nouvelle tentative contre l'armée d'observation (2). Il annonça, le 28 avril, sa résolution au Comité de Salut public : « Je fais attaquer demain depuis Cambrai jusqu'à Maubeuge ; la jonction de l'armée des Ardennes à celle du Nord me promet une diversion de ce côté. Le zèle de mes frères d'armes me secondant, nous ferons nos efforts pour bien mériter de la patrie (3). »

Cette attaque devait se faire, en principe, sur les mêmes points que celle du 26. Toutefois, avant de connaître le désastre de Troisvilles, Ferrand avait songé à prélever 10,000 hommes sur la division de Cambrai au profit des troupes débouchant de Guise, dont il avait eu la déroute sous les yeux, et qu'il jugeait « très faibles et surtout découragées (4) ». On doit remarquer que

---

Quant au détachement du 22ᵉ, c'était l'escadron que Fromentin avait envoyé à Solre-le-Château après que Kaunitz l'eut évacué ; d'après l'effectif total du corps, on peut en évaluer l'effectif à 150 hommes environ.

(1) Lettre de Fromentin à Favereau (Avesnes, 9 floréal-28 avril).

(2) Sous la première impression de la déroute de Balland, Ferrand avait écrit à Favereau (le 27 avril au matin) de se borner à « inquiéter l'ennemi..... sans agir offensivement jusqu'à nouvel ordre ».

(3) Lettre de Ferrand au Comité de Salut public (Réunion-sur-Oise, 9 floréal-28 avril).

(4) Lettre de Ferrand à Favereau (Réunion-sur-Oise, 8 floréal-27 avril) ; cette lettre a dû être écrite dans la matinée.

cette répartition nouvelle des forces n'avait point pour objet de chercher la décision sur un point plutôt que sur un autre, au Nord de la forêt du Nouvion plutôt qu'aux abords du Cateau ; il s'agissait simplement de renforcer une partie, reconnue faible, du vaste périmètre sur lequel devaient se produire les attaques.

La désorganisation de la division de Cambrai (la plus éprouvée de toutes) ne permit d'ailleurs pas à Ferrand de donner suite à ce projet. Il se contenta de prescrire à Favereau, le 28 avril, de renforcer le plus possible la division Fromentin qui « doit attaquer le plus vigoureusement », et a devant elle « de grandes forces » ; ce prélèvement sur les ressources de Maubeuge semblait devoir être facilité par la présence de l'armée des Ardennes à Beaumont. En définitive, on ne trouve dans ces projets d'attaques aucune idée de manœuvre ; tout au plus seront-elles « mieux combinées » que le 7 floréal, comme l'écrit le général Mayer en exprimant l'espérance que cette fois « Balland travaillera mieux qu'à l'ordinaire, car c'est sur ses mouvements que nous devons régler notre attaque (1) ».

Dès le 27 avril, Ferrand avait recommandé à Favereau de fournir à Fromentin quatre ou cinq bataillons de renfort. Le lendemain il lui rappelle que sept bataillons ont déjà été envoyés de Maubeuge sur Maroilles, que trois autres sont arrivés de Solre-le-Château ; mais, craignant que ce ne fût pas suffisant, il lui demande de faire « les derniers efforts pour envoyer encore du renfort à Fromentin (2) ». A ce dernier appel, Favereau dut répondre qu'il n'avait plus aucune troupe disponible :

J'ai envoyé, mon brave Camarade, au général Fromentin

---

(1) Lettre du général Mayer au général Favereau (10 floréal-29 avril).
(2) Lettre de Ferrand à Favereau (Réunion-sur-Oise, 9 floréal-28 avril).

tout ce que je pouvais. Tu connais mon cœur; il aime trop sa patrie pour la laisser un instant souffrir; les forces de l'ennemi en face de cette place sont de près de 10,000 hommes, que je tiens en mesure (*sic*) le plus possible, pour l'obliger à ne pas quitter cette partie.....

Nous ferons tout notre possible, tu peux en être assuré (1).....

Ferrand dut se contenter des secours envoyés par Favereau, auquel il recommanda seulement d'immobiliser le maximum de forces ennemies sur la Sambre, au moyen des troupes de Maubeuge combinant leurs mouvements avec l'armée des Ardennes.

La crainte de compromettre Maubeuge avait inspiré à Favereau le refus de fournir de nouveaux renforts à Fromentin. Ce même sentiment semble l'animer encore quand il transmet à Desjardin et à Despeaux les instructions de Ferrand pour le 10; il les accompagne de la recommandation de se borner à « inquiéter l'ennemi sans se compromettre ».

Démonstration aux environs de Maubeuge. — Dans ce but, la division Despeaux devait seulement harceler les postes autrichiens sur la Sambre depuis Berlaimont jusqu'à Hautmont; la place et le camp retranché de Maubeuge feraient une sortie pour tenir en haleine le corps de Kaunitz qui la bloquait du côté de Mons; enfin la division Desjardin avait également ordre de harceler l'ennemi depuis Requignies jusqu'à Solre-sur-Sambre et d'appuyer cette démonstration par une autre partant de Beaumont.

Ce programme s'exécuta de tout point. Les troupes françaises « n'épargnèrent pas », le long de la Sambre,

---

(1) Lettre de Favereau à Ferrand (9 floréal-28 avril).

de nombreux mouvements, sans aboutir à aucun engagement avec l'ennemi qui « ne voulut pas mordre (1) ». Desjardin poussa une colonne de Beaumont jusqu'au village de Hantes (2), où ses tirailleurs pénétrèrent sans difficulté, n'ayant affaire qu'à des forces peu importantes. Il se garda bien d'ailleurs de se maintenir dans cette localité, « de crainte de contrarier les opérations du général en chef », et parce qu'il jugeait la position intenable. Il fit donc sa retraite en bon ordre, en se félicitant du bon effet produit par cette petite diversion, et persuadé que l'ennemi avait cru à une attaque réelle (3).

Malgré ces félicitations que se décernait Desjardin, il ne semble pas que les Autrichiens aient attaché grande importance à des démonstrations qui ne furent poussées nulle part avec une vigueur suffisante pour donner le change ; Favereau le reconnaît dans son *Journal* :

Toutes ces opérations, dictées par le désir du succès de nos armes, n'eurent pas celui auquel on s'attendait, parce que l'ennemi, en grande force devant Landrecies, avait également sur tous les points en face de ceux que nous occupions, celles nécessaires pour nous balancer.

Il ajoute que l'ennemi faisait, de son côté, des mouvements analogues pour tenir les postes français dans l'inquiétude :

Dans ce jour (*10 floréal-29 avril*), sur les 5 heures du matin, trois bataillons d'infanterie se dirigent du côté de

---

(1) Lettre de Favereau à Ferrand (14 floréal-30 avril).
(2) « Jusqu'au delà du bois de Martimpré, aux environs de Hantes. » (*Journal* de Favereau.)
(3) Voir les *Mémoires* de Desjardin et les lettres que, de Beaumont, il adresse à Favereau les 10 et 12 floréal (29 avril et 1er mai). D'après ces lettres, les Français eurent 3 hommes et 6 chevaux blessés ; les Autrichiens perdirent 27 hommes, 1 officier et 8 chevaux.

Bavai ; sur les 10 heures, deux bataillons d'infanterie venant du côté de Bavai, avec deux escadrons de cavalerie, se dirigent du côté de Beaumont sans s'arrrêter à l'attaque que faisaient Maubeuge et son camp (1).

Démonstration du côté de Cambrai. — Les troupes de la division Chapuis avaient été trop durement éprouvées à Troisvilles pour être en mesure de renouveler, trois jours plus tard, une action sérieuse. Leur rôle insignifiant est ainsi noté dans le *Journal* du général Bonnaud :

Le 9, le général Proteau, qui avait pris le commandement de cette division, reçut ordre du général Ferrand de se présenter de nouveau sur le même point; ce qui fut exécuté, mais nulle affaire ne fut engagée (2).

Préparatifs pour l'attaque sur l'Helpe et au Nord de Guise. — Ce fut dans cette région que se limita en réalité l'action offensive des troupes françaises dans la journée du 29 avril; mais quoiqu'elle ait donné lieu sur certains points à des engagements assez vifs, les résultats ne devaient pas répondre aux espérances de Ferrand.

Bien que, le 9 floréal (28 avril), le Comité de Salut public ait décidé que Kleber se rendrait de l'armée de l'Ouest à l'armée du Nord pour y prendre le commandement de l'ancienne division Goguet, le général Dubois continua à rester provisoirement investi de ces fonctions.

On trouve dans sa correspondance quelques ordres relatifs à la préparation des opérations du 10 floréal (29 avril). C'est ainsi qu'il ordonne aux généraux Bousson, Gaudin et Deprez, qui font partie de sa divi-

---

(1) *Journal* de Favereau. Il ajoute que, tout en étant convaincu que c'était une simple ruse de l'ennemi, il prévint les généraux de redoubler de surveillance.

(2) *Journal* de la 5ᵉ division, par le général Bonnaud.

sion de cavalerie, de partir du camp retranché de Lesquielles-sous-Guise, le 10 floréal à 3 heures du matin. Le 8ᵉ régiment de cavalerie se mettra en marche à 3 h. 30 du matin pour éclairer une colonne d'infanterie servant de flanc-garde de gauche à la division Goguet, qui suivra la route Guise—Étreux—Oizy. Cette colonne passera par les hauteurs d'Henappe et des Blocus, laissera deux bataillons et un escadron du 8ᵉ de cavalerie en observation à Petit-Blocus pour se couvrir de Wassigny ; elle viendra ensuite faire sa jonction avec la division Goguet à Étreux.

D'autre part, la division Balland sera éclairée par le 16ᵉ régiment de cavalerie et par le 20ᵉ de dragons, prélevé sur la brigade d'Hautpoul : ce dernier régiment devait être rendu à l'Échelle, avant 4 heures du matin, pour recevoir les ordres de Balland. Quant à la brigade d'Hautpoul, elle avait pour mission d'assurer la liaison entre les troupes venant de Guise et celles qui attaqueraient sur l'Helpe.

Le bien du service, écrit Dubois à d'Hautpoul, exige que tu appuies ta gauche à Balland, que tu te concertes avec lui en tout point et que tu ne te portes pas trop en avant pour éviter d'être tourné (1).

Sans vouloir insister sur cette prescription peu rationnelle pour une brigade de cavalerie, nous devons ajouter que d'Hautpoul semble avoir envisagé son rôle d'une façon moins étroite, si nous nous en rapportons aux *Mémoires* du général Duhesme.

..... Cette attaque (*du 7 floréal*) n'ayant pas réussi, il fut ordonné qu'elle serait renouvelée le 10, et les généraux de brigade Duhesme, Duvignot et d'Hautpoul, après s'être

---

(1) *Ordre* du 9 floréal (28 avril).

concertés, convinrent de suivre la même marche; ces dernières se portant cependant plus à gauche, afin d'opérer la jonction avec les troupes du général Balland et protégeant toujours la gauche de la brigade du général Duhesme.

En dehors des dispositions particulières que l'on vient de voir, le plan d'attaque du 10 floréal ne présenta pas de différences avec celui qui avait précédemment échoué; il devait donner lieu aux mêmes mécomptes.

Attaque des brigades Duvignot, Duhesme, Soland et Montaigu. — Le combat fut d'abord engagé par la brigade Duhesme qui, dès le point du jour, s'avança par les deux chemins situés entre Cartigny et Beaurepaire, qu'elle avait suivis lors de l'affaire précédente; sa gauche était soutenue par la brigade Duvignot qui se dirigeait sur Beaurepaire.

Après que Duhesme eut atteint la ligne Lignère—Beaurepaire, il entreprit une attaque convergente contre Priches, en portant son effort principal sur sa gauche afin de tourner ce village par le ravin au Sud. Il se heurta à trois compagnies de tirailleurs des frontières et à deux compagnies de fusiliers slavons qui résistèrent pendant près de deux heures. Enfin, devant le mouvement tournant qui menaçait sa droite, le G. M. Werneck ordonna la retraite, qui s'effectua sous la protection d'une batterie de position. Le feu de cette artillerie arrêta les progrès des Français et assura le maintien de la communication entre l'aile droite de l'archiduc Charles et le corps du F. M. L. Kinsky.

En même temps, Soland débouchait de Grand et de Petit-Fayt, et Montaigu de Maroilles, en franchissant l'Helpe sur des ponts jetés pendant la nuit. Les deux brigades se formèrent sur une seule ligne au Sud-Ouest de la rivière, entre Maroilles et Grand-Fayt. Dès qu'elles virent les progrès de l'attaque sur Priches, elles entreprirent de refouler les avant-postes autrichiens établis à Bas-Maroilles et en avant de ce point. Ces postes durent en effet se retirer vers les redoutes de la première hauteur, sous la protection de quatre escadrons de cavalerie légère, de quatre canons de 12, de deux de 6 et de deux obusiers. Vers 1 heure, toutes les troupes autrichiennes étaient rassemblées sur la position. Pour empêcher les Français de prendre pied sur les hauteurs de Priches où ils commençaient à amener un peu d'artillerie, le G. M. Werneck fit avancer sur le chemin creux de Priches quatre pièces de 12 et deux obusiers, qui réduisirent au silence les batteries ennemies et forcèrent ensuite les colonnes de Montaigu et de Soland à abandonner le plateau. L'artillerie autrichienne bombarda encore les maisons extrêmes de Priches occupées par les Français, qui commençaient déjà à en déboucher dans la direction de Favril (1); comme il était très important de ne pas laisser les Français s'établir dans cette position, l'archiduc Charles se concerta avec le F. M. L. Kinsky pour les déloger de Priches.

Le G. M. Werneck fut chargé de conduire cette attaque pour laquelle 20 volontaires par compagnie furent pris dans chacun des deux bataillons de grenadiers Bideskuty et Adorian, ainsi que dans les bataillons de Stain et de Antoine Esterhazy. Ces volontaires furent soutenus par le bataillon de Stain, qui s'avança jusqu'au chemin

---

(1) Dans ses *Mémoires*, Duhesme dit qu'après avoir enlevé Priches, sa brigade attaqua Favril, avec le concours de deux bataillons de la brigade Soland; mais il ajoute que ses troupes « se maintinrent toute la journée ». Ce terme et les récits plus détaillés des Autrichiens permettent de croire que les Français, après avoir occupé Priches, se disposèrent en effet à poursuivre leur attaque *dans la direction de Favril;* mais ils furent contenus par le tir de l'artillerie ennemie et durent prendre presque aussitôt une attitude défensive contre les attaques successives ordonnées par l'archiduc Charles.

creux de Priches ; leur marche fut également appuyée par de l'artillerie à cheval que Werneck avait portée un peu en avant. De son côté, le F. M. L. Kinsky favorisa l'attaque en bombardant le village de Priches et en poussant quelques troupes (un bataillon M. Wallis, un Carl Schröder, les chevau-légers de Kinsky et huit pièces), plus au Sud, dans la direction de Malgarnie, pour menacer le flanc gauche des Français. Ces attaques combinées réussirent, en moins d'une heure, à faire évacuer le village. Pendant qu'elles se produisaient, Werneck avait porté sur sa gauche un escadron de uhlans et un escadron de hussards, avec deux pièces de 6 et un obusier, pour bousculer l'ennemi dans la vallée de l'Helpe. A un moment donné, la brusque apparition d'une cavalerie française supérieure en nombre détermina dans ces deux escadrons une panique telle qu'ils abandonnèrent un instant leur artillerie ; la cavalerie française était sur le point de s'en emparer, lorsque Werneck la mit en fuite en faisant intervenir une division de grenadiers Alvinzy, tenue en réserve à l'abri de buissons, et un demi-escadron de hussards (1).

En même temps qu'il prescrivait cette offensive com-

---

(1) C'est probablement cet engagement que relatent ainsi les *Mémoires* du général Duhesme :

« Le soir, pour faire diversion et seconder l'effort que faisait le général Montaigu sur le Bas-Maroilles, je fis engager des tirailleurs vivement par la droite, dans la plaine qui est au bas de Priches. Aussitôt, quatre escadrons du 22º régiment de cavalerie et du 12º de chasseurs à cheval chargèrent, ayant leur commandant en tête, mettent en déroute trois escadrons de uhlans qui s'étaient avancés, pénètrent jusque dans les premières redoutes, les tournent, tuent les chevaux de l'artillerie et sabrent plus de 300 hommes qui y étaient.

« C'en était fait du camp ennemi si j'eusse eu une dizaine d'escadrons pour soutenir ces braves gens et si la division de gauche eût avancé en proportion.

« Cependant, nous fûmes obligés de nous retirer parce que nous

binée contre Priches, l'archiduc Charles ordonnait au général Kray de prononcer une attaque sur Grand-Fayt, afin de menacer le flanc de la colonne qui avait traversé l'Helpe sur ce point. Ce mouvement devait, en outre, arrêter les progrès de l'infanterie qui, venant de Maroilles, avait pris pied dans les boqueteaux situés en avant et causait beaucoup de mal aux Autrichiens par sa fusillade.

Cette attaque fut préparée par l'artillerie, qui réduisit promptement au silence celle des Français et arrêta la marche de leur infanterie qui commençait à s'élever sur le plateau entre l'Helpe et Priches.

Grâce à la protection de l'artillerie, le général Kray lança deux demi-escadrons de hussards contre la cavalerie française, qui dut se replier. Alors l'artillerie fit un bond en avant et canonna encore avec succès les troupes ennemies qui, poursuivies par les deux demi-escadrons de hussards, par une division de uhlans et une de hussards, se rapprochèrent de Grand et Petit-Fayt; de là, elles se retirèrent en majeure partie, à la nuit, sur la rive droite de l'Helpe. Ce fut vers la même heure seulement que les Français purent être chassés de Bas-Maroilles, après une longue canonnade (1).

---

aperçûmes se déployer en face une réserve de cavalerie bien supérieure. »

D'après ce document, c'est un peu plus tard que Priches fut repris par les Autrichiens. La retraite se fit ensuite en bon ordre. Il fallut « chasser les tirailleurs ennemis qui, en suivant la retraite du général Duvignot, avaient longé le chemin de Beaurepaire » et interceptaient celui par où devait passer la brigade Duhesme.

« Tous les corps se sont distingués dans cette affaire, à l'exception du 10ᵉ bataillon de Seine-et-Oise, que l'on a été obligé de rallier. Nous n'avons pas perdu plus de 50 hommes, tant tués que blessés. » Cette dernière assertion paraît difficile à admettre, étant donnée la vivacité de la lutte autour de Priches.

(1) *Rapport* de l'archiduc Charles et *Rapport* du F. M. L. Kinsky. (K. u. K. Kriegs Archiv.)

L'archiduc Charles eût voulu ne pas s'en tenir à ce succès, rejeter entièrement les Républicains sur la rive droite de l'Helpe et border ce cours d'eau avec ses avant-postes. A cet effet, il avait prescrit à Kray de poursuivre l'ennemi dans la vallée avec trois bataillons, trois divisions de cavalerie et des troupes légères de façon à intercepter la communication entre la Capelle et Avesnes. Mais une dernière et brusque attaque de Montaigu, à Maroilles (1), le fit renoncer à ce projet. Il avait reconnu, d'autre part, que Cartigny était occupé par un corps important évalué à 8,000 ou 10,000 hommes (2).

Finalement, à 9 heures du soir, l'archiduc Charles constata que, s'ils avaient abandonné les Fayt, les Français tenaient encore Cartigny et ne cessaient de tirailler à Maroilles. Dès lors, il se borna à faire bom-

---

(1) Une lettre de Despeaux à Favereau, datée de Limont (10 floréal-29 avril), semble confirmer l'attitude assez ferme que montra ce jour-là la brigade Montaigu : « Je me suis transporté ce matin, mon Camarade, à Maroilles vers les 2 heures, où j'ai vu nos troupes attaquer l'ennemi en chantant et montrer la ferme résolution de vaincre. Il paraît cependant qu'elles n'ont pas eu tout le succès qu'on avait lieu d'espérer de leur courage, quoiqu'elles n'aient éprouvé aucun échec considérable.

« L'ordonnance qui a porté ce soir l'ordre à Maroilles n'a pu m'apporter des nouvelles par écrit du résultat de la journée, car le général Mayer était encore dans l'action.

« A 6 heures, notre aile gauche avait beaucoup avancé et nos troupes de Maroilles, qui avaient été un peu repoussées, prenaient leur revanche et prouvaient à l'Autrichien qu'elles n'étaient pas dans l'intention d'abandonner la partie. L'ennemi continue maintenant à tirer sur Landrecies. Sans doute il se sent en force sur ce point, car ni le camp ni les troupes qui cernent Landrecies n'ont, dit-on, pas remué.

« Le général Mayer a été contraint ce soir de retenir la troupe, dont l'ardeur allait lui devenir funeste. Il y a tout à espérer de ces braves soldats.

« Le général Montaigu espère demain que Landrecies sera libre. »

(2) Cette évaluation semble exagérée, car il n'y avait à Cartigny que la brigade Duhesme.

barder cette dernière localité avec des obus, sans doute pour l'incendier, et il fit reprendre à ses avant-postes les positions qu'ils occupaient au début de la journée.

Attaque des divisions Balland et Goguet. — L'offensive que devait prononcer ces deux divisions se réduisit à peu près à de simples démonstrations. Balland fit « prendre poste » à ses troupes en avant du Nouvion, sans doute dans l'intention de les faire ensuite déboucher sur Barzy et la Louzy. Mais au lieu d'agir vigoureusement contre les troupes du F. M. L. Kinsky et de favoriser ainsi l'attaque de Duhesme sur Priches, il paraît être demeuré dans l'expectative une partie de la journée. Puis, quand la retraite de la brigade Duvignot eut découvert sa droite et donné à l'ennemi la possibilité de le tourner par Beaurepaire et Fontenelle, il prit le parti de replier ses troupes sur l'Échelle sans qu'elles aient été réellement engagées.

Ce nouvel insuccès de Balland attira sur lui de sévères critiques. On a déjà vu celles que faisait à son sujet le général Mayer après le combat du 26 avril (1). Le lendemain de cette nouvelle affaire, le représentant Laurent lui adressa ce grave avertissement (2) :

Je dois te donner un conseil avant d'aller plus loin.
On se plaint assez généralement de ta division, qui ne donne pas comme elle le devrait pour seconder les autres ! On dit que la journée d'hier eût été un jour de triomphe pour nous, si elle eût fait son devoir !

---

(1) Les *Mémoires* du général Duhesme reprochent aussi à la division Balland de ne s'être engagée nullement dans les deux journées (28 et 29 avril) et de s'être arrêtée vis-à-vis le village de Barzy à la première rencontre des avant-postes ennemis.

(2) De Maubeuge, 11 floréal (30 avril).

Ces plaintes sont graves, et tu sais sur qui elles retombent !
A demain (1).

Le 12 floréal (1ᵉʳ mai) Fromentin écrira de son côté à Desjardin que l'échec de l'avant-veille était dû à la « stagnante conduite » de Balland et que « tout le monde récrimine contre lui ».

Malgré une justification peu concluante adressée au représentant Laurent (2), Balland se vit promptement discrédité et fut remplacé, le 11 mai, par Kleber.

Quant à la division Goguet, aux ordres de Dubois, elle était tout d'abord venue « prendre poste » près des villages d'Oizy et de Wassigny, laissant entre elle et la division Balland une trouée qui ne leur eût pas permis de se soutenir mutuellement. Elle resta d'ailleurs également inactive et s'en laissa imposer par les forces, pourtant peu importantes, que les Autrichiens avaient sur ce point depuis l'envoi de renforts à Clerfayt.

Le général comte de Bellegarde, écrit d'Arnaudin, employa le peu de troupes qui lui restait à tenir en respect l'ennemi infiniment supérieur en nombre ; et vers le soir les Français, qui avaient abandonné les trouées d'Oizy et de Wassigny, s'étaient retirés en arrière du Noirieu, aux environs d'Étreux et d'Henappe, leur asile accoutumé en pareille circonstance (3).

La tentative du 29 avril avait donc abouti à un nouvel échec dont les représentants Richard et Choudieu, tout en omettant de faire la part de la médiocrité des troupes, démêlaient assez bien les autres motifs : « Nos forces au centre sont peut-être plus considérables que celles de

---

(1) Il devait y avoir le 1ᵉʳ mai une nouvelle attaque, qui n'eut pas lieu en raison de la capitulation de Landrecies.

(2) Le 12 floréal (1ᵉʳ mai).

(3) *Mémoires* de d'Arnaudin.

Cobourg et si elles eussent été commandées par des hommes plus intelligents et plus hardis, nous ne doutons pas qu'elles n'eussent obtenu les mêmes avantages que celles avec lesquelles nous avons marché. Le brave Ferrand, que nous venons d'envoyer à Réunion, fait ce qu'il peut, mais il n'a presque pas d'officiers en état de le seconder (1). »

Richard et Choudieu annonçaient du reste leur intention de poursuivre sans relâche l'offensive et de ne pas laisser un instant de repos à l'ennemi.

De son côté, Ferrand n'était pas découragé ; dès le soir même du 29 avril, il décidait de renouveler le lendemain l'effort qui venait d'être infructueux (2). En annonçant cette résolution à Favereau, il lui prescrivait d'opérer à la pointe du jour « une forte diversion du côté des Ardennes » et de faire inquiéter l'ennemi par

---

(1) Lettre des représentants du peuple Richard et Choudieu au Comité de Salut public (de Lille, 11 floréal-30 avril).

Voir encore les *Mémoires* du général Duhesme : « Que pouvait-on, au reste, attendre de projets aussi mal conçus? (Je ne veux blâmer personne; nous étions tous dans l'enfance de l'art militaire.) Mais on aurait pu tirer un meilleur parti des divisions de cette aile droite, et un autre ordre de bataille aurait pu délivrer Landrecies; car chaque division, partant de points divergents d'une grande circonférence, était livrée aux hasards du génie et de la capacité de chaque chef; il s'ensuivait nécessairement un isolement et une faiblesse dans chaque attaque, qui donnaient à l'ennemi la facilité de repousser chaque colonne l'une après l'autre.

« Un de ces génies vigoureux qui ont improvisé nos succès aurait (s'il eût commandé), par un grand effort de plusieurs divisions réunies, percé la ligne de circonvallation de l'ennemi sur un point, tandis que de fausses attaques en auraient tenu les autres parties en échec. L'on pouvait tout espérer du soldat, qui se battait, lorsqu'on le menait à la charge, avec une fureur que les excès des Autrichiens allumaient de jour en jour. »

(2) Voir lettre de Ferrand à Favereau (Réunion-sur-Oise, 10 floréal-29 avril).

des mouvements de troupes sur la rive gauche de la Sambre. Les mauvaises nouvelles reçues de Cambrai et la nécessité de laisser aux corps de l'ancienne division Chapuis le temps de se réorganiser, déterminèrent bientôt Ferrand à donner contre-ordre ; par lettre du 11 floréal (30 avril), il informe Favereau de ce retard et l'invite à se tenir en « mesure pour le premier moment (1) ». Dans la soirée, il fixe définitivement la nouvelle attaque au 13 floréal (2 mai), espérant que la division de Cambrai pourra être en mesure (2). Cette fois, au lieu de faire « une forte diversion », Favereau devra se borner à « inquiéter » l'ennemi par « des mouvements » aussi bien vers Beaumont que sur la rive gauche de la Sambre. Cette disposition avait pour but de rendre disponible une partie de la garnison de Maubeuge pour la porter sur Maroilles, que Ferrand continuait à regarder comme le point capital. Comme il ne pouvait plus compter sur les ressources de Cambrai, Ferrand avait l'intention de renforcer les brigades de Soland et Dubesme avec 6,000 hommes tirés de Maroilles ; il prescrivait donc à Favereau de les y remplacer par « 5,000 hommes au moins » de Maubeuge (3).

---

(1) Voir lettre de Ferrand à Favereau (Réunion-sur-Oise, 11 floréal-30 avril).

(2) Dans son *Journal*, Favereau dit que l'attaque du 12 fut décommandée parce que la division de Cambrai ne pouvait être prête pour cette date. Ensuite, « le général Ferrand, ayant reçu l'avis que la division de Cambrai serait en mesure, décide une attaque générale depuis cette place jusqu'à l'armée des Ardennes..... L'attaque est décidée pour le 13 à la pointe du jour ».

(3) Voir lettre de Ferrand à Favereau (Réunion-sur-Oise, 11 floréal-30 avril). L'accusé de réception de Favereau montre que cette lettre arriva à Maubeuge le 1er mai ; elle avait été confiée à un aide de camp de Ferrand. La distance de Guise à Maubeuge n'étant que de 55 kilomètres, la lettre avait dû être écrite dans la soirée, c'est-à-dire plusieurs

Quant aux divisions établies sur l'Helpe et en avant de Guise, leur rôle était défini par le plan d'attaque ci-après que Ferrand communiquait à Favereau (par la même lettre du 11 floréal) pour l'orienter sur la situation :

> Au quartier général de Réunion-sur-Oise, le 11 floréal an II (30 avril 1794).
>
> La colonne de Cambrai se portera sur la droite pour attaquer le camp de Troisvilles, en laissant un corps d'observation sur Solesmes et faisant éclairer sa gauche.
> Une colonne de 10,000 hommes filera, sans attaquer à moins qu'elle n'y soit forcée, sur Wassigny, s'emparera de Ribeauville, Mazinguet et s'étendra sur sa droite pour remplacer la division de gauche, qui se portera sur Boué, attaquera Bergues et prendra le camp de Fesmy à revers.
> Cette colonne marchera dans le même ordre sur Oizy jusqu'au moment où elle sera remplacée par celle venant de Cambrai.
> La division Balland attaquera Barzy de front, et celle du général Duvignot, venant de Beaurepaire, l'attaquera par le flanc droit.
> La division (sic) de Duhesme attaquera Priches; celle de Soland Favril, et celle de Montaigu se portera sur les hauteurs de Maroilles.
> Les brigades de Soland et de Duhesme seront augmentées d'environ 6,000 hommes pris à Maroilles, lesquels seront remplacés par d'autres venant de Maubeuge.
> Toutes ces troupes seront rendues sur le terrain d'attaque à 3 heures précises du matin, le 13, et l'attaque commencera à 3 h. 30, à la pointe du jour.
>
> FERRAND.

---

heures après la capitulation de Landrecies, que Ferrand ne connut d'ailleurs que le 1er mai dans la matinée.

Favereau répondit qu'il n'était plus en mesure de fournir aucuns renforts à Fromentin, lui ayant déjà fait passer 15 bataillons et conservant à peine l'effectif nécessaire pour remplir sa propre mission. (De Maubeuge, 12 floréal-1er mai.)

Au moment où Ferrand rédigeait ce projet, la division de Cambrai était encore en voie de réorganisation et incapable d'entrer en ligne, même à la nouvelle date ainsi fixée.

C'est en effet, le 30 avril (comme on l'a déjà vu), que les Représentants du peuple avaient attribué définitivement au général Bonnaud le commandement de la division, que Proteau avait exercé à titre provisoire après le désastre de Troisvilles (1).

Le soir même de sa nomination, Bonnaud eut à faire tête à une démonstration des Alliés. Le récit de cette alerte par les représentants Guiot et Bollet, montre à la fois que c'était une simple « jalousie » de l'ennemi, que la division de Cambrai avait pour le moment perdu toute valeur offensive et que le choix de Bonnaud était parfaitement justifié. La victoire de Tourcoing, à laquelle on le verra apporter une aide puissante, mettra bientôt une fois de plus en lumière la valeur de ce « soldat distingué par son intrépidité, ses talents et son républicanisme ». Son *Journal* complète du reste l'exposé fait par les Représentants et permet de rétablir assez exactement les faits.

Dans la soirée du 30 avril, au moment même où les Représentants investissaient Bonnaud de son commandement, on apprenait que l'ennemi marchait sur Cambrai, qu'il avait incendié le village de Cauroir et qu'à l'abri de cette démonstration, il avait porté le gros de ses forces au Sud sur les hauteurs de Forenville. Ce mouvement et les renseignements que l'on avait déjà, firent penser que

---

(1) Dans son *Journal*, le général Bonnaud dit que ce commandement lui fut attribué « malgré ses instances et ses observations ». On comprend qu'il fût peu disposé à assumer la succession de Chapuis, dans des conditions très difficiles, mais les Représentants lui « ordonnèrent d'obéir ».

les Alliés avaient l'intention d'investir Cambrai dont la défense était peu préparée. Après en avoir délibéré avec les généraux Proteau et Noël (1), Bonnaud ordonna de ne laisser dans la place que 4 bataillons et 200 chevaux ; dès le lendemain matin, le gros de la division passerait sur la rive gauche de l'Escaut pour aller « occuper » à 3 kilomètres à l'Ouest de Cambrai la position de Fontaine-Notre-Dame qui commandait les deux routes d'Arras et de Bapaume. Ce rassemblement serait couvert : au Nord de la place, par 6 bataillons et 1 régiment de cavalerie qui, commandés par le général Compère (2), borderaient la rive gauche du fleuve, d'Hordaing à Ramillies ; au Sud, par 4 bataillons et 1 régiment de cavalerie, occupant la même rive depuis Cambrai jusqu'à Crèvecœur. « Les ponts sur toute cette étendue étaient coupés. »

Telles étaient les dispositions prescrites pour le 12 floréal (1ᵉʳ mai); les mouvements furent effectivement exécutés, mais restèrent sans objet, car l'ennemi disparut « à la pointe du jour (3) ».

Toutes ces mesures défensives (que d'ailleurs les Alliés n'inquiétèrent même pas), étaient loin de répondre à la « vigoureuse attaque » rêvée par Ferrand, dans le but *d'attirer l'ennemi dans cette partie* et de l'obliger à *se dégarnir* devant les divisions du Noirieu et de l'Helpe (4). Il faut reconnaître que les troupes de Cambrai étaient absolument incapables de remplir un pareil rôle. Un témoignage formel de leur impuissance à cet égard nous est fourni par une lettre que le chef d'état-major de la division Bonnaud adressa à Ferrand le 13 floréal (2 mai); il

---

(1) Il avait, le jour même, rejoint la division pour y être employé.
(2) Arrivé de Douai dans la journée du 30 avril.
(3) Ces mesures préparatoires sont relatées d'après le *Journal* de Bonnaud et la lettre des représentants Florent Guiot et Bollet au Comité de Salut public (12 floréal-1ᵉʳ mai).
(4) Voir la lettre de Ferrand à Favereau (11 floréal-30 avril).

expose les raisons qui ont décidé les généraux et les Représentants à faire prendre aux troupes une position purement défensive, où elles pourront se réorganiser : « l'aile droite aux ordres du général Proteau dans les villages derrière l'Escaut et à la droite de Cambrai; le centre dans la ville aux ordres du général Noël, et l'aile gauche aux ordres du général Compère derrière l'Escaut et à la gauche de Cambrai (1) ». Afin d'éclairer cette position, le général Bonnaud était parti à la tête de la cavalerie avec le général Maillet, pour aller à la découverte; il avait reconnu que l'ennemi avait évacué les camps de Solesmes et de Troisvilles, ne conservant que des piquets de distance en distance (2).

On voit ainsi que, même le 2 mai, le général Ferrand ne pouvait pas compter sur le concours utile de la division de Cambrai. L'attaque qu'il avait projetée pour cette date, n'eut d'ailleurs pas lieu, Landrecies étant tombée depuis 36 heures aux mains des Alliés. Il convient de faire observer qu'on ne trouve aucune trace d'un contre-ordre envoyé à ce sujet par Ferrand. Favereau, qui a mentionné très exactement dans son *Journal* les ordres qu'il a reçus (3), note simplement :

12 floréal (1er mai). Landrecies est au pouvoir de l'ennemi depuis hier matin, à 10 heures. Le général Favereau en prévient les généraux sous ses ordres pour prévenir les mouvements d'une nouvelle entreprise de la part de l'ennemi.

---

(1) Lettre de l'adjudant général Malher à Ferrand (de Cambrai, 13 floréal-2 mai).
(2) Il était d'ailleurs inexact que les camps de Solesmes et de Troisvilles fussent évacués.
(3) Les Archives de la guerre possèdent en outre le registre tenu à l'état-major de Favereau et sur lequel sont transcrites toutes les lettres reçues par lui; il n'y figure, à la date du 12 floréal, aucun ordre de Ferrand annulant les dispositions prescrites pour le 13.

LA CAMPAGNE DE 1794 A L'ARMÉE DU NORD. 475

Il est vraisemblable que, la capitulation de Landrecies ayant été connue d'abord par les généraux commandant les troupes de première ligne, ils ont spontanément pris une attitude défensive et suspendu l'exécution d'une attaque désormais sans objet (1). On peut encore admettre que Ferrand a envoyé des ordres verbaux, quoiqu'il n'y soit fait aucune allusion dans les lettres des 12 et 13 floréal qui nous ont été conservées. En tout cas, la transmission a dû en être lente et incomplète, car on voit d'Hautpoul, dans la nuit du 12 au 13, s'informer encore auprès de Duhesme pour savoir si l'on attaquera ou non :

.....J'en ai écrit à Ferrand deux fois, et pas de réponse.....
Il est minuit; si je ne reçois pas des ordres contraires, je me mets en marche à 2 heures (2).

Les derniers jours de la défense de Landrecies. La capitulation. — Le départ des renforts destinés à Clerfayt avait réduit à un millier le nombre des travailleurs fournis dans la nuit du 26 au 27 avril. Ce nombre ne put être dépassé le lendemain soir, malgré l'arrivée de deux bataillons Ulrich Kinsky (3), de sorte qu'on s'occupa surtout de l'achèvement et de l'amélioration des travaux déjà entrepris.

Dès le 26 avril, les batteries à démonter 3, 6, 8 et 11 et les batteries de mortiers 5, 7 et 10 étaient entièrement construites ; le 27 avril, vers midi, quatre autres batteries (armées chacune de quatre canons de 18) se trou-

---

(1) Voir, p. 496, une lettre de Favereau à Ferrand portant : « .....Sûrement ton attaque de demain n'aura pas son effet, l'ennemi ayant évacué la position qu'il occupait..... »
(2) Lettre de d'Hautpoul à Duhesme (La Capelle, 13 floréal-2 mai).
(3) Les hommes, harrassés par leur marche et le combat de la veille, ne purent être employés aux travaux. (*Rapport* du G. M. baron Froon, de Preux-au-Bois, 28 avril. *K. u. K. Kriegs Archiv.*)

vèrent également terminées, savoir : n° 1 à démonter, n⁰ˢ 2, 4 et 9 à ricochets.

Le 27 avril, au point du jour, l'ennemi reprit avec vigueur le bombardement qu'il avait commencé la veille à midi et suspendu à une heure assez avancée de la nuit. Les batteries 3, 5, 6, 7, 8, 10 et 11 firent un feu violent qui endommagea principalement la porte et le pont du Quesnoy. Vers 9 ou 10 heures (1), le bombardement fut interrompu, et le prince d'Orange envoya un parlementaire porter au général Roulland une sommation de rendre la place. Suivant la tactique habituelle de tout assiégeant, il faisait naturellement sonner très haut les succès remportés la veille par les Alliés :

> Le feu de nos batteries vous apprend ce que vous avez à attendre. Le feu de la journée d'hier, et celui du *Te Deum* que vous avez entendu ce matin, vous ont annoncé les longs et infructueux efforts de l'armée qui venait vous secourir, et notre victoire. Cette armée a été complètement battue. D'après ce que nous savons déjà dans ce moment, elle a perdu 52 pièces de canon, près de 10,000 hommes tués ou blessés et 1500 prisonniers, parmi lesquels est le commandant de Cambrai. On la poursuit encore de tous côtés. Vous n'avez décidément plus aucun secours à attendre.

> Vous êtes sommés de rendre sur-le-champ la place de Landrecies aux armes victorieuses de Sa Majesté l'Empereur. Uniquement par humanité, et pour épargner tant de malheureuses victimes, on veut bien vous offrir encore aujourd'hui une capitulation honorable. Ce moment passé, vous n'avez plus de semblable proposition à attendre. Vous êtes rendu

---

(1) Les documents autrichiens fixent à 8 h. 45 ou 9 heures l'interruption du feu ; les *Rapports* de Roulland et de la municipalité parlent de 10 et même de 11 heures.

(2) La sommation est datée du « camp devant Landrecies, le 27 avril 1794 » et signée : « G.-F., prince héréditaire d'Orange, commandant général de l'armée combinée impériale et hollandaise. »

personnellement responsable des suites funestes d'un refus. L'alternative est terrible. Décidez-vous sur l'heure.

Dès qu'il eut reçu cette lettre, et avant de l'ouvrir, Roulland s'empressa de convoquer chez le maire un conseil de guerre auquel assistèrent les autorités civiles et militaires, la Société populaire et le Comité de surveillance. Décachetée en leur présence, l'insolente et insidieuse sommation du prince d'Orange ne provoqua aucun découragement, malgré les fâcheuses nouvelles qu'elle annonçait ; et le conseil décida à l'unanimité d'adresser cette fière réponse (1) :

Général, si la prétendue victoire dont vous vous flattez est vraie, elle ne peut être pour nous qu'un encouragement à suivre et à éprouver les hasards de la guerre. Nous n'avons jamais compté que sur nos bras. Des républicains qui ont juré de vaincre ou de mourir ne seront jamais parjures. Nous réitérons tous dans ce moment le serment de nous ensevelir sous nos remparts ou de vaincre.

Voilà notre capitulation !

Devant ce refus, le prince d'Orange fit reprendre aussitôt le bombardement auquel participèrent les nouvelles batteries qui venaient d'être terminées. Il était 1 h. 30 de l'après-midi. La batterie n° 1 contre-battit le pont sur la Sambre, mais dans la soirée elle fut démontée par l'assiégé ; la batterie n° 2 tira à ricochet d'une part contre le chemin couvert, de l'autre contre la face gauche de l'ouvrage à cornes ; la batterie n° 3 contre-battit le bastion de droite de la place ; les batteries n°s 5, 7 et 10 bombardèrent la ville pendant la nuit et y allumèrent

---

(1) « Délibéré en conseil de guerre, toutes les autorités civiles et militaires réunies, à Landrecies le 8 floréal, 2e année républicaine, une et indivisible et impérissable. »

l'incendie ; pendant le jour elles écrasèrent les ouvrages de la défense (la batterie n° 5 notamment tira sur le ravelin et le bastion de droite de l'ouvrage à cornes); la batterie n° 6, attaquée de droite et de gauche par l'artillerie de l'ouvrage à cornes, parvint enfin à la réduire au silence ; les batteries n°s 8 et 11 obtinrent le même résultat.

L'après-midi du 27 avril suffit à l'assiégeant pour causer d'irréparables dégâts (notamment incendier l'hôpital) et prendre une supériorité marquée sur l'artillerie de la défense (1). La journée du lendemain et la nuit suivante furent encore plus désastreuses :

> Le feu ayant pris à la prison, plusieurs des prisonniers s'évadèrent..... Le feu de l'ennemi était toujours terrible et causait par son embrasement des dégâts affreux dans les communes haute et basse ; cette dernière fut presque réduite en cendres. Le quartier de cavalerie et le magasin aux fourrages furent la proie des flammes ; les batteries de la commune basse furent presque toutes démontées. L'ennemi lançait ordinairement dans le jour moins de boulets que dans la nuit; celle du 9 au 10 (*floréal 28 au 29 avril*), il en lança une quantité surprenante ; on en voyait en l'air onze à la fois, se dirigeant de toutes parts..... La République perdit ce jour-là beaucoup de canonniers, et les ouvrages de la place furent presque tous ébranlés ou écrasés (2).

Tout en procédant à ce bombardement violent, les Alliés imprimaient une grande activité aux travaux réguliers du siège. Dans cette nuit du 28 au 29 avril, ayant pu disposer de 3,000 travailleurs, ils débouchèrent

---

(1) Le *Journal* de Roulland constate que plusieurs batteries de la place furent démontées : « Le feu se ralentit ; il était déjà bien inférieur à celui des assiégeants. » Dans l'incendie de l'hôpital, « on put à peine sauver la pharmacie ».

(2) *Journal* de Roulland.

dans la deuxième parallèle qui fut amorcée sur une longueur de plus de 200 toises. La nuit suivante, le nombre des travailleurs fut encore de 3,000, de sorte que le 30 avril, au point du jour, la deuxième parallèle se trouva creusée sur 350 toises, permettant ainsi de « couvrir entièrement la troupe (1) » ; on détermina l'emplacement des batteries de brèche.

Tandis que l'ennemi poursuivait ainsi méthodiquement son œuvre, les ressorts de la défense s'affaiblissaient d'heure en heure. Aux périls du bombardement venaient s'ajouter d'autres souffrances. Par suite de l'incendie de l'hôpital et de la mort de plusieurs chirurgiens, les soins manquaient aux blessés. Le feu ayant dévoré une grande partie des approvisionnements, il fallut, le 9 floréal (28 avril), réduire d'un tiers la ration de pain en y substituant une once de légumes secs. L'indiscipline et le découragement commencèrent à se manifester dans la troupe. Un officier du bataillon de Saint-Denis alla même jusqu'à remettre à un campagnard la clef d'une barrière de la ville ; des soldats furent arrêtés, se livrant au pillage.

Dans la matinée du 10 floréal (29 avril), le désordre devint plus général et plus grave. Les soldats « ne respectèrent plus rien ; ils se portèrent aux magasins des vins et eaux-de-vie, dans les caves des malheureux particuliers ». Voyant que « ni menaces, ni violences, ni exhortations » ne pouvaient retenir les pillards, Roulland convoqua à 9 h. 30 du matin un conseil de guerre pour prendre les énergiques mesures que comportait une semblable situation.

Après avoir rappelé qu'à tout prix il fallait couper court au désordre et relever le moral de la troupe, il

---

(1) *Rapport* de tranchée du G. M. baron Froon (Preux-au-Bois, 30 avril). *K. u. K. Kriegs Archiv.*

annonça l'intention de faire une sortie pour bouleverser les ouvrages que l'ennemi avait commencés près des glacis de la porte de France (1). Quelle ne fut pas la douloureuse surprise de Roulland de voir que le conseil non seulement repoussait toute idée de sortie, mais l'invitait à délibérer sur la capitulation. Il voulut alors lever la séance ; son autorité fut méconnue, le conseil se déclara en permanence et prétendit même l'empêcher de sortir. Personne cependant n'osa l'arrêter, mais peu après, et pour éviter de plus grands malheurs, il se décida à revenir au conseil.

Un grand nombre de soldats étaient massés à la porte de la salle des délibérations ; deux d'entre eux y furent introduits, à titre de délégués, et exprimèrent l'aveu de la profonde dépression morale de la garnison tout entière. Seul, le sergent Ory, des grenadiers du 4ᵉ bataillon de la Meuse, se présenta pour apporter une énergique protestation et déclarer que sa compagnie était prête à combattre jusqu'au bout.

Cependant, avant de décider cette capitulation, presque unanimement réclamée, il fut convenu de réunir un « conseil général de guerre composé d'un individu de chaque grade pris dans chaque corps pour aviser aux moyens qu'il y aurait à prendre ». Roulland eut la faiblesse d'acquiescer à cette convocation, dont le résultat ne se fit pas attendre. Malgré ses objurgations ; malgré son appel au serment volontaire prononcé le 7 floréal par la garnison ; malgré sa déclaration qu'il aimait mieux périr que de se rendre ; malgré la lecture de la loi du 12 mai (2), exigeant qu'une brèche praticable ait été

---

(1) Ce n'étaient, en réalité, que des tranchées d'une fausse attaque amorcée par le colonel du génie marquis du Chasteler (voir p. 408).

(2) Il s'agit du *Code pénal militaire* du 12 mai 1793. L'article 2 du titre Iᵉʳ (section II) déclare coupable de trahison : « Tout commandant

faite et trois assauts soutenus; bien qu'il restât encore pour dix jours de vivres et des munitions en quantité suffisante, le nouveau conseil décida, au scrutin secret, par 66 voix contre 10, qu'il fallait obtenir une « capitulation honorable ». Deux commissaires furent nommés pour se concerter avec les autorités civiles au sujet de la reddition de la place.

A la nuit, le bombardement redoubla de violence, provoquant de nouvelles manifestations d'indiscipline et suscitant dans les esprits démoralisés l'impérieux désir d'une prompte reddition.

A 11 heures du soir, et sans attendre la réponse des autorités civiles, le conseil de guerre, qui siégeait en permanence, délégua auprès du général Roulland deux commissaires porteurs d'une lettre l'invitant « à prendre avec le général ennemi les moyens de procurer une capitulation honorable plutôt que de faire massacrer la ville et la garnison ». Le général refusa de recevoir cette adresse, fit consigner son refus sur le registre des séances et prescrivit au conseil de se dissoudre pour ne se réunir que le lendemain, à 8 heures. Cette injonction ne fut pas écoutée. A 2 heures du matin, le conseil fit parvenir à Roulland, par deux commissaires, une lettre qu'il devait adresser au général ennemi pour solliciter une capitulation. Roulland déchira cette demande et déclara qu'il ne voulait pas reconnaître les délibérations du conseil avant 8 heures du matin, ainsi qu'il l'avait fixé.

Cependant, dès 6 heures, sur une nouvelle démarche, Roulland consentit à se rendre au conseil pour y donner

---

d'une place attaquée qui, sans cause légitime et sans l'autorisation des corps administratifs dont il justifiera au tribunal criminel militaire, aura consenti à la reddition de la place avant que l'ennemi ait fait brèche praticable, et qu'il ait soutenu trois assauts. »

lecture de l'avis écrit des autorités civiles, que celles-ci venaient de lui remettre ; dans ce document, elles se bornaient à déclarer « qu'elles ne devaient donner aucun avis conforme sur les propositions de capitulation qui leur avaient été faites, qu'autant que l'application de la loi serait faite convenablement par les chefs militaires qui devaient en avoir connaissance ».

Tout en faisant observer que cette réponse n'était « ni affirmative, ni négative », Roulland ajoutait avec raison qu'elle ne permettait pas une capitulation, puisque rien ne pouvait être arrêté à cet égard « sans le consentement exprès et non équivoque » des autorités. Ces observations furent inutiles. Dans sa panique, le conseil passa outre et maintint sa résolution de capituler. Roulland, qui avait déjà eu la faiblesse d'accepter la réunion d'une assemblée non convoquée par lui, d'en tolérer la permanence et de se rendre à ses invitations, couronna cette série de compromissions en rédigeant et faisant approuver par le conseil une lettre par laquelle il sollicitait une suspension d'armes de 48 heures :

Général, écrivait Roulland, malgré le feu de vos batteries, si je n'en croyais que mon cœur, je ne demanderais aucun arrangement ; mais par humanité pour un grand nombre de victimes, je vous demande une cessation d'armes de quarante-huit heures pour me concerter avec les autorités constituées sur les moyens à prendre pour capituler ; je ne vous dissimulerai pas que ma troupe est prête à s'ensevelir sous les remparts plutôt que de consentir à aucun arrangement honteux. Vous m'avez proposé dans votre première de capituler par humanité ; ce n'est qu'à ce prix que je peux traiter (1).

---

(1) Le général de brigade Roulland, commandant à Landrecies, au prince héréditaire d'Orange, commandant général de l'armée impériale et hollandaise devant Landrecies.

La portée de ce langage était trop évidente pour que l'ennemi s'y laissât méprendre. Le général de tranchée Baillet-Latour se borna à accorder une heure pour prendre les ordres du prince d'Orange, commandant l'armée de siège (1). Le bombardement fut donc interrompu et le Prince, averti, répondit aussitôt par cet ultimatum :

> Si d'ici à une demi-heure vous n'envoyez pas quelqu'un muni de pleins pouvoirs pour signer et conclure sur-le-champ et sans délai la capitulation, je vais redoubler le feu de mes batteries ; et vous serez responsable des maux affreux que votre opiniâtreté aura causées. Vous en avez assez fait pour votre honneur ; une plus longue résistance devient un crime inutile (2).

Bien que la réponse fût, comme la demande, calquée sur le type habituel des lettres échangées en pareil cas, elle produisit une véritable épouvante dans le conseil, dont les membres insistèrent de la façon la plus vive auprès de Roulland pour le déterminer à une capitulation immédiate :

> ..... Ils ne cessaient de lui répéter de se dépêcher, que la demi-heure accordée était expirée et que le feu de l'ennemi allait sans doute recommencer. Leur terreur, vraiment panique, était portée à un si haut point qu'ils ne voulurent écouter aucune des observations les plus sensées (3).

Roulland proposa alors d'envoyer en parlementaire à l'ennemi l'adjudant général Frémont, qui s'était distingué dans le siège et qui avait toute sa confiance. Il lui recommanda de ne capituler qu'à la condition d'obtenir

---

(1) Billet daté de 8 h. 45.
(2) Lettre datée du 30 avril, à 10 h. 30 du matin.
(3) *Rapport* de Roulland.

que la garnison sortît sous trois jours avec armes et bagages, en emmenant tous les habitants qui le voudraient. Malgré ces instructions formelles, Frémont céda aux menaces des généraux ennemis qui se montrèrent inflexibles. La capitulation du 11 floréal (30 avril), signée par lui vers midi (1) et bientôt ratifiée par Roulland, stipula que la ville serait remise dans la soirée aux Alliés et que la garnison serait prisonnière de guerre ; toutefois, en faveur de leur belle défense, les troupes sortiraient « avec les honneurs de la guerre », les officiers conservant leurs épées. Les drapeaux, les chevaux, les fusils, toute l'artillerie, les munitions de guerre et de bouche, les archives et tous autres objets militaires devaient être livrés à l'ennemi. Les habitants (qui, seuls, n'avaient pas montré de défaillance pendant ce siège) pouvaient « se retirer avec leurs meubles en l'espace d'un mois ».

Pendant que ces tristes événements se déroulaient à Landrecies, les troupes françaises qui cherchaient à arracher cette place aux mains des Alliés suivaient anxieusement les indices qui pouvaient leur dévoiler la situation. C'était naturellement aux troupes placées sur l'Helpe, et particulièrement à la brigade Montaigu, à Maroilles, qu'incombait ce soin. Elle était le point d'origine et de bifurcation des renseignements qui étaient transmis à Favereau, d'un côté par Avesnes sous la signature de Fromentin, de l'autre par la Sambre et la division Despeaux sous la signature du général Mayer.

La correspondance ainsi échangée fait ressortir les diverses phases par lesquelles passa l'angoisse du com-

---

(1) Le prince d'Orange écrit, le 30 avril, aux États de Hollande : « Aujourd'hui, à midi, la forteresse de Landrecies s'est rendue par capitulation. »

mandement français. Le 11 floréal (30 avril), à 6 heures du soir, Fromentin transmet à Favereau les renseignements de Soland portant que « le feu a cessé entièrement sur Landrecies de part et d'autre depuis 7 heures du matin », que la ville est en feu mais que Soland n'a « rien pu découvrir qui en annonce la reddition ».

Le 12 (1ᵉʳ mai), nouveau rapport de même origine. Des émissaires annoncent la reddition de Landrecies et un mouvement de l'ennemi sur Courtrai. « Avertis Ferrand de suite », écrit Soland (1), « pour qu'on défende Courtrai. Tu sais que c'est la suite du projet de l'ennemi. Pour nous gardons nos positions, car il viendra sur Avesnes et sur Maubeuge après avoir forcé nos postes. » En transmettant cette lettre, Fromentin annonçait qu'il allait prescrire l'exécution « de fortes reconnaissances ». En effet le lendemain matin, 13 floréal (2 mai), Soland fit faire « une découverte » qui rapporta quelques renseignements. L'ennemi n'opérait aucun mouvement du côté de l'Helpe; il avait élevé une redoute près du moulin entre Favril et la Folie; il avait des postes du côté du Sart; enfin la route de Guise à Landrecies était coupée (2).

---

(1) *Rapport* de Soland à Fromentin, dont celui-ci envoie copie à Favereau (12 floréal-1ᵉʳ mai).

(2) Voir les *Mémoires* du général Duhesme : « ..... L'on se disposait à une nouvelle tentative pour le 13 (floréal-2 mai), lorsque tout d'un coup l'on n'entendit plus le canon, et nos reconnaissances, ne rencontrant plus les avant-postes ennemis, poussèrent jusqu'à leur ligne de circonvallation, qu'elles trouvèrent abandonnée; on aurait volontiers été tenté, dans le premier moment, de présumer que, battu par le général Pichegru du côté de Cambrai, il avait été forcé de lever le siège.

« Des reconnaissances de troupes légères avaient même capturé des vivandiers et quartiers-maîtres autrichiens jusque sur les glacis de Landrecies. Nous ne tardâmes pas à être détrompés; nous apprîmes donc qu'une partie des troupes de Landrecies avait hâté sa reddition, malgré le vœu des habitants, et que l'ennemi, après avoir remplacé par

Du côté de Limont-Fontaine, quartier général de Despeaux, les nouvelles transmises étaient également alarmantes, mais assez vagues. Une lettre signée de Royal, aide de camp du général Mayer, avait d'abord annoncé qu'après avoir été assez violent toute la nuit du 10 au 11 floréal (29 au 30 avril), le bombardement avait cessé vers 8 heures du matin (1). Une seconde lettre, de Mayer lui-même, donnait comme à peu près certaine, dans l'après-midi, la reddition de Landrecies ; elle signalait un mouvement de l'ennemi sur sa droite, ce qui confirmait l'hypothèse formulée par Soland d'intentions hostiles contre Cambrai.

Dès que la triste nouvelle eut été définitivement confirmée, Favereau, qui n'était pas rassuré pour la défense de Maubeuge, s'empressa d'en informer Desjardin :

Je t'apprends, mon brave ami, que Landrecies est au pouvoir de l'ennemi depuis hier, 10 heures du matin. Cette nouvelle est affligeante, mais elle ne doit pas nous arrêter ; préviens-en de suite le général Charbonnié, et prends tes mesures pour établir ta retraite sur le camp retranché au premier instant que je te le marquerai. Donne des ordres pour faire filer de Beaumont, sans perdre de temps, tout ce qui est précieux.

Nous devons cet échec, d'après le rapport de mon aide de camp qui arrive de Maroilles, à la stagnante conduite du général Balland ; tout le monde récrimine contre lui, cette conduite est bien indigne.

Ne t'engage pas trop ; l'ennemi fait un mouvement qui n'est pas encore décidé (2).

---

une garnison la nôtre, qu'il envoya prisonnière en Hongrie, s'était porté avec toutes ses forces sous la West-Flandre, où le général Pichegru menaçait de pénétrer. »

(1) La copie de ces lettres est transmise par Favereau à Desjardin, à titre de renseignement (de Maubeuge, 12 floréal-1er mai).

(2) Favereau à Desjardin (Maubeuge, 12 floréal-1er mai). L'heure indiquée pour la capitulation n'est pas tout à fait exacte ; elle correspond à peu près au début des pourparlers.

La responsabilité de Balland était également mise en cause par Mayer : « Toute la faute, écrivait-il, paraît tomber sur Balland qui n'a fait aucun mouvement. » Pour être juste, il convient de faire observer que des reproches analogues auraient pu également s'adresser à Goguet, à Dubois, à Soland : on a vu qu'à maintes reprises ils avaient manqué de vigueur et conduit leurs opérations d'une façon hésitante et timorée. Seuls Montaigu et Duhesme pouvaient se flatter d'avoir fait, pour sauver Landrecies, tout ce que leur permettait le manque de solidité de leurs jeunes troupes.

La nouvelle de la capitulation fut annoncée le 12 floréal (1er mai) par Ferrand au Comité de Salut public et seulement le 15 (4 mai) par Barère à la Convention. Ce retard est peut-être dû au fait que les représentants Richard et Choudieu avaient adressé, le même jour que Ferrand, un renseignement absolument contraire : « Il est faux, écrivaient-ils, que Landrecies soit au pouvoir de l'ennemi, comme on vous l'a écrit. Nous espérons même qu'il n'y tombera pas (1)..... » Quoi qu'il en soit, Barère

---

(1) Lettre datée de Lille (12 floréal-1er mai). La lettre de Ferrand étant écrite de Guise, le même jour, le Comité de Salut public devait la considérer comme fournissant des renseignements plus récents, puisqu'il fallait près d'une journée pour faire parvenir à Lille une nouvelle connue à Guise.

D'après le *Bulletin n° 22*, la prise de Landrecies aurait causé à Paris une vive émotion, contre laquelle le Comité de Salut public s'efforça de réagir : « Dans la journée du 3, depuis midi jusqu'au lendemain matin, 4, il arriva à Paris une si grande quantité de fuyards de l'armée du Nord et tant de chariots remplis de blessés que le Comité, qui s'assembla dans la nuit, fut unanimement d'avis que l'on ne pouvait plus du tout différer de donner part à la Convention des événements de l'armée du Nord et de la prise de Landrecies..... La consternation du Comité est extrême, mais les discours qu'il prononcera à la Convention ne se ressentiront pas de cette frayeur..... » Le *Bulletin* ajoute que le Comité eut soin, pour la séance du 4, de faire remplir les tribunes par des affidés, jacobins et gardes nationaux spécialement dévoués; malgré

ne monta à la tribune que le 15. Après avoir lu la lettre de Ferrand, il prenait texte de celle de Richard et Choudieu pour dénoncer les alarmistes, et les accabler de ses foudres (1) :

On a jeté l'alarme parce que Landrecies est pris ! Que diraient donc ces lâches alarmistes si d'autres places étaient prises, si des places importantes étaient attaquées et se rendaient ? Proposeraient-ils de perdre la liberté ? Proposeraient-ils de lâches transactions, ceux qui ne balancent jamais trente victoires avec un échec !

Après avoir invoqué ce mot magique de la victoire, il en profitait aussitôt pour opposer aux défaites de Ferrand les succès de Souham et de Moreau :

Déjà la guerre est portée avec succès sur son territoire [*de l'ennemi*] ; trois de leurs places ont été au pouvoir de la République en trois jours, et ce n'est qu'après deux mois d'intrigues, de perfidies et d'attaques, que Landrecies a été pris (2).

---

les ordres donnés d'éviter toutes discussions publiques et d'arrêter ceux qui, dans les cafés, parleraient de l'événement, il y eut dans Paris beaucoup de fermentation, causée surtout par l'arrivée continuelle de voitures chargées de blessés. « Ce spectacle a fait un effet prodigieux » sur le peuple ; dans la journée du 4, on parlait avec effroi de l'armée autrichienne et de « la certitude que cette armée viendrait à Paris ». (*The Manuscripts of J.-B. Fortescue*, t. II, p. 567.)

(1) *Moniteur* du 16 floréal (15 mai), p. 916.

(2) Barère paraît avoir (plus ou moins sincèrement) prêté volontiers l'oreille aux accusations de trahison. C'est ainsi que, dans la séance de la Convention du 11 floréal (30 avril), il dit : « Les troupes des tyrans coalisés ont un genre de courage remarquable dans les annales militaires de l'Europe ; ils attaquent les armées dans lesquelles ils ont organisé des trahisons ; ils se portent en force vers les places où ils ont corrompu les chefs..... Leurs banquiers prennent plus de places que leurs généraux, et c'est bien plus avec des guinées qu'avec des cartouches

Il citait un détail significatif du siège de Menin. Après l'investissement, Moreau avait fait bombarder cette place, malgré les troupes qui réclamaient toutes de monter à l'assaut, promettant que les premiers combleraient les fossés de leurs cadavres pour permettre à leurs camarades de les franchir plus facilement.

Croyez-vous, concluait Barère, qu'avec de tels soldats vous ayez à vous attrister sur les chances inséparables de la guerre? Et pensez-vous que ceux qui veulent combler de leurs corps les fossés, pour que les seconds bataillons attaquent une place, laissent longtemps la frontière déshonorée par les hordes autrichiennes? Partout règne l'audace de la République et la soif de la gloire.

Moins emphatique et plus sincère, Marescot écrivait le 13 floréal (2 mai) à Carnot :

Landrecies s'est rendu, mon cher Carnot, après quatre jours et demi de bombardement. Cette faible résistance est faite pour étonner (1). J'avais été à même de voir combien cette petite place était négligée, mais cependant on en devait attendre une plus longue défense (2).

---

qu'ils cherchent des succès. » (*Moniteur* du 12 floréal-1ᵉʳ mai, p. 901.)

En réalité, il ne semble pas que des intelligences coupables avec l'ennemi aient déterminé les défaillances fâcheuses constatées dans la défense de Landrecies, ni dans les tentatives faites pour secourir cette place.

(1) Dans sa lettre à Dundas, du 30 avril, le duc d'York parle de la capitulation comme d'un « événement heureux qu'on ne s'attendait pas à voir arriver sitôt ».

(2) De Maubeuge, 13 floréal (2 mai). Dans cette lettre, on remarquera que, malgré la situation critique de Maubeuge, l'antagonisme de l'artillerie et du génie avait donné lieu à de regrettables conflits d'attributions : « C'est un moment comme celui-ci, écrit Marescot, que les officiers d'artillerie ont attendu pour déclarer au conseil de guerre qu'ils ne regardaient pas les magasins à poudre comme étant à l'abri de la bombe, et que c'était aux officiers du génie et non pas à eux à les

La défense aurait dû, en effet, être plus longue si le commandant avait montré moins de faiblesse ; si les officiers n'avaient pas été assez oublieux de leurs devoirs pour le presser de capituler ; si la troupe avait été moins indisciplinée et n'avait pas donné le honteux spectacle de franchir les barrières pour aller fraterniser avec les soldats ennemis, tandis que la capitulation se discutait encore avec le prince d'Orange ; si enfin chacun avait imité la constance et la résignation de la population et des autorités civiles, dont le dévouement fut toujours à la hauteur des circonstances. La constance et le patriotisme dont firent preuve les habitants de Landrecies ne sont pas seulement mis en lumière dans le *Mémoire historique* adressé à la Convention par le conseil général de la commune, le 14 nivôse an III (3 janvier 1795)(1) ; ils sont hautement affirmés par d'autres témoignages contemporains, tels que ceux de Roulland et de Carnot(2) ; ils méritent d'être opposés à la défaillance de ceux qui rendirent la place alors que les fortifications n'étaient pas gravement endommagées, que l'artillerie pouvait encore

---

blinder. Tu sais cependant, aussi bien que moi, toutes les manœuvres employées par l'artillerie pour se faire adjuger les magasins à poudre et que, depuis longtemps, tout ce qui les concerne regarde les seuls officiers de cette arme. »

(1) En dehors de ce document, la municipalité de Landrecies rédigea des *Renseignements sur quelques officiers de la garnison* (du 8 fructidor an II-25 avril 1794) qui sont publiés parmi les *Documents annexes*.

(2) Les *Mémoires sur Carnot* (par Hippolyte Carnot) rapportent cette appréciation du Conventionnel sur la défense de Landrecies : « Les habitants de cette ville opposèrent à la trahison et à la lâcheté d'une garnison de 8,000 hommes une bravoure et une fidélité républicaines que les femmes partagèrent. Elles auraient seules sauvé la place si leur énergie n'eût été enchaînée par cette indigne troupe, punie aujourd'hui de son crime par une captivité que n'adoucit point le témoignage d'une bonne conscience et que le remords doit rendre plus pénible. » (Édition de 1893, chez Charavay et Mantoux, t. I, p. 482, note 1.)

agir et que les vivres et les munitions ne manquaient pas.

Mesures prises par les deux adversaires après la capitulation de Landrecies. — a) *Mesures prises par les Alliés*. — En annonçant aux États généraux de Hollande la capitulation de Landrecies (1), le prince d'Orange faisait savoir qu'aussitôt après la sortie de la garnison, la place serait occupée par 2 bataillons autrichiens et 2 hollandais.

D'autre part, le duc d'York informait le secrétaire Dundas de cet important événement (2) ; il devait en même temps y ajouter « la nouvelle désagréable » de l'échec de Mouscron, à la suite duquel Clerfayt avait pris position pour couvrir la grande route de Tournai à Courtrai. « Sur cet avis, concluait-il, l'Empereur m'a prié de marcher ce soir, aussitôt que possible, vers Saint-Amand et de là, s'il était nécessaire, au secours du général Clerfayt. »

Quant à Cobourg, il datait le 30 avril, de son quartier général de Catillon, une relation succincte du siège de Landrecies ; et il l'adressait le lendemain, du Cateau, au président du Conseil de la guerre en y joignant les ordres envoyés à Clerfayt à la suite de son échec à Mouscron. En dehors de ces prescriptions, Cobourg avait adressé, de son quartier général de Catillon, le 30 avril, l'ordre général de mouvement destiné à porter l'armée d'observation en partie au secours de Clerfayt, en partie en position d'attente face à Cambrai.

---

(1) Le prince d'Orange aux États de Hollande (30 avril). Voir une lettre de M. d'Albarey au comte de Hauteville (de Bruxelles, 1ᵉʳ mai) annonçant que la nouvelle de la prise de Landrecies a été apportée par un officier que le prince d'Orange avait expédié et qui est passé à Bruxelles « ce matin vers midi ». (*Archives d'État de Turin*.)

(2) Le duc d'York à Dundas (du Cateau, 30 avril).

On a vu qu'après avoir pris connaissance des renseignements trouvés sur Chapuis, le prince de Cobourg avait déjà dirigé un premier renfort au secours de Clerfayt. Malgré cet envoi, le corps du duc d'York comprenait encore 14 bataillons et 28 escadrons. Ces troupes reçurent l'ordre le 30 avril de se porter le même jour à l'entrée de la nuit, par Saint-Amand sur Tournai, d'où le duc d'York se mettrait à la disposition de Clerfayt et concerterait ses opérations avec lui. Pour couvrir ce départ, le duc d'York devait laisser le régiment de cuirassiers Zeschwitz au Cateau, en observation devant Cambrai. Quant à l'armée d'observation, établie au Sud de Landrecies, entre la Sambre et l'Helpe, elle devait, tout d'abord, profiter de la nuit du 30 avril au 1er mai pour raser ses travaux. Ensuite, elle se diviserait en deux parties, de force à peu près égale. L'aile droite, sous les ordres de Kinsky, devait se mettre en marche une heure avant le point du jour, franchir la Sambre sur la communication existante et prendre position en avant de Catillon, entre la Sambre et la Selle. L'aile gauche, sous les ordres de l'archiduc Charles, devait également marcher deux heures avant le jour, franchir la Sambre en deux colonnes à Ors et à Catillon, et se porter au delà du Cateau pour occuper cette localité.

La ligne d'avant-postes qu'établit l'archiduc Charles le 2 mai, pour se couvrir vers Cambrai et Bouchain et se réserver au besoin des débouchés dans ces deux directions, fut la suivante : l'aile droite s'appuya à Solesmes et Saint-Pithon, occupés chacun par une compagnie; de Fontaine-Autarque et Vielly, un escadron éclairait en avant, à droite et à gauche, et assurait vers Villers-en-Cauchies la liaison avec les postes du corps d'observation de Denain qui occupaient Saulzoir; le centre de la ligne était à Inchy, Beaumont, Troisvilles et Bertry; Inchy, Beaumont et Bertry étaient respectivement tenus par une compagnie; à Troisvilles, il y en avait quatre, deux divisions de hussards et une de uhlans poussant des postes en avant d'Inchy, de Beaumont, d'Audancourt, de Montigny et de Bertry (1) ; à Reumont était une division de uhlans poussant des postes à Maurois et Honnechy et des patrouilles jusqu'à Marets, Busigny et Becquigny. De Saint-Benin, où se trouvait une compagnie franche avec deux canons de 3 destinée à tenir le ravin du Cateau, une division de hussards impériaux détachait des pelotons à Saint-Soupplet et Escaufourt, occupés respectivement par une compagnie franche fouillant les bois et ravins voisins. Ces pelotons de cavalerie avaient des petits postes à la Haye-Manderesse, Moulins, Saint-Martin et l'Arbre de Guise (2).

Quant à l'armée de siège, on a déjà vu qu'elle devait fournir d'abord à Landrecies une garnison de 4 bataillons. De plus l'ordre pour le 1er mai lui prescrivait de couvrir la place sur les avenues de Guise, de la Capelle et d'Avesnes au moyen de quelques bataillons campés en avant de la place sur les hauteurs de Favril. Ces dispositions de sûreté une fois prises, le gros de cette armée camperait jusqu'à nouvel ordre à Montgarny au Nord-Ouest de la ville. Le 3 mai, le gros quitta cette position et vint en partie passer la Selle à Neuvilly, en partie camper sous les ordres du prince d'Orange à Basuyau (3).

---

(1) Il était naturel que Troisvilles fût plus spécialement occupé, puisque c'était le point permettant de déboucher sur le plateau à l'Ouest.

(2) Qu'il nous soit permis de faire remarquer, au sujet de ce dispositif, qu'on a voulu expliquer par d'anciens errements la distance si faible à laquelle, en 1870, se plaçaient les postes français. Il semble que le dispositif que nous venons de donner, aussi bien que celui que Brunswick occupa en 1792 en avant de Verdun, permet de conclure que, de tout temps et quelle qu'ait été la portée des armes à feu, les armées imbues de saines idées tactiques ont toujours su placer leurs avant-postes à la distance nécessaire pour assurer leur liberté d'action.

(3) Les avant-postes des bataillons placés sur les hauteurs de Favril

Enfin, le 4 mai, Cobourg prescrivait aux services de l'artillerie et du génie de mettre Landrecies en état de défense et d'en assurer le nouvel approvisionnement.

Le quartier général de l'Empereur se transportait le 1ᵉʳ mai de Catillon au Cateau (1).

Si l'on considère ce dispositif dans son emsemble, on voit que l'armée principale, après la prise de Landrecies, se couvre sur ses derrières au moyen de quelques bataillons laissés dans cette place et vers Favril contre des surprises possibles de Guise, de la Capelle ou d'Avesnes ; et que la presque totalité de cette armée s'échelonne sur la chaussée de Cambrai, entre le Cateau et le Catillon, prête à déboucher sur Cambrai, son deuxième objectif après Landrecies.

b) *Mesures prises par Ferrand et Pichegru.* — Après la chute de Landrecies, Ferrand, qui n'avait pu faire concourir la division de Cambrai à ses projets d'offensive, prit le parti de laisser cette division se réorganiser derrière l'Escaut. Il assurerait la sécurité de Maubeuge et d'Avesnes au moyen des troupes placées sous les ordres de Favereau et de Fromentin ; lui-même disposerait des deux divisions Dubois et Balland pour se porter là où l'exigeraient les circonstances, suivant les mouvements de l'ennemi.

Il ne démêlait pas encore bien le sens de ces derniers.

---

et couvrant Landrecies eurent, le 1ᵉʳ mai, quelques tiraillerics sans importance et de faible durée avec les patrouilles françaises qui se montrèrent vers Priches, Le Sart et en avant de Fesmy.

Les 2, 3 et 4, il n'y eut aucun événement à signaler.

Le 5, l'Empereur, après avoir passé la revue de ses troupes, assista, à la cense Ramboulieux, à un *Te Deum* en l'honneur de la prise de Landrecies, cérémonie pendant laquelle il fut tiré trois salves.

(1) Voir une lettre de M. d'Albarey au comte de Hauteville (Valenciennes, 5 mai). (*Archives d'État de Turin.*)

Certains renseignements indiquaient Cambrai comme leur objectif ; d'après d'autres, Maubeuge était menacé. Dans la crainte d'une attaque sur ce point, Ferrand faisait prévenir Favereau par l'adjudant général Barbou :

..... Le général vient d'être instruit que l'ennemi multiplie ses mouvements.

..... Le général me charge de te dire qu'il est essentiel de surveiller de plus en plus tes positions. Des rapports lui annoncent que l'ennemi a des desseins sur Maubeuge depuis la prise de Landrecies ; il paraît aussi qu'il se rejette sur Cambrai.

..... Le général n'a pas besoin de te rappeler combien le poste qui t'est confié est intéressant à défendre (1).

Le même jour, quand la prise de Landrecies n'était pas connue et qu'il était encore question d'une attaque générale pour le lendemain, Favereau avait signalé à Ferrand l'impossibilité d'envoyer 6,000 hommes à Maroilles, étant donné l'effectif très réduit de la garnison de Maubeuge. Une fois instruit de la capitulation, Favereau appela de nouveau l'attention de Ferrand sur la situation de Maubeuge déjà précaire et qui allait le devenir davantage en présence des forces de l'ennemi devenues disponibles :

..... La prise de Landrecies doit fixer avec la plus grande attention tes regards sur Maubeuge et Avesnes. Tu sais combien cette partie est dénuée de troupes, pour avoir renforcé la division de Fromentin dans les postes de Maroilles et Fayt. Tu sais que l'ennemi a l'intention de s'emparer des places qui peuvent protéger la forêt de Mormal et, par ce moyen, s'assurer une assise qui le rendrait formidable dans cette

---

(1) Lettre de l'adjudant général Barbou au général Favereau (de Réunion-sur-Oise, 12 floréal-1ᵉʳ mai).

(1) Lettre de Favereau à Ferrand (de Maubeuge, 12 floréal-1ᵉʳ mai).

partie. Je calcule que, pour nous couper la communication avec Avesnes, il veut passer la Sambre à Bachant et Berlaimont ; et une fois [qu'il sera] maître des Hayes d'Avesnes, avec ma poignée de monde, il m'est impossible de pouvoir tenir. Je n'ai seulement assez de troupes pour le service de vingt-quatre heures. J'écris à Fromentin pour qu'il me fasse passer une partie des bataillons de mes divisions, car sûrement ton attaque de demain n'aura pas son effet, l'ennemi ayant évacué la position qu'il occupait, à ce que me marque le général Mayer. Tous moments perdus pourraient devenir funestes. Décide-toi, Général, et crois que j'emploierai tous mes moyens et mon zèle pour défendre la cause de la liberté. Fais attention que je n'ai que six bataillons qui font environ 4,400 hommes pour le camp et la place. Donne tes ordres de suite.

En répondant le lendemain à cette lettre, Ferrand dit que, de l'ensemble des renseignements reçus, l'ennemi menacerait plutôt Cambrai ; mais, n'ayant pas une certitude complète à cet égard, il essaye de parer à la fois aux deux dangers en prescrivant à Fromentin de faire passer à Favereau « le plus de monde possible », et en dirigeant des troupes sur Saint-Quentin « afin d'éclairer la marche de l'ennemi (1) ».

Mais à peine a-t-il donné ces ordres, qu'il reçoit une lettre de l'adjudant général Malher annonçant à tort que l'ennemi a évacué Solesmes et Troisvilles (2). Ce renseignement lui donne à penser que les Alliés, au lieu de menacer Cambrai, se dérobent vers l'Est avec l'intention d'attaquer Maubeuge. Dans ces conditions, il fait « rétrograder les forces dirigées sur Saint-Quentin » ; il appelle toute l'attention de Favereau sur la Sambre ; il

---

(1) Lettre de Ferrand à Favereau du 13 floréal (2 mai).
(2) C'est la lettre de l'adjudant général Malher, dont il est question p. 474.

prescrit à Fromentin de renvoyer à Maubeuge une partie des bataillons qui en avaient été tirés. Lui-même a soin de tenir les forces des deux divisions Dubois et Balland réunies dans le camp retranché de Guise pour « être à même » de se porter en masse sur le point qui sera attaqué (1).

Il rend compte le jour même à Pichegru de ces diverses dispositions (2).

Il explique comment l'attaque du 13 est devenue inutile, reproduit les renseignements qui ont dirigé ses appréhensions d'abord vers Cambrai, puis vers Maubeuge :

J'ai ordonné à Favereau de garder avec vigilance les bords de la Sambre, je lui ai fait rentrer les bataillons qu'il avait fournis à la division d'Avesnes ; le général Charbonnié a dû lui en fournir quatre d'après tes ordres. Quant à Fromentin, par ses positions il doit occuper la Haye d'Avesnes, faire de fréquentes et fortes reconnaissances.....

Découragé par les derniers événements, il invoque le mauvais état de sa santé et fait appel à « l'attachement » de Pichegru pour être rendu « à des fonctions moins importantes », dans lesquelles il « servira mieux sa patrie » et sera « plus heureux ».

Favereau n'avait pas attendu les ordres de Ferrand

---

(1) Lettre de Ferrand à Favereau du 13 floréal (2 mai). Quoiqu'elle soit transcrite sur le registre de Favereau avant la précédente, elle est certainement postérieure. Il est du reste fort possible qu'ayant été écrite peu de temps après la première, elle soit arrivée avant elle à Maubeuge.

(2) Cette lettre, datée de Réunion-sur-Oise 13 floréal (2 mai), nous a été conservée par une copie que Pichegru adresse le lendemain (de Lille) au Comité de Salut public. Ferrand avait annexé à sa lettre un extrait de la capitulation de Landrecies, reproduit de mémoire par les fourriers de la garnison, qui avaient été renvoyés librement.

pour réclamer ses bataillons. Dès le 12 floréal (1ᵉʳ mai), il avait demandé à Fromentin de les lui renvoyer, en lui faisant remarquer que l'attaque du lendemain n'aurait sans doute pas lieu et qu'il était indispensable de mettre Maubeuge à l'abri des menaces de l'ennemi :

> Je n'ai pas balancé pour te secourir, concluait-il, j'espère que tu en feras autant de mon côté.

N'ayant pas une réponse le jour même, Favereau insiste encore auprès de Fromentin le lendemain ; il est d'autant plus pressant que Despeaux lui a transmis copie d'une lettre de Mayer, datée de Maroilles (12 floréal-1ᵉʳ mai) et prêtant à l'ennemi, déjà maître de Landrecies, le projet de faire dans la nuit du 12 au 13 une fausse attaque sur l'Helpe pour masquer une manœuvre enveloppante sur un autre point. En transmettant ces renseignements, Despeaux ajoute d'ailleurs qu'il se met sur ses gardes, mais ne pourra « résister à l'ennemi avec le peu de forces qu'il a le long de la Sambre (1) ».

Favereau s'empressait en outre de donner connaissance de cette lettre à Desjardin et se plaignait à lui, ainsi qu'à Despeaux, de ce que Fromentin ne répondait pas à sa demande de renforts. Cette plainte était heureusement non fondée, car, à cette même date du 13 floréal (2 mai), Fromentin écrivait qu'il donnait ordre à Montaigu et à Soland de renvoyer « sur-le-champ » tous les bataillons fournis par les divisions de Maubeuge ; il demandait en échange le renvoi de l'escadron du 22ᵉ de cavalerie qui avait été détaché à Solre-Libre lors de la démonstration de Kaunitz (2).

---

(1) Lettre de Despeaux à Favereau. Limont-Fontaine, 13 floréal (2 mai).

(2) Lettre de Fromentin à Favereau. Avesnes, 13 floréal (2 mai).

Après avoir reçu ces derniers renseignements sur l'ennemi et sur les troupes remises à sa disposition, Favereau put arrêter, après en avoir conféré avec Desjardin, les mesures à prendre pour couvrir Maubeuge contre les entreprises des Alliés.

Voici ce qu'a été notre résultat, écrit-il à Ferrand (1). Comme il faut soutenir jusqu'à extinction de forces, il faut serrer nos coudes. Nous tenons les positions citées ci-après :

Sur la droite, nous tenons Montigny-Saint-Christophe, Bousignies, Reugnies, Coursolre et Bersilly. Retraite sur Ferrière-la-Petite, pour défendre les passages de la Sambre et se porter où besoin sera. La force est de 3 bataillons d'infanterie, 1/2 compagnie d'artillerie légère, 2 pièces de 8, 1 obusier et 450 hommes de cavalerie. Cette force tiendra trois bataillons cantonnés depuis Requignies jusqu'au Bois sur Sambre.

Nous tenons Tiremont, Beaumont, Solre-Saint-Géry, le camp de Leugny. La force est de 4 bataillons (compris 1 de grenadiers), 1/2 compagnie d'artillerie légère, 3 pièces de 12 et de 8 et 450 hommes de cavalerie. La retraite sur Solre-Libre pour tenir les Hayes d'Avesnes. En cas forcé, les trois bataillons gardant la Sambre depuis Requignies jusqu'au bois de Solre, se porteraient, pour appuyer le camp, à gauche de Cerfontaine.

Sur la gauche, nous tenons Hautmont. En cas de retraite, elle se fera sur le camp de Falise. Nous tenons Saint-Rémi-Malbâti et environs. En cas de retraite, elle se fera sur le bois de Beaufort et, de là, sur le camp retranché de Falise. Nous tenons Bachant et les positions en aval de Berlaimont. En cas de retraite, sur les Hayes d'Avesnes.

Pour compléter ces mesures de défense, Favereau

---

(1) Lettre de Favereau à Ferrand (Maubeuge, 13 floréal-2 mai). Il ajoute que les vivres « ne sont pas bien abondants ». En cas de besoin, on se « restreindra à moitié », en attendant des secours.

Favereau envoie, le même jour, copie de ces dispositions à Fromentin.

prescrit le lendemain au général Muller (dont la division occupait le camp retranché) de chercher à détruire le retranchement construit par l'ennemi à Assevent, de lui en opposer un semblable et d'utiliser, si possible, la redoute de Rousies (1).

Dans cette même journée du 14 floréal (3 mai), une « forte reconnaissance du côté de Landrecies », faite par Fromentin avec Soland, lui permit de recueillir les renseignements qui semblaient déchirer le voile enveloppant les projets de l'ennemi. Il s'empressait d'en avertir Favereau :

L'intention de l'Empereur est, je crois, de faire porter ses troupes sur Tournai et le débloquer, de garantir Mons et de chercher à cerner l'armée du général en chef ; il faut qu'il se tienne sur ses gardes, car ils tomberaient 60,000 hommes sur lui. Voilà leur intention (2).

Cette nouvelle, que Favereau transmettait aussitôt à Ferrand (3), paraissait d'autant plus vraisemblable que le double mouvement de Pichegru sur Courtrai, et de l'armée des Ardennes sur Beaumont, devait naturellement engager les Alliés à tenir en forces les postes de Tournai et de Mons, renouvelant ainsi leurs dispositions favorites, déjà prises en 1792. On se rappelle qu'à cette époque Clerfayt et Beaulieu avaient occupé ces positions pour faire face à Luckner et à Lafayette.

---

(1) Lettre de Favereau à Muller (14 floréal-3 mai). Voir (même date) lettre de Favereau à Ferrand disant que les ennemis « remuent toujours la terre comme des taupes » ; la nuit précédente, ils ont fait une parallèle partant en avant de la redoute d'Assevent et allant vers le village de ce nom. Favereau se propose de faire combler ces tranchées pendant la nuit. Cette opération eut effectivement lieu dans la nuit du 14 au 15 floréal (3 au 4 mai).

(2) Lettre de Fromentin à Favereau (Avesnes, 14 floréal-3 mai).

(3) Par la lettre du même jour visée à la note 1 de la p. 47.

Favereau suggérait d'ailleurs l'idée que l'ennemi ne pouvait « avoir des forces bien majeures sur toute la ligne », il y aurait intérêt à l'attaquer sur ces points, en y concentrant une masse supérieure :

> Ne pourrions-nous pas nous réunir au général en chef de l'armée des Ardennes et marcher sur Mons ? Si cette place ne peut pas faire résistance, il est certain que nous ferions un grand coup..... Avons-nous de la cavalerie, de l'infanterie suffisantes ? Car cette arme est bien précieuse pour une pareille expédition. Pourrons-nous dégarnir ce point sans compromettre l'intérêt national ? Serions-nous pourvus de vivres ? Je t'offre, mon Général, mes idées pour et contre Crois que l'amour de ma patrie seul fait parler mon cœur. C'est à toi à peser dans ta sagesse ce que tu as à faire. Il faut t'observer que Mons est le dépôt de vivres de l'armée ; il est essentiel que Pichegru le sache (1).

Le 15 floréal (4 mai), un nouveau renseignement vint confirmer cette hypothèse. Du haut de la tour de Maubeuge, Favereau put voir une « très forte » colonne marchant de Bavai sur Thuin, ce qui semblait indiquer soit un mouvement pour investir Maubeuge par le Nord-Est, soit l'occupation du passage de la Sambre à Thuin par l'avant-garde d'un corps principal rassemblé vers Mons. Il ne perdit pas « un instant » pour en informer Ferrand, Desjardin, Fromentin et Despeaux (2). Cette nouvelle n'était d'ailleurs pas de nature à faire modifier les dispositions prises par Ferrand, qui la transmit aussitôt à Pichegru pour l'éclairer sur la situation.

A cette même date du 4 mai, Pichegru était parti de

---

(1) Lettre de Favereau à Ferrand, déjà visée p. 47, note 1, et p. 48, note 2.

(2) Les quatre lettres sont datées du 15 floréal (4 mai).

Lille avec le représentant Richard, pour se rendre à Guise. Il se rencontra à Cambrai avec le représentant Florent Guiot qui s'y était rendu quelques jours auparavant, et avec Saint-Just et Lebas qui, de leur côté, arrivaient de Guise. Un important conseil fut tenu entre le général en chef et les Représentants dans la nuit du 4 au 5 mai (15 au 16 floréal) pour arrêter les grandes lignes des prochaines opérations.

Les instructions précédentes du Comité de Salut public venaient d'être complétées à cet égard par une décision capitale, prise le jour même de la capitulation de Landrecies, et dont l'honneur doit être attribué à Carnot (1). Elle avait pour objet d'exploiter en quelque sorte le résultat déjà obtenu par la jonction de Desjardin et de Charbonnié; de constituer à l'aile droite de l'armée du Nord un groupement de forces ayant une supériorité assez marquée sur l'ennemi pour donner un caractère décisif aux succès obtenus. Tel fut l'objet des deux arrêtés pris par le Comité le 11 floréal (30 avril) :

Le Comité de Salut public arrête : 16,000 hommes de l'armée du Rhin seront mis sans aucun délai, par le général en chef de cette armée, à la disposition de l'armée de la Moselle.

Le Comité de Salut public arrête : 1° le général en chef de l'armée de la Moselle fera marcher, sans aucun délai, toutes ses forces disponibles sur le pays de Liége et de Namur ; 2° il ne conservera sur les frontières de la Moselle que les forces strictement nécessaires pour garder les places fortes, les postes d'Arlon et de Kaiserslautern et une position entre la

---

(1) L'archiduc Charles dit à ce propos dans ses *Mémoires* :

« Cette résolution du gouvernement français était due à l'initiative de Carnot. Si la direction des opérations mérite quelque critique, par contre à Carnot revient l'honneur d'avoir su le premier réaliser l'emploi simultané de masses contre un seul et même but, sous un seul commandement et d'avoir embrassé dans ses conceptions de grands mouvements décisifs. »

Sarre et la Moselle, de sorte que le détachement formant la division qui doit marcher vers la Belgique soit au moins de 20,000 à 25,000 hommes ; 3° le général en chef de l'armée de la Moselle exécutera cette opération dans le plus grand secret et fera courir le bruit d'une autre expédition, soit sur Trèves, soit sur le Palatinat.

Or, au moment même où le Comité prenait ces arrêtés, l'armée de la Moselle était chassée d'Arlon par les Impériaux. En apprenant cette nouvelle, Saint-Just et Lebas jugèrent qu'il ne fallait plus compter (au moins pour le moment) sur une intervention des troupes qui se trouvaient à l'Est de la Meuse, et que l'armée du Nord devrait poursuivre avec ses seules forces la mission qui lui était assignée dans le plan général.

Dans ces conditions, le conseil de guerre tenu à Cambrai confirma le plan qui consistait à « attaquer et tourner l'ennemi par la droite et par la gauche », en se « bornant au centre à une défensive active (1) ». Mais comme il importait de réunir des « forces majeures sur les points d'attaque », il fut convenu qu'on ne laisserait que « de bonnes garnisons à Cambrai et à Bouchain », que les forces disponibles dans cette partie seraient portées à gauche pour élever à 75,000 hommes l'effectif de l'armée dans la Flandre maritime. D'un autre côté, on se contenterait de maintenir 25,000 hommes à Guise, et « les garnisons nécessaires » à Avesnes et à Maubeuge ; tout le reste des troupes qui gardaient les bords de la Sambre et de l'Helpe serait dirigé sur la division des Ardennes qui, étant portée à « plus de 60,000 hommes », pourrait pousser vivement ses opérations et se diriger sur Mons.

---

(1) Lettre de Richard et Choudieu au Comité de Salut public (Lille, 17 floréal-6 mai), publiée dans le *Recueil des actes du Comité de Salut public*, t. XIII, p. 323.

Conformément aux décisions ainsi arrêtées, Pichegru, avant de quitter Cambrai, adressa à Ferrand l'ordre suivant, qui définit nettement le rôle à jouer par les troupes du centre pendant que va se poursuivre le double mouvement offensif commencé le 26 avril contre les deux ailes de l'ennemi (16 floréal-5 mai) :

Il est ordonné au général de division Ferrand d'occuper avec 25,000 hommes le camp retranché de Réunion-sur-Oise, de laisser 2,000 hommes de garnison dans la place d'Avesnes et 7,000 dans Maubeuge et le camp retranché sous les ordres du général Favereau (1) ; le surplus des troupes de toutes les divisions de la droite ira former un rassemblement sur Jeumont sous les ordres du général Desjardin, qui se concertera avec le général Charbonnié pour opérer ensemble et le plus tôt possible un mouvement sur la gauche de la Sambre, vers Mons ou Saint-Ghislain.

Le principal objet des troupes occupant le camp retranché de Réunion sera de tenir l'ennemi en échec, de protéger les convois, d'assurer les communications, de tomber sur les petits postes qui offriront des succès faciles et d'être toujours en mesure de prendre l'offensive, si les attaques des ailes obligeaient l'ennemi à s'affaiblir outre mesure, ou à faire retraite

---

(1) Pour l'exécution de cette prescription, Ferrand adresse à Favereau l'ordre suivant (de Réunion-sur-Oise, 18 floréal-7 mai) :

« Il est ordonné au général Favereau d'établir 7,000 hommes, répartis entre Maubeuge et le camp retranché, lesquels seront spécialement sous ses ordres. Quant au reste de la division et celle du général Despeaux, elles iront former les rassemblements sous les ordres du général Desjardin. Le général Favereau se concertera de suite avec le général Desjardin pour le rassemblement du reste de la division et de celle de Despeaux sur Jeumont. Il conservera le moins de cavalerie possible ; le nombre suffisant pour le service des ordonnances est celui qu'il faudra garder. »

En même temps Ferrand écrit à Favereau pour l'inviter à lui faire connaître les besoins de Maubeuge, lui recommander beaucoup de régularité dans le service. « Il s'agit du grand mouvement et j'espère que nous le seconderons de tous nos efforts. »

dans son centre; il est pour cela indispensable que le général Ferrand fasse bien éclairer les mouvements de l'ennemi par l'espionnage et par de fortes découvertes ou patrouilles, afin de pouvoir le poursuivre vivement au premier pas rétrograde qu'il serait dans le cas de faire.

Le général Ferrand doit s'occuper aussi spécialement des approvisionnements en tous genres de Maubeuge et Avesnes afin de s'assurer que ces places livrées à elles-mêmes ont des moyens suffisants pour le plus haut degré de résistance possible.

Quant à la division de Cambrai, elle devenait disponible, dans ces conditions, pour renforcer l'aile gauche de l'armée du Nord. Aussi, avant de repartir pour Lille, Pichegru donne-t-il ordre au général Bonnaud de conduire cette division à Sainghin afin de barrer la route de Tournai (1). Il ne fut laissé à Cambrai qu'une faible garnison, dont le général Proteau conserva le commandement (2).

Après avoir ordonné ces diverses dispositions, Pichegru repartit pour Lille (3), d'où il adressa au

---

(1) « D'après ces nouvelles vues, Pichegru fit rapprocher de l'aile gauche la division de Bonnaud, forte de 20,000 hommes, et qui avait tâté de l'échec de Cambrai. Elle vint camper le 18 floréal à Sainghin, derrière la Marque, en barrant la route de Tournai. » (*Opérations du général en chef Pichegru.*)

Voir une lettre de l'adjudant général Malher au général Liébert (de Sainghin, 18 floréal, 2 heures après-midi), annonçant que la division vient de camper dans la plaine de Sainghin.

(2) « C'est un bon républicain, un bon soldat et qui jouit de l'estime générale. » (Le représentant Florent Guiot au Comité de Salut public, de Lille, le 22 floréal-11 mai.)

La place de Bouchain était commandée par le citoyen Ollivier.

(3) Voir lettre du représentant Florent Guiot au Comité de Salut public (Lille, 17 floréal-6 mai) :

« Notre collègue Richard et le général en chef Pichegru, qui sont

Comité de Salut public le compte rendu suivant (17 floréal-6 mai) :

Vos collègues Saint-Just et Lebas, avec qui j'ai conféré dans la nuit du 15 au 16, m'ayant fait connaître que je ne devais pas compter sur le renfort que je vous avais demandé de l'armée de la Moselle, vu qu'elle a été repoussée du poste d'Arlon, je m'empresse de vous écrire pour vous renouveler combien il est urgent d'augmenter les forces de l'armée du Nord, en raison de celles qu'elle a à combattre. Le plan que que nous venons d'arrêter ou plutôt de confirmer, et dont voici le sommaire, nécessite la prompte exécution de cette mesure.

La division de la droite, après avoir fourni une garnison de 2,000 hommes à Avesnes et de 7,000 à 8,000 hommes pour Maubeuge et son camp retranché, formeront un rassemblement au camp de Jeumont, se joindront ensuite à l'armée des Ardennes, pour de concert s'avancer sur Thuin et Mons.

Les divisions du centre, formant 25,000 hommes, occuperont le camp retranché de Réunion-sur-Oise; elles resteront provisoirement sur la défensive pour protéger les communications et se porter en masse sur les points ou places qui se trouveraient attaqués.

La gauche, sur laquelle se dirige actuellement la plus grande partie des forces ennemies, sera renforcée des troupes qui avaient été envoyées sous Cambrai, laissant seulement 6,000 hommes pour la garnison de cette place et celle de Bouchain, et se portera sur Ypres et Tournai pour faire le siège de l'une de ces places et emporter l'autre de vive force, s'il est possible.

Le corps du centre pouvant d'un moment à l'autre passer de la défensive à l'offensive, si les ailes obtiennent des succès, pouvant également se trouver dans le cas de leur fournir des

---

venus le 15 à Cambrai, ont applaudi à ces mesures (*prises pour faire renaître l'ordre et la confiance dans les troupes de la division*).

« Je suis revenu ici hier avec eux parce que différentes affaires y exigeaient ma présence ».

secours si elles éprouvent des revers, il est indispensable de
le porter au moins à 50,000 hommes. Si l'on ne peut tirer de
l'armée de la Moselle les 25,000 hommes nécessaires pour le
porter à ce taux, on pourrait, je pense, les lui fournir de celles
des Côtes maritimes ou de la Vendée, et je regarde comme un
point bien intéressant de les lui envoyer, car il est très constaté
que l'armée active des tyrans coalisés devant nous est de
200,000 hommes. Dans tous les cas, Citoyens Représentants,
je vous répète que je me battrai toujours sans les compter et
je vais prendre les mesures les plus promptes pour l'exécution
du plan ci-dessus.

Comme le fait ressortir cette lettre, c'est aux deux ailes
que va se reporter l'action décisive, déjà amorcée
depuis le 26 avril. Les opérations combinées de Desjardin
avec l'armée des Ardennes devant faire l'objet
d'un travail particulier, la suite de la présente étude
sera consacrée à l'offensive dirigée contre la droite de
l'armée ennemie par la vallée de la Lys; c'est sur cette
partie du théâtre de la guerre que nous verrons
Pichegru exercer son action personnelle et poursuivre
l'exécution du plan de campagne dont nous avons
cherché à mettre en lumière la conception originelle.

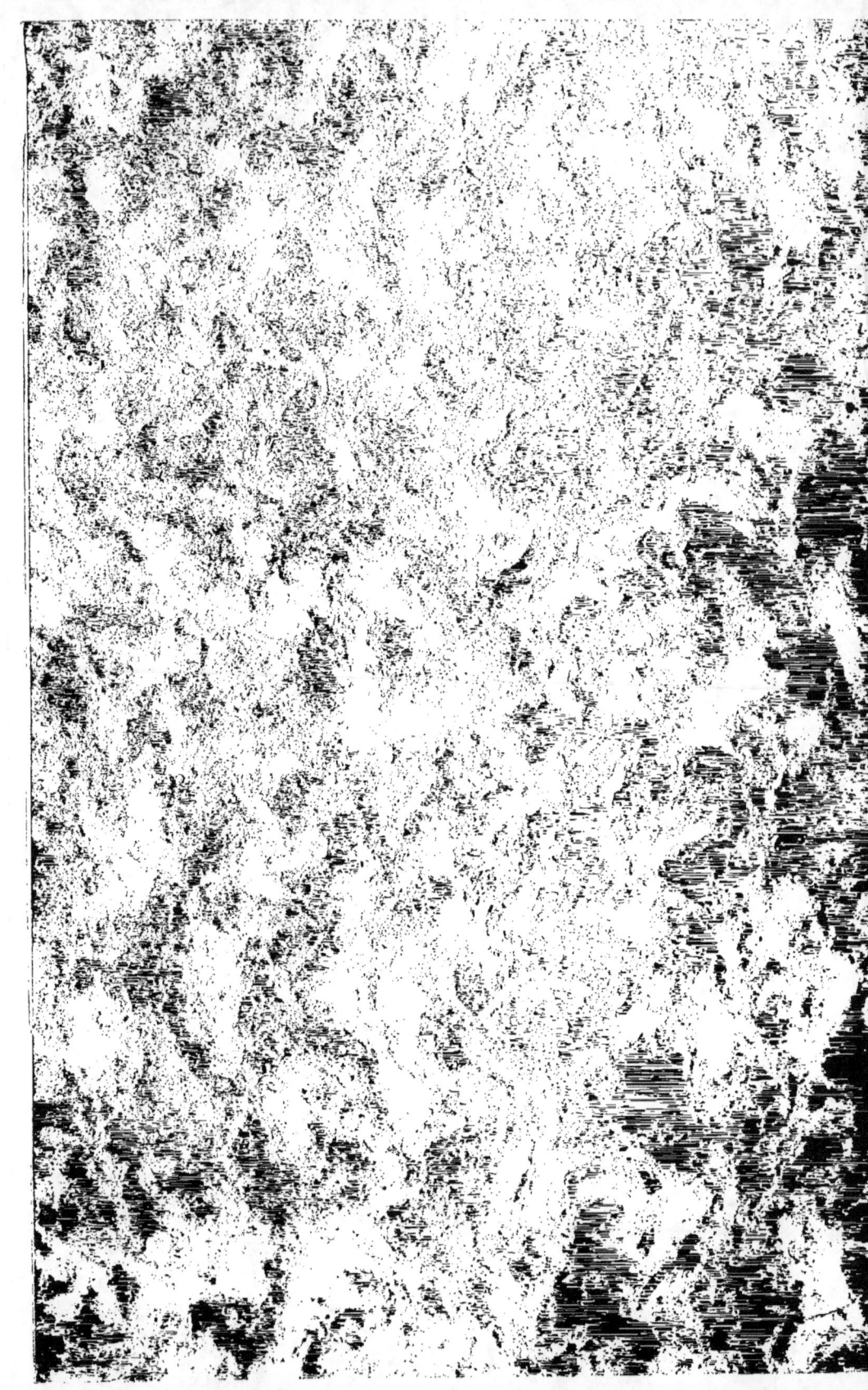

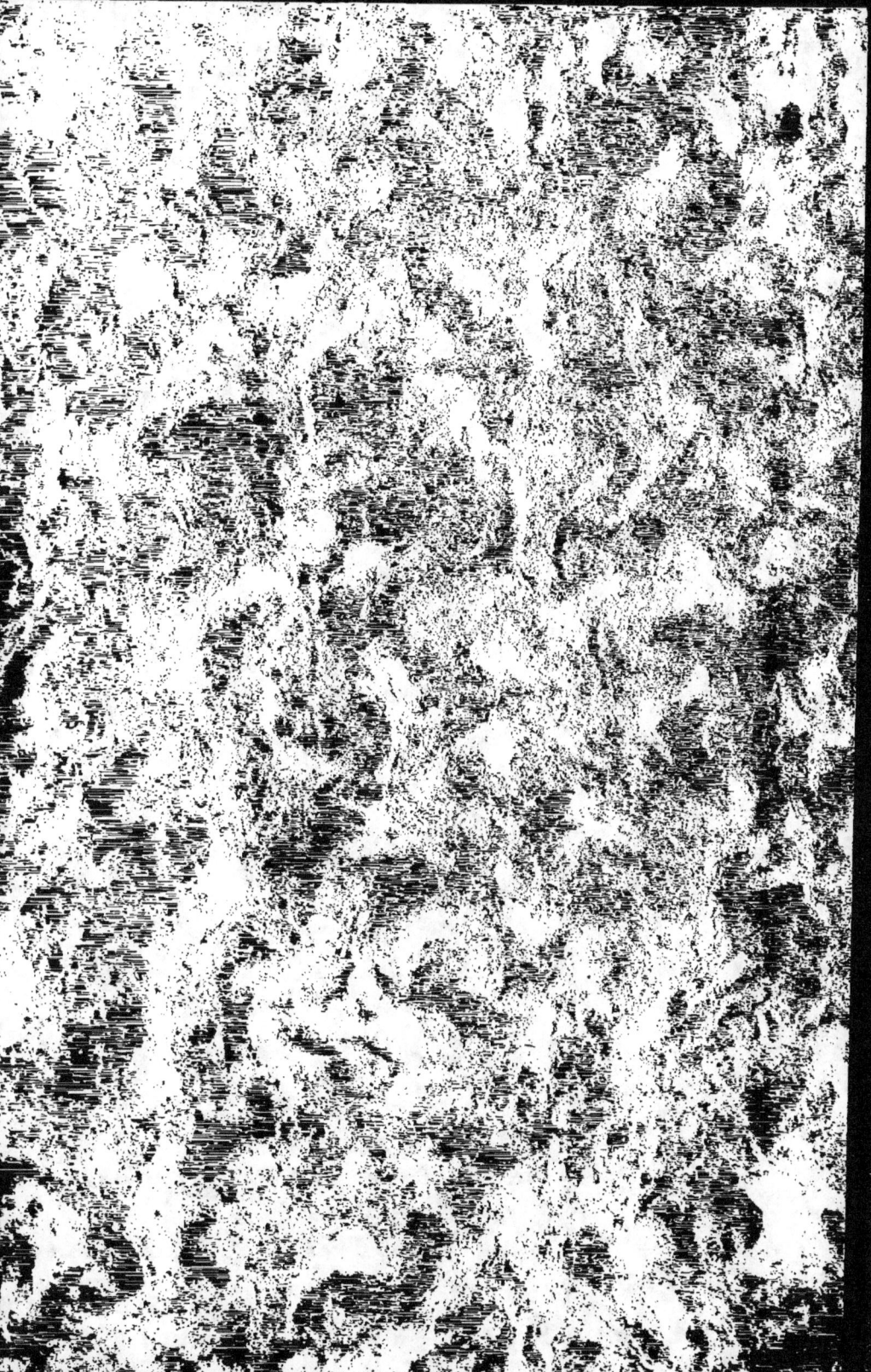

www.ingramcontent.com/pod-product-compliance
Lightning Source LLC
Chambersburg PA
CBHW071404230426
43669CB00010B/1438